Aliento
para cada día
Erna Alvarado

Aliento
para cada día
Erna Alvarado

Meditaciones matinales para la mujer

APIA

GEMA EDITORES

ALIENTO PARA CADA DÍA
es una coproducción de

Asociación Publicadora Interamericana
2905 NW 87 Ave. Doral, Florida 33172 EE. UU.
tel. 305 599 0037 - fax 305 592 8999
mail@iadpa.org - www.iadpa.org

Agencia de Publicaciones México Central, A.C.
Uxmal 431, Col. Narvarte, 03020 México, D.F.
tel. (55) 5687 2100 – fax (55) 5543 9446
ventas@gemaeditores.com.mx - www.gemaeditores.com.mx

Presidente: **Pablo Perla**
Vicepresidente Editorial: **Francesc X. Gelabert**
Vicepresidente de Producción: **Daniel Medina**
Vicepresidenta de Atención al Cliente: **Ana L. Rodríguez**
Vicepresidenta de Finanzas: **Elizabeth Christian**

Presidente: **Erwin A. González**
Vicepresidente de Finanzas: **Fernando Quiroz O.**
Vicepresidente Editorial: **Alejandro Medina V.**
Vicepresidente de Producción: **Abel Sánchez Á.**
Vicepresidente de Ventas: **Hortencio Vázquez V.**

Edición:
Alejandro Medina V.

Diseño de la portada:
Kathy Polanco

Diseño de interiores y diagramación:
DMG

Copyright © 2012 de la edición en español
Asociación Publicadora Interamericana
GEMA Editores

En esta obra las citas bíblicas han sido tomadas de la Nueva Versión Internacional: **NVI** © Bíblica.

En las citas bíblicas, salvo indicación en contra, todos los destacados (cursivas, negritas) siempre son del autor o el editor.

Las citas de los obras de Ellen G. White han sido tomadas de las ediciones renovadas de GEMA / APIA, que hasta la fecha son: *Patriarcas y profetas, Profetas y reyes, El Deseado de todas las gentes, Los hechos de los apóstoles, El conflicto de los siglos, El camino a Cristo, Así dijo Jesús (El discurso maestro de Jesucristo), Testimonios para la iglesia (9 tomos), La educación, Eventos de los últimos días, Hijas de Dios, Mensajes para los jóvenes, Mente, carácter y personalidad (2 tomos), La oración, Consejos sobre la obra de la Escuela Sabática, Consejos sobre alimentación (Consejos sobre el régimen alimenticio), El hogar cristiano, Conducción del niño, Fe y obras.* El resto de las obras se citan de las ediciones clásicas de la Biblioteca del Hogar Cristiano.

ISBN: 978-1-61161-044-4

Impresión y encuadernación
Corporación en Servicios Integrales de Asesoría Profesional, S.A. de C.V.

Impreso en México
Printed in Mexico

1ª edición: agosto 2012

Procedencia de las imágenes: Portada © **123RF**, interiores © **123RF**

Unas palabras previas

«Cuando un año se cubre de vejez al comenzar diciembre, siempre esperamos al nuevo con grandes expectativas», afirma Erna al comienzo de este libro devocional. Y, con estas palabras, nos invita a pensar en grande, a presentar ante Dios nuestros planes y resoluciones de año nuevo, y a esperar en él confiadas en que él hará. Acto seguido, nos convida a echarnos al hombro la mochila de la vida, y a reiniciar el viaje con optimismo y energías renovadas.

Lamentablemente, muchos de nuestros propósitos de año nuevo comienzan a perder fuerza al segundo mes, y se van extinguiendo poco a poco hasta desaparecer alrededor del quinto. Las cargas emocionales que llevamos como madres, esposas e hijas; el estrés diario; las enfermedades; las decepciones y derrotas que sufrimos en nuestras relaciones personales, nos descorazonan a veces, llevándonos a perder entusiasmo por nuestras metas y objetivos. Por eso resulta vital que nos acerquemos cada mañana a nuestro Padre celestial, para que sea él quien los refuerce y nos dé esperanza y poder a cada paso.

ALIENTO PARA CADA DÍA te ofrece precisamente eso, una fuente diaria inagotable de promesas y mensajes del Señor que te llenarán de optimismo, energía y ganas de vivir; que te motivarán a dedicar cada aliento de vida a construir una estrecha relación con Dios.

Descubre, en las páginas de este decovional, que «cada latido tuyo es la mano de Dios acariciando tu corazón; y cada respiración, una promesa de vida».

LOS EDITORES

Un año nuevo por estrenar

No sean insensatos, sino entiendan cuál es la voluntad del Señor.
Efesios 5: 17

Si hay algo que nos entusiasma a las mujeres es desechar cosas viejas y sustituirlas por otras nuevas. Sobre todo si lo que pensamos estrenar son enseres que le darán una nueva imagen al hogar. Cambiar el viejo refrigerador por uno nuevo, o tal vez los muebles de la sala, son proyectos que nos llenan de ilusión. ¡Y cómo disfrutamos cuando los podemos llevar a término!

Cuando un año se envuelve de vejez al comenzar diciembre, siempre esperamos al nuevo con grandes expectativas. Deseamos que nos traiga nuevas experiencias y oportunidades y, por supuesto, también nos hacemos nuevos propósitos, lo que nos lleva a acomodarnos la «mochila de la vida» y reiniciar el viaje con optimismo y energías renovadas. Sin embargo, las estadísticas demuestran que muchos de nuestros propósitos de año nuevo comienzan a perder fuerza al segundo mes, y se extinguen poco a poco hasta desaparecer alrededor del quinto mes.

Los propósitos de año nuevo más comunes tienen que ver con la salud, como proponerse hacer ejercicio o cambiar los hábitos de alimentación. También están aquellos que giran en torno a la familia, como dedicar más tiempo a los hijos y al cónyuge; y los que siguen en la lista son los relacionados con el desarrollo profesional y financiero. Es bueno proponerse nuevos desafíos y metas cada vez que un año inicia, y conveniente revisarlos periódicamente para darnos cuenta de cuántos de ellos siguen aún vigentes, y cuántos se han ido quedando rezagados en las redes del tiempo.

Si le pidieras a Dios que te diera algunas sugerencias de buenos propósitos de año nuevo, ¿qué crees que te sugeriría? Tal vez te diría que anhela vivir en compañerismo contigo, y te pediría que tu primer y mejor propósito cada mañana fuera dedicar más tiempo a la oración y a la devoción personal. Posiblemente, ya que conoce tu corazón, Dios te recomendaría que te deshicieras del peso de tus culpas y fracasos, para que puedas caminar los trescientos sesenta y cinco días de este año en libertad. También te recomendaría que te involucraras en alguna actividad de servicio, pues es el mejor método para alcanzar felicidad en esta vida y trascender a la venidera. Por último, te invitaría a contemplar a tu familia, y te pediría que fueras una buena influencia para tus hijos, tu cónyuge y tus seres queridos, que les dediques tiempo, les brindes protección y les infundas ánimo.

Un año tiene, al menos, trescientas sesenta y cinco oportunidades, ¡aprovéchalas!

Navegar por el mar de la vida

Subió entonces a la barca con ellos, y el viento se calmó.
Estaban sumamente asombrados.
Marcos 6: 51

Como decíamos ayer, nos hallamos frente a un nuevo año. En momentos como este es posible que miremos al año que ha quedado atrás para tomar nuevos impulsos y continuar el viaje de la vida, o tal vez para recordar las experiencias negativas que nos ha tocado vivir, con el propósito de no volver a cometer los mismos errores. Son muchos los que, varados en la playa de la vida, no se atreven a echar su embarcación al gran océano de la existencia humana.

Cuando la pérdida y el dolor han sido nuestros compañeros frecuentes, se vuelve difícil navegar sin temor a un nuevo naufragio. Quizás esta sea tu condición; ¿es así? Si tu respuesta es afirmativa y no puedes dejar de recordar las tormentas que has vivido, alaba a Dios porque todavía tienes vida. Una vida que él desea que vivas en abundancia, aun en medio de la más oscura borrasca. Además, si revisas bien tu estado de cuentas del año que acaba de terminar, verás que has superado todas las dificultades con la ayuda de Dios. Su promesa es: «Yo he venido para que tengan vida, y la tengan en abundancia» (Juan 10: 10). Espera en él, y él hará.

Cuenta tu capital y alza las velas de tu embarcación; prepárate para una emocionante travesía con Cristo Jesús como capitán. En los días nublados que presagian tormenta, ten la seguridad de que Dios hará brillar el sol de su justicia sobre ti, tal como lo ha prometido: «Pero para ustedes que temen mi nombre, se levantará el sol de justicia trayendo en sus rayos salud» (Mal. 4: 2).

En este año que comienza, Dios te ofrece trescientas sesenta y cinco nuevas oportunidades para llegar a un puerto seguro. Entonces levántate, despójate del dolor acumulado, y únicamente coloca en tu barca buenos propósitos, sueños alcanzables y proyectos por concluir. Tú pon cada día tu esfuerzo y tu fe, y Dios hará provisión de todo lo demás. Llegarás a tu destino con resultados verdaderamente satisfactorios.

Recuerda que lo único que te hará fuerte cuando la tormenta llegue, es tener la seguridad de que Dios va al mando de tu embarcación y te va a guiar al puerto correcto. Ten fe.

¿Por qué leerla?

Todo el que me oye estas palabras y las pone en práctica
es como un hombre prudente que construyó su casa sobre la roca.
Cayeron las lluvias, crecieron los ríos, y soplaron los vientos
y azotaron aquella casa; con todo, la casa no se derrumbó
porque estaba cimentada sobre la roca.
Mateo 7: 24-25

Muchos eruditos en literatura aconsejan leer la Biblia, pues la consideran una hermosa pieza literaria, e indudablemente lo es. Pero los beneficios de leerla van mucho más allá de la belleza artística. Si intelectualizamos la Biblia y la consideramos únicamente como un compendio de bellas historias, biografías de personajes interesantes, datos históricos y hermosos cantos y poemas, habremos apreciado apenas la forma. Pero lo que da vida no es la forma, sino lo que se esconde tras ella. Su esencia está en la mano del que dirigió la escritura de cada letra, cada palabra y cada pensamiento: ¡El propio Dios!

Cuando, guiadas por el Espíritu Santo, somos capaces de descubrir a Dios en cada texto de la Escritura, se nos abre la puerta a una esfera de relación con él que ninguna otra relación podrá sustituir. Dios, por medio de su Palabra, nos habla, nos provee dirección en la toma de decisiones, y nos da una sabiduría que va más allá de las ciencias humanas. De ese modo, nos llenamos de poder para realizar nuestros deberes diarios.

Si entre tus propósitos de año nuevo se encuentra leer toda la Biblia, ¡te felicito! No podrías haber hecho otro mejor. Pero te aconsejo que la leas por las razones correctas. No te quedes nada más en la forma, sé capaz de penetrar hasta donde puedas escuchar la voz de Dios hablándote directamente a ti. Toma cada palabra y cada promesa del Señor y hazlas tuyas. Pon su Palabra en tu corazón y deja que cambie todo aquello que necesite ser transformado.

Haz que la lectura diaria de la Biblia sea para ti un encuentro personal con tu Dios, en el que puedas apropiarte de su poder y obtener nuevas fuerzas para enfrentar los retos que cada día te propone. Tómala como tu libro de consulta para conocer la voluntad de Dios siempre que tengas una situación incierta en tu vida. Deja que el Señor te consuele cuando te sientas agobiada y reclama sus hermosas promesas. Permite que te provea salud mental cuando tus emociones te estén confundiendo y, sobre todo, llénate de su Espíritu Santo cuando seas zarandeada por el mal.

¡Eres correspondida!

Queridos hermanos, amémonos los unos a los otros, porque el amor viene de Dios, y todo el que ama ha nacido de él y lo conoce.
1 Juan 4: 7

El amor humano suele ser vulnerable y frágil como una hoja de otoño que alguien pisa. ¡Al primer impacto se rompe! No puedo olvidar la gran desilusión de una joven que, bajo promesas de amor eterno, abandonó su hogar para formalizar una relación de pareja sin el compromiso matrimonial.

La magia que había rodeado a la pareja durante los primeros días que vivieron juntos se desvaneció a los pocos meses, dando paso a una convivencia fría y destructiva. Entonces, las palabras de amor fueron sustituidas por reproches y descalificativos. ¡Qué gran desilusión para una mujer que, entregándolo todo, creyó haber encontrado un amor indestructible! Sin embargo, el cobijo del hogar paterno siempre estuvo a su disposición, y resultó ser el mejor lugar para lavar con lágrimas la tristeza, y transformar el desencanto en una fuente de motivación.

Me consuela saber que, aun cuando los vínculos de amor terrenales se puedan romper, el amor que nos une con nuestro Redentor, Cristo Jesús, permanecerá para siempre. El amor de Dios hacia nosotras no toma en cuenta nuestros defectos ni fracasos; está por encima del desamor que a veces nosotras mismas mostramos hacia el Señor. Es un amor tan fuerte que venció la muerte en la cruz. No importa en qué condiciones nos encontremos, oiremos a Dios decirnos: «Con amor eterno te he amado; por eso te sigo con fidelidad» (Jer. 31: 3).

¡Magnífico amor de Dios, grande y sublime! Tenemos la certeza de que nunca dejará de ser. Este pensamiento debería llenarnos de un sentimiento de gratitud y satisfacción, porque nos hace entender que no estaremos solas, aunque los lazos del amor terrenal lleguen a romperse.

Sufrir el rechazo de una persona a quien le has entregado tu corazón es amargo, pero en esas circunstancias siempre debes recordar que el amor de Dios se mantiene inalterable. Su promesa es: «Padre de los huérfanos y defensor de las viudas es Dios en su morada santa» (Sal. 68: 5). También es importante que te examines a ti misma para descubrir si has sido desleal al amor que alguien te ha brindado. Para ser receptora del amor incondicional de Dios, debes tomar tiempo para curar las heridas que tu desamor haya podido causar en el corazón de alguien que en efecto te ama.

Dios te ha llamado

*Yo, que estoy preso por la causa del Señor, les ruego que vivan
de una manera digna del llamamiento que han recibido.*

Efesios 4: 1

Varias veces en mi vida he tenido que esperar una llamada. Cuando era estudiante de secundaria esperé a que me convocaran para ser parte del equipo de baloncesto, pero aquella llamada nunca llegó. Años más tarde, tras presentar mi examen de admisión, esperé a que la universidad me llamara para decirme que me aceptaban en la carrera para la que me había postulado. En otra ocasión pasé muchas horas junto al teléfono esperando recibir la llamada de alguien especial. ¡Qué desilusión cuando una llamada no llega, y qué alegría desbordante cuando se hace realidad!

Quienes han estudiado la naturaleza humana consideran que, para realizarse en la vida, toda persona necesita escuchar en algún momento el llamado de su vocación, pues es la única manera de trascender y vivir vidas con propósito. A veces pensamos que ese llamado tiene que ver con la carrera y la ocupación que desarrollaremos a lo largo de los años, y es verdad. No obstante, hay un llamado más elevado para cada ser humano, que fue propuesto por nuestro Creador y Dios.

En la medida de las capacidades que él mismo nos dio al crearnos, también nos llama para cumplir una misión, un ministerio que nos haga útiles en esta tierra y que nos prepare para la vida eterna. Debe ser motivo de alegría saber que hemos sido creadas con propósitos definidos en la mente y el corazón de Dios.

Ignoro en dónde te encuentres tú, pero sí estoy segura de que ahí donde estás hay una tarea que puedes hacer. Únicamente necesitas descubrir tu ministerio y consagrarte a él. Tendrás como aliado a Dios, quien te colmará de sabiduría y gracia. Ya sea que tu misión esté en tu hogar, en tu trabajo fuera de casa, como madre, esposa, o profesional, casada o soltera, tu Padre espera fidelidad y diligencia en el cumplimiento del deber.

Seguro que a lo largo de tu ministerio cosecharás triunfos, pero puede ser que también esté salpicado de obstáculos. Será entonces cuando tu entereza se verá puesta a prueba y tu Señor, el que te encomendó la tarea, acudirá en tu auxilio. ¡No lo dudes!

El cumplimiento de tu misión consiste en hacer todo lo que Dios espera que hagas en el lugar donde te encuentres, dejando que su Espíritu Santo y su providencia te guíen.

Cristianismo *light*

Para esto fueron llamados, porque Cristo sufrió por ustedes,
dándoles ejemplo para que sigan sus pasos.
1 Pedro 2: 21

La palabra «*light*» ha ido entrando en nuestro vocabulario cotidiano sin que nos diéramos cuenta. Las amas de casa nos dejamos guiar por este término cada vez que escogemos alimentos en el supermercado, pues nos han hecho creer que los alimentos *light* son más fáciles de digerir.

Muchas de nosotras, sin embargo, hemos dejado que este concepto saliera de la cocina para aplicarlo también a nuestra relación con Dios. Cada vez es más común el cristianismo *light*, es decir, una relación con Dios ligera e impersonal, en la que basta con creer que Dios existe y rendirle honor y adoración en ocasiones especiales. ¡Qué fácil de digerir! He oído a muchas personas decir «creo en Dios y no hago mal a nadie», con la convicción de que eso es suficiente para contar con la gracia y el favor de Dios. Sin embargo, el Señor anhela que tengamos una relación íntima con él, profunda y planificada, no superficial ni casual.

Muchos desean tener una relación con Dios sin entrega, sin compromiso, sin sacrificio; una religión que les haga sentirse bien consigo mismos y les permita seguir complaciendo sus deseos personales. La Palabra de Dios declara: «Llegará el tiempo en que no van a tolerar la sana doctrina, sino que, llevados de sus propios deseos, se rodearán de maestros que les digan las novelerías que quieren oír» (2 Tim. 4: 3). Ese tiempo ha llegado y es ahora, cuando hombres y mujeres tratan de acomodar a Dios a su manera de vivir. Quieren que el Señor los acepte sin renunciar a sus deseos egoístas; quieren disfrutar de sus favores y cuidados y al mismo tiempo vivir descuidadamente.

Amiga, lleva a tu mesa todo lo *light* que encuentres en el supermercado, pero aléjate lo más que puedas de una relación *light* con Dios. La Palabra de Dios dice al respecto: «Hermanos, tomando en cuenta la misericordia de Dios, les ruego que cada uno de ustedes, en adoración espiritual, ofrezca su cuerpo como sacrificio vivo, santo y agradable a Dios» (Rom. 12: 1).

Tú, mujer, madre, esposa, has sido llamada a vivir con abnegación y sacrificio, dependiendo de Dios a cada paso, pues de ello depende no solamente tu salvación, sino la de tu hogar, tu matrimonio y tus hijos.

¿Te sientes incompleta?

Cuídense de que nadie los cautive con la vana y engañosa filosofía
que sigue tradiciones humanas, la que va de acuerdo con los principios
de este mundo y no conforme a Cristo. Toda la plenitud de la divinidad
habita en forma corporal en Cristo; y en él, que es la cabeza de todo
poder y autoridad, ustedes han recibido esa plenitud.

Colosenses 2: 8-10

Con frecuencia tengo conversaciones con algunas amigas que no están satisfechas con su desempeño personal. Me han expresado que se sienten inseguras, y a pesar de que los demás las consideran mujeres capaces, emprendedoras y talentosas, ellas dudan de sí mismas y viven con temor. No es raro que eso pase pues, unas más que otras, arrastramos miedos, traumas de la infancia y culpa por los errores cometidos en el pasado; esto frena nuestro desarrollo personal, y nos impide vernos a nosotras mismas como mujeres dotadas de capacidades y virtudes, todas ellas herencia de nuestro Padre Celestial.

Muchas mujeres se preguntan: «¿Cómo puedo hacer para liberarme de todo eso que me impide verme como lo que realmente soy?». La respuesta es sencilla, de acuerdo a la promesa de nuestro Dios: «Conocerán la verdad, y la verdad los hará libres» (Juan 8: 32).

¿A qué verdad hace referencia este texto que se aplique a la reflexión de hoy? Creo que la primera verdad que debemos buscar y aceptar es que somos hijas de Dios y contamos con su favor especial frente a cualquier persona o cosa que nos haga creer lo contrario. Nuestra labor consiste en buscar cada día ser confirmadas en esta grande y maravillosa verdad. Dios nos dice «Tú eres mi hijo [...], hoy mismo te he engendrado» (Sal. 2: 7).

La otra magnífica verdad que debemos atesorar en nuestra mente y nuestro corazón es el hecho de que, cuando Dios nos creó, nos otorgó los mejores dones. Estos son los recursos que nos permitirán alcanzar la autorrealización y la liberación que tanto anhelamos experimentar. Tu tarea como mujer es buscarlos y usarlos para alabar a Dios y servir al prójimo. El apóstol Pablo te dice: «Cada uno tiene de Dios su propio don: este posee uno; aquel, otro» (1 Cor. 7: 7). Si vives bajo la dirección del Señor, tu actuación será la correcta y te sentirás plena.

Cuando meditamos en esto, nos llenamos de paz y nos sentimos seguras. La liberación de la gran mujer que todas llevamos dentro no depende de nosotras, es obra de Dios y es posible solamente cuando nos entregamos a él.

Deshazte de los «tiliches»

Con respecto a la vida que antes llevaban, se les enseñó que debían quitarse
el ropaje de la vieja naturaleza, la cual está corrompida por los deseos engañosos;
ser renovados en la actitud de su mente.
Efesios 4: 22-23

Los «tiliches» son los objetos que guardamos y vamos acumulando en algún lugar de la casa; aunque sirven para poco o nada, nos negamos a echarlos a la basura. Los conservamos con el argumento de que en alguna ocasión nos serán de utilidad, o por el valor sentimental que les adjudicamos. Los tiliches son verdaderos tesoros para nosotras.

Conozco a una mujer que guarda celosamente los apuntes de toda su carrera universitaria, aunque ya han pasado más de treinta años desde que la concluyó. Otra amiga conserva las cobijitas con las que envolvió a sus hijos los días que nacieron; es madre de cinco hijos y el mayor ya tiene veinticinco años, podrás imaginar cuántos años ha guardado esos «tesoros». Estoy casi segura de que toda mujer tiene un buen arsenal de tiliches a los que no quiere renunciar.

Parece ser que esta misma actitud la trasladamos a nuestra vida emocional. Somos propensas a guardar en el «cuarto de tiliches» de la mente, recuerdos, sentimientos y emociones; esto no tendría nada de malo si tan solo conserváramos recuerdos agradables y emociones positivas. Sin embargo, la mayoría de las veces lo que acumulamos son sentimientos y emociones destructivos, como rencor, resentimiento, dolor e incluso odio.

Cuando la mente se llena de «tiliches emocionales», es imperativo hacer una limpieza y poner orden, de lo contrario podemos enfermarnos y morir. La «escoba emocional» entra en acción cuando sigues el consejo del apóstol Pablo: «Consideren bien todo lo verdadero, todo lo respetable, todo lo justo, todo lo puro, todo lo amable, todo lo digno de admiración, en fin, todo lo que sea excelente o merezca elogio» (Fil. 4: 8).

Pensar bien con respecto a nosotras mismas y acerca de los demás; poner nuestra mente en sintonía con la del Creador; confiar en su poder restaurador; alabarlo, pues por su gracia tenemos libre albedrío, todo esto nos permite escoger nuestros sentimientos, emociones y pensamientos.

Cuando tu mente se llene de oscuridad; cuando tu corazón se niegue a perdonar ofensas; cuando no seas capaz de disfrutar las bendiciones cotidianas que recibes de Dios y reniegues de la vida, es momento de mirar hacia adentro, abrir y limpiar todos los rincones de la mente. Con la ayuda de Dios, podrás hacerlo.

¿Qué es lo que se ve de ti?

Los ojos que hoy me ven, no me verán mañana;
pondrás en mí tus ojos, pero ya no existiré.
Job 7: 8

Recuerdo que cuando era niña y la energía eléctrica se iba en la ciudad, mi madre encendía una vela, y para quitarnos el temor que infunde la oscuridad en los niños, nos entretenía a mi hermano y a mí proyectando en la pared figuras que hacía con las manos y los brazos. Qué hermoso era ver salir de en medio de las tinieblas un conejo, una mariposa, un perro o una paloma con sus alas abiertas volando suavemente. Aquellas imágenes me transportaban a un mundo mágico en donde cada figura se transformaba en una historia maravillosa.

Cuando recuerdo esto, pienso en la vida como un gran escenario en el que cada persona proyecta lo que es. Algunas están distorsionadas por la culpa, otras oscurecidas debido a pecados escondidos, y otras tantas sin vida por causa de traumas y frustraciones. Es posible que lo que tú ves en tu escenario no te guste. Puede ser que te des cuenta de que proyectas imágenes de ti que te muestran como una mujer incrédula, agobiada, indiferente y falta de empuje para enfrentar los retos. Si no estás satisfecha con la imagen que reflejas en el espejo ni con tu comportamiento, y deseas cambiarlos, únicamente necesitas acercarte a Dios. Él tomará tus manos y tu voluntad. Te ayudará a proyectar imágenes en las que te puedas ver como una mujer con salud mental y espiritual, contenta con la vida, valiente frente a las dificultades, abnegada y sensible. Recuerda en todo momento: «Mi Dios les proveerá de todo lo que necesiten, conforme a las gloriosas riquezas que tiene en Cristo Jesús» (Fil. 4: 19).

Amiga, permite que Dios limpie tu escenario, y entonces toma su mano y comienza de nuevo. Ten la seguridad de que el Señor dirigirá su mayor obra maestra, que eres tú. Cuando veas transformada tu realidad, no podrás dejar de alabar al Señor, y además transmitirás ese mismo sentimiento a tantas mujeres y hombres que te observan.

Te hago una invitación para que hoy comiences a proyectar la imagen de lo que realmente eres. Sé amable y cordial pase lo que pase, llénate de júbilo por las bendiciones recibidas y por todas las que vendrán. Dios permita que la imagen que proyectes irradie paz, bondad y amor. Si crees que es imposible, pregúntale a él, y te asombrará su respuesta. ¡Hazlo ya!

Llamada en medio de los quehaceres

«Les aseguro que todo lo que hicieron por uno de mis hermanos,
aun por el más pequeño, lo hicieron por mí».
Mateo 25: 40

Tengo la convicción de que toda mujer que ama a Dios desea prestarle un servicio de excelencia. Pero también sé que muchas creen que, en medio de las faenas domésticas, no es posible llevarlo a cabo. Consideramos nuestras labores poco trascendentes, sencillas y de escaso valor. Pensamos que la educación de los hijos, el cuidado del hogar y la conducción de una familia son tareas de poca monta, y no nos sentimos eficientes en la obra de Dios. Sin embargo, la vida sencilla de algunas mujeres de Dios nos dicen lo contrario. Mientras realizaban sus deberes ordinarios, fueron llamadas por él.

María era una sencilla aldeana con una vida común y corriente, y Dios la llamó para ser la madre del Salvador. No era una mujer de mundo, no pertenecía a una familia de clase alta; era sencillamente una muchacha que tal vez ocupaba sus días con el trabajo doméstico. Lo que la hizo apta para el llamamiento fue la entrega total de su voluntad a la de Dios, por eso fue capaz de decir: «Aquí tienes a la sierva del Señor —contestó María—. Que él haga conmigo como me has dicho» (Luc. 1: 38).

Pensemos en Dorcas, «la costurera de los pobres». La Biblia la define como una mujer que «se esmeraba en hacer buenas obras» (Hech. 9: 36). Sus credenciales la acreditaban como una mujer que daba limosnas y cosía ropa para los desamparados. ¡Eso era todo! Una tarea aparentemente sencilla, sin embargo, fue tan grande su ministerio que su historia quedó registrada en el Libro de Dios. Cuando el Señor la llamó, la encontró con una aguja y un trozo de tela en las manos… ¡Nada más!

¿Dónde estás tú? ¿Velando la cuna de tu pequeño? ¿En la cocina, preparando los alimentos para tu familia? ¿Inclinada sobre el lavadero para lavar la ropa de tus seres queridos? ¿Con una escoba en la mano y procurando hacer de tu hogar un lugar agradable? Quiero decirte que es ahí, donde estás ahora mismo, donde Dios te usará.

Realiza tus deberes con responsabilidad, pues muy pronto, cuando Jesús venga, te será revelada la magnitud y el alcance de tu obra, aunque ahora la veas como algo insignificante. Solamente sigue el consejo divino: «Todo lo que te venga a la mano, hazlo con todo empeño» (Ecl. 9: 10).

Todos los días

Busquen al Señor mientras se deje encontrar, llámenlo mientras esté cercano.
Que abandone el malvado su camino, y el perverso sus pensamientos.
Que se vuelva al Señor, a nuestro Dios, que es generoso para perdonar,
y de él recibirá misericordia.

Isaías 55: 6-7

Una de las promesas más hermosas y esperanzadoras que encuentro en la Biblia dice: «Y les aseguro que estaré con ustedes siempre, hasta el fin del mundo» (Mat. 28: 20). Cuando leo la palabra «siempre», me lleno de júbilo. Cristo permanecerá cada instante a nuestro lado. Dios no tiene horarios de atención al cliente, tenemos acceso al trono de la gracia en todo momento. A pesar de las circunstancias, él promete estar presente. ¡Cuánta paz debiera traernos saber esto!

Sin importar lo que vivas hoy, él estará contigo si reclamas su promesa. Su permanencia a tu lado es voluntaria en tus triunfos y en tus fracasos, cuando ríes y cuando lloras, en la salud y en la enfermedad… Pero lo mejor de todo es que cuando está a nuestro lado, no es indiferente ni pasivo, ¡no! Si se lo permitimos, se compromete con nuestra causa, nos da estrategias para salir de los atolladeros, nos muestra la senda y nos conduce por ella. Y cuando estamos de celebración, nuestro Padre Celestial también festeja con nosotros. Cuando David llegó a esta convicción, exclamó: «Señor, hazme conocer tus caminos; muéstrame tus sendas. Encamíname en tu verdad, ¡enséñame! Tú eres mi Dios y Salvador» (Sal. 25: 4-5).

Si no has reclamado el cumplimiento de esta promesa en tu vida, hoy es el día para hacerlo. Invoca con fe al Señor, acércate por medio de la oración a su trono de gracia, y suplica. No ceses de hacerlo hasta que escuches al Señor decir: «Estoy contigo» (Hech. 18: 10).

Nunca pienses que la promesa de compañía que Dios ha hecho es una quimera. ¡No lo es! Su cumplimiento fue una experiencia real en la vida de muchos hombres y mujeres de Dios. La Escritura declara que Moisés, en los momentos más decisivos de su vida, «se mantuvo firme como si estuviera viendo al Invisible» (Heb. 11: 27).

Amiga, te invito a que hoy descubras la realidad de la presencia de Dios en tu vida. Desarrolla el hábito de caminar con él por donde vayas y gozarás de paz y seguridad. Experimentarás el gozo de no sentirte sola y tendrás la certeza de que todo lo que hagas tendrá la aprobación del que desea lo mejor para ti.

Esperando junto al río

¿Quién espera lo que ya tiene? Pero si esperamos lo que todavía no tenemos, en la espera mostramos nuestra constancia.
Romanos 8: 24-25

El paseo favorito de mi madre era a orillas de un río rodeado de sauces que servía de límite al pequeño cementerio de mi pueblo. Alguna vez, en una de las tantas visitas que le hice, ella me invitó a hacer su caminata favorita.

Recuerdo ese día. Estábamos sentadas en la ribera del río, bajo la sombra apacible de los sauces, y entonces ella me dijo: «Me gustaría esperar la venida de Jesús así como estoy ahora, a orillas del río y bajo estos hermosos sauces». A los ochenta y seis años, dos años después de aquella conversación, ella descansó en el Señor. Su deseo fue cumplido. Ahora duerme a orillas del río bajo los sauces que tanto quería. En su lápida se lee: «Esperando la venida de Jesús». Me imagino la escena que tendrá lugar el día que Jesús llegue y mi madre despierte a recibir a su Señor.

Estar en espera de algo siempre causa impaciencia, y cuando esta se prolonga por mucho tiempo se aúna a la impaciencia la duda de saber si realmente lo que esperamos sucederá. La espera más importante de la mujer cristiana debiera ser el regreso del Señor en las nubes de los cielos. Es una espera en la que no ha de tener cabida la duda, porque sabemos con certeza que su Palabra es fiel y verdadera. «Dentro de muy poco tiempo, "el que ha de venir vendrá, y no tardará"» (Heb. 10: 37).

No es el día de su venida lo que debe preocuparnos, sino más bien la actitud que asumimos mientras esperamos. Preguntémonos: ¿Tenemos la actitud correcta? Con nuestro comportamiento ¿invitamos a otras personas a unirse a esta maravillosa espera? La Palabra de Dios nos proporciona un indicativo sobre cómo debiéramos esperar: «Cobren ánimo y ármense de valor, todos los que en el Señor esperan» (Sal. 31: 24). Esto quiere decir que nuestra espera no puede ser pasiva. Este imperativo nos insta a realizar la tarea encomendada con esfuerzo, sin vacilar frente a los obstáculos, teniendo la seguridad de que Dios está a nuestro lado. Ahora es tiempo de sembrar, pues cuando Cristo venga comenzará la cosecha.

Sembremos buenas obras, seamos promotoras de las buenas nuevas de salvación, digamos por medio de nuestro testimonio que Cristo viene pronto. Levantémonos llenas del poder de Dios ante la adversidad y luchemos como «guerreras» frente al mal y el pecado. ¡Así debe ser nuestra espera!

La decisión de Eva

De la costilla que le había quitado al hombre, Dios el Señor hizo una mujer
y se la presentó al hombre, el cual exclamó: «Esta sí es hueso de mis huesos
y carne de mi carne. Se llamará "mujer" porque del hombre fue sacada».

Génesis 2: 22-23

Eva fue el acto culminante de la creación de Dios. Era físicamente perfecta, tenía un intelecto brillante y poseía una gran sensibilidad para apreciar todo el amor de su Creador. A pesar de ello, cayó en una trampa. Deslumbrada por un ser sobrenatural que le prometió sabiduría extraordinaria y poder, desvió su mirada de Dios. El resultado final fue la desobediencia, y como consecuencia, la separación de Dios.

Cuando Eva escuchó y obedeció la voz de la serpiente, bajó el primer peldaño de la escalera de la degradación humana. Por decisión propia abandonó la posición especial y privilegiada que Dios le había dado al crearla, para correr su propia suerte. Y a pesar de que muy pronto se dio cuenta de su error, ya no era posible dar marcha atrás. Los primeros efectos de su mala decisión se dejaron sentir en su relación con Dios, y casi simultáneamente en la relación con su esposo Adán. Posteriormente, cuando sus hijos nacieron, ellos también fueron víctimas del error de su madre.

La desobediencia de Eva no fue premeditada. Ella tenía la convicción de que la voluntad de Dios estaba por encima de la suya. No obstante, sin darse cuenta, fue acorralada por la astucia del maligno. El primer paso de su caída fue dudar de la sabiduría de Dios para confiar en las insinuaciones de un desconocido. El segundo paso consistió en dejarse seducir por las propuestas de Satanás. El fruto era hermoso e indispensable para alcanzar sabiduría. Fue en aquel momento cuando Eva comenzó a actuar por su propia cuenta, y después se produjo la caída.

La seducción sigue siendo una de las armas más eficaces de Satanás, y nosotras sus presas favoritas. El peligro de la seducción consiste en pensar que, con las capacidades que tenemos, somos autosuficientes para construir vidas exitosas. Olvidamos que el precio que pagamos por esa infatuación es demasiado elevado.

Eva tuvo su tiempo en el pasado, pero hoy, tú y yo, nos encontramos en el escenario de la vida como protagonistas. Pensemos que de las decisiones que tomemos hoy depende nuestra permanencia en Cristo y también la de nuestros seres amados.

Piedad práctica

Dios no nos llamó a la impureza sino a la santidad; por tanto,
el que rechaza estas instrucciones no rechaza a un hombre sino a Dios,
quien les da a ustedes su Espíritu Santo. En cuanto al amor fraternal,
no necesitan que les escribamos, porque Dios mismo les ha enseñado
a amarse unos a otros.
1 Tesalonicenses 4: 7-9

El día era tan frío que me quedé en la habitación del hotel donde me encontraba hospedada. Siendo que me gustan los días grises, con cielos nublados y el constante repiqueteo de pequeñas gotas de lluvia en los cristales, me acerqué a la ventana para disfrutar el panorama. Cuando mis ojos recorrían la escena invernal, de pronto reparé en una mujer que, envuelta en hojas de periódico, pedía algo de comer a las puertas de un restaurante de comida rápida.

Era una mujer joven, con el cabello largo recogido en la nuca, lo que la hacía ver desaliñada. Tenía la mirada triste, no sé si porque realmente lo estaba o solamente buscaba la compasión de los que por allí pasaban. Observé que muchas personas entraban y salían del lugar, y también pude ver que algunas ponían en su mano pequeños envoltorios que parecían comida. Sin embargo, nunca la vi comer lo que recibía, y allí, junto a su almohada improvisada, había muchos envoltorios que parecía no tocar.

Entonces me pregunté: «¿Por qué no come? ¿Acaso no tiene hambre?». Después de un rato de reflexión pensé que posiblemente su hambre no era de pan, sino que era el tipo de hambre que tenemos cuando buscamos que alguien se fije en nosotras y nos haga sentir tomadas en cuenta. Me pregunté: «¿Cuándo habrá sido la última vez que esta mujer recibió un abrazo y le dijeron: "Te amo"?».

El mundo muere de inanición emocional y espiritual, porque muchos estamos dispuestos a dar cosas, pero no atención. Estamos concentrados en nosotros mismos, buscando satisfacer necesidades personales. En el corazón egoísta de los seres humanos no hay ganas ni tiempo para atender a los demás. La única manera de hacerlo es aceptando el amor de Dios, de tal manera que nuestro corazón de piedra se transforme en un corazón de carne.

Yo sé que es imposible tener encuentros cercanos con todos los indigentes de la ciudad, pero sí es posible que el hambre emocional de los que están en casa sea satisfecha. La verdadera piedad es amor en acción, da atención, perdona, sustenta y edifica.

¿Atada al pasado?

**Yo soy el que por amor a mí mismo borra tus transgresiones
y no se acuerda más de tus pecados.**
Isaías 43: 25

La capacidad del cerebro para guardar información es realmente asombrosa. En sus miles de ramificaciones nerviosas conectadas al sistema nervioso central puede almacenar millones de datos en cuestión de segundos, y en sus archivos especializados guarda sonidos, olores, imágenes e incluso sentimientos experimentados en el pasado que podemos evocar con poco esfuerzo. Es maravilloso cómo cualquier estímulo del entorno nos puede hacer revivir algo que sucedió hace mucho tiempo. Un paseo por nuestro pasado a través de los recuerdos puede ser gratificante cuando lo que evocamos son momentos felices. Sin embargo, el regreso constante a recuerdos tormentosos y a experiencias traumáticas puede resultar nocivo.

Por esa razón el apóstol Pablo expresó: «Hermanos, no pienso que yo mismo lo haya logrado ya. Más bien, una cosa hago: olvidando lo que queda atrás y esforzándome por alcanzar lo que está delante, sigo avanzando hacia la meta» (Fil. 3: 13-14). Parece ser que en la mente del apóstol estaba la idea de que olvidar los malos momentos pasados es una buena estrategia para vivir el presente y proyectarnos hacia el futuro. Los malos recuerdos pueden transformarse en un instrumento de tortura si no sabemos cómo hacerles frente; pueden destruirnos, frenar nuestro desarrollo personal, y afectar nuestra salud física y mental.

Las equivocaciones pasadas, las malas experiencias y las situaciones frustrantes, debieran ser evocadas únicamente como lecciones de vida para el presente, sin que nos causen culpa ni remordimientos. Esto puede llevarse a cabo con la ayuda y el poder de Dios aunado a nuestra fe. Su promesa es: «He disipado tus transgresiones como el rocío, y tus pecados como la bruma de la mañana. Vuelve a mí, que te he redimido» (Isa. 44: 22).

Este es un llamado de Dios a vivir el presente en libertad. Dios tiene poder para librarnos de las cadenas del pecado y, por su gracia, hacer que nuestro caminar por este mundo sea ligero y pleno de triunfos en Cristo Jesús.

No permitas que se desperdicie el gozo que Dios tiene disponible para ti en este día. ¡Vívelo! Desarrolla una actitud de agradecimiento y acepta para tu vida la cruz del Calvario en la que fuiste libre por medio del sacrificio de amor que todo el cielo hizo por ti.

Paz en la tormenta

Sométete a Dios; ponte en paz con él, y volverá a ti la prosperidad.
Job 22: 21

Uno de mis himnos favoritos dice en una de sus estrofas: «Dios te puede dar paz en medio de la tormenta». Esta frase hace referencia a la tranquilidad que Dios te ofrece si confías en él cuando atraviesas pruebas y dificultades. Sin embargo, a veces me resulta difícil hacer de esta promesa una realidad en mí.

Cuando las tormentas propias de la vida en este planeta de pecado nos circundan, y tratamos de poner a flote nuestra barca, casi siempre lo hacemos con nuestros recursos personales. Creo que esta tendencia humana también se manifestó en los discípulos, quienes en la tormenta en medio del lago olvidaron que Jesús estaba con ellos. Si lo hubieran recordado a tiempo, ¡cuánta ansiedad y miedo se hubieran evitado! Finalmente, en una especie de reclamo, le dijeron a Jesús: «¡Maestro!, ¿no te importa que nos ahoguemos?» (Mar. 4: 38).

Por supuesto que a Dios le importaba lo que sucediera con los discípulos, pero lo que ellos no tenían era suficiente fe, y eso les impedía gozar de la presencia del Señor y por consiguiente tener paz. Desgraciadamente, esta parece ser la forma frecuente de reaccionar de los seres humanos. En medio de las vicisitudes, agotamos todos nuestros recursos emocionales, espirituales y físicos. Es cuando estamos a punto de sucumbir cuando recordamos que Dios está ahí, en nuestra barca, dispuesto a acompañarnos durante la tormenta, y también a disiparla cuando sea el mejor momento.

¿Por qué navegar solas? ¿Por qué hacer del temor y el miedo las emociones dominantes en medio de las tempestades? ¿Por qué no recordar que la paz de Dios puede ser una vivencia real, especialmente cuando nos encontramos en dificultades?

La autosuficiencia, que es un rasgo de carácter de todos los seres humanos resultado de la separación de Dios, es la causante de que vivamos en temor y soledad. Creer que tenemos poder en nosotros mismos y no reconocer que toda la fuerza viene de Dios, son dos elementos generadores de soberbia y orgullo que nos impelen a caminar solos.

Experimentar la paz de Dios es un anhelo que debemos hacer crecer en nuestro corazón, y podrá ser realidad únicamente si dejamos que él tome el timón de nuestra barca, teniendo la seguridad de que nos conducirá a puerto seguro.

Aunque te rías

Así que mi Dios les proveerá de todo lo que necesiten,
conforme a las gloriosas riquezas que tiene en Cristo Jesús.
Filipenses 4: 19

Cuando Sara se rió, dudando de la promesa de Dios que le aseguraba daría a luz un hijo, lo hizo basada en conceptos humanos. Pensó: «¿Cómo podré ser madre ahora que estoy vieja, cuando la costumbre de las mujeres ya ha cesado en mí?». Frente a esta reflexión, su risa pareció ser una respuesta bastante lógica; y cualquiera que lo piense así estaría de acuerdo con ella.

Durante años Sara había deseado ser madre, y al no conseguirlo, trató de ayudar a Dios entregando su esclava a su esposo, con el fin de que esta concibiera en su lugar. Cuando finalmente vio fracasar todas sus gestiones en pro de su maternidad, se resignó. Fue entonces, frente a su fracaso, cuando entró Dios en el escenario de su vida, con una promesa maravillosa. Promesa que en el tiempo justo se convirtió en realidad: «Sara quedó embarazada y le dio un hijo a Abraham en su vejez. Esto sucedió en el tiempo anunciado por Dios» (Gén. 21: 2).

Me alegra y me llena de paz saber que mis pensamientos son tan limitados frente a los pensamientos de Dios. Es consolador tener la certeza de que Dios es un ser supremo que está sobre mis expectativas y mis imposibles. A pesar de esto, a veces somos rápidas y dudamos de su poder. Medimos a Dios con la medida de nuestra incredulidad y, al hacerlo, no le permitimos actuar en nuestra vida, limitamos su poder y, aunque pudiéramos ser receptoras de grandes milagros, no suceden por nuestra corta visión y nuestra poca fe.

Dios espera que, en medio de un mundo incrédulo, sus hijas desarrollemos confianza en él. Una confianza que no obstaculice los milagros que desea realizar en nosotras. Para lograrlo es necesario que seamos sensibles frente a los milagros que diariamente ocurren y que no sabemos apreciar. La vida que nos concede es el mejor y mayor milagro que sucede todos los días. Cada latido del corazón es la mano de Dios acariciando nuestro corazón, y cada respiración una promesa de vida.

Si te hallas hoy frente a un imposible, como le pasó a Sara, permite que el Señor lo haga posible de acuerdo a su voluntad y a su debido tiempo. Tú solamente aférrate fuerte a tu fe y espera en Dios, que nunca falla.

De la mano del Padre

Señor, hazme conocer tus caminos, muéstrame tus sendas.
Encamíname en tu verdad, ¡enséñame! Tú eres mi Dios y Salvador;
¡en ti pongo mi esperanza todo el día!
Salmo 25: 4-5

Cuando era niña había un juego que disfrutaba mucho. Lo jugábamos mi papá y yo cuando recorríamos el camino de la iglesia a la casa por las noches. Yo ponía mi manito sobre la suya y cerraba los ojos. Durante el trayecto, mis pies se movían hacia adelante confiando solamente en las indicaciones que él me daba. Nunca dudaba, siempre confiaba en sus palabras, y siempre llegué a casa sana y salva. ¡Era mi papá! No había lugar para el miedo ni los titubeos. ¡Yo sabía que me llevaría a casa!

Ahora que soy adulta y traslado aquella vivencia infantil a la relación con mi Padre celestial, me surgen algunos interrogantes: ¿Por qué no puedo dejar dócilmente que él me guíe? ¿Por qué me lleno de temor? ¿Por qué abro los ojos a este mundo y pierdo la fe? ¿Por qué dudo de las indicaciones de Dios? ¿Por qué a veces pienso que por el camino que él me propone ir nunca llegaré al hogar? ¿Perder la niñez implicará también perder la cándida inocencia de quien confía plenamente en su padre? ¿Será por eso que Jesucristo dijo: «Les aseguro que a menos que ustedes cambien y se vuelvan como niños, no entrarán en el reino de los cielos» (Mat. 18: 3)?

Amiga, te exhorto a que todo aquello que has ganado al llegar a la edad adulta, no te arrebate la inocencia de la niña que confía plenamente en su padre. Pon tu mano en la del Padre celestial, y deja que sea él quien trace tu ruta en este día, sin miedos ni dudas. Estoy segura de que cada paso que des te llevará más cerca del hogar eterno. Cuando tu pie vacile, recuerda su promesa: «Yo soy el Señor tu Dios, que te enseña lo que te conviene, que te guía por el camino en que debes andar» (Isa. 48: 17).

Si las circunstancias te han puesto en una encrucijada y no sabes hacia dónde debes dirigirte, pídele a Dios que te indique cuál es el camino. Si se te presenta un sendero lleno de obstáculos, suplica que te otorgue poder para que puedas salir vencedora. Si la oscuridad es tan densa que te resulta imposible ver el camino, implora con fe para que la luz del Espíritu Santo te ilumine y puedas saber por dónde debes andar.

No te engañes

Dios creó al ser humano a su imagen; lo creó a imagen de Dios.
Hombre y mujer los creó, y los bendijo.
Génesis 1: 27-28

Hace algunos años, algunas damas prominentes de la comunidad donde vivía me invitaron a asistir a un simposio sobre mujeres, que tenía por objetivo analizar el papel de la mujer en una sociedad de cambio. Con un poco de curiosidad y otro poco de interés por la temática, decidí asistir. Muchas mujeres conocidas en el mundo de las letras, la ciencia y la política estaban presentes, siendo algunas de ellas las ponentes.

Las ponencias iban todas en la misma dirección: «Hacer que la mujer asuma un papel protagónico en la sociedad usando como herramientas sus capacidades y exigiendo igualdad con los varones». Si bien es cierto que algunas cosas que se dijeron allí me parecieron buenas, en un asunto definitivamente no pude estar de acuerdo. Todas las propuestas urgían a la mujer a ser protagonista, y veladamente pude entender que el método para hacerlo era entrar en pugna con los varones. Como cristiana conocedora de los propósitos y la voluntad de Dios para cada hombre y mujer, me pareció que ese no es el camino.

Reconozco que vivimos en un mundo que funciona, en muchas áreas, movido por la mano masculina, y que muchos sectores de la población femenina han sido víctimas de abuso por parte de los varones. Por supuesto que estoy a favor de que eso termine, pero creo que la confrontación de los sexos conducirá a más situaciones de conflicto. No es creando una generación de «mujeres masculinas» como alcanzaremos la emancipación que buscamos. Tampoco usurpando las funciones de los varones lograremos ser respetadas. Creo que es el momento de rescatar todo lo femenino que hemos perdido en busca de una igualdad que nadie puede arrebatarnos, porque es un legado que Dios nos dio en el momento de la creación. Lo único que tenemos que hacer es apropiarnos de esta verdad y vivir de acuerdo a lo que somos: hijas de Dios, con inigualables cualidades, enormes capacidades y entereza para enfrentar los desafíos cotidianos a la par de nuestros compañeros varones. Cuando hagamos esto, conseguiremos el respeto que merecemos y nos desarrollaremos al máximo en el lugar en que nos toque actuar.

Dondequiera que te encuentres en este día, alégrate de ser mujer, asume tus funciones con gozo, respeta y hazte respetar frente a los varones con los que convives diariamente y entonces serás una mujer que Dios, y también los hombres, reconocerán.

Pegadas por siempre en el corazón

Con la lengua bendecimos a nuestro Señor y Padre, y con ella maldecimos a las personas, creadas a imagen de Dios. De una misma boca salen bendición y maldición. Hermanos míos, esto no debe ser así.
Santiago 3: 9-10

Cuando era niña podía darme cuenta del estado de ánimo de mi madre por la manera en que me llamaba. Cuando mencionaba mi segundo nombre, era señal de que yo había hecho algo malo, y de que tenía que rectificar. Su voz sonaba dura, y cada sílaba de mi nombre la pronunciaba lentamente; era en ese momento cuando yo sabía que vendría la sentencia si hacía caso omiso a lo que me estaba diciendo.

Han pasado más de cuarenta años, pero te confieso que aquellas palabras se quedaron pegadas a mi corazón, y sé que están ahí porque, cuando las recuerdo, una emoción nostálgica me hace llorar por dentro. Si cierro los ojos, puedo ver con mi alma la expresión del rostro de mi madre, y si aguzo mi oído puedo escuchar con mucha nitidez el tono de su voz, como si estuviera sucediendo hoy. Sabiamente la Escritura dice: «Por tus palabras se te absolverá, y por tus palabras se te condenará» (Mat. 12: 37). Agradezco a Dios porque el recuerdo de la manera en que mi madre me hablaba, todavía me llama a la reflexión cuando voy a tomar un camino equivocado.

El habla es uno de los dones más maravillosos que Dios nos ha dado, privilegio exclusivo de los seres humanos. Nuestro modo de hablar y las palabras que decimos pueden ser como un bálsamo que trae curación al alma, o como un veneno que hiere el corazón. Un «latigazo de la lengua» puede ser tan destructivo, que es capaz de matar el buen ánimo y el deseo de mejorar de la persona que lo recibe. Puede ser tan letal que logra adormecer los sentimientos y nos vuelve insensibles y apáticas ante una amonestación dada con buenas intenciones. Por otro lado, una palabra sencilla, dicha de buena manera con el fin de alentar, llega a ser una caricia al corazón. Los «látigos de la lengua», matan. Las «caricias al corazón», dan vida.

Amiga, seamos mujeres sabias al hablar, no dejemos en el corazón de quienes nos escuchan palabras que nos califiquen como rudas, insensibles, soberbias y frías. Con la ayuda de Dios, hablemos de tal manera que en la posteridad seamos recordadas como mujeres tiernas, sensibles, comprensivas y sabias. ¿Es este un desafío para ti? Pues ten la seguridad de que Dios te ayudará a superarlo.

¿Quién eres? ¿A dónde vas?

No temas, que yo te he redimido;
te he llamado por tu nombre; tú eres mío.
Isaías 43: 1

Hace algunos años, debido a las circunstancias que imperaban en mi país, tuve que vivir un toque de queda. Nadie podía circular libremente por las calles en el horario que las autoridades habían fijado, con la finalidad de proteger a la ciudadanía. Cuando por causa de una emergencia teníamos la necesidad de salir a la calle dentro del horario restringido, teníamos que cumplir con dos requisitos cuando nos topáramos con los responsables del orden público. Primero, había que levantar en alto un pañuelo blanco, y acto seguido, contestar sin titubear a dos preguntas: «¿Quién eres?» «¿A dónde vas?».

La voz imponente de los guardias nos urgía a contestar prontamente: «¡Identifíquese! ¡Identifíquese!» «¡Diga hacia dónde se dirige!». Si contestábamos con seguridad y prontitud, teníamos el salvoconducto para ir hasta nuestro destino y volver con seguridad. Más aún, los guardias nos escoltaban. De la respuesta a esas dos preguntas dependía nuestra vida.

Creo que como hijas de Dios deberíamos tener una respuesta pronta y convincente a estas dos preguntas. Sobre todo en un mundo en el que tantas mujeres viven sin saber quiénes son y desconocen su destino final. También porque de las respuestas que demos dependerá que obtengamos la vida eterna.

Me gustaría transmitirte un sentimiento de gozo y gratitud porque, en medio de la incertidumbre, nosotras conocemos nuestra identidad y sabemos cuál es la ruta que nos conducirá al destino final. Dios mismo nos la confirma cuando dice: «Te he llamado por tu nombre, tú eres mía. Yo estaré contigo» (ver Isa. 43: 1-2). Amiga, gózate en el Señor, pues tu identidad fue determinada en la mente y el corazón de Dios, y nada ni nadie puede cambiar esa realidad.

Por otro lado, al reconocernos como hijas de Dios, también nos damos cuenta de que tenemos una encomienda sagrada que cumplir, lo que da sentido a la vida, la enriquece y la proyecta hacia cosas superiores, objetivos nobles. Esto, hasta el día memorable en que seremos trasladadas a nuestro hogar eterno.

No permitas que las preocupaciones, los fracasos y los chascos propios de la vida, te hagan perder de vista quién eres y cuál es el propósito que tiene Dios para ti. Nuestros hogares, nuestras familias y el prójimo necesitan mujeres de convicciones firmes que tengan creencias sustentadas en lo que jamás desaparece, en lo eterno, en Dios mismo.

¿Abrumada por la vida?

El perezoso ambiciona, y nada consigue; el diligente ve cumplidos sus deseos.
Proverbios 13: 4

Los estudiosos de la psicología afirman que existen dos tendencias universales que rigen la vida del ser humano: luz y oscuridad, optimismo y pesimismo; estas dos tendencias inciden directamente sobre la felicidad personal. Hay muchas personas que ven la vida como un viaje tenebroso y solitario, y siempre esperan finales catastróficos. Por otro lado, están los que tienen la capacidad de viajar por la vida interpretando los acontecimientos cotidianos favorablemente, de manera optimista, aunque las circunstancias no sean siempre halagüeñas.

Los pesimistas viven rodeados de tinieblas y oscuridad, y hacen de esto un hábito, que además, envuelve a quienes los rodean. Quienes llegan a esta condición no pueden apreciar los agentes generadores de felicidad que tienen al alcance de su mano. Los optimistas, sin embargo, son capaces de encender la luz cuando las penumbras llegan, porque, evidentemente, ser optimista no elimina de la vida las circunstancias adversas. Y cada vez que se enciende una luz, todo se ilumina para quienes pueden verla.

Los pesimistas se autodenominan «realistas» y consideran a los optimistas como soñadores incansables que siempre viven en una quimera. Nuestro Señor Jesucristo nos dice: «Miren que la hora viene, y ya está aquí, en que ustedes serán dispersados, y cada uno se irá a su propia casa y a mí me dejarán solo. Sin embargo, solo no estoy, porque el Padre está conmigo. Yo les he dicho estas cosas para que en mí hallen paz. En este mundo afrontarán aflicciones, pero ¡anímense! Yo he vencido al mundo» (Juan 16: 32-33). Eso quiere decir que aunque tenemos que vivir en medio de las dos tendencias humanas mencionadas, encontramos en Dios una fuente de alegría permanente que nos permitirá vivir con optimismo.

¿Cómo generar ánimo cuando vivimos la pérdida de un ser amado? ¿O cuando la enfermedad nos afecta? ¿O cuando un revés financiero nos sitúa a las puertas de la miseria? Nunca pensemos que encontrar ánimo en tiempo de aflicción es tarea exclusiva nuestra. Si Dios nos exhorta: «Estén siempre alegres» (1 Tes. 5: 16), también nos recuerda que él tiene poder para hacerlo posible si se los pedimos. «No estén tristes, pues el gozo del Señor es nuestra fortaleza» (Neh. 8: 10).

No te quedes en este día atrapada en la bruma de tu tristeza. Mira más allá de tus tinieblas y verás el sol de justicia brillando para ti.

No eres un error de Dios

¿No se venden dos gorriones por una monedita? Sin embargo,
ni uno de ellos caerá a tierra sin que lo permita el Padre; y él les tiene contados
a ustedes aun los cabellos de la cabeza. Así que no tengan miedo;
ustedes valen más que muchos gorriones.
Mateo 10: 29-31

«No sé por qué nací, por qué Dios permitió que yo viniera a este mundo. Todo me sale mal, he llegado a pensar que Dios se equivocó al darme la vida». Estas fueron las expresiones de una jovencita que suponía que su vida era un error del Padre celestial. Sentada frente a mí narró una serie de acontecimientos desafortunados relacionados con su existencia; a ella le parecía que nada bueno le había pasado durante sus veinte años de vida. Hija de madre soltera, su padrastro había abusado sexual y psicológicamente de ella cuando tenía siete años; a la edad de trece su madre la había abandonado, su novio la había utilizado y ahora no tenía empleo para poder satisfacer sus necesidades materiales.

Son muchas las mujeres que viven así. Se sienten «errores de Dios». No encuentran el propósito de su vida, lo que las lleva a la desesperanza. Cuando esto sucede se corre el riesgo de caer en una de las trampas más efectivas de Satanás.

No existe ningún episodio de la vida, por terrible que parezca, que nos impida formar parte de la formidable creación de Dios. Miles de seres humanos nacen diariamente y todos por su voluntad. «Así dice el Señor, tu Redentor, quien te formó en el seno materno» (Isa. 44: 24).

Tú eres un diseño original del Creador. Él puso en ti cada órgano y te regaló características que te hacen única. Puedes estar segura de que si consultas cotidianamente la voluntad de Dios, podrás unir poco a poco cada eslabón de la vida hasta llegar a formar una cadena de fe que te mantenga unida a tu Señor y le dé sentido a tu vida.

Cuando sufras el desprecio y el desamor de parte de aquellos que debieran haberte procurado bienestar, con toda seguridad podrás contar con el abrazo de Dios, listo para ofrecerte consuelo, y su oído atento para escuchar tus pesares. «¿Acaso no oirá el que nos puso las orejas, ni podrá ver el que nos formó los ojos?» (Sal. 94: 9).

Finalmente, cuando te sientas amenazada por las dudas con respecto a tu razón de ser, repite una y otra vez: «¡No soy un error de Dios! ¡Soy su obra maestra!».

Intercambio de bendiciones

La bendición del Señor trae riquezas, y nada se gana con preocuparse.
Lo que el malvado teme, eso le ocurre; lo que el justo desea, eso recibe.
Pasa la tormenta y desaparece el malvado,
pero el justo permanece firme para siempre.
Proverbios 10: 22, 24, 25

Una vez, mientras daba clase a un grupo de preescolares, recordé que las madres me habían recomendado que cuidara de que sus hijos no compartieran alimentos ni bebidas con sus compañeros, para evitar una epidemia de gripe, que era cosa común, especialmente en los meses invernales cuando se propagan los virus de la influenza y los niños son muy propensos a contraerlos. Realmente me inquietó aquella situación, porque no se me ocurría la estrategia ideal para proteger a mis niños.

Te confieso que lograrlo era casi imposible. A los niños les encantaba intercambiar bocadillos y bebidas con sus demás compañeros, con el único propósito de poner por las nubes la rica merienda que sus madres les habían preparado. Para serte sincera, a mí también me gustaban aquellos momentos, y muchas veces fui persuadida por alguno de mis pequeños para participar del agasajo, lo cual me llenaba de mucha alegría. Y era tanto el gozo de aquellos niños, que no se contagiaban de nada más que de amor, el mismo que Dios nos enseñó para contagiar a los demás.

¡Eran felices! La gripe estaba lejos de ser una preocupación para ellos, ni se acordaban del frío que hacía. Lo importante era dar a conocer a todos cuánto los amaban sus mamás, y por eso les ponían en la maletita de la merienda tantas cosas ricas y deliciosas.

Querida amiga, Dios, nuestro Padre, también pone cada mañana en nuestra maletita de amor ricas y abundantes bendiciones con una dotación extra para que podamos compartir con todos los que nos rodean. La mayor bendición que Dios puede darnos es hacer de cada una de nosotras una bendición para los demás. Eso quiere decir que cuando nos reunimos con otras mujeres y con los demás miembros de nuestra familia, debemos abrir nuestra maletita de amor y compartir sin reservas las bendiciones que nuestro Padre nos ha dado, para que todos sepan cuánto nos ama y cuánto lo amamos nosotras a él. Si logramos «contagiar a todos» y hacer del amor de Dios una «epidemia», estaremos vacunadas contra el odio.

¡Deliciosas bendiciones de Dios!

Todo tiene consecuencias

El camino de Dios es perfecto; la palabra del Señor es intachable.
Escudo es Dios a los que en él se refugian. ¿Quién es Dios, si no el Señor?
¿Quién es la roca, si no nuestro Dios? Es él quien me arma de valor y endereza
mi camino; da a mis pies la ligereza del venado,
y me mantiene firme en las alturas.

Salmo 18: 30-33

Una de las leyes universales de la vida dice así: «Todo lo que hagas tiene consecuencias». Creo que en más de una ocasión hemos comprobado la veracidad de esta declaración. Si nuestras decisiones son buenas, lo más seguro es que las consecuencias también lo sean. Por el contrario, las decisiones erróneas traerán como resultado consecuencias negativas, y estas nos alcanzarán tarde o temprano.

Nadie puede quedarse como espectador de la vida y sencillamente mirar cómo transcurre. Tenemos que involucrarnos, y es ahí donde las decisiones son tan vitales. Pueden determinar el éxito o el fracaso; la vida o la muerte. La otra gran verdad en relación a las decisiones es que estas no solo afectan a quien las toma, sino también a los que están dentro de su esfera de influencia.

Las mujeres que generalmente estamos a cargo de una familia y del hogar, inmersas en un sinfín de actividades, somos empujadas a tomar decisiones constantemente. Algunas quizás intrascendentes, pero otras tan importantes que ponemos en juego nuestro bienestar y el de los que dependen de nosotras. Recuerdo el caso de una madre que, persuadida por su hijo, tomó la decisión de permitirle abandonar la escuela. Ahora que el hijo es adulto se lo recrimina y la culpa a ella de su propio fracaso profesional.

Si en medio de las emociones de la juventud una muchacha decide vivir únicamente para los placeres que el mundo ofrece, puede ser que la cosecha de la vida le entregue solamente «gavillas vacías». Por el contrario, si por decisión personal decide poner su voluntad y sus deseos bajo el dominio de Dios, su cosecha seguramente será abundante.

¡Cuidado! No todas las vías nos llevarán a un final feliz. En la Palabra de Dios leemos: «Hay caminos que al hombre le parecen rectos, pero que acaban por ser caminos de muerte» (Prov. 14: 12). En Cristo Jesús encontramos el mejor aliado para tomar decisiones acertadas, y si las decisiones equivocadas que has tomado en el pasado han bloqueado tu camino, suplica y dile: «Guíame, Señor, por tu camino; dirígeme por la senda de rectitud» (Sal. 27: 11).

Que el Señor haga de ti un instrumento de paz

La mujer pendenciera es gotera constante.
Proverbios 19: 13

Hay una declaración de la Palabra de Dios que pone a temblar mi corazón: «La mujer necia es escandalosa, frívola y desvergonzada» (Prov. 9: 13). Me aterra la sola idea de caer en este grupo. A pesar de ello, me asusta aún más darme cuenta de que en ocasiones he actuado con necedad.

Las mujeres que alborotan, escandalosas y pleitistas, y lo peor de todo, ufanas de su mala conducta, son una abominación para Dios, molestas para quienes las observan, y un lastre pesado de sobrellevar para los que tienen que convivir con ellas. Más aún, no sienten vergüenza de ellas mismas, ni tampoco del dolor que causan a su familia. He visto a esposos abochornados por el proceder público de sus esposas, e imposibilitados para darles un consejo, porque ellas no lo permiten. Los hijos de estas mujeres evitan su compañía porque, como volcanes en erupción, explotan ante la más mínima provocación, dejándolos en ridículo dondequiera que sea y frente a cualquiera.

En contraste, la Palabra de Dios alaba a la mujer prudente. Así dice: «La casa y el dinero se heredan de los padres, pero la esposa inteligente es un don del Señor» (Prov. 19: 14). Las mujeres de Dios son una bendición y un don suyo para todo aquel que se topa con ellas. Quiera el Señor que cada una de nosotras podamos estar en este grupo especial de mujeres que son instrumentos de paz.

Las mujeres pacificadoras proyectan paz y armonía en todos los que las observan. Poseen un porte santo que las identifica como hijas de Dios, aunque no lo digan. Defienden sus principios con dignidad y elegancia. Cuando se irritan por alguna injusticia, son capaces de sujetarse al Espíritu Santo y mantenerse serenas y ecuánimes, pues tienen la convicción de que Dios peleará por ellas. Sus palabras muestran la paz de sus corazones cuando dicen: «Sé tú mi defensor, pues tus ojos ven lo que es justo» (Sal. 17: 2).

Hagamos en este día una revisión sincera de nuestras actitudes, lo que implica reconocimiento y rectificación. Si reconoces que con mucha frecuencia tu ánimo exaltado te lleva a tener problemas con los demás, entonces has dado el primer paso; el segundo consiste en pedir a Dios con humildad ayuda para que puedas rectificar tu conducta, y llegar a ser lo que Dios anhela que seas, un instrumento de paz.

¡Levántate y resplandece!

> ¡Levántate y resplandece, que tu luz ha llegado!
> ¡La gloria del Señor brilla sobre ti!
> Isaías 60: 1

Tenía alrededor de dieciséis años cuando, en un terreno abandonado junto a su escuela, fue violada. Era una muchacha que amaba a Dios, una estudiante brillante y destacada con un futuro muy prometedor. La apreciaban sus compañeros, amigos y maestros, ¡y le sucedía eso!

Alguien la refirió conmigo y cada quince días teníamos sesiones de terapia, con la intención de que pudiera sobrellevar ese episodio tan amargo y eliminar poco a poco las secuelas traumáticas que quedan cuando una mujer vive una experiencia tan aterradora. Aunque han pasado algunos años, puedo recordar con bastante nitidez los rasgos del rostro de la muchacha, la forma en que colocaba sus manos sobre su regazo, y la expresión de sus ojos cuando me miraba para escuchar lo que yo le decía. Toda ella irradiaba paz. Pero lo que realmente nunca olvidaré es el ejemplo de entereza, confianza en Dios y fortaleza de aquella mujer, casi una niña, que se veía frágil física y emocionalmente.

La fuerza que emanaba de su interior me hizo reconocer que espiritualmente era una «guerrera». Durante los meses que duró la terapia, aprendí grandes lecciones; creo que ella fue un instrumento de Dios para cambiarme a mí. Su fe en Dios permanecía intacta. El odio natural que debería haber sentido hacia su agresor fue sustituido por compasión y perdón, y estaba segura de que su pureza se mantenía intacta, porque Dios lo había hecho posible en la cruz.

Años después supe que estudiaba una carrera universitaria con mucho éxito, e imagino que ahora debe de ser una profesional realizada. Nunca odió a los hombres, por lo que creo que a lo mejor tiene un matrimonio feliz. ¡Fue capaz de levantarse y resplandecer!

Cuando estamos en el suelo, con nuestro mundo hecho añicos a nuestros pies, dobladas de dolor, enceguecidas por la desesperación, muchas veces no logramos ver la mano de Dios que se extiende solícita y dispuesta a sostenernos y levantarnos. La resurrección del Salvador del mundo debe hacernos recordar que para él no hay imposibles, y que podemos levantarnos de nuestra postración física, emocional o espiritual, si lo miramos y confiamos en su poder restaurador. Si ahora lloras debido a una pérdida, escucha la voz de Dios que te dice: «¡Levántate y resplandece! Es posible si confías en mi».

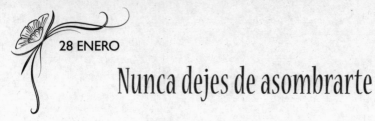

Nunca dejes de asombrarte

Él realiza maravillas insondables, portentos que no pueden contarse.
Job 9: 10

La capacidad de asombro es la que ha permitido a muchas personas llevar a cabo increíbles descubrimientos e inventos. Esta capacidad consiste en poder reconocer la esencia de una cosa, por más sencilla que esta sea. Quienes cultivan esta habilidad viven intensamente, experimentan de continuo emociones gratificantes.

Cuando Dios puso al hombre y a la mujer en el centro de la creación, fue con el propósito de brindarles un deleite constante, y una fuente inagotable de conocimiento. Allí podían encontrar satisfacción a uno de los placeres más vitales: maravillarse al contemplar las obras de Dios.

Esta capacidad fue la que llevó al salmista a exclamar: «Señor mi Dios, tú eres grandioso; te has revestido de gloria y majestad. Te cubres la luz como con un manto; extiendes los cielos como un velo» (Sal. 104: 1-2).

A pesar de que vivimos en un planeta envejecido y enfermo por las agresiones humanas, todavía podemos ser espectadoras de la grandeza de Dios manifestada en la naturaleza. Los poetas, los músicos y los trovadores, aún encuentran inspiración en el cielo, la lluvia, el canto de las aves, en los atardeceres cubiertos de ocre y en la sonrisa de un bebé.

Nosotras, incluso las que creemos que no tenemos alma de artista, tenemos suficientes motivos para proclamar la grandeza de Dios. Por medio de la contemplación de las cosas creadas por el Hacedor, nos llenamos de esperanza, fe y seguridad, pues el mismo Dios que sostiene a las aves en el aire, nos sostiene a nosotras, ya que somos objeto de su más grande amor y especial cuidado.

¡Asómbrate! Tu corazón late cien mil veces al día. Multiplica esto por la cantidad de años que has vivido y quedarás impresionada. Mediante tus oídos, tus ojos y tu boca, tu cerebro almacena miles de sonidos, olores y sabores, que quedarán grabados a pesar del paso del tiempo. Pero el motivo más grande de asombro debiera ser el hecho de vivir. Hagamos de cada mañana una celebración, elevemos un himno de alabanza y adoración al Santísimo. Contagiemos a los que están cerca de nosotras de este mismo espíritu, invitémonos unos a otros a la contemplación de la gloria de Dios, manifestada en los actos sencillos de la naturaleza, y tendremos recursos suficientes para vivir plenamente.

Recuerda que la más maravillosa criatura que Dios hizo, ¡eres tú!

El poder de influir

Porque ninguno de nosotros vive para sí mismo,
ni tampoco muere para sí.
Romanos 14: 7

Las mujeres tenemos una extraordinaria capacidad para influir sobre los demás. Lo he comprobado en mi experiencia como madre y esposa, y creo que tú estarás de acuerdo conmigo. ¿Por qué cuando acompañamos a nuestros esposos a comprar un traje, un par de zapatos o un automóvil, el vendedor se empeña en convencernos a nosotras primero de cuál es la mejor opción? Obviamente porque conoce el poder de persuasión de la mujer, y sabe que el camino más corto para hacer una venta es convencerla a ella.

En la Biblia encontramos narraciones extraordinarias de mujeres que ejercieron una influencia poderosa. Recordemos a Jocabed; solamente tuvo a su hijo Moisés unos cuantos años bajo su tutela, pero fue suficiente para sembrar en él los principios y valores que más tarde dirigirían la vida de ese gran líder. Por su parte, Eva tenía tanto poder de persuasión que su esposo renunció al llamado que Dios mismo le había hecho, con tal de no perderla. Elena G. de White comenta: «Adán había gozado el compañerismo de Dios y de los ángeles, había contemplado la gloria del Creador. Comprendía el elevado destino que aguardaba al linaje humano si los hombres permanecían fieles a Dios, sin embargo, se olvidó de todas estas bendiciones ante el temor de perder el don que apreciaba más que todos los demás. El amor, la gratitud y la lealtad al Creador, todo fue sofocado por amor a Eva. Ella era parte de sí mismo, y Adán no podía soportar la idea de una separación. Adán resolvió compartir la suerte con Eva. Si ella moría, él moriría con ella» (*Patriarcas y profetas*, cap. 3, p. 40).

Sé que nosotras, las mujeres de Dios, anhelamos ser, a cada paso que damos, una fuente de bendición para los demás, y lo lograremos en la medida en que dócilmente nos dejemos influenciar por el Espíritu Santo. Lo único que necesitamos es entrega, lo demás lo hará el Señor en nosotras.

Procura que lo que digas a otros con respecto a asuntos tanto triviales como importantes, esté respaldado por un «así dice el Señor». Analiza el consejo que vas a dar, así te darás cuenta de si lo que vas a decir emana de tu egoísmo. Si así fuere, con la fuerza de Dios sella tus labios. Aprovecha tu poder para persuadir a cada persona que encuentres en tu camino para que se entregue a Dios.

¿Solamente las sobras?

¿Quién de ustedes, si su hijo le pide pan, le da una piedra?
¿O si le pide un pescado, le da una serpiente?
Mateo 7: 9-10

La mayoría de las mujeres, cuando abrimos las puertas de nuestro hogar para recibir visitas, nos esmeramos para que reciban la mejor impresión. Posiblemente a la hora de servir los alimentos saquemos del armario la mejor vajilla, y cubramos la mesa con ese mantel que solamente usamos en ocasiones especiales. Estoy casi segura de que también deseamos vernos bien y usamos una ropa especial para la ocasión. El arreglo y la limpieza del hogar también forman parte de ese «ritual» de bienvenida para nuestros visitantes. Por supuesto, esa sería la ocasión de preparar la «receta secreta», nuestra especialidad.

Todavía no conozco a ninguna dama que sea capaz de recibir visitas especiales ofreciéndoles sobras del día anterior, y mostrándoles un hogar desarreglado. Tampoco conozco a ninguna mujer que agasaje a sus visitas ofreciendo los alimentos en platos rotos y un mantel cubierto de manchas. Sin embargo, a veces, cuando recibimos al visitante más importante, no lo hacemos en correspondencia a su grandeza. No me refiero al jefe de nuestro esposo, sino a la visita que Jesucristo desea hacernos cotidianamente.

Cuántas veces le damos apenas las sobras de nuestro día y, sin energía, somos incapaces de experimentar el gozo de su presencia; nos sentimos cansadas por los quehaceres ajenos a la preparación que él se merece. Sin vigor, exhaustas por el ir y venir de una vida carente de propósitos, la visita de nuestro amigo Jesús pasa desapercibida y no recibimos las bendiciones que desea darnos.

El salmista exclamó: «Me has dado a conocer la senda de la vida; me llenarás de alegría en tu presencia, y de dicha eterna a tu derecha» (Sal. 16: 11). Estas expresiones de alegría seguramente fueron generadas en un corazón agradecido por la presencia de Cristo en su vida. El Señor desea que nosotras experimentemos este gozo, anhela que lo invitemos a entrar a un corazón reposado y dispuesto a ser tocado por la dulce influencia del Espíritu Santo. Espera también que, sentadas a sus pies, sin prisa y en quietud, disfrutemos de su cariño, pues nos conoce individualmente y sabe qué necesitamos para hacer frente a los desafíos diarios.

Amiga, prepara tu hogar y tu corazón para esta visita extraordinaria. No permitas que cuando el Salvador llame a tu puerta para entrar, tú estés absorta en tus preocupaciones y apenas tengas para ofrecerle las sobras del día.

¡Amor eterno!

Nosotros amamos a Dios porque él nos amó primero.
1 Juan 4: 19

La mayoría de las madres sabemos que el amor que sentimos por nuestros hijos supera a los errores que cometan, sin importar cuántas veces nos defrauden. Los amamos, aun cuando experimentamos sentimientos y emociones no muy gratas hacia ellos en esas ocasiones en que nos desobedecen o desafían nuestra autoridad.

Detrás de una maternidad con desafíos siempre está el amor incondicional que sentimos por ellos. Independientemente de cómo se porten, estamos orgullosas de ser sus madres, y frente a la evidencia de una mala acción, siempre intentaremos buscar un justificante o algo que los exima de las consecuencias. Pero también sabemos que, aunque no necesitan hacer nada para ganar nuestro afecto, nos sentimos complacidas cuando nos expresan su amor en cosas simples, pero que para nosotras son de gran significado.

Cuando comparo mi amor de madre con la relación amorosa que Dios desea tener conmigo, puedo entender con más claridad su amor incondicional. Él me ama a pesar de mis desaciertos, de mi desamor y de que constantemente ignoro sus mandatos. Si bien es cierto que nada podemos hacer para granjearnos el amor de Dios, también es verdad que él se alegra cuando ve que sus hijos le rinden honor y le expresan gratitud. En el Sagrado Libro podemos leer lo siguiente: «El Señor aborrece las ofrendas de los malvados, pero se complace en la oración de los justos» (Prov. 15: 8).

Te invito, amiga, a que en este día des gracias al Padre celestial, pues su amor infinito e inmutable nos alcanza dondequiera que estemos, y como estemos. Puedes sentir alivio al recordar que «nosotros amamos a Dios porque él nos amó primero» (1 Juan 4: 19).

El amor de Dios es tan resistente que soporta el peso de nuestros errores. Es tan puro que limpia el pecado más negro. Es tan dulce que convierte las amarguras en alegría. Es tan profundo que toca lo más recóndito del ser. Es tan abundante que satisface todas las necesidades humanas. Es tan ardiente que ni el más vil de los pecadores lo puede apagar. Es tan sustentador que nunca deja de proveer energía espiritual. Es tan fecundo que genera vida. Es tan bondadoso que nos permite amar aun a quienes nos hacen mal. Es tan sencillo que inclusive los niños lo pueden sentir. ¡Refugiémonos en él!

Como los árboles del bosque

Me ha enviado a darles una corona en vez de cenizas, aceite de alegría
en vez de luto, traje de fiesta en vez de espíritu de desaliento.
Serán llamados robles de justicia, plantío del Señor, para mostrar su gloria.
Isaías 61: 3

Observar los árboles del bosque en medio de una tormenta es en verdad impresionante. Cuando la velocidad y la fuerza del viento los abaten, dan la impresión de que, de un momento a otro, serán arrancados de sus raíces, aunque raramente eso llega a suceder. Sin embargo, cuando un árbol solitario de una llanura enfrenta la tormenta, es muy probable que no resista. Un guardabosque me explicó que los árboles del bosque, al crecer juntos, entremezclan sus raíces por debajo de la tierra, y eso los hace más fuertes y resistentes a los temporales.

Una hermosa lección para nosotras, ¿verdad? Los árboles del bosque parecen vivir bajo el lema: «Nadie vive para sí ni nadie muere para sí». En realidad, esta es una reflexión que solamente los humanos podemos hacer.

Los hijos y las hijas de Dios hemos sido creados para entrelazar nuestras raíces. Un espíritu de solidaridad debiera unirnos cuando los vendavales de la vida se presenten, y con disposición natural hemos de estar listos para sostener al que está a punto de caer.

Los humanos no podemos vivir aislados y solitarios, sintiéndonos suficientes en nuestras propias fuerzas; y tampoco podemos hacer a un lado al débil que quiere refugiarse y tener seguridad a nuestro amparo. Dios quiere estar «enraizado» en nosotros. Eso nos garantiza fortaleza en tiempo de prueba. Nosotros debiéramos hacer lo mismo en relación al prójimo.

Sostengamos al débil, especialmente si es un niño, un joven o un anciano. Hagamos que se sientan protegidos y seguros. Permitamos que tomen fuerza de nuestras experiencias compartiendo nuestras vidas con ellos. Cuando arrecien las tormentas, luchemos juntos, hombro con hombro, con la seguridad de que nos fortalecerá el brazo poderoso del guerrero invencible, Jesucristo.

Querida amiga, Dios quiere que seas un árbol fuerte en el bosque, y no un débil arbusto solitario en la explanada de la vida. La maravillosa promesa del Señor es: «Lo plantaré sobre el cerro más alto de Israel, para que eche ramas y produzca fruto y se convierta en un magnífico cedro. Toda clase de aves anidará en él, y vivirá a la sombra de sus ramas. Y todos los árboles del campo sabrán que yo soy el Señor» (Eze. 17: 23-24).

Tu realidad debe enraizarse en Dios

Gracias a Dios que en Cristo siempre nos lleva triunfantes y, por medio
de nosotros, esparce por todas partes la fragancia de su conocimiento.
Porque para Dios nosotros somos el aroma de Cristo
entre los que se salvan y entre los que se pierden.
2 Corintios 2: 14-15

Hace algún tiempo visité un parque de atracciones en el que había una casa muy singular. Al entrar en ella daba la impresión de que estabas caminando de lado. El efecto visual era tan extraordinario que, aunque estábamos caminando sobre un piso llano, nos costaba mucho trabajo, como si en realidad estuviéramos subiendo una cuesta.

¿Cómo era posible que un asunto de percepción nos hiciera creer que nuestra realidad era otra? Muchos comenzamos a dudar de lo que era cierto, y por ende aceptamos una ilusión como algo real. Es más, al salir de aquella atracción, todavía el suelo parecía inclinarse, y varios de los que habían entrado sintieron mareo y desubicación, como si ciertamente hubieran caminado inclinados durante todo el trayecto.

¿No nos pasa lo mismo a veces en las experiencias de la vida? Creemos que lo que percibimos, que generalmente está basado en emociones y sentimientos, es la realidad. Puede ser que las circunstancias de un momento nos hagan experimentar emociones como temor, desconfianza, inseguridad e ira, y estas distorsionen nuestra realidad, haciéndonos pensar mal de nosotras mismas y de los demás. Es posible que bajo el influjo de hechos mal interpretados, podamos llegar a sentir lástima, enojo, e incluso a desconfiar del amor y del cuidado de Dios.

Puede ser también que bajo la influencia de una percepción incorrecta, alguien evalúe como demasiado positiva su actuación, convirtiéndose en una persona soberbia o, por el contrario, que subestime sus actos hasta llegar a despreciarse a sí misma.

Encuentra tu realidad en Cristo. Si se lo pides hará que te veas a ti misma en la dimensión correcta. Te dará el equilibro que te situará en el lugar preciso en el que debes estar, y producirá en ti la convicción exacta de lo que eres de acuerdo a los propósitos de Dios.

Busca hoy tu realidad en Cristo. Descubre que eres una hija amada de Dios, creada para triunfar, aunque lo que percibas en tu entorno te diga lo contrario. Así verás que lo que se extenderá ante ti será un camino recto, con una meta bien definida.

El amor de Dios sigue, y sigue, y sigue...

Lleven una vida de amor, así como Cristo nos amó y se entregó
por nosotros como ofrenda y sacrificio fragante para Dios.
Efesios 5: 2

Cuando era niña escuché por primera vez la historia del muchachito que, al observar las manos de su madre cubiertas de cicatrices, le preguntó por qué las tenía tan feas. Ella, conmovida, entre lágrimas le relató cómo lo había rescatado de un incendio en su propia casa cuando apenas era un bebé.

Esta dramática narración se cuenta con fines didácticos y tiene como propósito exaltar el amor que las madres sienten por sus hijos, y a la vez, hacer una pálida comparación con el amor de Dios por nosotros. Es innegable que el amor humano puede alcanzar expresiones sublimes, como es el caso que acabo de mencionar, pero nunca podrá ser comparado con el amor de Dios, pues el amor del Señor sigue y sigue cuando todos los demás nos han abandonado.

Puede ser que, por el egoísmo humano, el amor que un hombre y una mujer se profesan ante el altar y que los lleva a unirse en matrimonio, se vuelva tan frágil que destruya el lazo matrimonial. También se ha dado el caso de madres que, bajo el argumento de que así educan a sus hijos, los someten a golpes y vejaciones. Aunque nos causa dolor, no hemos de asombrarnos cuando el amor humano se termina, pues es resultado de vivir separados del amor de Dios. Pero lo que debe llenarnos de gozo es el hecho de que el amor del Señor es eterno y excelso, y sobrepasa el entendimiento humano.

En Romanos 8: 35 el apóstol Pablo pregunta: «¿Quién nos apartará del amor de Cristo?». Más adelante responde: «Ni la muerte ni la vida, ni lo presente ni lo porvenir, ni los poderes, ni lo alto ni lo profundo, ni cosa alguna en toda la creación, podrá apartarnos del amor que Dios nos ha manifestado» (Rom. 8: 38-39).

Amiga, este es un buen día para que te apropies del amor de Dios. Ámate a ti misma como Dios te ama; ama a los que te aman; y pide al Padre que te ayude a amar a aquellos que no se dejan amar. Que tu pensamiento en este día sea como el de Pablo: «Pido que, arraigados y cimentados en amor, puedan comprender, junto con todos los santos, cuán ancho y largo, alto y profundo es el amor de Cristo; en fin, que conozcan ese amor que sobrepasa nuestro conocimiento» (Efe. 3: 18-19).

Ante el Muro de las Lamentaciones

Por la fe celebró la Pascua y el rociamiento de la sangre,
para que el exterminador de los primogénitos no tocara a los de Israel.
Por la fe el pueblo cruzó el Mar Rojo como por tierra seca; pero cuando
los egipcios intentaron cruzarlo, se ahogaron. Por la fe cayeron los muros
de Jericó, después de haber marchado el pueblo siete días a su alrededor.
Hebreos 11: 28-30

Hace algunos años estuve de pie frente al Muro de las Lamentaciones en Jerusalén. El día era frío y lluvioso, todo estaba envuelto en una densa bruma y me pareció triste cuando observé, en la sección permitida a las damas, cómo varias mujeres cubiertas con túnicas negras lloraban mientras golpeaban sus frentes contra el muro, con las manos cruzadas sobre el pecho. Musitaban oraciones que únicamente ellas podían oír, y después de un largo tiempo, una a una abandonaban el lugar con los ojos enrojecidos y la mirada perdida. No sé si era una mirada de paz o de resignación.

Mujeres lejanas a nosotras, quizás por su entorno cultural y sus creencias, pero en el fondo mujeres iguales que tú y que yo, con profundas necesidades emocionales y espirituales, y que necesitan a un Dios poderoso que les dé socorro en momentos de angustia, y fortaleza para caminar hacia adelante hasta alcanzar la meta.

Al mirar y tocar ese muro, recordé la hermosa promesa del Señor, registrada en el libro del profeta Isaías: «Tus muros siempre los tengo presentes» (49: 16). Entonces pensé: «¡Qué maravilla! ¡Yo no tengo que golpear mi cabeza contra mis muros, porque mi Señor va delante de ellos!».

Esta también es una gran noticia para ti. Dios promete ir delante de ti, derribando tus traumas, tus miedos, tus culpas, tus tristezas, tus complejos, todo lo que te impida llegar a ser la mujer que anhelas ser y que Dios desea que seas.

Recuerda esta otra promesa del Señor: «Marcharé al frente de ti, y allanaré las montañas; haré pedazos las puertas de bronce y cortaré los cerrojos de hierro. Te daré los tesoros de las tinieblas, y las riquezas guardadas en lugares secretos, para que sepas que yo soy el Señor, el Dios de Israel, que te llama por tu nombre» (Isa. 45: 2-3).

Si en nuestro paso por la vida caminamos sin Dios, nos enfrentaremos solas a nuestros «muros existenciales», y seguramente saldremos lastimadas; pero, aferradas a las promesas de Dios, saldremos coronadas de gloria. ¡Haz la prueba hoy, y lo descubrirás por ti misma!

No te dejes robar

El Señor te protegerá; de todo mal protegerá tu vida.
El Señor te cuidará en el hogar y en el camino, desde ahora y para siempre.
Salmo 121: 7-8

Estoy segura de que muchas de nosotras, que hemos sido víctimas de algún robo o asalto, hemos experimentado una enorme sensación de impotencia. Cuando alguien nos arrebata lo que nos pertenece, nos indignamos, sobre todo si lo que se han llevado lo considerábamos de gran valor. A veces el valor no necesariamente es monetario, en ocasiones es más sentimental que material.

Recuerdo a una persona que durante muchos años sufrió por causa de la pérdida de un objeto sencillo, que había pertenecido a su abuela, y que alguien sustrajo de su maleta durante un viaje. Se sentía culpable por no haber sido más cuidadosa con semejante tesoro.

Amiga, nosotras hemos recibido regalos maravillosos de parte de Dios que son tesoros de incalculable valor: el título de hijas del Señor, el acceso libre y permanente al trono de su gracia por medio de la oración, el derecho a la vida eterna, el cuidado constante que Dios tiene de nosotras y nuestras familias, las Escrituras como guía segura para conducir a nuestros seres queridos en un mundo incierto... Por supuesto, estamos seguras de todo esto. Sin embargo, Satanás intenta despojarnos de estos maravillosos dones. Es ladrón de fe, de paz, de amor, de confianza, y de todo lo que nos pone bajo la gracia salvadora de Dios.

Como cualquier otro ladrón, Satanás acecha nuestra vida para sacar partido de lo más vulnerable de nuestra naturaleza, y despojarnos de todo lo que nos hace fuertes en Cristo. Desea saquear los depósitos de nuestra fe para hacernos caer en la miseria espiritual. Intentará por todos los medios vaciar la mente de todo lo santo y puro, para tomar posesión de lo más importante de nuestro ser: la mente.

¡Debemos estar en guardia! Cuidemos nuestros tesoros, ¡no nos dejemos robar! La mujer cristiana sabe que los necesita para construir su vida y la de su familia con miras a la eternidad. Cerremos las aberturas de la desconfianza, las puertas de la mundanalidad, las ventanas del pesimismo, que son los lugares favoritos de Satanás y sus huestes.

Por otro lado, afiancémonos en la promesa inmutable de Dios, que dice: «Provéanse de bolsas que no se desgasten; acumulen un tesoro inagotable en el cielo, donde no hay ladrón que aceche ni polilla que destruya. Pues donde ustedes tengan su tesoro, allí estará también su corazón» (Luc. 12: 33-34).

Recuérdame

También tomó pan y, después de dar gracias, lo partió,
se lo dio a ellos y dijo: «Este pan es mi cuerpo, entregado por ustedes;
hagan esto en memoria de mí».
Lucas 22: 19

Cuando en una ocasión necesitaron hacer un viaje de emergencia, mi yerno y mi hija decidieron dejar a mi nieta a mi cuidado durante dos días. Nunca antes se habían separado tanto tiempo de ella, y estaban francamente preocupados. La verdad, yo también lo estaba.

La nena apenas había cumplido tres años y era su primera estancia sin sus padres en casa de la abuela. Yo sabía que, dado que estaba en la etapa de las «operaciones concretas», en cuanto sus padres salieran de su vista iba a extrañarlos, y exactamente así sucedió.

Durante las primeras horas, la aventura de recorrer los rincones de la casa, el jardín, los juguetes sorpresa, los videos sobre Cristo y los discos de cantos infantiles hicieron su labor de entretener. Pero al anochecer, cuando las aves empezaron a cantar las canciones de cuna, mi nieta dijo la frase que yo más temía: «Quiero a mi mamá».

Entonces comencé a usar mi repertorio de abuela novata. Le conté una historia, le enseñé un canto nuevo, le preparé una rica meriendita, pero cada vez que el estímulo sorpresa pasaba, nuevamente surgía, y con más ansiedad, la misma frase: «Quiero a mi mamá».

Para las nueve de la noche las dos estábamos francamente agotadas, en pijama, abrazadas en la cama (pues el abuelo estaba de viaje), con lágrimas en los ojos… no podíamos dormir. Hasta que tuve una feliz idea. La siguiente vez que dijo: «Quiero a mi mamá», corrí a la sala, tomé una fotografía que sus papás se habían tomado el día de su boda, y se la entregué. Cuando ella miró el retrato, comenzó a reír, dejó de llorar, y muy pronto, abrazando la foto, se quedó profundamente dormida. ¡Por fin tenía a su mamá y a su papá junto a ella! Aquella foto le había hecho recordar que sus padres la amaban y pronto irían a buscarla.

Querida amiga, cuando comiences a sentirte sola, abandonada, recuerda que Jesús está a tu lado. Haz espacio en tu mente para recordar aquellos episodios maravillosos de su ministerio terrenal, su muerte en la cruz para darte salvación, y su resurrección, pues ese gran acto de amor es el que garantiza nuestra felicidad terrenal y nos prepara para la vida eterna. Nadie más hará por ti el maravilloso sacrifio que hizo Cristo.

Haz correr la voz

Partiendo de ustedes el mensaje del Señor se ha proclamado,
no solo en Macedonia y en Acaya, sino en todo lugar;
a tal punto se ha divulgado su fe en Dios
que ya no es necesario que nosotros digamos nada.
1 Tesalonicenses 1: 8

Hay algo que siempre me ha causado curiosidad y asombro. Cuando llega la primavera y una abeja descubre un jardín florido, al poco rato toda la colonia de abejas disfruta del banquete. ¿Cómo sucede esto? ¿Cómo se enteran de que hay un «dulce tesoro» que explorar? Bueno, sencillamente porque la abeja que hace el descubrimiento «pasa la voz» a las demás.

«Pasar la voz» es un decir humano, y para las abejas sería más apropiado decir «pasar el olor», pues cuando una abeja descubre un «manantial de néctar» segrega cierta sustancia olorosa que sus compañeras perciben e interpretan como: «¡Tesoro a la vista!». Eso las induce a seguir a la que trae la información y a pasar tal información a las demás. También anuncian a sus compañeras por medio de un baile bullicioso que un botín está cercano, el cual pueden detectar a doce kilómetros de distancia. Este baile singular está compuesto por ocho movimientos y vibraciones de alas y abdomen. ¡Maravillas de la naturaleza!

Este acto tan natural encierra varias lecciones para nosotras. En primer lugar, la urgencia con que las abejas llevan las buenas noticias a su colonia, que es su núcleo social, al que sirven y respetan. En segundo lugar, las estrategias que usan para transmitir el mensaje; cuentan con organización e implicación individual.

¿Te dice algo? También tú te desenvuelves en un núcleo social, el más importante: la familia. Luego la comunidad y todas las demás personas que te rodean. De igual modo tienes un mensaje que transmitir: existe un «manantial de alegría» que se prepara actualmente en el cielo para todos los que aman a Dios. Tenemos el deber de pasar la voz, y debemos hacerlo con un gran sentido de urgencia y con premura, pues el tiempo es corto.

Amiga, comienza hoy en tu casa. Abre tus brazos para que tus hijos, tu esposo, tus padres, tus nietos, encuentren en ellos y por medio de ellos los brazos del Señor Jesucristo, que con anhelo espera abrirlos para llevarnos en ellos al hogar eterno. Expele el grato aroma que las mujeres cristianas somos capaces de emanar cuando trasmitimos paz, gozo y amor a los que nos rodean.

No siento a Dios

Dice el necio en su corazón: «No hay Dios». Están corrompidos,
sus obras son detestables; ¡no hay uno solo que haga lo bueno!
Desde el cielo Dios contempla a los mortales, para ver si hay alguien
que sea sensato y busque a Dios.
Salmo 53: 1-2

En una maraña de contradicciones, con los brazos cruzados sobre el pecho y la mirada nublada por las lágrimas, me dijo con gran desesperación en sus palabras: «Erna, no siento a Dios».

Acabábamos de concluir un retiro espiritual para mujeres y ella se encontraba ahí porque una de sus amigas le había recomendado que asistiera, con la esperanza de que pudiera tener un encuentro con Dios. Sumida en una profunda depresión, no podía sobreponerse al divorcio por el que había pasado hacía cuatro años, y a la muerte de su única hermana, víctima de cáncer hacía apenas unos meses.

Siendo que yo había sido la oradora del retiro, su reclamo iba directo a mí. Parecía decirme: «Tú me prometiste que me encontraría con Dios, pero no ha pasado nada, y ahora me vuelvo a casa, de nuevo con mi dolor a cuestas». La miré a los ojos con compasión. Entendía cómo se sentía, pues yo también había experimentado lo mismo en varias ocasiones. Entonces le pregunté: «¿Cómo esperas sentir a Dios?». Guardó silencio, no pudo responderme.

Durante el retiro, en varias ocasiones la vi llorar. La observé sobre sus rodillas bajo un árbol, orando a solas. Vi cómo sus labios se movían tímidamente para entonar los cantos que escuchaba por primera vez. «¿No es ese el toque de Dios?», le pregunté.

Amiga, Dios no es un sentimiento. Cuando así pensamos, limitamos su poder; lo bajamos a la esfera humana y quedamos desprotegidas. Los sentimientos se generan en la mente, y las maravillas de la mente son creación de Dios; pero él no está encerrado en sentimientos que nosotras generamos de acuerdo a nuestros estados de ánimo.

En medio del dolor, Dios está presente. Cuando el sufrimiento aprieta el corazón, también está ahí; y por supuesto, dispuesto a tomar el mando de esos estados de ánimo si se lo permitimos. No debemos esforzarnos por «sentir» a Dios, solamente hemos de abrir nuestra alma para que tome posesión de ella, eso es todo. Lo demás corre por su cuenta; él produce en nosotros paz y gratitud, manifestadas en acciones que exhaltan el nombre del Señor.

Las madres cristianas no crían simplemente

Recompensa de la humildad y del temor del Señor son las riquezas,
la honra y la vida. Espinas y trampas hay en la senda de los impíos,
pero el que cuida su vida se aleja de ellas. Instruye al niño
en el camino correcto, y aun en su vejez no lo abandonará.
Proverbios 22: 4-6

La crianza de los hijos es uno de los desafíos más grandes de toda madre. Creo que no hay una que no esté preocupada por inculcar en sus «retoños» valores y principios éticos que los hagan hombres y mujeres de bien. Todas las madres nos esforzamos por hacer de nuestros hijos personas respetuosas de los derechos ajenos, y responsables en el cumplimiento de sus deberes como ciudadanos de la nación que les dio cobijo al nacer. Creo que estos son anhelos legítimos y loables, y por supuesto deben ser asuntos prioritarios en la educación de un niño desde las primeras etapas de su vida.

Sin embargo, muchas madres no somos tan celosas en la enseñanza de los valores religiosos. Nos parece que es mejor dejar a los niños en paz y la religión como asunto aparte en sus vidas. Lo hacemos, muchas veces, porque creemos que la religión y Dios son bloqueadores del desarrollo personal, inhibidores de la libertad, pues consideramos que los mandamientos de Dios coartan la capacidad de decisión y de autodeterminación. Nada más lejos de la realidad.

Dios no coarta; por el contrario, libera. El niño que crece confiando en Dios tendrá una parte de su vida resuelta; solamente habrá de seguir las instrucciones del Señor y sujetar su vida a la voluntad divina para ser una persona exitosa y triunfadora, aunque se le presenten situaciones complejas que son inevitables en la vida.

Nosotras, las madres cristianas, tenemos que actuar convencidas de la Palabra de Dios, que dice: «Instruye al niño en el camino correcto, y aun en su vejez no lo abandonará». Así conduciremos a nuestros hijos para que no solamente sean exitosos en los caminos terrenales, sino también para que, con abnegación y paciencia, caminen por la senda que los llevará al reino de los cielos. Esta es una tarea que comienza desde antes de que el hijo arribe a este mundo.

El renombrado teólogo Horace Bushnell decía: «"Hogar" y "religión" son palabras afines; hogar porque es el asiento de la religión; religión porque es el elemento sagrado del hogar».

Si solo caminas los días de sol, nunca llegarás a tu destino

Te recomiendo que avives la llama del don de Dios que recibiste cuando te impuse las manos. Pues Dios no nos ha dado un espíritu de timidez, sino de poder, de amor y de dominio propio. Así que no te avergüences de dar testimonio de nuestro Señor.

2 Timoteo 1: 6-8

Algunos aseguran que el temple de una persona se da a conocer cuando se encuentra en circunstancias adversas. Es en medio de las dificultades cuando usamos los recursos emocionales de que disponemos para enfrentarnos a nuestros problemas.

Generalmente, frente a una emergencia, sea de la índole que sea, no tenemos tiempo de escoger nuestras propias emociones. Estas simplemente afloran por sí solas de acuerdo a nuestro temperamento, y también a la forma en que nos hemos habituado a reaccionar.

La Palabra de Dios es clara y contundente cuando dice: «¡Sé fuerte y valiente!» (Jos. 1: 9). Estoy segura de que entendemos que este imperativo de Dios debe aplicarse en tiempos difíciles, especialmente en los momentos en que nos sentimos débiles y acobardadas por situaciones que nos causan gran tensión y temor. Es una consigna que debemos usar cuando los vientos nos sean contrarios, cuando la realidad nos diga que nuestras mejores expectativas nunca se cumplirán. En tales momentos hemos de recordar lo que Dios nos dijo por medio de su Palabra: «En este mundo afrontarán aflicciones, pero, ¡anímense! Yo he vencido al mundo» (Juan 16: 33).

Las mujeres de Dios debemos aprender a revestirnos del manto de fortaleza con que nos cubre la gracia divina, que nos permite avanzar en medio de los problemas y las dificultades que enfrentamos cotidianamente como hijas, hermanas, madres y esposas. Si detenemos el paso, si nos quedamos atrapadas en profundos estados de ánimo, todos los que dependen de nosotras seguirán nuestro ejemplo. Recordemos que la mujer que alaba a Dios es aquella que «se reviste de fuerza y dignidad, y afronta segura el porvenir. Cuando habla, lo hace con sabiduría; cuando instruye, lo hace con amor. Está atenta a la marcha de su hogar, y el pan que come no es fruto del ocio» (Prov. 31: 25-27).

Amiga, vive las horas de este día con la actitud de la mujer que sabe que Dios tiene el mando de su vida, y que no te «ha dado un espíritu de timidez, sino de poder, de amor y de dominio propio» (2 Tim. 1: 7).

La fuente de la felicidad

Pero queda la firme esperanza de que la creación misma
ha de ser liberada de la corrupción que esclaviza, para así alcanzar
la gloriosa libertad de los hijos de Dios.
Romanos 8: 20-21

La búsqueda de la felicidad es inherente a todos los seres humanos, y no podría ser de otra manera, siendo que el Creador nos hizo para que viviéramos felices. Algunas corrientes humanistas aseguran que la felicidad se genera en un «motor» interno que todos poseemos y que podemos poner en marcha cuando lo deseemos. En otras palabras, podemos atraer la felicidad si pensamos en cosas que nos hacen felices.

Esto suena bastante sencillo, ¿no te parece? Sin embargo, creo que no siempre resulta así. Tras la caída del hombre en el Edén, vivimos bajo la ley del pecado y de la muerte, y esto acarrea dolor y temor en el alma de todo ser humano. La única forma de librarnos de esta ley de muerte es aceptar el sacrificio de Cristo en la cruz, para que de tal manera podamos vivir una vida nueva bajo la ley del Espíritu. En Romanos leemos: «Pues por medio de él la ley del Espíritu de vida me ha liberado de la ley del pecado y de la muerte» (8: 2). Cuando este milagro se hace posible en la vida de una persona, ya está en el camino a la felicidad; esta maravillosa verdad trae verdadero e inagotable gozo al corazón, y podemos estar tranquilas con una ración diaria de contentamiento.

La felicidad de la que te hablo no es una emoción eufórica, efímera y fugaz que se evapora frente a los problemas y dificultades. ¡De ninguna manera! La felicidad que Dios nos ofrece está cimentada en la convicción de que los seres humanos somos salvos en Cristo Jesús. Esta es una alegría que podemos renovar cada amanecer, independientemente de las circunstancias que nos rodeen.

Dios nos llama a ser mujeres de gozo. Somos responsables de nuestras familias, y es en casa donde tenemos que mostrar la felicidad de ser hijas de Dios, redimidas y salvas por la gracia infinita que el cielo derramó a nuestro favor. Hoy podemos vivir la alegría anticipada de la gloria que nos espera en el reino de los cielos; es un gozo que nos ayuda a vivir un día a la vez y nos libra de la incertidumbre que pudiera generarnos el futuro.

La felicidad entonces no consiste en pensar en cosas que nos hagan felices, sino más bien radica en la decisión de mantener nuestra mente fija en Cristo.

Somos diferentes

Que el Dios que infunde aliento y perseverancia les conceda vivir juntos
en armonía, conforme al ejemplo de Cristo Jesús, para que con un solo corazón
y una sola voz glorifiquen al Dios y Padre de nuestro Señor Jesucristo.
Romanos 15: 5-6

Aunque hace poco cumplí cuarenta años de casada, todavía mi esposo y yo vivimos algunas cosas de modo diferente. Mi esposo goza su día libre en casa, acompañado de un libro o una buena película, pero yo prefiero pasar mi tiempo libre afuera, de paseo. Él sufre enormemente ante un plato de sopa caliente, mientras que a mí me encanta bien humeante. A mi esposo le gustan los días de sol y calor; sin embargo, a mí los días fríos me resultan hermosos y mi ánimo se siente nostálgico y romántico, ideal para estar con la familia y hacer de una tormenta un picnic en la sala de mi casa. A veces me pregunto por qué después de tantos años de vivir juntos no podemos estar de acuerdo en todo. ¿No sería lo ideal?

Las diferencias de género y de temperamento son obra del Alfarero que nos moldeó, y fueron puestas en cada mujer y en cada hombre para que nos encontráramos una junto al otro en armonía. Estas diferencias son las que enriquecen la vida, las que nos hacen depender con humildad de los demás, las que dan variedad y color a la existencia y las que hacen que la vida sea como un regalo sorpresa que hay que desenvolver cada día.

Cada persona matiza en forma diferente su personalidad. Lo hace por medio de sus opiniones, gustos y preferencias. Cómo se las arregla para enfrentar los desafíos cotidianos, y las razones que tiene para reír y llorar, ¡estas diferencias son las que le dan verdadero sabor de vida a la existencia! Y debemos aplaudir al Creador por ellas.

El grado de tolerancia y aceptación de las diferencias de nuestro prójimo dependerá de la aceptación que tengamos de nosotras mismas, y de cómo creamos que Dios nos ve. La Palabra del Señor dice: «Por tanto, acéptense mutuamente, así como Cristo los aceptó a ustedes para gloria de Dios» (Rom. 15: 7).

Cuanto más contentas estamos con nuestra actuación ante Dios y los demás, tanto más pacientes y tolerantes somos con los demás y gozamos de su compañía. Por el contrario, si nos desagradamos a nosotras mismas y tenemos la certeza de que actuamos mal ante Dios, seremos personas rígidas, impacientes e intolerantes.

Esta mañana mírate en el espejo de Dios y siéntete aceptada por él. Vive con alegría.

Cuando llamamos a lo malo bueno

¡Ay de los que llaman a lo malo bueno y a lo bueno malo,
que tienen las tinieblas por luz y la luz por tinieblas,
que tienen lo amargo por dulce y lo dulce por amargo!
Isaías 5: 20

Vivimos en un mundo que lo relativiza todo. La línea divisoria entre el bien y el mal ya no es una línea recta que determina si una conducta es apropiada o inapropiada, correcta o incorrecta. Es más bien una línea ondulante que sigue la dirección de lo que creemos que nos conviene y se acomoda mejor a nuestros deseos.

En un mundo como el nuestro, los valores y los principios no son directrices de vida, sino únicamente opciones que se toman o se dejan de acuerdo a las circunstancias o la cultura. Son muchas las personas que ante una disyuntiva prefieren anteponer la palabra «depende» antes de tomar una decisión. Aun los niños cuestionan los valores.

Alguna vez interrogué a uno de mis pequeños alumnos acerca de cuán bueno o malo era golpear a un compañero si este le ofendía en algo. El niño respondió sin titubeos: «Si él me pega, yo también le pego». Esto me hace pensar que los valores se aprenden desde la cuna y se fijan con la práctica a lo largo de la vida.

Cuán importante es que las generaciones jóvenes sepan dónde comienza y termina la línea que divide lo bueno de lo malo. La confusión en la que muchos de ellos viven tiene que ver con la carencia de padres y madres que vivan y modelen frente a ellos lo que Dios manda. Y es aquí donde nosotras, las madres cristianas, desempeñamos el papel de modelos. Nuestros pequeños necesitan conocer y aprender por medio de la instrucción formal, pero también la informal y casual, valores que serán sus herramientas para la construcción de una vida exitosa.

Nunca un niño debiera crecer con dudas acerca de lo que es bueno o malo y de sus consecuencias. La conducta moral de un niño, que se forma desde los primeros años de vida, debiera desarrollarse al colocar como base los mandamientos de Dios. Y deben tener claro que son eso, mandamientos de Dios, no recomendaciones.

Cuando pensamos que el libre albedrío nos autoriza para interpretar a nuestro modo las ordenanzas de Dios, estamos en terreno de Satanás. Que nuestra voz no se quiebre, que nuestra mano no tiemble. Un «así dice el Señor» debiera ser el grito de batalla de las madres cristianas al enfrentar el desafío de sus hijos a la autoridad de Dios y a la nuestra.

Un vestido a tu medida

Que sean siempre blancos tus vestidos, y que no falte nunca
el perfume en tus cabellos.
Eclesiastés 9: 8

En las Escrituras encuentro un texto que me llena de ánimo: «Ustedes no han sufrido ninguna tentación que no sea común al género humano. Pero Dios es fiel, y no permitirá que ustedes sean tentados más allá de lo que puedan aguantar. Más bien, cuando llegue la tentación, él les dará también una salida a fin de que puedan resistir» (1 Cor. 10: 13).

La atención que Dios nos brinda es individual. Conoce las inclinaciones, debilidades y fortalezas de cada persona. Tiene para cada uno de sus hijos un manto de justicia que lo cubrirá en momentos de prueba y dolor. Un vestido a tu medida que te cubrirá y te ayudará a enfrentar las batallas de la vida sin salir lastimada, ¿no es maravilloso?

Las mujeres, en las diferentes etapas de nuestro ciclo de vida, enfrentamos numerosos retos, pruebas y tentaciones. Para todas estas vivencias Dios tiene preparado un vestido de protección según tu talla. El Señor ha diseñado tu vestido tomando cuidado de que siempre realce la belleza natural de una hija de Dios.

El vestido que lucirán las mujeres solteras ha sido confeccionado por Dios para que siempre puedan preservar la pureza. Ellas pueden pedir este vestido en la *boutique* de Dios con el nombre de «sensatez» (Tito 2: 5). Las madres jóvenes, que tienen el reto de criar hijos pequeños, tarea agotadora y que pone a prueba toda la fortaleza física y emocional de la mujer, pueden vestir el diseño llamado «perseverancia» (Heb. 12: 1). Puede ser que una madre con hijos jóvenes desee usar un vestido que la haga fuerte para hacer frente a la voluntad obstinada propia de los adolescentes. Es en esta etapa de la vida cuando las madres necesitamos más fuerza emocional que física. Las peleas ahora son con los seres que más amamos, nuestros hijos. Anhelamos no lastimarlos ni romper la relación de amor con ellos. Es por eso que Dios creó el vestido propio para estas mujeres: la «tolerancia» (Efe. 4: 2).

El vestido más regio lo ha diseñado el Señor para las mujeres mayores, pues su belleza ha sido probada en el tiempo. Aquellas que han dejado la niñez, la juventud y han alcanzado la madurez, son llamadas a transmitir a las que vienen detrás las lecciones de vida que les han dado éxito a ellas. Su vestido lleva por nombre «maestra del bien», y tiene como accesorio una corona que el mismo Dios pondrá sobre sus sienes.

El desierto también se cubre de flores

Aguas brotarán en el desierto, y torrentes en el sequedal. La arena ardiente
se convertirá en estanque, la tierra sedienta en manantiales burbujeantes.
Isaías 35: 6-7

Cuando el dolor hace presa del corazón de una mujer, resulta tan intenso que parece que en cada suspiro se va la vida. Ese dolor es todavía más agudo cuando toca nuestra esencia: la maternidad.

Hace algún tiempo estuve al lado de una mujer que creía que su manantial estaba seco. Uno de sus más grandes anhelos era llegar a ser madre; sin embargo, después de intentarlo durante varios años y de buscar ayuda médica, su anhelo se rompió en mil pedazos. La sentencia cayó sobre su corazón y su vientre: «Usted nunca podrá gestar un bebé».

Poco a poco su vida se transformó en un desierto. No había risas, ni sueños, ni esperanza. El dolor parecía arrasar con todo lo bueno que la vida le ofrecía. Cada mañana al despertar ponía la mano en su vientre y le pedía a Dios, gritando de dolor, que lo hiciera florecer. El gemido de su maternidad frustrada llegó a oídos de Dios. La promesa del Señor se hizo realidad: «Se alegrarán el desierto y el sequedal; se regocijará el desierto y florecerá como el azafrán. Florecerá y se regocijará: ¡Gritará de alegría! Se le dará la gloria del Líbano, y el esplendor del Carmelo y de Sarón. Ellos verán la gloria del Señor, el esplendor de nuestro Dios» (Isa. 35: 1-2).

Una jovencita que se había quedado embarazada fruto de una violación, puso en brazos de la frustrada madre a su esperado bebé. ¡Aquel fue un instante mágico! Dos mujeres quedaron unidas por el amor, lo cual hizo posible que para ambas floreciera el desierto. Las promesas del Señor las alcanzaron en medio de su dolor, transformando el llanto en carcajadas de gozo. ¡Maravilloso Señor!

¿Cuál es tu realidad? Tal vez caminas en medio de la soledad del desierto. Si es así, recuerda que Dios está dispuesto a derramar su lluvia de bendiciones hasta que te conviertas en un manantial de vida.

Si alguna mujer cerca de ti está siendo refinada en el crisol de la prueba, transfórmate en la mano ayudadora de Dios, «quien nos consuela en todas nuestras tribulaciones para que con el mismo consuelo que de Dios hemos recibido, también nosotros podamos consolar a todos los que sufren» (2 Cor. 1: 4).

Vivir el verano en invierno

Todo tiene su momento oportuno;
hay tiempo para todo lo que se hace bajo el cielo.
Eclesiastés 3: 1

Un sentimiento de derrota invade a muchas mujeres al llegar a la madurez. Piensan que los años vividos solamente las han hecho acumular achaques, arrugas y canas. Sin embargo, para los propósitos de Dios, hay muchos placeres aún reservados para ellas en esta etapa de la vida.

Amiga, hagamos nuestras las palabras del salmista: «He sido joven y ahora soy viejo, pero nunca he visto justos en la miseria, ni que sus hijos mendiguen pan. Prestan siempre con generosidad; sus hijos son una bendición» (Sal. 37: 25-26).

Puede ser que las mujeres jóvenes estén preocupadas por alcanzar metas profesionales, la formación de una familia y la prosperidad material, pero cuando llegamos a la madurez, somos capaces de poner nuestras miras más allá de las fronteras terrenales; podemos vislumbrar el hogar eterno, y comenzamos a sentir nostalgia de él. Esto debiera producir un nuevo gozo y generar nuevas motivaciones.

La experiencia adquirida a través de los años nos pone en condición de guías, mentoras y orientadoras de las más jóvenes que viven situaciones que para nosotras no son extrañas. Los años vividos no solamente nos hacen acumular experiencia, sino que también nos proveen herramientas y armas eficaces que podemos compartir. La Palabra de Dios nos hace la siguiente exhortación: «Las ancianas [...] deben enseñar lo bueno y aconsejar a las jóvenes a amar a sus esposos y a sus hijos, a ser sensatas y puras, cuidadosas del hogar, bondadosas y sumisas a sus esposos, para que no se hable mal de la Palabra de Dios» (Tito 2: 3-5).

Seamos para las generaciones de mujeres jóvenes modelos de belleza; la belleza interna también debe estar acompañada de belleza exterior. El atuendo del alma, así como el atuendo del cuerpo, debe ser digno de una mujer que, sin importar la edad que tenga, se reconoce como hija de Dios, con desafíos que enfrentar, proyectos que llevar adelante y que en todo momento muestra la alegría de disfrutar los años de vida que Dios, en su infinita misericordia, le ha dado.

Las que hemos pasado ya el verano de la vida hemos de aprender a descubrir y disfrutar las delicias del otoño, y a darnos cuenta de que, si cumplimos la misión y no perdemos la visión, pronto viviremos una primavera eterna junto a nuestro Padre celestial.

La sal da sed

Ustedes son la sal de la tierra. Pero si la sal se vuelve insípida,
¿cómo recobrará su sabor? Ya no sirve para nada,
sino para que la gente la deseche y la pisotee.
Mateo 5: 13

En uno de sus discursos magistrales, Jesucristo pronunció las magníficas palabras del versículo de hoy: «Ustedes son la sal de la tierra, pero si la sal se vuelve insípida, ¿cómo recobrará su sabor? Ya no sirve para nada, sino para que la gente la deseche y la pisotee». ¡Cuántas lecciones extraordinarias hay en esta declaración! Sobre todo si pensamos en las propiedades de la sal.

La sal es un mineral de bajo costo que posee propiedades conservantes, y resulta vital a la hora de sazonar los alimentos. Las amas de casa sabemos esto, y con toda razón podemos asegurar que un guiso sin sal pierde toda su exquisitez. Pero también sabemos que si consumimos un alimento rico en sal, nos provocará una sed intensa y nos impulsará a beber agua.

El Señor nos dice hoy: «Ustedes son la sal». Es decir, somos las que debemos dar sabor a la vida por medio de nuestro testimonio, las que debemos preservar los valores, y esto tiene que ser con tanta intensidad que provoque, en toda persona que nos observa, sed del evangelio. Porque si nosotras no nos hacemos cargo, ¿quién lo hará?

Provoquemos sed de Dios a las mujeres que nos observan, ¡empujémoslas a beber de la fuente de agua de vida! Eso será posible si mostramos la exquisitez de gozar intensamente el compañerismo con Jesús.

Hay tantas mujeres que desprecian la vida... Viven existencias insípidas y vagan buscando dirección por rutas equivocadas. Atrapadas en el desierto de una vida sin sentido languidecen sin que nadie les provea el agua de vida. Te aseguro que muchas anhelan sentir la presencia de quien puede calmar toda tormenta formada en la existencia humana. Sé tú, pues, un oasis en el desierto para ellas; acércales el evangelio y guíalas a los pies del Salvador.

Qué maravilloso es el Señor, que nos ha dado a nosotras el ministerio de salvación. Tú y yo somos llamadas a ser la sal de la tierra, mujeres que mostremos el sabor que tiene la vida con nuestras actitudes y nuestro testimonio. Mujeres que inspiremos amor, comprensión y abnegación cada vez que hablemos; mujeres que, a pesar de lo que pase, jamás perderán su sabor.

Una merecida celebración

Por lo tanto, como escogidos de Dios, santos y amados, revístanse
de afecto entrañable y de bondad, humildad, amabilidad y paciencia,
de modo que se toleren unos a otros y se perdonen si alguno tiene queja
contra otro. Así como el Señor los perdonó, perdonen también ustedes.
Por encima de todo, vístanse de amor, que es el vínculo perfecto.

Colosenses 3: 12-14

La celebración del día de las madres poco a poco se ha convertido en un acontecimiento a nivel mundial. La mayoría de los países que lo festejan consideran
que la labor de una madre es tan especial e importante, que merece un reconocimiento público.

Creo que todas las madres nos sentimos halagadas con tal reconocimiento, y
agradecemos a nuestros hijos porque se esmeran por expresarnos su gratitud con
palabras y obsequios. Sin embargo, esta celebración implica un compromiso.

El compromiso de ser buenas madres va más allá de dar cuidado físico y proveer
cosas materiales. Nuestros hijos necesitan madres que cumplan con las demandas de
Dios expresadas en su Palabra: «No exasperen a sus hijos, no sea que se desanimen»
(Col. 3: 21). «No hagan enojar a sus hijos, sino críenlos según la disciplina e instrucción del Señor. […] Recuerden que tanto ellos como ustedes tienen un mismo Amo
en el cielo, y que con él no hay favoritismos» (Efe. 6: 4, 9).

Los hijos necesitan madres que se hagan cargo de ellos, que les expresen seguridad
gracias a los cuidados diarios, para que independientemente de la edad que tengan,
sientan satisfecha su necesidad de apego. Madres que estén disponibles y cercanas,
que sean sensibles a las necesidades infantiles y juveniles, y que con actitud empática
los conduzcan hasta llegar a la autorrealización.

Dado el tiempo que la madre permanece en el hogar, es la que genera en gran
medida la atmósfera familiar. Es por medio de su actuación como los hijos adquieren herramientas para bregar con la vida. Es ella la que siembra con paciencia y espíritu manso en el corazón de sus hijos las verdades eternas del evangelio; la que
suplica por sabiduría sobre sus rodillas y que, a pesar de la aparente ingratitud de
los hijos, es capaz de brindarles alabanza y aliento.

Mi querida amiga, espero que para el próximo día de las madres, cuando recibas
el homenaje de tus hijos, puedas abrirles los brazos y recibir su reconocimiento
con la seguridad de quien sabe que hace lo mejor delante de Dios para sus hijos.

¿Qué es más importante?

Con sabiduría se construye la casa; con inteligencia se echan los cimientos.
Con buen juicio se llenan sus cuartos de bellos y extraordinarios tesoros.
El que es sabio tiene gran poder, y el que es entendido aumenta su fuerza.
La guerra se hace con buena estrategia; la victoria
se alcanza con muchos consejeros.
Proverbios 24: 3-6

Nunca olvidaré la actitud que asumió mi madre el día que, por querer ayudarla, rompí un hermoso florero que era un recuerdo de su hermana. Fue un desafortunado accidente, y yo de inmediato me llené de temor; ya me imaginaba el castigo que seguramente me esperaba. Pero sucedió todo lo contrario. Me acuerdo de que mi madre tomó mi rostro entre sus manos y, con sincera ternura, me dijo: «Era un florero muy viejo, qué bueno que se rompió».

A mis cortos años comprendí con mucha claridad que yo era más importante que un recuerdo familiar o un adorno. Aquella actitud reforzó mi sentido de valía personal, y todavía lo hace cada vez que recuerdo el incidente.

A veces nos empeñamos y desgastamos para obtener cosas, supuestamente para dar bienestar y comodidad a los miembros de nuestra familia, pero a la larga se transforman en instrumentos de tortura. Los niños no tienen acceso a las comodidades de la casa, porque están reservadas para las visitas. Muchas veces cuidamos obsesivamente los bienes que hemos adquirido: los muebles nuevos de la sala, la alfombra, las cortinas recién compradas, la vajilla de porcelana, etcétera; son intocables, y si alguien los daña, aun sin querer, es sancionado cruelmente.

Si las madres queremos tener a nuestros hijos cerca de nosotras, hemos de hacerlos sentir importantes. Explicarles que el cuidado esmerado que tenemos por la casa, la limpieza, el orden y el buen trato de los enseres, está motivado por el deseo de que ellos se sientan cómodos, importantes y especiales en su hogar. Una casa hermosa, limpia y ordenada honra a Dios, y debe estar al servicio de sus moradores. Cuando sucede lo contrario, maltratamos el legado más precioso que el Señor nos ha dado.

Estoy segura de que toda madre ama entrañablemente a sus hijos, y los reconoce como «herencia del Señor» (Sal. 127: 3), pues ellos son los que merecen toda nuestra energía, tiempo y cuidado. Sin embargo, a veces olvidamos que son nuestra mejor inversión, y es de ellos que daremos cuenta delante de Dios. Procuremos entonces, con toda diligencia, cuidar de lo que perdurará hasta la eternidad y no de las cosas perecederas.

No te postergues

Opten por mi instrucción, no por la plata; por el conocimiento,
no por el oro refinado. Vale más la sabiduría que las piedras preciosas,
y ni lo más deseable se le compara.
Proverbios 8: 10-11

Muchas damas viven con un sentimiento de frustración debido a sus proyectos inconclusos. Unas no pudieron alcanzar sus aspiraciones por contraer matrimonio, otras dejaron temporalmente su realización profesional por atender el hogar, y otras abandonaron sus proyectos de vida a nivel de sueños. A pesar de esto, todas ellas, en algún rincón del corazón, esperan el momento de hacer realidad los anhelos postergados.

Querida amiga, si te sientes aludida, recuerda que no importa en qué etapa de tu vida te encuentres, puedes hacer que los sueños postergados cristalicen. Lo conseguirás al ser tenaz y con la ayuda de Dios. Que tu primera aspiración consista en llegar a ser una mujer como la que se describe en Proverbios: «Se reviste de fuerza y dignidad, y afronta segura el porvenir» (Prov. 31: 25).

La vida actual exige que las mujeres, profesionales, madres y esposas, estemos en constante preparación. Conscientes de que Dios nos ha dotado de habilidades, dones y talentos, tenemos una responsabilidad que no podemos eludir. Todas hemos sido llamadas a ejercer un ministerio a favor de otros, y para cumplir esta labor de servicio tenemos el deber de pulir los dones que nos han sido concedidos. El Señor promete: «Porque el Señor da la sabiduría; conocimiento y ciencia brotan de sus labios […]; la sabiduría vendrá a tu corazón, y el conocimiento te endulzará la vida» (Prov. 2: 6, 10).

Si lo que buscas es retomar tus proyectos truncados, debes saber que es un anhelo legítimo que Dios aprueba. Si tu condición actual de vida te lo permite, las aulas de la universidad te esperan; si tus hijos han tomando las riendas de su vida y caminan hacia la independencia con paso firme, no dudes en retomar tu vocación. Si piensas que ya no hay tiempo para la educación formal, entonces tú misma puedes ser tu propia instructora, y en forma autodidacta adquirir el conocimiento en el área de tu preferencia. No esperes más.

Si logras alcanzar la vocación de tu vida, ¡felicidades! Pero no olvides que debe estar al servicio del ministerio que Dios te ha llamado a ejercer. Nunca pierdas de vista que todos tu dones son un legado del Padre, y que tendrás que dar cuenta del uso que hagas de ellos.

El amor es valiente

Teniendo un mismo parecer, un mismo amor, unidos en alma y pensamiento.
No hagan nada por egoísmo o vanidad; más bien, con humildad consideren
a los demás como superiores a ustedes mismos. Cada uno debe velar
no solo por sus propios intereses sino también por los intereses de los demás.
Filipenses 2: 2-4

Hace un tiempo, cierto informativo exaltó la hazaña de una novia que estuvo dispuesta a bajar al fondo del mar para celebrar su boda religiosa, ya que su prometido era un científico explorador de las profundidades marinas. Otro hecho heroico fue el que protagonizó un padre al bajar por una estrecha cisterna maloliente para rescatar a su pequeño, que había caído en ella.

El amor verdadero es valiente. Es el tipo de amor que va más allá de la simple preocupación que pudiéramos sentir por otros, llega al sacrificio y está por encima de los sentimientos y las emociones. Es el tipo de amor expresado en el texto que dice: «Tanto amó Dios al mundo, que dio a su Hijo unigénito, para que todo el que cree en él no se pierda, sino que tenga vida eterna» (Juan 3: 16).

De tal manera nos ama Cristo que estuvo dispuesto a dar su vida para garantizar la nuestra. ¡Maravilloso ejemplo de amor valiente! La madre que ama a sus hijos con amor valiente no se amedrenta frente a la conducta obstinada del hijo adolescente, que en busca de independencia se rebela a la autoridad paterna. Por el contrario, movida por el amor ejerce su autoridad de madre sin que le tiemble el pulso.

La esposa que ama a su esposo con amor valiente es capaz de demostrarle su amor por medio de palabras y acciones amorosas, aunque en su pasado haya un historial de abuso y desamor.

El amor valiente nos coloca frente a otras mujeres como defensoras de los valores eternos, aunque las tendencias feministas actuales no siempre estén de acuerdo con ellos. El amor valiente proclama que en el centro de todas nuestras relaciones está Cristo Jesús, y él nos mueve a actuar en toda circunstancia.

¡Mujer, te exhorto a amar este día con amor valiente! Que de cada una de tus obras emane por extensión el maravilloso amor de Jesús, que te ama tanto que decidió renunciar a la gloria celestial por tu salvación. ¡Sal y comparte ese privilegio con quien te encuentres en el camino!

Eres una obra maestra

Porque por gracia ustedes han sido salvados mediante la fe; esto no procede de ustedes, sino que es el regalo de Dios, no por obras, para que nadie se jacte. Porque somos hechura de Dios, creados en Cristo Jesús para buenas obras, las cuales Dios dispuso de antemano a fin de que las pongamos en práctica.

Efesios 2: 8-10

En los museos del mundo se encuentran las obras de grandes artistas. Debido al costo elevadísimo que casi la mayoría de ellas tiene, es posible admirarlas únicamente desde los nichos en los que han sido resguardadas. O a veces está marcado un espacio limítrofe desde el cual se las puede admirar.

Al menos nueve millones de personas contemplan cada año la así considerada obra maestra de Leonardo da Vinci, la *Gioconda*, también conocida como *La Mona Lisa*, que se encuentra en el museo del Louvre en París. Esos visitantes pagan alrededor de cincuenta euros para llegar a la sala en donde está exhibida la famosa pintura, indudablemente una joya del arte.

Pero existe una obra maestra más excelente que la *Gioconda*, y eres tú, pues saliste de la mano del Artista divino. Eres una magnífica creación, no solo de sus manos, sino también de su corazón. Has sido dotada física, espiritual y emocionalmente con facultades semejantes a las del Creador. Esta evidencia la encontramos en el Sagrado Libro, cuando el propio Dios expresó: «Hagamos al ser humano a nuestra imagen y semejanza» (Gén. 1: 26).

Han pasado más de quinientos años desde que la *Gioconda* nació de la mano de Da Vinci, y ha sido restaurada varias veces. Pero aún su enigmática sonrisa sirve de inspiración para muchísima gente.

Tú, que eres una obra de arte de Dios, tal vez también necesites una restauración. Puede ser que el paso de los años haya borrado los rasgos hermosos que Dios te dio al ser creada; en tal caso, clama con el salmista: «Restáuranos, oh Dios; haz resplandecer tu rostro sobre nosotros, y sálvanos» (Sal. 80: 3).

La restauración que Dios nos ofrece va más allá de la simple «reparación terapéutica». Cuando el Señor nos restaura nos hace nuevas. Puede hacer surgir en nosotras motivos nuevos, expectativas diferentes, esperanzas frescas y un renovado deseo de vivir. No hemos sido creadas para ser exhibidas en un museo, sino para mostrar al mundo, por medio de nuestras vidas, la gracia infinita de Dios, y también para que seamos una fuente de inspiración para todos los que nos observan.

Una labor que requiere preparación

¿Has visto a alguien diligente en su trabajo? Se codeará con reyes
y nunca será un Don Nadie.
Proverbios 22: 29

Auna mujer que fue a realizar un trámite burocrático le preguntaron cuál era
su profesión, y cuando declaró que era madre y ama de casa, el funcionario
público escribió en la línea de respuesta: «No trabaja».

Puedo asegurar que atender el hogar y cuidar a los hijos no solamente es un trabajo
abrumador, sino que también requiere de mujeres altamente preparadas. Si pensamos
en la diversidad de actividades que realizan, podemos asegurar que necesitan preparación en muchos asuntos de la vida. La crianza de los hijos les exige tener conocimientos en nutrición, psicología, pedagogía, medicina y cultura general. Para el
cuidado y la conducción del hogar necesitan tener nociones de economía, contabilidad,
recursos humanos, administración del tiempo, negociación y relaciones públicas, artes
culinarias y decoración de interiores. Para ser buenas esposas necesitan aprender a ser
novias a través de los años, amigas incondicionales y excelentes para escuchar; deben
también dominar las técnicas de la buena conversación, conocer la naturaleza masculina
y ser expertas en el arte de amar.

A pesar de todo esto, mucha gente ha llegado a pensar que las mujeres que trabajan en el hogar realizan una labor tan sencilla, que no puede entrar en la categoría
de «trabajo». Sus labores son pobremente calificadas y demeritadas.

Querida madre, esposa, ama de casa, aunque tengas la impresión de que nadie
ve ni valora lo que haces, debes saber que ante Dios tu obra es apreciada. Al hacer
alusión al trabajo de la mujer en el hogar, Elena G. de White escribió: «¡Ojalá la
madre pudiera percatarse de cuán importantes son sus deberes y de cuán grande
será la recompensa de su fidelidad!» (*El hogar adventista*, cap. 38, p. 225).

A pesar de lo que opinen los demás, o de cómo actúen en consecuencia, nunca
cometas el error de menospreciar las labores que realizas en el interior de tu hogar.
Sé diligente y da tu mejor esfuerzo, pues para tus hijos y para tu esposo pocas alegrías pueden ser mayores que saber que cuentan contigo como punto de equilibrio
que evita que el hogar se descontrole. Al enfrentarte este día con tus tareas en tu
hogar, siente que Dios te aprueba y alaba, pues así es como tendrás un corazón
lleno de amor, un espíritu de abnegación y una mente dispuesta a disfrutar de lo
que haces.

Escuchar con el corazón

El justo se fija en la casa del malvado, y ve cuando este acaba en la ruina.
Quien cierra sus oídos al clamor del pobre,
llorará también sin que nadie le responda.
Proverbios 21: 12-13

Ser escuchados es una de las necesidades que todos buscamos satisfacer. Los estudiosos del comportamiento humano dicen que escuchar es un arte que puede aprenderse y cultivarse. Aseguran que la mayoría de la gente oye palabras pero no las llevan al nivel de la interpretación. Además, dicen que escuchar activamente implica utilizar el cuerpo, la mente y el espíritu, y pocos son los que están habituados a hacerlo, resulta demasiado agotador.

Cuando alguien es capaz de oír detenidamente a otro se produce un efecto envolvente, que genera intimidad y confianza, tanto al que escucha como al que es escuchado. En esta época en la que todos hablan y nadie escucha, qué importante resulta que desarrollemos este arte. Con frecuencia me encuentro con hijos que se quejan de que sus padres no los escuchan; el mismo reclamo se oye de labios de los esposos y las esposas, y hay algunos más que se atreven a decir que sienten que ni Dios los escucha.

Creo que es momento de escuchar más y hablar menos; a veces los sonidos de la vida nos lo impiden, y vivimos y hacemos que otros vivan un aislamiento emocional. Queremos gritar a viva voz lo que tenemos dentro, pero prestamos poca atención a lo que alguien más tiene que decir.

En este día podemos agradecer a nuestro Padre celestial, pues sus oídos están siempre atentos al clamor de sus hijos e hijas. El salmista, seguro de esto, exclamó: «Sepan que el Señor honra al que le es fiel; el Señor me escucha cuando lo llamo. [...] Muchos son los que dicen: "¿Quién puede mostrarnos algún bien?" ¡Haz, Señor, que sobre nosotros brille la luz de tu rostro!» (Sal. 4: 3, 6). No prestemos oídos sordos a su voz, pues es por medio de ella como conocemos su voluntad y encontramos dirección, consuelo y fortaleza.

Pidámosle también que nos haga oidoras empáticas y sensibles; que podamos, en la intimidad de una plática con nuestros hijos, esposos y amigos, dar consuelo, comprensión y afecto. Por eso, cuando alguien te pida que lo escuches, deja todo lo demás que estés haciendo, míralo a los ojos, guarda silencio, pronuncia breves palabras de ánimo, y entonces estarás escuchando con el corazón.

La compasión se mueve

Dichoso el que piensa en el débil; el Señor lo librará en el día de la desgracia.
El Señor lo protegerá y lo mantendrá con vida.
Salmo 41: 1-2

Creo que todas nos conmovemos cuando escuchamos la parábola de aquel hombre que, a la vera del camino, yacía lastimado frente a la mirada indiferente de los transeúntes, hasta que el samaritano dejó caer su manto de compasión sobre él.

Vivimos en una sociedad fría e impersonal que frecuentemente observa el dolor ajeno sin conmoverse. Parece que, inmersos en una competencia, todos corremos buscando alcanzar nuestros propios objetivos, aunque para lograrlos pasemos por encima de otros, o nos mantengamos inmutables frente a las necesidades del prójimo.

El buen samaritano tuvo el toque de la compasión. Hizo a un lado sus intereses personales, fue capaz de escuchar a su corazón y se detuvo en la carrera de sus preocupaciones, porque indudablemente las tenía, para socorrer a alguien que estaba indefenso y desprotegido. La Biblia dice: «Se acercó, le curó las heridas con vino y aceite, y se las vendó. Luego lo montó sobre su propia cabalgadura, lo llevó a un alojamiento y lo cuidó. Al día siguiente, sacó dos monedas de plata y se las dio al dueño del alojamiento. "Cuídemelo —le dijo—, y lo que gaste usted de más, se lo pagaré cuando yo vuelva"» (Luc. 10: 34-35). ¡Maravillosa compasión de Dios! No solamente le dio atención física y material, sino que también curó sus heridas emocionales, que afloran naturalmente en alguien que ha sido maltratado. Y todavía más, cuidó de él hasta su recuperación.

La misericordia que mueve el corazón y nos lleva a realizar actos de bondad, al dejar a un lado el ego, debería ser una virtud natural en la vida de nosotras, las mujeres de Dios. No endurezcamos el corazón ante las necesidades de nuestros hijos e hijas, que son propias de la infancia y la juventud, y que pudieran parecernos simples. No dejemos morir la relación de amor con nuestros esposos, al permanecer sordas e inmutables frente a la naturaleza y a las necesidades masculinas. ¡Amémoslos con amor activo! No confinemos a la soledad a las mujeres que han sido golpeadas por la vida y viven en el oscuro mundo de las drogas y la promiscuidad. Extendamos nuestras manos llenas de compasión y curemos sus heridas.

Este día, en la carrera de tu vida, detente, observa tu entorno y, si descubres que alguien te necesita, deja que la compasión fluya.

Si quieres mostrar el camino, ¡anda en él!

El que recibe instrucción en la Palabra de Dios,
comparta todo lo bueno con quien le enseña.
Gálatas 6: 6

Algunas veces me he puesto a meditar en las palabras del apóstol Pablo, cuando para exhortar a los hermanos de Corinto exclamó: «Imítenme a mí» (1 Cor. 11: 1). He llegado a pensar que hubiera sido muy osado al hablar así, si no estuviera a continuación la frase concluyente: «Como yo imito a Cristo». Es aquí donde me lleno de admiración y de un profundo respeto hacia ese siervo del Dios vivo.

Amiga, ojala tú y yo pudiéramos decir lo mismo a los cientos de mujeres jóvenes que caminan por la vida detrás de nosotras: las niñas, las jovencitas, las madres y las recién casadas. Ojalá pudiéramos expresar algo semejante a lo que dijo Pablo, y no eso únicamente, sino decirlo con la autoridad que nos da el hecho de ser imitadoras de Jesús.

Lo que dará poder a nuestro liderazgo en el hogar, en la iglesia y en todo lugar, es mostrarnos como modelos dignos de imitar, y lo lograremos cuando nuestro modelo sea Jesucristo. Nuestra palabra tendrá poder cuando declaremos al mundo, con nuestros actos, que seguimos el ejemplo de nuestro Dios en todas nuestras actuaciones, sean públicas o privadas.

En el laberinto de la vida, muchas mujeres marchan sin dirección. Cuando hay confusión, qué agradable es encontrar a alguien que conoce el camino y lo puede mostrar a las que van detrás. Amiga, este es nuestro ministerio. Debemos ser mujeres que, fieles al mandato divino, seguimos el consejo: «Enseñar lo bueno y aconsejar a las jóvenes a amar a sus esposos y a sus hijos, a ser sensatas y puras, cuidadosas del hogar, bondadosas y sumisas a sus esposos, para que no se hable mal de la Palabra de Dios. […] A los jóvenes, exhórtalos a ser sensatos. Con tus buenas obras, dales tú […] ejemplo en todo» (Tito 2: 3-7).

Indudablemente un gran reto, pero también una hermosa oportunidad para testificar de lo que Cristo ha hecho en nuestras vidas. El primer requerimiento del Señor para realizar esta tarea es mantenernos cerca de él con lazos inquebrantables de fe; esto nos permitirá vivir con decoro, siendo ejemplo en conducta, en palabras y en actitudes. Solamente así caminaremos tras las huellas del Maestro y seremos aptas para que nos sigan las que vienen detrás.

No abandones la carrera

Sigo adelante esperando alcanzar aquello para lo cual Cristo Jesús me alcanzó a mí.
Hermanos, no pienso que yo mismo lo haya logrado ya. Más bien, una cosa hago:
olvidando lo que queda atrás y esforzándome por alcanzar lo que está delante,
sigo avanzando hacia la meta para ganar el premio que Dios ofrece mediante
su llamamiento celestial en Cristo Jesús.
Filipenses 3: 12-14

El secreto para correr el maratón de la vida es prepararnos todos los días para ser vencedores. Las mujeres que *llegan a ser vencedoras* están íntimamente relacionadas con Dios. Una mujer tenaz y de convicciones firmes, que se muestra resuelta y segura al enfrentar la adversidad y al tomar decisiones, seguramente lo logrará. La mejor estrategia para llegar la encontramos descrita en una de las Epístolas del apóstol Pablo: «Por tanto, también nosotros, que estamos rodeados de una multitud tan grande de testigos, despojémonos del lastre que nos estorba, en especial del pecado que nos asedia, y corramos con perseverancia la carrera que tenemos por delante» (Heb. 12: 1).

Todo peso, es decir, todo aquello que nos resta fortaleza y buen ánimo, como la culpa, los malos hábitos, la tendencia al pecado, una vida poco consagrada a Dios, son lastres que estorbarán nuestro progreso en la carrera cristiana. Los participantes de un maratón deben estar en óptima condición física, para que así puedan rendir al máximo. Asimismo, la carrera de la vida nos requiere en óptimas condiciones emocionales y espirituales.

Los corredores con alma de ganadores saben que deben usar los accesorios adecuados, como la ropa y el calzado, para hacer más fácil el trayecto hasta la meta. En la carrera de la vida, es necesario que vistamos la armadura del cristiano. Por supuesto, una alimentación correcta es otro elemento de mucha importancia para los corredores, pues les provee resistencia para no desistir. La mujer cristiana que corre la carrera de la vida debe tener una rica alimentación espiritual, que incluya el estudio de la Palabra de Dios y una dosis abundante de oración.

Lo más extraordinario de la carrera cristiana es que todos los que la comienzan pueden llegar a ser ganadores, no es solamente uno el que se lleva el trofeo. Todos los que corren en nombre del Señor recibirán su recompensa. Dios nos pide hoy que «corramos con perseverancia la carrera que tenemos por delante. Fijemos la mirada en Jesús, el iniciador y perfeccionador de nuestra fe» (Heb. 12: 1-2).

Espera con paciencia

El Señor es mi roca, mi amparo, mi libertador; es mi Dios,
el peñasco en que me refugio. Es mi escudo, el poder que me salva,
¡mi más alto escondite! Invoco al Señor, que es digno de alabanza,
y quedo a salvo de mis enemigos.
Salmo 18: 2

¿Has tenido alguna vez la impresión de que Dios no escucha tus oraciones? ¿Que no responde a los gritos de tu corazón? He vivido esta experiencia algunas veces en mi vida y comparto tu sentir. Es algo realmente angustioso. Cuando esto sucede nos sentimos lejos de Dios, y el alma a oscuras busca un rayito de luz para poder seguir viviendo.

Posiblemente Sara vivió una experiencia semejante. Pasó los años de su juventud esperando el ansiado milagro de un hijo, y este nunca llegó. Su ilusión de mujer se desvaneció. Las oraciones se acabaron y su fe languideció.

Seguramente pensó que tal acontecimiento nunca sucedería, y el rayito de luz que la sostenía en la esperanza se apagó cuando pasó de la adultez al climaterio de su vida de mujer, y se vio convertida en una anciana. Entonces decidió entregar su maternidad frustrada a su esclava, pensando que había llegado el final de sus sueños.

Sin embargo, Dios tenía un recurso que ella no recordaba en medio de su dolor, y es el hecho de que, en su omnisciencia, el Señor puede hacer posible lo imposible, cuando conviene a nuestro bienestar y a su voluntad.

Sara vio culminado su sueño cuando, resignada a su suerte, dejó de luchar; cuando comprendió que sus «soluciones» eran infructuosas, cuando fue capaz de darse cuenta de que sobre la tierra no hay poder más grande que su propio dueño. ¡Imagínate la sorpresa que se llevó cuando sus criadas le confirmaron la esperada noticia! Seguramente cayó sobre sus rodillas y alabó al Señor de todo corazón.

Amiga, es cuando has llegado a un momento como ese que Dios puede actuar sobre tus problemas y congojas. Cuando lo has intentado todo, cuando ya no te quedan recursos personales, cuando te reconoces incapaz frente a tus dificultades. Cuando creas que no hay solución, apóyate en Dios, reconócelo como tu Salvador y, sobre todo, espera con paciencia que su bendita voluntad sea manifestada en tu vida.

Medita en esta maravillosa promesa que Dios tiene para ti en este día: «Bueno es el Señor; es refugio en el día de la angustia, y protector de los que en él confían» (Nah. 1: 7).

El placer de Dios

A pesar de todo, Señor, tú eres nuestro Padre; nosotros somos el barro,
y tú el alfarero. Todos somos obra de tu mano.
Isaías 64: 8

No hay nada más emocionante y significativo para una madre que oír por primera vez de nuestro pequeño o de nuestra pequeña la palabra «mamá». Esto produce en el alma una sensación de grandeza indescriptible. Cuando nuestro hijo nos llama «mamá», aun en su modo imperfecto de hablar, experimentamos uno de los mayores placeres que confiere la maternidad.

Tal vez tú, si eres mamá, al leer esta reflexión recuerdas la alegría infinita que sentiste el día que por primera vez te llamaron y te reconocieron como «mamá»; y el gozo continuo que todavía experimentas cada vez que tu hijo te identifica como tal, independientemente de la edad que tenga. Este es el mismo placer que siente Dios cuando tú lo llamas «Padre» y te reconoces como su hija. No hay mayor alegría para él que el hecho de que te aceptes como hechura de sus manos y lo declares tu Dueño, Sustentador, Redentor y Padre. Y el placer de Dios aumenta cuando estás dispuesta a buscar y hacer su voluntad.

En realidad, cuando lo llamamos Padre y Señor, somos bienaventuradas, pues nos hacemos poseedoras de sus mejores dones. Para él somos motivo de su más tierno cuidado y ternura; gozamos de su protección y somos sustentadas en todas nuestras necesidades. La Biblia dice: «Pidan, y se les dará; busquen, y encontrarán; llamen y se les abrirá la puerta. Porque todo el que pide, recibe; el que busca, encuentra; y al que llama se le abre» (Luc. 11: 9).

El placer que sientes al conceder a tu hijo lo que te pide es semejante al que siente Dios cuando lo llamamos «papá» y confiadamente nos recostamos en su regazo para sentir seguridad y protección. Elena G. de White escribió en *El camino a Cristo*: «Cuanto más estudiamos el carácter divino a la luz de la cruz, mejor vemos la misericordia, la ternura y el perdón unidos a la equidad y la justicia, y más claramente discernimos las innumerables pruebas de un amor infinito y de una tierna piedad que sobrepasa la profunda compasión que siente una madre hacia su hijo» (cap. 1, p. 23).

No permitas que las experiencias negativas del pasado, o las circunstancias que vives hoy, te despojen del título de «hija de Dios», y tampoco renuncies al derecho que se te ha conferido en la cruz del calvario de llamarlo con toda propiedad «Padre».

Ser o no ser

Consideren bien todo lo verdadero, todo lo respetable, todo lo justo,
todo lo puro, todo lo amable, todo lo digno de admiración,
en fin, todo lo que sea excelente o merezca elogio.
Filipenses 4: 8

Cada día, y con mayor frecuencia, nos encontramos con personas que usan el engaño como arma para alcanzar sus objetivos. Consideran que todo medio es legítimo para llegar a un fin. Es frecuente encontrase con personas que se enorgullecen de ser tramposas, y se ven a sí mismas como ingeniosas y listas, sin darse cuenta de que esa actitud las conducirá a la cauterización de la conciencia.

Dios desea usarnos como modelos de integridad dondequiera que nos movamos. El destino de nuestras familias está en nuestras manos y hemos de conducirlas a la patria celestial por la senda de la verdad y el decoro. En este asunto no existen medias tintas; no podemos actuar dependiendo de las circunstancias, y tampoco dejarnos guiar por las conveniencias personales. La línea que separa la honestidad de la deshonestidad debe estar bien clara a la hora de actuar y decidir.

Las madres hemos de evitar confundir a nuestros hijos enarbolando frente a ellos la bandera de la integridad mientras nos ven comportarnos fraudulentamente. Actuemos como esposas cristianas al mostrar una conducta intachable frente a nuestros esposos, y con más razón cuando estemos lejos de su vista. No seamos mujeres de doble ánimo ni conducta dudosa; al actuar así nos ponemos en camino peligroso y arriesgamos el bienestar de nuestras familias, y la pureza de la iglesia del Señor.

La honestidad no tiene niveles, ni depende de las circunstancias. Hemos de hacerla parte de nosotras y convertirla en un estilo de vida. En su Palabra, Dios nos impele a una vida recta mediante las palabras del apóstol Pablo: «Les digo esto por su propio bien, no para ponerles restricciones, sino para que vivan con decoro y plenamente dedicados al Señor» (1 Cor. 7: 35).

¿Qué puede ser mejor, como carta de presentación ante el mundo, que mostrar a todos que eres una mujer honesta, veraz, confiable y honrada? Una hija de Dios hecha y derecha que todos los días da pasos firmes, incólume ante la incogruencia del entorno que la rodea. Camina hoy por la senda de la integridad y te sentirás aprobada por tu Señor y por todos los que observan tus actos.

¡No te escondas!

Por lo tanto, dejando la mentira, hable cada uno a su prójimo con la verdad, porque todos somos miembros de un mismo cuerpo.
Efesios 4: 25

El anonimato suele ser la trinchera tras la cual se oculta mucha gente cuando difama y desprestigia reputaciones ajenas. Creo que no me equivoco al asegurar que el anonimato es la «covacha» de un cobarde. Solamente los cobardes se esconden tras un rumor anónimo, un escrito sin nombre, un chisme que degrada la honorabilidad de otra persona. Si no son capaces de responsabilizarse de un comentario, quiere decir que no están seguros de la información que maliciosamente están transmitiendo; su única intención es nutrir su baja autoestima para no sentirse tan mediocres como son.

Cuando hagamos comentarios sobre alguien debe movernos el deseo de buscar su bienestar, y por supuesto también el nuestro. Quien es capaz de hablar mal de otro también se expresa mal de sí mismo. El apóstol Santiago, al escribir a sus hermanos, les advirtió y amonestó contra los pecados de la lengua, que son el chisme, la mentira, la difamación, las palabras deshonestas, etcétera. «La lengua es un miembro muy pequeño del cuerpo, pero hace alarde de grandes hazañas. ¡Imagínense qué gran bosque se incendia con tan pequeña chispa! También la lengua es un fuego, un mundo de maldad» (Sant. 3: 5-6). Por eso, pide a Dios que te ayude a ejercer control sobre tu lengua en todo momento.

Debemos prestar atención a este aspecto tan importante de nuestra personalidad. Dios nos ofrece su ayuda por medio de su Espíritu Santo, y también su oportuno y sabio consejo al ponernos en contacto con su Palabra. Dios desea que seas una maestra del bien. Edifica y bendice a los demás con tus palabras, y cuando te sientas tentada a hacer un comentario parapetada en el anonimato, considera cuánto bien o mal harás. Si no estás dispuesta a avalar con tu nombre lo que dices, es porque tu finalidad es destruir, no edificar.

Somete tu vida al escrutinio de Dios y sigue el consejo del apóstol Pablo: «Eviten toda conversación obscena. Por el contrario, que sus palabras contribuyan a la necesaria edificación y sean de bendición para quienes escuchan. No agravien al Espíritu Santo de Dios, con el cual fueron sellados para el día de la redención» (Efe. 4: 29-30).

Ruega al Señor para que las palabras que digas hoy sean «como naranjas de oro con incrustaciones de plata» (Prov. 25: 11).

No seas corta de miras

Hacia ti dirijo la mirada, hacia ti, cuyo trono está en el cielo.
Salmo 123: 1

Hace unos días tuve que someterme a una revisión oftalmológica, pues los lentes que el médico me había recetado hacía años ya no me permitían ver con nitidez. El tamaño, el color y la posición de las cosas que mis ojos me mostraban no eran reales, y eso me causaba mucha confusión e incomodidad. El médico me explicó que con el paso de los años, los ojos pierden su agudeza y es necesario ayudarlos. Fue increíble cómo con los anteojos correctos mi visión se recuperó casi al cien por ciento.

En la vida espiritual y emocional sucede algo parecido. Algunas personas se acostumbran a tener una visión borrosa de la vida, concentrándose en sus desventuras, problemas, achaques y contratiempos. Si alguien se atreve a sugerirles que miren lo bueno de la vida, que es la vida misma, se niegan, y en un mar de lamentos aseguran que nadie les comprende y que Dios les ha dado la espalda.

Veamos la vida con el lente que Dios nos ofrece. Es diferente para cada persona y está diseñado para ver lo que cada quien necesita ver. Nos permite mirar con claridad nuestro presente y vislumbrar con una nitidez poco común el futuro esplendoroso que el Señor nos tiene reservado.

Es tan corta la visión de algunos que solamente pueden ver su paso por esta tierra como una acumulación de problemas y conflictos. Los tales debieran decir como el salmista: «Ábreme los ojos, para que contemple las maravillas de tu ley» (Sal. 119: 18). Otros, sin embargo, miran más allá de sus problemas terrenales y, por fe, pueden exclamar en los momentos de aflicción: «A las montañas levanto mis ojos; ¿de dónde ha de venir mi ayuda? Mi ayuda proviene del Señor, creador del cielo y de la tierra» (Sal. 121: 1-2).

Millones de mujeres viven absortas mirando únicamente lo pasajero, terrenal y baladí, lo que hace que su existencia no tenga sentido. Otras, abrumadas por los pesares, que a lo mejor ellas mismas se provocan, caen en estados depresivos y de ansiedad. Amiga, no seas corta de miras. Utiliza el lente que Dios te ofrece. No te conformes con disfrutar a medias las bendiciones y las promesas del Señor; no veas solamente tus pesares y congojas, pues son pasajeros. Mira más allá de tu presente y vislúmbrate gozando de las bendiciones eternas en el reino de los cielos. ¡Agudiza tu vista!

Sin maquillaje

¡Ay de ustedes [...], hipócritas!, que son como sepulcros blanqueados.
Por fuera lucen hermosos pero por dentro están llenos de huesos de muertos
y de podredumbre.
Mateo 23: 27

Todas las mujeres sabemos que la parte de nuestro cuerpo que debe ser más cuidada es el rostro. Muchos aseguran que el rostro es como la fachada de un edificio; es lo primero que vemos de una persona y, de lo que se muestre en él, dependerá lo que pensemos que hay en su interior. Por esa razón hay que limpiar muy bien la piel del rostro todos los días, para que irradie luminosidad y salud; y cuando esto no se logre al ciento por ciento, una manita ligera de maquillaje será una buena ayuda. Debajo quedarán las imperfecciones que causan manchas y granitos, y podremos de ese modo tener una apariencia agradable y saludable. Por supuesto, llevar una alimentación rica en vegetales y beber abundante agua son los mejores aliados de la belleza externa de la mujer.

Intentar tener un rostro hermoso es un privilegio de nosotras las mujeres, que somos conscientes de que la condición de nuestra vida interior trasluce por la mirada. No intentemos ocultar nuestras manchas y pecados con una capa de hipocresía; este tipo de maquillaje arruinará nuestra salud y la belleza natural que Dios nos ha dado. El mejor maquillaje para alguien que está en esta condición es cubrirse con la gracia divina del perdón de Dios. El Sagrado Libro nos dice: «Engañoso es el encanto y pasajera la belleza; la mujer que teme al Señor es digna de alabanza» (Prov. 31: 30).

Sí, amiga, si somos mujeres prudentes y temerosas de Dios, humildes para reconocer nuestras faltas y sinceras al implorar el perdón del Señor, nos apropiaremos de la mejor y única receta que hará de la belleza un atributo permanente y duradero, independiente de la edad que tengamos, y a la que cualquier mujer puede aspirar. Tú y yo somos inmensamente afortunadas. Nunca intentemos ocultar nuestro mal proceder asumiendo posturas falsas, actitudes artificiales, y presuntuosos conceptos de nosotras mismas. Esto no solamente afeará nuestro rostro, sino que también nos hará sentirnos bastante frustradas; la cosecha será amargura y una baja autoestima.

¡Date esta mañana un buen baño de pureza con el agua que mana del trono de Dios, y te sentirás inmensamente bella! Así se dirá de ti: «¡Sean reconocidos sus logros, y públicamente alabadas sus obras!» (Prov. 31: 31).

Comienza a ensayar

Y oí a cuanta criatura hay en el cielo, y en la tierra, y debajo de la tierra
y en el mar, a todos en la creación, que cantaban: «¡Al que está sentado
en el trono y al Cordero, sean la alabanza y la honra, la gloria y el poder,
por los siglos de los siglos!».
Apocalipsis 5: 13

Cuando leo en la Palabra de Dios las descripciones de nuestra vida en la tierra
nueva, lo que más disfruto es la participación activa que tendremos en ese
nuevo escenario. Sembraremos, comeremos de nuestras cosechas, alabaremos al
Señor con voces perfectas como miembros del coro celestial, entre muchas otras cosas.

En el libro de Apocalipsis, en la descripción de la tierra nueva que Juan vio en visión, encontramos la siguiente expresión: «Cantaban con todas sus fuerzas» (Apoc. 5: 12).
¡Qué maravilloso momento! Cantaremos con todas nuestras fuerzas… ¿Alguna vez has
cantado así? El coro celestial estará integrado por todos los salvados; tú y yo podremos
participar. El único requisito será tener en el corazón una alabanza constante. No nos
preocupemos ahora por las voces imperfectas que tenemos, pues nuestro Salvador
las perfeccionará maravillosamente.

Amiga, nuestra vida terrenal es una extensión de la vida eterna en el reino de
Dios. Hoy es cuando comienza la eternidad, y también deben iniciar nuestra alegría
y nuestro regocijo por todo lo que pronto sucederá. Ese cántico de alabanza debe
comenzar a generarse ahora mediante una actitud de contentamiento y gratitud,
de tal manera que sobrepase las fronteras de nuestra alma y salga a torrentes por
nuestros labios. Ahora comienza el ensayo del canto más hermoso que jamás haya
escuchado oído humano: «¡Digno es el Cordero, que ha sido sacrificado, de recibir
el poder, la riqueza y la sabiduría, la fortaleza y la honra, la gloria y la alabanza!»
(Apoc. 5: 12).

Reúnete con tu familia, con tus amigas, con los miembros de la comunidad cristiana que habita este planeta, ¡y ensaya, ensaya, ensaya! Alabemos con todas nuestras
fuerzas, de tal manera que ahuyentemos de nosotras el pesimismo, las preocupaciones
banales y la incertidumbre que cubre este planeta con un manto lúgubre. Generemos
con nuestro canto optimismo, esperanza, seguridad y fe en nosotras mismas, en nuestros
amados y en todos los que viven lejos del Redentor. Comienza a cantar junto con las
aves que surcan el cielo cada amanecer. ¡Esa es la tarea de hoy! ¡Hazla! ¡Alaba, canta!
¡Dios está contigo!

Una puerta a la comprensión

Pido que, arraigados y cimentados en amor, puedan comprender,
junto con todos los santos, cuán ancho y largo, alto y profundo
es el amor de Cristo.
Efesios 3: 17-18

Ser comprendidos es una necesidad común a todos los seres humanos, y se hace evidente desde las etapas tempranas de la vida. Es bastante frecuente escuchar a esposas quejarse de que sus maridos no las comprenden; a hijos quejarse de sus padres; a mujeres de los hombres; a jóvenes de los adultos... Pareciera que cada quien vive en mundos diferentes, y en cierto sentido así es. Cada persona tiene perspectivas y expectativas diferentes de la vida. Por otro lado, las mujeres, los hombres, los jóvenes y los adultos tenemos necesidades que también son diferentes. En muchos casos esto abre una brecha o crea un muro de separación que a veces parece imposible de superar. Muchos llegan al punto de decir: «No te comprendo, y tú tampoco me comprendes a mí». Al llegar a esta conclusión, voluntaria y decididamente cerramos las puertas a todo entendimiento.

¿Cómo hacer entonces para estar en armonía con los demás y ser tolerantes y solidarios frente a sus necesidades y expectativas? Por supuesto que si Dios nos hizo para convivir con los demás, también provee a cada ser humano la sensibilidad suficiente para mostrar empatía. La capacidad de comprender a los demás plenamente se perdió con la llegada del pecado al corazón y la mente de los seres humanos. Es resultado de la separación del hombre de Dios. Sin embargo, nuestro Padre aún nos da comprensión, y su mayor deseo es que nosotros la podamos dar como un regalo precioso a los demás. Lo lograremos en la medida en que nos relacionemos con Dios íntimamente.

Esta es una tarea fácil y difícil al mismo tiempo. Fácil porque Dios nos dice cómo llevarla a cabo, y difícil porque lo que se interpone en una relación comprensiva y amorosa con los demás es el orgullo. Reflexiona en lo que el apóstol Pablo te dice al respecto: «Como escogidos de Dios, santos y amados, revístanse de afecto entrañable y de bondad, humildad, amabilidad y paciencia, de modo que se toleren unos a otros y se perdonen si alguno tiene queja contra otro» (Col. 3: 12-13).

Amiga, ¿hay alguien a quien no puedes entender? ¿Tu suegra, un hijo, tu esposo, tu nuera? Pon en práctica la receta de Dios y disfrutarás, hoy y siempre, de relaciones personales saludables.

Mujeres llenas de valentía

Mujer ejemplar, ¿dónde se hallará?
¡Es más valiosa que las piedras preciosas!
Proverbios 31: 10

Cada día al ir al trabajo me encuentro con ella. Mientras yo voy cómodamente sentada en mi automóvil, ella empuja con esfuerzo un carrito en el que lleva costales de naranjas, que exprimirá y venderá como jugo en una esquina de la ciudad. Es una mujer de baja estatura, y detrás del carrito se ve frágil e indefensa, pero, ¿lo será realmente? Camina con pasos cortos, pero a la vez firmes y decididos. Aunque de cuando en cuando se seca el sudor de la frente, nunca se detiene hasta que llega a su destino, que es la esquina donde trabajará esa jornada. Ahí permanece estoicamente bajo el sol ardiente o la lluvia, hasta que el último gajo de naranja se ha convertido en jugo.

Observarla cada día ha sido como una escuela para mí. Esa diminuta mujer me ha enseñado una gran lección: la vida es una lucha en la que hay que saber lidiar con fuerza y determinación. Muchas veces la he imaginado regresando a su casa. Seguramente la esperan sus hijos con ansias y ella apresura el paso, pues piensa en la alegría que dará a su familia, ya que uno de los costales no lleva naranjas, sino alimentos que serán un festín para todos.

Ella no celebra el Día Internacional de la Mujer con discursos y regalos. Posiblemente incluso desconozca la existencia de ese día. No pelea por sus derechos con pancartas y consignas; se los gana con el sudor de su frente y la fuerza de sus músculos.

Las mujeres valientes no son aquellas que ven la vida como una injusticia. No son las que se quejan de su suerte a cada paso que dan. Tampoco son grandes las que luchan contra los varones, haciéndolos responsables de todas sus desgracias. Las mujeres valientes son las que asumen sus responsabilidades, las que viven con dignidad y saben que las cosas buenas no caen del cielo, sino que hay que luchar para conseguirlas. Son las que persiguen sus propios sueños y no los ajenos.

Amiga, ponte al frente de tu vida. Recuerda que la vida en esta tierra es pasajera. La recompensa final vendrá de la mano de Dios, cuando hayas cumplido con los deberes que tienes por delante.

Un encuentro que cambia la vida

Examíname, oh Dios, y sondea mi corazón; ponme a prueba y sondea ·
mis pensamientos. Fíjate si voy por mal camino, y guíame por el camino eterno.
Salmo 139: 23-24

Toda mujer cristiana realiza cada día ejercicios espirituales, como la lectura y el estudio de la Palabra de Dios, además de la oración. Reconoce que de estos momentos emana la fortaleza espiritual necesaria para enfrentar los trajines cotidianos. Algunas prefieren ejercitarse temprano por la mañana, porque es cuando se sienten frescas y ágiles mentalmente. Otras, por el contrario, prefieren el ocaso del día, cuando toda la natura descansa y pueden hallar sabiduría y consuelo en la quietud del dilencio.

Tanto las mujeres «mañaneras» como las «vespertinas» buscan encontrar su mejor momento para que nada ni nadie interrumpa su devoción. Este espíritu agrada al Señor. Él desea que no pase un solo día sin que busquemos la ayuda para vivir que nos provee por medio de la meditación en su Palabra, la oración y la alabanza. Hemos de hacer de esto un hábito, para que se transforme con el tiempo en un estilo de vida y ninguna ocupación sea más importante que el encuentro con Dios. Sabiendo, como el apóstol, que «toda buena dádiva y todo don perfecto descienden de lo alto, donde está el Padre que creó las lumbreras celestes, y que no cambia como los astros ni se mueve como las sombras» (Sant. 1: 17).

A veces no reparamos en el peligro que entraña el hecho de que hagamos de estos momentos especiales algo rutinario, frío y sin sentido práctico. La búsqueda de Dios y su consejo no deben transformarse en una obligación, en un ritual cotidiano que únicamente se cumple como requisito pero que no provoca cambios ni transformación de vida.

Si bien es cierto que con fuerza de voluntad podemos conseguir cambios en algunos aspectos negativos de nuestra vida, los que renuevan el corazón y la mente provienen de Dios, y solo con el poder y la ayuda del Espíritu Santo los lograremos. Conscientes de ello, vayamos al Señor con espíritu tranquilo, corazón abierto y agradecido, y con la mente dispuesta a seguir las indicaciones del Señor. Él nos dice: «Me buscarán y me encontrarán, cuando me busquen de todo corazón» (Jer. 29: 13).

Amiga, busca hoy un encuentro especial con tu Señor. No importa si es por la mañana o al anochecer.

Muestra a Cristo

La casa y el dinero se heredan de los padres,
pero la esposa inteligente es un don del Señor.
Proverbios 19: 14

Hay dos cosas que son primordiales para toda mujer: el arreglo personal y el arreglo de su casa. Y qué bueno que sea así, porque como mujeres cristianas testificamos por medio de nuestra propia apiriencia física y también mediante la imagen que proyecta nuestro hogar a las personas que lo visitan.

La mujer de Dios ha de ser siempre pulcra y de buen gusto en la vestimenta, sabia para sacarle partido a la belleza natural que Dios le ha dado. Desde lejos ha de resultar evidente que se trata de una dama de valores y principios elevados. No cabe duda de que las mujeres descuidadas y negligentes en su aseo y apariencia personal causan una mala impresión respecto a sus principios y valores, y proyectan una imagen de poca autoestima.

Lo que hace de nuestra casa un hogar son los detalles sencillos pero dispuestos con inteligencia, independientemente de que vivamos en una gran mansión o en una casa pequeña sin ningún tipo de lujos. Los muebles, la decoración, los colores de las paredes, pueden lucir agradables sin que para ello sea necesario invertir grandes sumas de dinero. La elegancia está en la sencillez y en el buen gusto, y en lo modesto pueden encontrar comodidad tantos miembros de la familia como visitas.

Además de una buena imagen personal y una casa acogedora, hay otra cosa que debemos mostrar al mundo. Una mujer cristiana ha de estar adornada por un carácter dulce y apacible; este es el mejor accesorio de belleza para la mujer que teme a Dios y desea honrarlo. Estos son dos frutos del Espíritu que el Señor desea otorgarnos para que seamos mujeres completas. La impaciencia y la amargura pueden quitarnos este placer.

Un hogar bellamente adornado, quizá con los mejores accesorios y los más costosos muebles, para nadie será grato si en él reina un ambiente hostil generado por la falta de amor y simpatía. Será apenas un lugar frío y elegante, como una sala *VIP* del aeropuerto en la que deseamos estar por un breve tiempo y nada más.

Muestra hoy a Jesucristo en tu vida y en tu hogar. Entonces serás la mejor compañía para tus hijos, tu esposo y tus amigos. Tu hogar será un remanso de paz, un oasis del que mane vida, y los ángeles y el Espíritu Santo compartirán tu alegría.

El que conoce el camino va delante

Reconócelo en todos tus caminos, y él allanará tus sendas.
Proverbios 3: 6

Cuando era niña, con frecuencia nuestra directora del Club de Conquistadores nos llevaba de excursión. Recuerdo que muchas veces teníamos que sortear circunstancias imprevistas, como en aquella ocasión en que vimos una culebra a la orilla de nuestro sendero. En realidad no fue este hecho el que hizo que tal recuerdo se mantuviera intacto en mi mente hasta hoy. Lo que realmente dejó huella en mí fue la actitud de nuestra directora. Al ver el temor de los niños, se detuvo y, levantando sus brazos, nos dijo: «No tengan miedo, yo voy delante porque conozco el camino». Todos la seguimos confiadamente.

¡Qué agradable es encontrar a alguien que te muestre el camino cuando estás perdida o a alguien que te dé seguridad cuando tienes miedo! ¡Cuánta paz nos infunde! A nosotras las madres, las mujeres adultas y con experiencia, Dios nos ha llamado para ser guías de las que vienen detrás. No seamos piedras de tropiezo para las jovencitas sin experiencia que a veces se equivocan por falta de dirección. Démosles la mano y vayamos delante pisando fuerte sobre la senda segura, para generar en ellas seguridad y certidumbre.

¿Recuerdas lo que Rut, la moabita, dijo a su suegra? «¡No insistas en que te abandone o en que me separe de ti! Porque iré adonde tú vayas, y viviré donde tú vivas. Tu pueblo será mi pueblo, y tu Dios será mi Dios. Moriré donde tú mueras, y allí seré sepultada. ¡Que me castigue el Señor con toda severidad si me separa de ti algo que no sea la muerte!» (Rut 1: 16-17). ¡Qué tremenda declaración de alguien que tenía la convicción de que siempre sería guiada por la senda del bien y nunca a caminos de maldad! Además, qué grande debía de haber sido el testimonio de Noemí para que su joven nuera decidiera seguir a su lado, olvidándose del amor natural que seguramente sentía por su familia de origen.

Nosotras hoy tenemos la misma responsabilidad y el mismo privilegio: conducir con abnegación y paciencia a las generaciones de mujeres que vienen detrás. Dios desea que tomemos la decisión de mostrar el camino seguro. No digamos a las más jóvenes que en el camino de la vida es necesario caerse y lastimarse, si nosotras, mujeres de Dios, se lo podemos evitar.

Amiga, el Señor dice en esta mañana: «¡Si conoces el camino, ve adelante!». Reconozcamos que la única manera de hacerlo es seguir los pasos de Jesús.

El plan de jubilación es humano

Yo, Señor, en ti confío, y digo: «Tú eres mi Dios».
Mi vida entera está en tus manos.
Salmo 31: 14-15

Los planes de jubilación son aprobados por los gobiernos para proveer descanso y solaz al que ha trabajado durante muchos años. Sin embargo, los expertos en la naturaleza humana aseguran que este tiempo suele ser, para muchos hombres y mujeres, sinónimo de improductividad y ocio enfermizo, que los puede llevar a experimentar prolongados episodios de depresión y un aumento de enfermedades físicas. Para quienes la rutina de un trabajo remunerado los mantenía en buenas condiciones físicas y emocionales, llegar al retiro significa a veces tener sentimientos de incapacidad.

La jubilación es un buen plan humano que permite a los mayores el merecido descanso, y así deberían disfrutarlo quienes viven esta etapa. Pero los que vivimos para alcanzar la vida eterna nunca hemos de llegar a la jubilación. La obra del Señor necesita obreros activos de todas las edades, especialmente aquellos que, cargados de experiencia, pueden ser guías para los que caminan detrás.

Las abuelas tenemos una misión que cumplir, y no consiste solamente en estar al cuidado de los nietos de vez en cuando. Las mujeres mayores tienen un gran ministerio que realizar, el cual trascenderá hasta el reino de los cielos. «A las ancianas, enséñales que sean reverentes en su conducta, y no calumniadoras ni adictas al mucho vino. Deben enseñar lo bueno y aconsejar a las jóvenes a amar a sus esposos y a sus hijos, a ser sensatas y puras, cuidadosas del hogar, bondadosas y sumisas a sus esposos, para que no se hable mal de la Palabra de Dios» (Tito 2: 3-5).

Amiga, alégrate de la vida, ¡no importa cuántos años tengas! La viña del Señor te necesita y recibe obreras de corazón agradecido y mente dispuesta a servir. Los años cumplidos sobre esta tierra son tus herramientas de trabajo, lo que dará poder a tus palabras, pues estarán coronadas con la experiencia, y eso es privilegio de pocos. Renueva tu vocación de servicio cuando respondas nuevamente al llamado: «Aquí estoy Señor, envíame a mí».

Te exhorto a que aceptes el desafío. Sacúdete los «achaques» y, con nuevo poder, haz de tu jubilación una bendición. Reafírmate cada día como una mujer de Dios y, comprometida con él, asume tu responsabilidad como transmisora de los valores que te han sostenido en tu experiencia cristiana.

Tras sus huellas

Para esto fueron llamados, porque Cristo sufrió por ustedes,
dándoles ejemplo para que sigan sus pasos.
1 Pedro 2: 21

Cuando era niña mi padre me contaba la historia de dos alpinistas que, perdidos en los Andes, pudieron regresar al refugio más cercano gracias a las huellas que dos de los perros que los acompañaban habían dejado anteriormente en la nieve. ¡Cuán importantes pueden llegar a ser unas huellas! En esta historia, las huellas de los perros fieles fueron el factor decisivo entre la vida y la muerte.

Sentir que nos hemos perdido es una de las experiencias más aterradoras que podemos vivir, especialmente si estamos solas. Nos podemos perder dos varias razones: porque no conocemos el lugar donde nos encontramos, porque no sabemos exactamente dónde está el lugar al que nos dirigimos, porque algo nos distrae o porque nos desubicamos fácilmente y tenemos mal sentido de la orientación. En todos estos casos es indispensable contar con alguien que nos ayude, porque conoce el camino o tiene un excelente sentido de la orientación.

Perderse emocional y espiritualmente es una experiencia todavía más devastadora. Se experimenta una gran confusión de los sentimientos, lo cual conlleva como resultado dificultades para enfrentar los desafíos del día, y temor al futuro. En algún momento de su vida, el rey David sintió algo parecido cuando exclamó: «¿Hasta cuándo, Señor, me seguirás olvidando? ¿Hasta cuándo esconderás de mí tu rostro? ¿Hasta cuándo he de estar angustiado y he de sufrir cada día en mi corazón? ¿Hasta cuándo el enemigo me seguirá dominando?» (Sal. 13: 1-2).

Lo único que tiene sentido en tales condiciones es buscar dirección. La buena noticia de este día es que el camino seguro que nos conducirá al destino final está marcado por las huellas de Jesús. Si las seguimos, dejaremos de sentirnos desorientadas y sabremos con certeza por dónde vamos. Entonces, finalmente podremos exclamar como Job: «En sus sendas he afirmado mis pies; he seguido su camino sin desviarme. No me he apartado de los mandamientos de sus labios; en lo más profundo de mi ser he atesorado las palabras de su boca» (Job 23: 11-12).

Cuanto más cerca caminemos de las huellas de Jesús, más claramente podremos ver el camino. De esa manera las huellas se irán profundizando cada vez más para que las sigan las generaciones de mujeres jóvenes que, en medio de la confusión mundanal, anhelan un lugar seguro donde asentar su pie para seguir adelante con la vocación de sus vidas.

Dale a Dios lo que más desea

Quien encubre su pecado jamás prosperará;
quien lo confiesa y lo deja, halla perdón.
Proverbios 28: 13

Las Sagradas Escrituras nos dicen que el perdón de Dios es incondicional. Toda persona tiene acceso al trono de su infinita gracia. Él no toma en cuenta si es hombre o mujer, ni la condición étnica, el nivel educativo o la posición social. Lo único que debemos hacer para obtener el perdón de Dios es arrepentirnos de nuestros pecados y confesarnos ante Dios. Elena G. de White escribió: «La confesión que brota de lo íntimo del alma sube al Dios de piedad infinita» (*El camino a Cristo*, cap. 4, p. 59).

El peso de los pecados sin confesar es una carga imposible de llevar. Es como un cáncer que corroe las fuerzas físicas y causa estragos sobre el ánimo y las emociones. Mucha gente cree que han cometido errores tan graves que Dios jamás podrá perdonarlas, pero lo cierto es que no es así.

En medio de la vileza de una vida desperdiciada, María de Magdala se dio cuenta de que no podía sobrellevar más tiempo su carga de pecado, y en un acto de fe y profundo recogimiento, se humilló a los pies de su Maestro sin pensar en qué dirían los demás. El resultado de ese acto sencillo de arrepentimiento fue una vida nueva, tal vez con tentaciones, pero con la seguridad de que Jesús caminaba a su lado.

Lo que Dios más desea de ti es un corazón genuinamente arrepentido. A cambio de tu entrega, te devuelve paz interior y la promesa de su constante y permanente compañía. He conocido mujeres que sienten el peso de su pecaminosidad y no se pueden enderezar para darse cuenta de que lo único que deben hacer es levantar los ojos al cielo, de donde vendrá la remisión de sus faltas. «Si en tu corazón existe el anhelo de algo mejor que cuanto este mundo pueda ofrecer, reconoce en este deseo la voz de Dios que habla a tu alma» (*El camino a Cristo*, cap. 3, p. 43).

Ojalá que, en este día, el deseo de Dios llene tus pensamientos y te impulse, con la sinceridad de toda mujer que anhela ser una genuina cristiana, a entregar tu voluntad y tus motivos a él. Es el mejor regalo que le puedes dar. Inclínate ahora mismo y junta tus manos en señal de adoración; deja que tu corazón musite en silencio la plegaria que te conectará con lo celestial.

¿Quién no estará en el cielo?

¿No saben que los malvados no heredarán el reino de Dios? ¡No se dejen engañar!
Ni los fornicarios, ni los idólatras, ni los adúlteros, ni los sodomitas, ni los pervertidos
sexuales, ni los ladrones, ni los avaros, ni los borrachos, ni los calumniadores,
ni los estafadores heredarán el reino de Dios.
1 Corintios 6: 9-10

Muchas veces he soñado despierta con cómo será mi vida en el cielo, anticipando esos momentos que tanto tiempo llevo anhelando. He pensado en las personas que me gustaría encontrar allá pero también, y lo digo con sinceridad, he pensado en las personas que no me gustaría ver. Así soy de humana; con mi manera de pensar, me cuesta ver lugar en la tierra nueva para las personas que no parecen respetar a Dios en esta tierra.

Uno de mis personajes bíblicos favoritos es José. Su vida intachable, su voluntad férrea para hacer lo bueno, su confianza en el Señor, todo constituye una fuente de inspiración para mí ahora, y convivir con él por la eternidad será un privilegio enorme. Una de las mujeres que admiro y que buscaré en su domicilio celestial en cuanto llegue al cielo, es Ester. Me inspiran su valor y su entereza, cómo aún siendo una niña con tantas circunstancias en contra, pudo vencer las adversidades y llegar a ser reina.

Pero… ¿qué personas espero no ver allá? Pues todos aquellos asesinos que sin piedad cometen crímenes atroces, los ladrones, las prostitutas y muchos más, que ahora solo conozco por medio de la pantalla del televisor y las páginas de los periódicos.

Si en el cielo ya no habrá maldad ni pecado, es obvio que todas estas personas no estarán allí, y con un suspiro de alivio casi me dan ganas de aplaudir. Sin embargo, la mente y el corazón de Dios piensan diferente a mí. Él anhela que los que aquí en la tierra son criminales, ladrones, prostitutas, y que cometen toda clase de maldad, sean transformados mediante su poder y lleguen también a acompañarlo en el cielo. Es aquí donde el Señor necesita tu colaboración.

Dios espera que tú, que construyes una familia y crías a tus hijos, hagas brotar desde la trinchera de tu hogar una vertiente de salvación para una sociedad que sucumbe bajo el peso de sus propios males. Seamos mujeres cristianas para que podamos establecer relaciones saludables, criar hijos sanos, y tener matrimonios que sean exitosos para esta vida y la eternidad.

Eres la esposa de Dios

¡Fíjense qué gran amor nos ha dado el Padre,
que se nos llame hijos de Dios!
1 Juan 3: 1

Seguramente ya habrás escuchado la hermosa historia de una dama que, gracias a su generosidad, bondad y amor manifestado hacia los niños indigentes de una comunidad proletaria, llegó a ser conocida como «la esposa de Dios». Por si no conoces el relato, te lo voy a contar.

Esta mujer vivía en una pequeña ciudad de Centroamérica. Gozaba de una buena posición económica, así que todos los de su clase social la criticaban, porque en lo que más se concentraba era en ayudar a la gente de escasos recursos. Cuando falleció, muchos lloraron su partida, pues sabían que se había perdido un ser humano como pocos. Se difundió su sobrenombre en los periódicos de muchos países del mundo, que dieron a conocer la noticia de una pérdida tan lamentable.

Me gustaría que la gente, al verme, reconociera mi parentesco con el Señor. Tal vez no como su esposa, pero sí como su hija favorita, y esta es una verdad que se encuentra al pie del acta de nacimiento que Dios nos dio: «Tú eres mi hijo; hoy mismo te he engendrado» (Heb. 5: 5). El mundo nos reconocerá como hijas de Dios si en nuestra vida mostramos las virtudes físicas, mentales y espirituales con que él nos creó. Somos semejantes a él física, mental y espiritualmente gracias al lazo de cosanguineidad que tenemos con Dios a través de la creación y de la cruz del Calvario.

La bondad, la generosidad, la misericordia y el perdón, son atributos de la personalidad de Dios que deben estar presentes en nosotras, sus hijas. Hacen que nos parezcamos a él, y también nos hacen ser cercanas a nuestro prójimo.

Las hijas de Dios extienden la mano al pobre (Isa. 58: 7), sus corazones se mueven a la misericordia cuando ven al que sufre (Luc. 6: 36), aman con amor incondicional (1 Juan 4: 7-8), perdonan a sus ofensores (Col. 3: 13), practican la hospitalidad (1 Ped. 4: 9) y son serviciales (1 Ped. 4: 10). Todas estas virtudes dan evidencias de quiénes somos, así como dieron evidencia de qué motivos actuaban en el corazón de la mujer del relato de hoy.

Actúa en este día de tal manera que las personas que aparezcan en tu camino puedan reconocerte como una hija amada de Dios, heredera de todas las virtudes de tu Padre celestial.

¡Antes de cosechar, siembra!

El malvado tiene ganancias ilusorias;
el que siembra justicia asegura su ganancia.
Proverbios 11: 18

Los agricultores saben que una buena cosecha dependerá en gran medida de la siembra. Cuando la semilla es de calidad y el terreno ha sido bien preparado, seguro que la cosecha será buena. Las semillas han de seleccionarse cuidadosamente. Para un buen cultivo y una excelente cosecha, es necesario que tengan cierta tolerancia al calor y al frío, que puedan resistir las sequías y las plagas, e incluso el daño que algunos pájaros pueden causar. Por supuesto, los surcos en la tierra deben estar bien hechos y abonados adecuadamente.

En la cosecha de la vida sucede algo parecido. Los valores y los principios eternos son las semillas que ponemos en el surco de la vida y que, con el paso del tiempo, germinarán y darán una excelente cosecha. Al final de nuestra vida en esta tierra, obtendremos la primera cosecha, y la última y definitiva llegará cuando recibamos de las manos del Señor la corona de la vida eterna.

Amiga, hoy es tiempo de sembrar. Hagamos surcos bien trazados y escojamos las mejores semillas. La semilla de la bondad, que es una disposición intencionada a hacer el bien, te hará cosechar el aprecio de los demás. La semilla de la perseverancia te hará ser paciente aun cuando la tentación esté cerca. La semilla del cuidado de la buena alimentación te dará una vida plena sin complicaciones médicas. La semilla del deseo insaciable de la lectura de la Palabra del Señor te dará sabiduría en tu caminar.

Si siembras en el corazón de tus hijos semillas de rectitud, desechando la mentira y la deshonestidad, cosecharás respeto. Si pones en el corazón de tu esposo semillas de comprensión y amor, cosecharás felicidad matrimonial. Si siembras generosidad en el trato con el prójimo, tu cosecha será abundante y de primera calidad. La Palabra de Dios nos asegura: «La mujer bondadosa se gana el respeto [...]. El que es bondadoso se beneficia a sí mismo; el que es cruel, a sí mismo se perjudica» (Prov. 11: 16-17).

Por el contrario, si siembras intolerancia, impaciencia, falta de simpatía, preocupación y descontento, tu cosecha será pobre y los frutos serán amargos e incluso venenosos. Hoy es el día de sembrar. ¡Pon en los surcos las mejores semillas y ten la seguridad de que tu cosecha será una gran celebración!

¡Cuídate de los atajos!

He andado en los caminos del Señor; no he cometido mal alguno
ni me he apartado de mi Dios.
2 Samuel 22: 22

Mientras caminemos por los senderos de la existencia, tendremos la tentación de tomar atajos. Estos son los senderos aparentemente más rápidos para obtener las metas que nos proponemos en la vida. ¡Cuántos estudiantes se han sentido tentados a copiar las respuestas de un examen, para evitar el esfuerzo del estudio! Otras personas han recibido la oferta de tomar un atajo fraudulento para hacer fortuna, únicamente con el propósito de evitar caminar por la senda del trabajo esforzado. Son muchas las mujeres que se entregan a relaciones ilícitas, pues les resulta difícil transitar el camino de la pureza y la dignidad. ¡Tengamos cuidado! La Palabra de Dios dice: «Entren por la puerta estrecha. Porque es ancha la puerta y espacioso el camino que conduce a la destrucción, y muchos entran por ella» (Mat. 7: 13).

Dios nos llama a transitar por caminos rectos. Nosotras, por la posición que ocupamos en nuestros hogares, somos la guía para los que vienen caminando detrás, por eso hemos de ser muy cuidadosas al elegir por qué camino andaremos. No vendas tu honestidad para parecer moderna. No cambies tu sencillez por la frivolidad de tantas mujeres que quieren parecer liberadas. No abandones la senda del dominio propio al enfrentarte a los varones en una lucha egoísta y sin motivos válidos. Recuerda que a nosotras nos ha diseñado nuestro Padre con ciertas características peculiares, para desempeñar una función diferente a la de los hombres. No quieras tratar de imitar al sexo opuesto. Si el Señor hubiese querido que desempeñáramos las mismas funciones, ¿para qué crear dos seres distintos?

Ahora bien, no te canses de caminar por la senda del sacrificio para conducir a tus hijos hasta las puertas mismas de la patria celestial. Continúa en el camino de la fidelidad y haz de Dios tu compañero de viaje. Sigue con decisión por el camino de la abnegación hasta recibir la corona de la vida eterna. Recuerda el consejo del salmista: «Encomienda al Señor tu camino; confía en él, y él actuará» (Sal. 37: 5).

Si hoy alguien o algo te hace pensar que puedes tomar un atajo, considera que «hay caminos que al hombre le parecen rectos, pero que acaban por ser caminos de muerte» (Prov. 16: 25). La senda recta fue marcada con la sangre de Cristo Jesús camino al Gólgota. ¡Síguela!

Alaba, alma mía, al Señor

¡Aleluya! ¡Alabado sea el Señor! Alaba, alma mía, al Señor.
Alabaré al Señor toda mi vida; mientras haya aliento en mí,
cantaré salmos a mi Dios.
Salmo 146: 1-2

La alabanza es una expresión que surge del alma y del espíritu, y nos lleva a reconocer la grandeza y las bondades de Dios. Es prácticamente increíble que alguien tan magnífico como Dios se digne a mirar a las criaturas terrenales, y además las cuide con tan tierna solicitud como lo hace con nosotros. Por ese simple hecho, brotan de nuestros labios expresiones y sonidos en acción de gracias al Creador.

Cuando reconocemos la grandeza de Dios, nos damos cuenta también de cuán pequeños somos nosotros, los seres humanos. Entonces surge de lo profundo del corazón la alabanza que se traduce en himnos de honra, adoración, exaltación por sus obras, y contrición del corazón. Podemos expresar: «Alaba, alma mía, al Señor; alabe todo mi ser su santo nombre. Alaba, alma mía, al Señor, y no olvides ninguno de sus beneficios» (Sal. 103: 1-2).

La persona que alaba a Dios se coloca, sin darse cuenta, en una posición de humildad que la hace sensible a la voz del Espíritu Santo. Entonces es capaz de reconocer todos sus favores, experimentar gozo y gratitud que se convierten en salud abundante. La alabanza es una actitud que podemos desarrollar con voluntad, hasta que la hagamos parte de nuestra manera de ser. Al cantar un himno, al leer un salmo o al orar, estamos alabando al Señor, y en estas acciones tenemos el privilegio de sentir al Espíritu Santo, que nos ayuda a tener comunicación directa con el Creador.

Amiga, te invito a que sientas la presencia del Señor en tu vida diaria mediante la alabanza; haz de ello un hábito. Alabemos a Dios con el intelecto y con el espíritu, lo que significa reflexionar sobre la gracia y la misericordia de que somos objeto y, por otro lado, permitamos que nuestro espíritu libere las expresiones de contentamiento y alabanza por todas sus bondades.

Hoy es un buen día para alabar al Señor. El primer paso para llevarlo a cabo es comenzar a sentir su presencia dondequiera que vayamos. Así desarrollaremos comunión con él y seremos renovadas y vivificadas. Ojalá hoy puedas decir: «Mi boca rebosa de alabanzas a tu nombre, y todo el día proclama tu grandeza» (Sal. 71: 8).

El GPS de Dios

En su angustia clamaron al Señor, y él los libró de su aflicción.
Los llevó por el camino recto hasta llegar a una ciudad habitable.
Salmo 107: 4-7

GPS son siglas en inglés que significan *Global Positioning System* (Sistema de Posicionamiento Global). Aunque tiene varios usos, un GPS es un pequeño aparato que, al ser programado, nos sirve para encontrar lugares. Resulta especialmente útil en ciudades muy grandes cuando uno tiene que llegar a un lugar que no conoce. ¡Qué increíble es que un pequeño aparato electrónico te dé la ubicación exacta de un lugar!

¿No crees que a cualquiera de nosotras nos gustaría tener un GPS que nos diera la dirección correcta de nuestra vida, para que dejáramos de temer que podamos perdernos? ¿Te has preguntado alguna vez: «Será que voy en la dirección correcta»?

No podemos negar que en nuestro planeta reina una confusión generalizada. La revolución en el mundo de las ideas, las nacientes corrientes filosóficas y la nueva moral nos han hecho perder de vista nuestra propia dirección, y muchos seres humanos se encuentran desubicados, vagando sin rumbo. Pero me llena de paz saber que Dios nos ha provisto de un GPS que nos conducirá siempre al destino que él ha determinado para todos sus hijos e hijas fieles.

La Palabra de Dios, la Biblia, es el GPS divino que nos guiará en medio de la confusión. Nos garantiza dirección y orientación divinas. Si nos apropiamos de él nunca estaremos perdidas, y si por alguna razón nos extraviamos, puede con precisión exacta devolvernos al camino seguro.

Querida amiga, ¿te sientes confundida? ¿Te cuesta seguir el itinerario que Dios tiene planeado para ti? ¿Por alguna razón has perdido el sentido de la dirección y no sabes cómo retomar el camino correcto? Entonces aprópiate del GPS de Dios y sigue sus indicaciones. No tienes que programarlo para que funcione, ni tampoco suponer que puede fallar, pues fue creado por el Dueño de la tecnología.

Esta es una noticia que debemos proclamar a todas las mujeres extraviadas. Aquellas que han perdido de vista a Dios, que en medio de un mar de contradicciones anhelan vivir constantemente en la presencia del Señor. ¡Hoy es un buen momento para que proclames la existencia del GPS espiritual!

¡Oh Dios, tu mar es tan grande!

¡Oh Señor, cuán numerosas son tus obras! ¡Todas ellas las hiciste con sabiduría!
¡Rebosa la tierra con todas tus criaturas! Allí está el mar, ancho e infinito,
que abunda en animales, grandes y pequeños,
cuyo número es imposible conocer.
Salmo 104: 24-25

«¡Oh Dios, tu mar es tan grande y mi barca tan pequeña!» Tal era la inscripción que estaba escrita en un reconocimiento que recibió Jimmy Carter, siendo aún presidente de los Estados Unidos, de manos del almirante Hyman Rickover, quien había sido instructor de Carter cuando este fue infante de marina.

Sin lugar a dudas aquel hombre había sentido la majestuosidad de Dios al navegar por los mares del mundo, lo que lo llevó a concluir que él no era nada frente a la grandeza del Creador. Son muchos los hombres y las mujeres que desde su puesto de acción en este planeta tienen la misma perspectiva. El salmista exclamó: «Señor, tú eres grandioso […]. Afirmas sobre las aguas tus altos aposentos y haces de las nubes tus carros de guerra. ¡Tú cabalgas en las alas del viento! […] ¡Oh Señor, cuán numerosas son tus obras! ¡Todas ellas las hiciste con sabiduría!» (Sal. 104: 1, 3, 24)

No solamente es asombro lo que debiéramos manifestar ante la grandeza de Dios. También debemos tributarle honra y adoración reverente, pues aun siendo sus débiles e indefensas criaturas, él nos cuida mucho.

Cuando con el alma se reconoce la soberanía de Dios sobre todo lo creado, surge un sentimiento de impotencia que nos lleva a entregarnos en sus manos, y con docilidad absoluta nos disponemos a cumplir su voluntad. Reconocer nuestra pequeñez genera sencillez en nuestro ser y permite que toda la grandeza humana que podamos alcanzar esté revestida de gratitud y humildad. Este punto de reflexión es un privilegio que únicamente pueden obtener quienes se inclinan sin soberbia ante el Soberano y suplican su conducción. Fue lo que llevó a David a exclamar: «Oh Señor, soberano nuestro, ¡qué imponente es tu nombre en toda la tierra! ¡Has puesto tu gloria sobre los cielos! […] "¿Qué es el hombre, para que en él pienses? ¿Qué es el ser humano, para que lo tomes en cuenta?"» (Sal. 8: 1, 4).

Hermana, ¡alégrate, regocíjate! Tú eres parte de la majestuosidad del universo y, todavía más, fuiste hecha a imagen y semejanza de tu Creador. Por eso, en este día, ¡alaba! ¡Alaba, y jamás te canses de ello!

La tecla más usada

«Y nunca más me acordaré de sus pecados y maldades.»
Y cuando estos han sido perdonados,
ya no hace falta otro sacrificio por el pecado.
Hebreos 10: 17-18

En la década de los setenta escribí mi primera tesis, requisito indispensable para hacer válida la licenciatura que cursaba. Aún recuerdo la tortura de escribir más de cien páginas en aquellas ruidosas y aparatosas máquinas mecánicas. Siendo que una tesis no debía llevar ninguna corrección, un error cometido en una página significaba escribir nuevamente toda la página, porque no había ninguna manera de corregir; faltaban teclas a las que hoy nos hemos acostumbrado.

Gracias al avance de la tecnología, mi segunda tesis la pude escribir en una computadora, que tenía la tecla más maravillosa de todas: «Suprimir». Con apenas darle un pequeño golpecito, reaccionaba y deshacía automáticamente todos los errores. «¡Qué maravilla!», pensé después de tantos desvelos en mi primer trabajo, pues ahora, con una simple tecla, podía superar el temor a echar a perder todo mi esfuerzo.

A veces pienso que alguien debería inventar una tecla «suprimir» para que, al pulsarla, automáticamente se borraran todos los errores de nuestra vida… pero no puede ser así. Los errores y pecados cometidos quedan registrados en nuestra mente y nuestro corazón, dejando en algunas personas marcas imposibles de borrar.

La buena noticia es que los errores de nuestra vida pueden ser borrados y arrojados a lo profundo de la mar, pero esa no es obra nuestra; no basta con pulsar los botones de nuestra mente con una buena psicoterapia. Es la obra del Espíritu Santo en la mente y el corazón de los hombres y las mujeres que acuden a Dios en busca de perdón. Y es tu privilegio en este día.

Eso no significa que por el hecho de que Dios te permita corregir tus errores, puedas actuar con descuido y equivocarte a diestra y siniestra. Sé consciente de ello y, si vives atormentada tratando de borrar tus errores e intentado reescribir las páginas de tu vida, vuélvete hacia Dios; no es tan difícil. Tienes un manual para conducirte al Señor: la Santa Biblia.

Deja que el Señor toque, pulse, y haga sensible tu alma para que, llena de arrepentimiento, puedas participar del «Programa celestial de restauración». La tecla «suprimir» de Dios nos dice: «Yo les perdonaré sus iniquidades, y nunca más me acordaré de sus pecados» (Heb. 8: 12).

No tires de la palanca

Pero Dios, que es rico en misericordia, por su gran amor por nosotros,
nos dio vida con Cristo, aun cuando estábamos muertos en pecados.
¡Por gracia ustedes han sido salvados! Y en unión con Cristo Jesús,
Dios nos resucitó y nos hizo sentar con él en las regiones celestiales.
Efesios 2: 4-6

Hace algunos años asistí a un programa para psicoterapeutas con el fin de conocer algunas estrategias y métodos que ayuden a los pacientes a librarse de sus traumas, conflictos internos y malos recuerdos. Hubo uno que me impresionó, no tanto por su efectividad, sino por la simpleza con que algunos estudiosos de la mente humana piensan que los seres humanos nos podemos deshacer de las cargas psicológicas y espirituales.

El método se resume más o menos así: el paciente es inducido por su terapeuta a escribir en una hoja de papel todos sus miedos, traumas, conflictos y errores. En seguida se lo invita a romper el escrito en pedazos muy pequeñitos y, acto seguido, el paciente, acompañado por su terapeuta, va al baño, deposita los pedacitos de papel en el inodoro y tira con decisión de la palanca, diciendo con vehemencia y determinación la siguiente frase: «En este momento me deshago de todo lo que está impidiendo mi desarrollo personal».

El problema del pecado no puede ser resuelto halando la palanca del inodoro. No basta con tener una firme determinación. Así no es como vamos a olvidar el pasado que nos atormenta. El pecado de la humanidad requirió el más alto sacrificio. Dios envió a su Hijo a morir por la humanidad.

El daño que el pecado causa en un ser humano lo lleva a la muerte, y solo la sangre de Jesucristo es capaz de salvarlo de una muerte eterna. La sentencia es clara: «La paga del pecado es muerte» (Rom. 6: 23). Y es nada más por el gran amor del Padre y el sacrificio del Hijo como podemos librarnos de sus consecuencias: «La dádiva de Dios es vida eterna en Cristo Jesús, nuestro Señor» (Rom. 6: 23).

Hoy deseo que recuerdes que tu seguridad, sanidad y salvación vienen del cielo, y no del cuarto de baño de tu casa. Haciendo a un lado todas las metodologías de sanación mental y sus diversas técnicas para asegurar tu bienestar, Dios es quien está detrás de los resultados positivos que obtienes en tu vida. Agradezcamos a él su gran sacrificio y démosle el mérito, que bien merecido lo tiene.

Vivir en la posguerra

Este es el pacto que haré con ellos después de aquel tiempo —dice el Señor—:
Pondré mis leyes en su corazón, y las escribiré en su mente.
Hebreos 10: 16

Es impresionante ver cómo actúan algunas personas que han vivido una guerra. Cualquier sonido, olor o visión, puede hacer revivir en ellas recuerdos traumáticos de dicha experiencia, como si de una palanca se tratase.

Recuerdo a una dama, sobreviviente de un conflicto bélico. Aunque la guerra en su país había terminado hacía mucho tiempo, siempre tenía los cuidados que había adquirido durante los días de conflicto. En un mueble especial de su casa guardaba víveres, botellas de agua, un pequeño botiquín, y cuando llovía solía recoger el agua de lluvia. En realidad, al platicar con ella, pude darme cuenta de que hacer aquellas cosas le daba cierta seguridad. Pensar en infortunios y catástrofes se había trasformado en un hábito adquirido en medio de las atrocidades de una guerra. Ahora sabe que es un hábito que debe cambiar y está haciendo esfuerzos intencionados para lograr liberarse de él.

En la vida cristiana suelen suceder situaciones semejantes. Cuando conocemos a Cristo nuestra vida es renovada. Motivos diferentes y nuevas expectativas surgen en la mente y el corazón, y hay una disposición a vivir una existencia diferente con la ayuda de Dios. Sin embargo, habituados a una existencia de constantes trasgresiones a las leyes de Dios, miramos hacia atrás; nos reencontramos con las viejas costumbres y sentimos que nunca podremos deshacernos de las ataduras del pecado.

Gracias a Dios porque sabemos que esto no es así. La guerra con Satanás seguramente deja secuelas en la vida, sin embargo, al entrar en compañerismo con Cristo, el enemigo es derrotado y el Hijo de Dios se hace cargo de nosotras, cambiando nuestras tendencias pecaminosas por motivos santificados.

Ahora ya no somos gobernadas por la ley de la muerte, sino por la ley de la vida en Cristo Jesús. Así dijo el apóstol Pablo: «Por lo tanto, ya no hay ninguna condenación para los que están unidos a Cristo Jesús, pues por medio de él la ley del Espíritu de vida me ha liberado de la ley del pecado y de la muerte» (Rom. 8: 1-2).

Amiga, cuando los fantasmas de tu vida pasada pecaminosa se asomen a tu presente, recuerda que ahora vives en el poder del Espíritu de Dios, y seguro que saldrás vencedora.

Él es quien te saca del hoyo

Él perdona todos tus pecados y sana todas tus dolencias; él rescata tu vida
del sepulcro y te cubre de amor y compasión; él colma de bienes tu vida
y te rejuvenece como a las águilas.
Salmo 103: 3-5

Se dice que uno de los hoyos más profundos causados en forma espontánea por
la naturaleza se produjo en Guatemala debido a una filtración de aguas negras;
se asegura que tenía decenas de metros de profundidad y que varias personas e incluso
casas cayeron en él, y no volvieron a ver nunca más la luz del día.

Caer en un hoyo puede ser fatal; la Biblia hace alusión a la caída en otro tipo de
hoyo: el hoyo de la desesperanza, la desesperación, la angustia y el dolor. Quien se
encuentra en cualquiera de estas situaciones piensa que todo está perdido e, intentando salir con sus propios recursos, a veces se hunde más en él. Con la ayuda de
Dios, hemos de caminar bien alertas para no caer nunca en este hoyo.

Cuando una persona es presa de la desesperanza, la angustia y el dolor, tiene una
sensación de pérdida irrecuperable, siente desprecio por su propia vida y, en la oscuridad total, se siente impotente y desolada, al borde del suicidio en algunas ocasiones.
Esta sensación puede ser tan intensa que la persona solamente ve su propio dolor y
no puede ver la mano de Dios extendida hacia ella, dispuesto a rescatarla. Sin duda
ha llegado ahí por el peso de sus culpas, errores y falta de fe en Dios, por lo que des-
confía de sí misma.

Dios se ofrece voluntariamente para sacarnos del hoyo, aun del más profundo.
En su Palabra leemos: «Él rescata tu vida del sepulcro y te cubre de amor y compasión» (Sal. 103: 4). ¿Habrá hoyo más profundo que el sepulcro?

Sacarnos del hoyo, del sepulcro, incluye el perdón de los pecados y la restauración
total de las capacidades que creíamos perdidas. Además de que somos abrigados con
un manto de amor y de compasión.

Amiga, ¿sientes que en el momento que estás viviendo, moras en un hoyo oscuro
y cenagoso y que no tienes ni encuentras la forma de salir de él? Recuerda, la promesa
del Señor para ti es: «A pesar de todo, no habrá más penumbra para el que estuvo
angustiado» (Isa. 9: 1).

Aférrate a esta magnífica promesa y pronto podrás nuevamente ver la luz de la
esperanza. Recuerda que no estás sola, él está contigo.

Experto en restauración

Les daré salud y los curaré; los sanaré y haré que disfruten
de abundante paz y seguridad.
Jeremías 33: 6

Uno de los relatos más hermosos de la Biblia, especialmente para nosotras las damas, es el de la mujer que tocó el manto de Jesucristo. No conocemos su nombre ni de dónde era. Bendita fue, pues gracias a que fue sanada, nosotras podemos tener la certeza de que Dios el Todopoderoso no escatima en sus cuidados. La referencia bíblica nos dice únicamente que padecía de hemorragias desde hacía doce años, y había gastado todos sus recursos buscando salud.

A nosotras las mujeres nos impresionan estos hechos profundamente, pues nos resultan muy cercanos. Sabemos lo que esa mujer padecía, y si nos pusiéramos en su lugar, seguramente también entenderíamos los sentimientos y las emociones que experimentaba con respecto a ella misma y hacia los demás, con ese desgaste físico y también emocional, con sus cambios hormonales y el fastidio de diversas situaciones por las que seguramente tuvo que pasar durante tanto tiempo.

¿Baja autoestima? ¿Vergüenza? ¿Impotencia? ¿Desesperación? Posiblemente estos eran los estados emocionales más frecuentes que asaltaban la mente y el corazón de aquella pobre mujer. En la época de Jesús, el sangramiento de la mujer, al igual que la lepra, era considerado inmundicia, y quien padecía alguno de ellos era confinado a la soledad y al ostracismo. En tales condiciones ella decidió tener un encuentro con Cristo, y fue así como se produjo el más maravilloso de los milagros: «Ella se le acercó por detrás y le tocó el borde del manto, y al instante cesó su hemorragia» (Luc. 8: 44). Fue una restauración instantánea y total. En un abrir y cerrar de ojos la mujer fue librada de su mal, no quedó en ella el más mínimo vestigio de su enfermedad.

La buena noticia para hoy es que Jesús tiene poder para restaurar a todos aquellos que se sienten atrapados en el pecado y la enfermedad. Los que caminan en un callejón sin salida. Los que se sienten solos e incomprendidos. Los cautivos del dolor y la desesperación.

Si tú eres uno de ellos, confía; confía y no dejes de confiar hasta que la mano poderosa de Dios se mueva a tu favor. Dile al Señor: «Si quieres, puedes limpiarme» (Mar. 1: 40). Ten fe y pronto verás resultados.

Opinión *versus* convicción

Me agrada, Dios mío, hacer tu voluntad; tu ley la llevo dentro de mí.
Salmo 40: 8

Ser cristiana significa ser una seguidora de Jesús y estar dispuesta a deponer la opinión personal para hacer su voluntad. Somos muchas las que deseamos recibir sus bendiciones y beneficios, y pocas las que estamos dispuestas a seguir sus mandamientos, y más bien continuamos aferradas a nuestras preferencias. Si queremos que Dios reine soberano en nosotras y nuestras familias necesitamos, con docilidad y fe, deponer el «yo creo», para dar paso al «así dice el Señor».

Si lo que hacemos está en armonía con la voluntad de Dios, nos mostramos dóciles y sumisas. Sin embargo, cuando lo que deseamos se opone a su voluntad, interpretamos sus deseos arguyendo: «Yo creo que Dios me entenderá si hago esto o aquello»; cuando así actuamos, pisamos terreno peligroso. No te confíes. No es tan sencillo actuar en consonancia con tales pensamientos, pues tiene consecuencias. Evita acostumbrarte a las reacciones que surgen en tu mente y evita justificarlas, no es tanto sacrificio si lo analizas bien.

Debemos vivir con la convicción de que lo que Dios dice está por encima de nuestras opiniones personales y deseos egoístas. No permitamos que nuestros conceptos nos vuelvan ególatras y banales, sin sentido espiritual, pues nos haremos insensibles a la voz del Espíritu Santo, y correremos el riesgo de ser abandonadas a nuestra propia suerte.

Cuando tengas dudas respecto a la voluntad de Dios, recuerda que él:
- Desea lo mejor para ti.
- Te ama con amor incondicional.
- Conoce tu vida de principio a fin y sabe lo que te conviene.
- Te concede una gran importancia.
- Es sensible a tus necesidades.
- Tiene mil soluciones para tus problemas, aunque tú no encuentres ninguna.
- Su respuesta vendrá en reciprocidad a tu entrega.
- No te dejará sola jamás.

En la conducción de tu hogar, en tu relación matrimonial, en la educación de tus hijos, en el trato con tu prójimo, déjate guiar por un «así dice el Señor» y no pensarás que tus actos son un sacrificio.

De la gloria a la vergüenza

Queridos hermanos, amémonos los unos a los otros, porque el amor viene de Dios, y todo el que ama ha nacido de él y lo conoce.
1 Juan 4: 7

Cuando era niña, le regalé a mi madre un cuadro de yeso en el que estaban pintadas unas hermosas rosas rojas, y una leyenda que decía: «Amor de madre, abismo sin medida». Yo quise expresar con aquel obsequio el gran amor que sentía por ella, sin darme cuenta de que la leyenda hacía alusión al gran y profundo amor que ella sentía por mí. Las madres son capaces de tener esos sentimientos porque Dios puso en ellas esa manera tan generosa y sublime de amar.

Me atrevo a decir que casi ningún amor terrenal puede ser comparado con este. Sin embargo, el amor del Hijo de Dios sobrepasa el entendimiento humano; él nos ama tanto que dejó su reino de gloria para experimentar la muerte ignominiosa resultado de la miseria humana. Por amor a nosotros estuvo dispuesto a:

- Tomar la naturaleza humana, haciéndose sensible a nuestras necesidades. «La virgen concebirá y dará a luz un hijo, y lo llamarán Emanuel (que significa "Dios con nosotros")» (Mat. 1: 23).
- Experimentar la pobreza: «Las zorras tienen madrigueras y las aves tienen nidos […], pero el Hijo del hombre no tiene dónde recostar la cabeza» (Mat. 8: 20).
- Humillarse a sí mismo y cargar él solo con el peso de nuestros pecados: «Él mismo, en su cuerpo, llevó al madero nuestros pecados, para que muramos al pecado y vivamos para la justicia. Por sus heridas ustedes han sido sanados» (1 Ped. 2: 24).

Hermana, ¿qué harás hoy en reciprocidad a este amor tan grande e inmerecido? Dios desea que ames con un amor sacrificado a todas las personas que están cerca de ti, y que muchas veces te resulta difícil amar.

¿Por qué, como madres, somos capaces de amar hasta dar la vida por nuestros hijos y no tenemos la capacidad de amar de esa forma al prójimo? Tal vez sea tu nuera, tu suegra, un hijo rebelde o un vecino insensible.... Si consigues amarlo de todo corazón, será una señal de que el amor de Cristo ha tocado tu vida, y ese es el mayor privilegio que puede tener un mortal. Que tu oración para hoy sea: «Señor, enséñame a amar como tú me amas».

Tener o no tener, esa es la cuestión

No se angustien por el mañana, el cual tendrá sus propios afanes.
Mat. 6: 31-32, 34

Lamentablemente, las mujeres hemos adquirido fama de despilfarradoras. Algunas personas dicen que mientras los hombres compran por necesidad, las mujeres compramos por impulso o por compulsión. En realidad quisiera defenderme, diciendo que no es así en todos los casos y desde luego no en el mío; aunque, viviendo en una sociedad consumista, el deseo de tener cosas se ha vuelto obsesión para muchas. En medio de todo esto he escuchado a muchos levantar la voz y decir en tono idealista: «Las mejores cosas de la vida son gratuitas». Entonces, ¿cuál es el punto de equilibrio en este asunto?

No debemos olvidar que los bienes materiales, cuando provienen de la mano de Dios, son una bendición y hemos de disfrutar de ellos. Me imagino que Sara, la esposa de Abraham, disfrutaba de los bienes materiales que Dios le había dado a su esposo (Gén. 13: 1-2). La esposa de Job también disfrutó de sus riquezas (Job 1: 1-3). Pienso en los finos tapetes y ornamentos de sus hogares, así como en las delicadas telas con que confeccionaban sus vestidos. No tiene nada de malo utilizar nuestros recursos para comprar cosas.

¿Dónde está, entonces, el peligro con respecto a la posesión de bienes materiales? Cuando el deseo de tener bienes es una tendencia dominante en la vida, y nos llenamos de frustración por no «poder tener», caminamos en terreno peligroso. El otro lado del péndulo es tener tanto que nos volvemos avaras, con el pretexto de ser buenas ahorradoras, y olvidamos compartir con quien nos ha colmado de bendiciones. También estamos en terreno peligroso cuando damos prioridad a nuestros deseos de poseer un bien material por encima de las necesidades básicas de nuestra familia, y cuando empezamos a dudar respecto a la devolución de los diezmos, arguyendo que Dios no necesita nuestro dinero, olvidando que de su mano proviene lo mucho o poco que tenemos.

Hoy es un día para agradecer a Dios por todo lo que de su mano proviene, y también para dar gracias por lo que no tenemos, pues de este modo dependemos más de su poder sustentador. No dudes de que él te dará el sustento diario, y acepta lo que te manda. Sé agradecida y generosa, y también cuida lo que tienes.

¿Aún anhelas ir a tu hogar?

Nosotros somos ciudadanos del cielo, de donde anhelamos recibir al Salvador, el Señor Jesucristo.
Filipenses 3: 20

Uno de los recuerdos más hermosos que tengo es el de mi padre y uno de sus amigos interpretando hermosos himnos. Mi padre tocaba la trompeta y su amigo el trombón. Lo más emocionante para mí era oírlos interpretar el himno «Aunque en esta vida». Las notas se metían por mis oídos, se desplazaban a mi cerebro y llegaban a mi corazón; un enorme gozo me embargaba, y anhelaba con mi fe de niña que pronto llegara el momento de ir al cielo. Cuando somos niños, sentimos a flor de piel el amor a Dios y recibimos con gozo y sin prejuicios su Espíritu Santo.

Ese himno era para mí todo el evangelio. La más hermosa y extraordinaria promesa de Dios, la revelación de mi destino final, lo que me llenaba de una emoción indescriptible. Podía imaginarme traspasando las nubes hasta llegar al hogar eterno. Sin embargo, ¿qué ha sucedido con ese anhelo con el paso de los años? ¿Aún vibra mi corazón de gozo al cantar: «Más allá del sol, yo tengo un hogar, hogar, bello hogar, más allá del sol»? Me temo que la vida ha arrebatado parte de mi devoción, y mi anhelo se ha ido cubriendo de afanes terrenales; me he llenado de prejuicios inservibles que no me permiten ser sensible al toque del Señor Celestial. Tanto, que a veces me olvido de que estoy hecha para lo eterno, lo santo y lo sublime que proviene de Dios.

Amiga, ¿cuándo fue la última vez que anhelaste ir al hogar que está más allá del sol? Dondequiera que te encuentres en este momento, recuerda que tu ciudadanía está en el cielo. Prepárate y prepara a tu familia para ese momento. No permitas que los trajines, los prejuicios y las preocupaciones, te quiten el deseo de tomar posesión de tu herencia celestial. Recuerda los sentimientos más sublimes que hayas vivido en alguna etapa de tu vida; ¿acaso no te gustaría despertarlos? Posiblemente los viviste en la niñez, y si tienes la capacidad de sensibilizarte lo suficiente como para percibir el tacto divino del Señor, o recuerdas aquellas notas musicales que pueden entrar por los oídos y luego llegar hasta tu corazón, entonces eres bendecida.

Agudicemos nuestros oídos y escuchemos por sobre las preocupaciones terrenales la voz de Dios, que nos dice: «¡Miren que vengo pronto! Traigo conmigo mi recompensa, y le pagaré a cada uno según lo que haya hecho» (Apoc. 22: 12).

Examen de libro abierto

Las palabras que les he hablado son espíritu y son vida.
Juan 6: 63

Durante mis años de estudiante, y luego ya como maestra, me di cuenta de que los exámenes más difíciles de hacer eran aquellos llamados «de libro abierto». Su característica es que estaba permitido abrir el libro de texto para contestar las preguntas. La dificultad estribaba en un «pequeño detalle»: si no conocías el contenido del libro, si jamás lo habías leído, a la hora del examen te sentías como en un laberinto sin salida. Es decir, que si no habías estudiado, no tendrías ninguna referencia de búsqueda y estarías perdida.

La Biblia es la Palabra de Dios, y al estudiarla obtenemos todas las referencias que necesitamos para que tanto el Señor como nuestros semejantes nos aprueben. La Biblia dice: «Toda la Escritura es inspirada por Dios y útil para enseñar, para reprender, para corregir y para instruir en la justicia, a fin de que el siervo de Dios esté enteramente capacitado para toda buena obra» (2 Tim. 3: 16-17).

El estudio cotidiano de la Palabra de Dios nos pone en condiciones de vivir asertivamente. Nos marca pautas que salvaguardan nuestra vida y la de los demás. Dios dice que su Palabra es como «una lámpara que brilla en un lugar oscuro» (2 Ped. 1: 19).

En una sociedad que vaga en medio de la oscuridad, qué importante es tener una luz que nos guíe por el camino de la vida. Si la tienes, sabrás en qué terreno pisar como mujer, esposa, madre y cualquier otro papel que te toque desempeñar. No hay ningún aspecto de la vida para el cual el Señor no tenga un consejo oportuno, una palabra de aliento, orientación en la toma de decisiones y, sobre todo, conocimiento cabal de su voluntad.

Pronto llegará el momento en el que la Biblia no será tan accesible, y tendremos que testificar de lo que en ella está escrito solamente por las referencias que hayamos guardado en nuestra mente por medio del estudio cotidiano. Tendremos que pasar el más difícil de los exámenes sin el Libro Santo abierto ante nuestros ojos. Por eso, estúdialo ahora que aún estás a tiempo.

Preparémonos hoy para ese momento de prueba, atesoremos día a día sus tesoros en nuestro corazón, y permitamos que con el poder del Espíritu Santo hagamos una correcta interpretación de sus mensajes, para que cuando llegue el momento de hacer frente al mundo, aprobemos el examen de la vida.

Heridas de guerra

Somos más que vencedores por medio de aquel que nos amó.
Pues estoy convencido de que ni la muerte ni la vida, ni los ángeles ni los demonios,
ni lo presente ni lo por venir, ni los poderes, ni lo alto ni lo profundo,
ni cosa alguna en toda la creación, podrá apartarnos
del amor que Dios nos ha manifestado en Cristo Jesús.
Romanos 8: 37-39

En 1982, la reina Isabel II concedió el prestigioso título de Sir al piloto de aviación Douglas Bader, el primer hombre que no hizo la genuflexión ante la monarca, pues le habían amputado las dos piernas como consecuencia de un accidente aéreo anterior a la Segunda Guerra Mundial. A pesar de ello, combatió provisto de dos prótesis artificiales; sus hazañas, llenas de valor y gallardía, lo mantuvieron cumpliendo el deber hasta las últimas consecuencias. Ya anciano, se dedicó a visitar heridos de guerra para darles ánimo y esperanza.

Nosotras, las «guerreras de Dios», nos encontramos hoy en el campo de batalla del mundo, librando la lucha entre el bien y el mal. A veces la refriega es tan intensa que recibimos heridas, algunas de muerte. Tales heridas recibidas en combate posiblemente han sanado con el paso del tiempo, pero dejado tremendas y profundas cicatrices que aún producen dolor. Si has salido vencedora, no te avergüences de ellas, pues dan testimonio de que, con nuestro capitán Cristo Jesús al frente, podemos obtener la victoria. Las cicatrices de guerra están ahí para recordarte que Dios estuvo, está y estará siempre contigo.

La batalla de la vida es constante y permanente, y llegará a su fin solamente cuando el Soberano del universo levante su diestra y diga: «Todo se ha cumplido». Mientras el tiempo dura lidiemos con valor, seguras de que Dios dirigirá nuestro avance si nos revestimos con su poder. Claro, tampoco perdamos de vista el hecho de que son muchas las mujeres que militan en el ejército de Dios y están dispuestas a brindarte apoyo, consejo y esperanza.

Criar hijos, hacer prosperar el matrimonio, administrar el hogar, mantener la pureza en un mundo envilecido con toda clase de inmundicias, son algunas de las luchas que hemos de afrontar las mujeres de Dios. Recordemos que nuestra lucha no es contra seres humanos, sino contra poderes, contra autoridades, contra potestades que dominan este mundo de tinieblas, contra fuerzas espirituales malignas en las regiones celestiales. Por lo tanto, pónganse toda la armadura de Dios, para que cuando llegue el día malo puedan resistir hasta el fin con firmeza (ver Efe. 6: 12-13).

¡Tengamos ánimo, el Señor está con nosotras!

¿Ganarse nuestro amor?

Difícilmente habrá quien muera por un justo, aunque tal vez haya quien se atreva a morir por una persona buena. Pero Dios demuestra su amor por nosotros en esto: en que cuando todavía éramos pecadores, Cristo murió por nosotros.
Romanos 5: 7-8

Me agrada muchísimo pensar en el amor que Dios siente por mí, pues no tiene barreras ni límites. Lo recibo solamente por causa de su infinita gracia, sin dar nada a cambio, gratuitamente, sin esfuerzos ni méritos. Su amor es tan superior al tipo de amor que manifestamos los seres humanos, que está por encima de mis errores; es tan profundo que me alcanza en la oscuridad de mis complejos; y tan ancho que me abarca aún en mi gran soberbia.

El amor de Dios no es algo que podamos obtener por medio de nuestras obras de bien, ni tampoco se nos otorga por nuestras características físicas o intelectuales; es simplemente un principio que emana del corazón de quien nos ha creado. Dios te ama simple y sencillamente porque eres su hija... ¡eso es todo!

Sin embargo, el amor que nosotras brindamos a veces a nuestros hijos está condicionado por un «pero». Con cuánta facilidad muchas madres en ocasiones retiramos las muestras de amor a nuestros vástagos sencillamente porque no han estado a la altura de nuestras expectativas o no han obedecido nuestros caprichos. No tomamos en cuenta que son seres que necesitan de nuestro amor, apoyo, ternura y comprensión, como una semilla necesita de la lluvia y del sol para germinar y llegar a ser una planta perfecta. Por lo demás, son personas libres, independientes, que rinden cuentas a Dios por sus propias decisiones.

En muchas ocasiones nuestro desamor se fundamenta en cuestiones no resueltas en nuestra mente. Conocí a una madre que discriminaba a una de sus hijas por el simple hecho de que tenía un enorme parecido físico con su suegra, con la que ella no simpatizaba.

Hermana, así como tú nada tienes que hacer para ganarte el amor de tu Padre celestial, tampoco tus hijos deberían tener que hacer nada para ganarse el tuyo. Debes amarlos simplemente porque son tuyos, porque son tu hechura, fruto de tu decisión de engendrarlos y tenerlos, el resultado de tu amor.

Si descubres hoy que tienes dificultades para amar incondicionalmente a alguno de tus hijos, recuerda que Dios, por el gran amor que siente por ti, estuvo dispuesto a ir a la cruz, aunque no lo merecías.

¿Excusas a Dios?

La actitud de ustedes debe ser como la de Cristo Jesús, quien,
siendo por naturaleza Dios, no consideró el ser igual a Dios
como algo a qué aferrarse. […] Y al manifestarse como hombre, se humilló
a sí mismo y se hizo obediente hasta la muerte, ¡y muerte de cruz!
Filipenses 2: 5-6, 8

Cuando nos enfrentamos a un «así dice el Señor» y no somos capaces de obedecerlo, solemos parapetarnos en excusas como las que dieron Adán y Eva
en el huerto del Edén, tras haber pecado. «En ese momento se les abrieron los ojos,
y tomaron conciencia de su desnudez. Por eso, para cubrirse entretejieron hojas
de higuera» (Gén. 3: 7). Adán echó la culpa de su desobediencia a Eva, que lo había
empujado a él, y esta culpó a la serpiente, porque la había engañado. El resultado
de esa conducta equivocada tuvo consecuencias eternas, que aún alcanzan a los
que vivimos en esta época.

Obedecer ciegamente a Dios sin poner pretextos ni excusas es la mejor salvaguarda
para disfrutar de una vida plena. Sus requerimientos tienen como único objetivo y
razón de ser nuestro bienestar, protección y felicidad. Por el contrario, desobedecer
abiertamente los mandamientos de Dios buscando justificar nuestra conducta errónea,
equivale a caminar sin dirección en esta vida.

He escuchado a muchos cristianos decir frente a los requerimientos de Dios: «¿Qué
tiene de malo hacer esto o aquello?» o «¡Eso no me convence!». Cuando actuamos así
ponemos en duda la sabiduría de Dios, y esto nos hace inmensamente vulnerables
frente al pecado.

Amiga, todos tenemos cientos de razones por la cuales obedecer a Dios. La Biblia
contiene inspiradores relatos de hombres y mujeres que, sin ningún tipo de excusas,
estuvieron dispuestos a hacer la voluntad de su Señor, y todos ellos están en la galería
de hombres y mujeres ilustres; y no solo eso, sino que también tienen asegurada su
ciudadanía en la patria celestial.

La próxima vez que te sientas tentada a poner en duda los mandatos divinos, o
que te cueste obedecer por fe los principios de Dios, levanta tus ojos al cielo y di
con la sencillez y la humildad de una niña: «Señor, ¿qué quieres que haga?». Esta
actitud sumisa es la respuesta de un corazón agradecido por todas las misericordias
que has recibido de la mano de tu Señor.

Sin preocupaciones

Aarón puso el maná ante el arca del pacto, para que fuera conservado como se lo ordenó el Señor a Moisés. Comieron los israelitas maná cuarenta años, hasta que llegaron a los límites de la tierra de Canaán, que fue su país de residencia.
Éxodo 16: 34-35

Cada mañana al levantarme podía observar a una pequeña e inquieta avecilla que revoloteaba alrededor de la ventana de mi cocina. Poseía un plumaje multicolor que la hacía doblemente hermosa; yo la conozco como colibrí, y sé que en algunos lugares la llaman «picaflor» o «chupamirto».

Era un espectáculo que alegraba mis mañanas y, como no quería que se terminara nunca, por sugerencia de mi esposo fui a la tienda de mascotas y compré un comedero para aves. Lo colgué en la ventana y lo llené de agua con azúcar. Cuando mi «amiguita» se dio cuenta del banquete que estaba a su disposición disfrutó plenamente de él, y no solo eso, sino que pronto trajo consigo a otros «convidados». Cada mañana, sin faltar una sola, todos acudían al comedero, seguros de que lo encontrarían lleno de alimento. ¡Qué delicia para ellos, y qué delicia para mí!

Entonces me puse a pensar en las palabras del Señor cuando dijo: «¿No se venden cinco gorriones por dos monedita? Sin embargo, Dios no se olvida de ninguno de ellos. Así mismo sucede con ustedes: aun los cabellos de su cabeza están contados. No tengan miedo; ustedes valen más que muchos gorriones» (Luc. 12: 6-7). ¡Sí! Realmente así es. Somos tan importantes para Dios que él sabe cuáles son todas nuestras necesidades y está listo para satisfacerlas. ¿Por qué, entonces, vivimos cargadas de preocupaciones? ¿Por qué nuestra confianza en él es tan poca que incluso llegamos a dudar de sus promesas?

Los pajarillos de mi ventana tienen que hacer solamente una cosa para satisfacer su necesidad de alimento: ¡Salir a buscarlo! Lo demás corre por mi cuenta. Exactamente lo mismo sucede con Dios con respecto a nostros, sus hijos.

En este día te invito a que imites a las avecillas. Confiemos en que Dios satisfará nuestras necesidades. Nuestro deber consiste únicamente en trabajar con laboriosidad, diligencia y responsabilidad, usar nuestros recursos con sabiduría y conservar una actitud de alegría en el corazón, al reconocer que somos hijas de Dios y que el Padre celestial jamás nos abandonará.

Sueños rotos

Durante todos los días de tu vida, nadie será capaz de enfrentarse a ti.
Josué 1: 5

Seguramente todas nosotras atesoramos, en lo más profundo de nuestro corazón y nuestra mente, sueños y anhelos que esperamos hacer realidad tarde o temprano. Estos sueños y anhelos son legítimos, y Dios se complace en que los tengamos; es más, está siempre dispuesto a ayudarnos a hacerlos realidad. No olvidemos que Dios nos hizo para lo alto, lo superior.

Nuestros sueños en relación al éxito profesional, a formar algún día nuestra propia familia, al anhelo de alcanzar conocimiento por medio de un determinado grado de estudio, todos son deseos buenos y loables. Sin embargo, algunos estudios demuestran que casi la mayoría de la gente ve el setenta por ciento de sus sueños truncados.

Que un sueño no llegue nunca a cumplirse puede ser resultado de que hayamos sufrido alguna enfermedad o un revés financiero, de que hayamos hecho un uso incorrecto de los recursos que Dios nos ha concedido, o puede deberse simplemente a la falta de tenacidad para vencer los obstáculos que se presentan en el camino de la vida.

Amiga, no importa en qué etapa de la vida te encuentres, nunca es tarde para alcanzar los sueños, ni siquiera para resucitar aquellos que parecen muertos o agonizantes. Muchas de las trabas o trampas que nos impiden seguir adelante se encuentran dentro de nosotras mismas. Desechemos algunas falsas argumentaciones que nos presenta el mundo y que nosotras nos creemos y nos repetimos mediante frases como «No puedo», «No tengo dinero», «Soy demasiado mayor», «Se acabaron las oportunidades para mí», etcétera. Todos estos pueden ser meramente pretextos para abandonar la lucha de la vida.

Los sueños se pueden aplazar, pero nunca dejar morir. Por supuesto, debemos dejar que los sueños «aterricen» sobre plataformas firmes, seguras y realistas. Recuerda que Dios nos ha dotado de capacidades físicas, emocionales y espirituales, y sobre ellas podemos y debemos construir nuestros sueños.

No vivas este día pensando que estás cada vez más lejos del cumplimiento de tus anhelos. Lo único que necesitas es un plan de acción bien definido y echar mano con toda tu fe de la ayuda divina. El Señor te dice hoy: «Tal como le prometí a Moisés, yo les entregaré a ustedes todo lugar que toquen sus pies. [...] Solo te pido que tengas mucho valor y firmeza para obedecer toda la ley que mi siervo Moisés te mandó» (Jos. 1: 3, 7).

¡Tú puedes lograr que sea una realidad!

Solo en Dios halla descanso mi alma; de él viene mi salvación.
Solo él es mi roca y mi salvación; él es mi protector. ¡Jamás habré de caer!
Salmo 62: 1-2

Era de baja estatura y parecía estar muy asustada. Sus manos siempre se veían húmedas por causa del sudor, y su rostro tenía una expresión de desolación, a pesar de que apenas contaba con diecisiete años cumplidos. La había criado su abuela, no conocía a su padre y tampoco sentía que su madre la apreciara. Había nacido como fruto de una relación sexual casual, lo cual hizo que su madre la considerara un estorbo en su vida.

Era una chica agraciada físicamente, muy linda, pero lo más asombroso era que, a pesar de que tenía una voz preciosa, no se atrevía a hablar, mucho menos a cantar. No se daba cuenta de que era realmente un diamante en bruto. ¿Cómo, entonces, se puliría? Su propia percepción de sí misma era su mayor limitación.

La conocí durante un congreso para señoritas que organizó la Iglesia Adventista y que llevaba por lema «Como diamantes en las manos de Dios». Me fue confesando poco a poco algunos detalles de su vida, y me expresó, con lágrimas en los ojos, que se sentía abandonada por Dios. Ella creía que, por causa de su origen humilde, el Señor le había negado oportunidades para su desarrollo personal.

¡Nada más lejos de la realidad! Dios nos ofrece un mundo de posibilidades a todos los seres humanos. Cada persona, por la gracia del Señor, es poseedora de un territorio en el cual puede «hacer» y «ser». Aunque el entorno se vea sombrío, sin opciones de progreso, sin vislumbre de triunfo, tu territorio, que es herencia del Señor, espera que tú lo modifiques, que construyas, que logres que las cosas buenas sean una realidad y las malas puedan cambiar. De eso fueron capaces la huérfana Ester, el esclavo José, la despreciada samaritana, y la pecadora María de Magdala.

Ahora es tu turno. Ponte en las manos de Dios para que te ayude a tener un concepto apropiado de ti misma y te dé fuerza para superar las limitaciones. Entonces, exclama con toda la fuerza de tu fe y de tu convicción: «Cada mañana se renuevan sus bondades; ¡muy grande es su fidelidad! Por tanto, digo: "El Señor es todo lo que tengo. ¡En él esperaré!"» (Lam. 3: 23-24).

Espera en el Señor, y tus esperanzas no se verán defraudadas.

¿Te pareces a Tomás?

Luego le dijo a Tomás: «Pon tu dedo aquí y mira mis manos.
Acerca tu mano y métela en mi costado. Y no seas incrédulo, sino hombre de fe».
«¡Señor mío y Dios mío!», exclamó Tomás. «Porque me has visto, has creído
—le dijo Jesús—; dichosos los que no han visto y sin embargo creen».

Juan 20: 27-29

Cuando pienso en Tomás y en sus dudas acerca de la resurrección del Maestro, siempre me lleno de asombro. Aquellas dudas lo llevaron a afirmar categóricamente: «Mientras no vea yo la marca de los clavos en sus manos, y meta mi dedo en las marcas y mi mano en su costado, no lo creeré» (Juan 20: 25). Así es la duda, nos lleva a exigir evidencias que podríamos ver con los ojos de la fe.

Durante largo tiempo, Tomás había atesorado en su corazón la promesa de la resurrección de Jesús, y ahora que se había producido finalmente, actuaba como un incrédulo. Había participado en el ministerio terrenal de su Maestro, conocía su voz, el sonido de sus pasos, sus gestos, sus expresiones y su infinita ternura; es más, sabía que tenía poder para eso, y mucho más, pues lo había comprobado por sí mismo. Sin embargo, parecía que todas aquellas claras manifestaciones habían sido opacadas por la duda.

Por encima de sus cuestionamientos se elevaba una verdad incontestable: Jesucristo había resucitado. Así que pronto Tomás tuvo que reconocerlo. Esto lo llevó a expresar con un corazón compungido y en un grito de angustia: «¡Señor mío y Dios mío!» (Juan 20: 28).

Es posible que tú, al igual que Tomás, también hayas caminado con Jesús durante mucho tiempo y que, sin embargo, por alguna circunstancia presente esta experiencia se haya opacado y albergues dudas respecto a su compañía y su cuidado. Puede ser que la certeza de creer en un Dios vivo se haya disipado en tu experiencia cristiana y te sientas lejos de él. Si es así, no permitas que la duda dé paso a la incredulidad. Cuando así sucede, se endurece el corazón y prestamos oídos sordos a la voz del Espíritu Santo llamando a nuestra conciencia.

Amiga, a pesar de tus dudas, Dios existe, y puede actuar en tu vida inmediatamente después de que tú le abras tu corazón y permitas a tu intelecto recordar todo el tiempo pasado en que el Señor ha estado guiando tus pasos, dándole sentido a tu vida. ¿Será como Tomás y pedirás evidencias del poder de Dios, o vivirás por la fe, confiando en Jesús?

La última estación

El señor no tarda en cumplir su promesa, según entienden algunos la tardanza.
Más bien, él tiene paciencia con ustedes, porque no quiere que nadie perezca
sino que todos se arrepientan.
2 Pedro 3: 9

Los años de mi infancia y de mi adolescencia los viví cerca de una pequeña estación de ferrocarril. Era la última antes de llegar a la estación central de la ciudad. El tren de las siete de la noche no tenía en su itinerario detenerse en aquella pequeña estación, pero por alguna razón que desconozco, al acercarse a ella el maquinista hacía sonar el silbato y disminuía la velocidad, de tal manera que muchas personas lograban subir al tren sin que este se detuviera por completo.

Solidariamente, los que viajaban en el tren ofrecían su mano para ayudar a subir a los pasajeros improvistos, pues sabían que era la última oportunidad del día que tendrían para abordar un tren y poder llegar a la capital, donde estaban sus hogares.

Querida amiga, nosotras nos aproximamos a nuestro destino final. El tren celestial ya está a punto de llegar a su última estación. Sin embargo, Dios, el maquinista universal, detiene su velocidad para dar tiempo y oportunidad a que todos los viajeros rezagados puedan abordar el tren y llegar al hogar dispuesto para ellos. La Palabra de Dios dice: «Dentro de muy poco tiempo, "el que ha de venir vendrá, y no tardará"» (Heb. 10: 37).

Gracias a Dios porque nosotras somos viajeras del mundo con un boleto que nuestro Señor Jesucristo pagó en la cruz del Calvario. No obstante, Dios desea que, como muestra de gratitud y amor al prójimo, extendamos nuestras manos para ayudar a los demás, dando apoyo espiritual y cuidado emocional a todos aquellos que tienen pocas posibilidades de llegar a la ciudad de Dios. No nos detengamos a pensar que se suben a última hora, o que no entraba en nuestros planes esforzarnos en su favor, simplemente, tendámosles la mano.

Es nuestra esperanza que cuando lleguemos a nuestro destino final Dios nos diga: «Les aseguro que todo lo que hicieron por uno de mis hermanos, aun por el más pequeño, lo hicieron por mí» (Mat. 25: 40).

Amiga, ¡hemos de animarnos! Nunca estaremos demasiado ocupadas, cansadas o mayores como para que a Dios le resulte imposible usarnos. Transformémonos hoy en la «mano salvadora» de alguna mujer a quien, por el equipaje demasiado pesado que debe llevar a cuestas, le resulta difícil subir al tren de la salvación por sí sola.

De vuelta en la casa del tío «chueco»

Alaba, alma mía, al Señor; alabe todo mi ser su santo nombre. Alaba, alma mía,
al Señor, y no olvides ninguno de sus beneficios. Él perdona todos tus pecados
y sana todas tus dolencias; él rescata tu vida del sepulcro y te cubre
de amor y compasión; él colma de bienes tu vida
y te rejuvenece como a las águilas.

Salmo 103: 1-5

¿Recuerdas que en la meditación del 2 de febrero te platiqué sobre la «casa del tío chueco»? Era uno de los tantos lugares de entretenimiento de un parque de atracciones que visité en una ocasión. La singularidad de aquella casa consistía en que, debido a una ilusión óptica, todos los que entrábamos en ella veíamos los objetos del interior como si estuvieran inclinados. Eso nos hacía caminar con inseguridad, pues nuestro sentido del equilibrio resultaba afectado. Posiblemente lo que veíamos tenía como explicación alguna ley de la física que desconocíamos por completo.

En la vida cristiana, a veces sucede algo parecido. Debido a un mal enfoque del evangelio de Cristo, tenemos una visión distorsionada de la relación que deberíamos tener con Dios. Por causa de tal enfoque incorrecto corremos el peligro de alejarnos de Dios y perder de vista cuál es su voluntad para nosotras. La percepción juega un papel fundamental en nuestra vida religiosa.

A veces tenemos la peligrosa impresión de que somos mejores que los demás y pensamos cosas como: «Soy rico; me he enriquecido y no me hace falta nada» (Apoc. 3: 17). Esto nos lleva a creer que por nuestros propios méritos podemos tener acceso a la salvación, y nos llenamos de soberbia y orgullo, construyendo un evangelio a nuestra medida. Esta es una percepción equivocada, que nos hará mirar de forma desequilibrada muchas otras cosas también.

Si tuviéramos un poco de humildad podríamos escuchar la voz de Dios que nos dice: «Pero no te das cuenta de que el infeliz y miserable, el pobre, ciego y desnudo eres tú» (Apoc. 3: 17).

Amiga, no olvidemos de dónde nos ha tomado Dios, y si hay algo de lo cual podamos sentirnos orgullosas, que sea siempre para la gloria de Dios. Fueron el gran amor de Dios y su gracia infinita los que nos pusieron a salvo de la destrucción eterna. Es por su misericordia que tenemos vida y es por su sacrificio de amor en la cruz que somos candidatas a heredar el reino de los cielos y la vida eterna.

Más valiosa que el cristal de Murano

Interroga a los animales, y ellos te darán una lección;
pregunta a las aves del cielo, y ellas te lo contarán; habla con la tierra,
y ella te enseñará; con los peces del mar, y te lo harán saber. ¿Quién de todos ellos
no sabe que la mano del Señor ha hecho todo esto? En sus manos está la vida
de todo ser vivo, y el hálito que anima a todo ser humano.
Job 12: 7-10

Murano es una conocida isla de Italia que visitan millones de turistas cada año. Es considerada el centro de la industria mundial del cristal. Allí se elaboran las más bellas y costosas piezas de cristal. Casi me atrevo a asegurar que quien visita ese lugar no puede dejar de llevar consigo un recuerdo elaborado en vidrio, pues queda impresionada por la maestría de los artesanos y la belleza de cada pieza.

El museo del cristal de Venecia tiene una cantidad impresionante de piezas de cristal, históricas y también contemporáneas, todas fabricadas en Murano. Al hacer un recorrido por el taller, el visitante queda impresionado al ver cómo grandes burbujas de cristal, con únicamente el soplo caliente que el artesano les aplica, quedan transformadas en una obra de arte. Muchas de las joyas fabricadas allí alcanzan precios que rayan en la extravagancia.

Esto me hace pensar en lo que éramos al principio. Apenas un montón de arcilla que tomó forma y se transformó en alguien especial al recibir el soplo del aliento de Dios. No podemos gloriarnos de lo que somos, pero alabemos a Dios por cómo nos hizo. Él es el gran Artesano que supo darnos la forma exacta.

El Señor no solamente nos dio la vida al tocarnos con su aliento, sino que también nos dotó de cualidades excepcionales y extraordinarias que nos dan valor; tanto, que el cielo pagó un precio exorbitante por cada uno de los seres humanos. ¡Nada menos que la vida del Hijo de Dios! El salmista, impresionado ante esta maravillosa verdad, se preguntaba: «¿Qué es el hombre, para que en él pienses? ¿Qué es el ser humano, para que lo tomes en cuenta? Pues lo hiciste poco menos que un dios, y lo coronaste de gloria y de honra: lo entronizaste sobre la obra de tus manos, todo lo sometiste a su dominio» (Sal. 8: 4-6).

Amiga, al comenzar este día, pon en tu mente y en tu corazón gratitud y satisfacción por lo importante que eres para Dios. Así te sentirás valiosa y verás a los demás de igual manera.

La risa ilumina la tristeza

Nuestra boca se llenó de risas; nuestra lengua, de canciones jubilosas [...].
El Señor ha hecho grandes cosas por nosotros, y eso nos llena de alegría.
Salmo 126: 2-3

La risa fue un invento de Dios para abrir nuestro corazón a la felicidad. Cuando una persona está apesadumbrada, triste y acongojada por los pesares de la vida, es incapaz de esbozar una sonrisa, menos aún de reír abiertamente. La risa sincera y espontánea es saludable para el cuerpo y generadora de alegría. Los expertos aseguran que aun la risa forzada puede generar algo de bienestar.

Sin embargo, en la vida circunspecta que llevamos, llena de preocupaciones y factores de estrés, hay poco tiempo para una carcajada. La mayoría de nosotros, envueltos en una nube de tristeza, olvidamos que la risa es una buena medicina para disipar las penumbras y generar luz. Las consecuencias de esta falta de alegría en nuestra vida se notan a primera vista.

Si las madres rieran más en sus hogares habría menos hijos enfermizos e inseguros; si en las escuelas los maestros demostraran alegría con mayor frecuencia, serían menos los alumnos que suspenderían, pues el miedo inhibe la capacidad de aprendizaje. Si en los hospitales los enfermeros dieran a los pacientes medicina junto con una dosis de alegría, habría más curaciones milagrosas. Si en las oficinas los funcionarios públicos demostraran felicidad natural en su trato, habría menos disputas y reclamaciones. El sabio expresó que hay «un tiempo para llorar, y un tiempo para reír; un tiempo para estar de luto, y un tiempo para saltar de gusto» (Ecl. 3: 4). ¿Hay alguna razón para que no sea este un tiempo de reír?

¿Cuándo fue la última vez que saltaste de alegría? ¿Puedes recordar un momento en que la risa brotara de tus labios como una cascada melodiosa? La gente que goza de buena salud mental es asertiva al expresar sus emociones; acostumbrarnos a vivir de luto y en las penumbras de la existencia puede ser indicador de falta de fe y confianza en Dios, y lo peor de todo es que puede transformarse en un hábito.

Vivamos este día en la compañía de Dios para que una alegría envuelta en carcajadas se haga sentir dondequiera que estemos. En casa, en la escuela, en la oficina, en la calle y en las plazas, sé portadora de la alegría que emana de tu relación íntima y diaria con Dios.

Devolver bien por mal

La salvación de los justos viene del Señor; él es su fortaleza en tiempos de angustia.
El Señor los ayuda y los libra; los libra de los malvados y los salva,
porque en él ponen su confianza.
Salmo 37: 39-40

Mucha gente vive bajo la consigna de «el que me la hace, me la paga», o bajo esta otra tan popular: «Ojo por ojo, diente por diente». Devolver mal por mal a alguien que te ha hecho daño es una tendencia natural en los seres humanos. Pensamos que el orgullo herido exige venganza, un rechazo merece desprecio, un daño necesita ser compensado. Pero aunque sea una tendencia natural humana, ¿es posible pensar y vivir de manera diferente? ¡Por supuesto que sí! No solo es posible, sino que la Biblia nos llama a hacerlo y nos da también las claves para que aprendamos a confiar en el Señor y a dejar en sus manos la tarea de hacer justica.

Es natural que cuando alguien nos daña vengan a nosotros pensamientos malos y emociones negativas, y que nuestro orgullo herido pida una restitución inmediata. Por otro lado, generar pensamientos y emociones positivas es un derecho y un privilegio que adquirimos cuando Dios nos dio el libre albedrío. Nadie ni nada puede hacernos pensar mal si no se lo permitimos.

La mejor salvaguarda para nuestra mente es sujetar nuestra voluntad a la voluntad de Dios y ejercer dominio propio sobre nuestras tendencias al mal. El salmista dice: «Mientras esté ante gente malvada vigilaré mi conducta, me abstendré de pecar con la lengua, me pondré mordaza en la boca» (Sal. 39: 1).

El simple hecho de desear la venganza, aun sin llevarla a cabo, causa un daño tremendo a nuestra sensibilidad. Cuando pensamos que nos han tratado injustamente se endurece nuestro corazón y nos envuelve en una mortaja de amargura y resentimiento que enferma el cuerpo y el espíritu.

Jesús, que estuvo expuesto a la vileza de la traición, nunca abrió su boca para proferir una amenaza. Enfrentó los peores maltratos con una palabra de bendición. Su último suspiro antes de morir estuvo acompañado de perdón: «Padre —dijo Jesús—, perdónalos, porque no saben lo que hacen» (Luc. 23: 34).

Este día pon frente a Dios la lista de las personas que te han hecho daño, y pide que los bendiga. Ten por seguro que, al hacerlo, tú serás la principal beneficiada.

Un suave murmullo

¿Por qué gastan dinero en lo que no es pan, y su salario en lo que no satisface? Escúchenme bien, y comerán lo que es bueno, y se deleitarán con manjares deliciosos. Presten atención y vengan a mí, escúchenme y vivirán.

Isaías 55: 2-3

Los ecologistas aseguran que un nuevo modo de contaminación nos invade. Ya no solamente se trata del exceso de basura y desechos que generamos en cada hogar y en cada empresa, ni de los gases tóxicos; ahora también debemos enfrentar la contaminación auditiva, esa que se produce por causa del ruido. Ya casi es imposible gozar de los sonidos de la naturaleza que están destinados a darnos paz y tranquilidad, como son el sonido de las olas del mar al romper en la playa, el canto de las aves o el repiqueteo de la lluvia al golpear sobre alguna superficie; todos ellos, sonidos destinados a ponernos en conexión con la creación y el Creador

Por el contrario, son miles y millones los ruidos provocados por los seres humanos que saturan nuestro medio, especialmente en las ciudades: el motor de millones de automóviles que se mueven en las calles de nuestras grandes ciudades, los aviones supersónicos que rompen la quietud de la noche con el ruido de sus turbinas, el griterío de los que compran y venden en los mercados, la música estridente de las discotecas y las miles de voces humanas que buscan ser escuchadas tras un micrófono o en los programas basura de la televisión. Los estudiosos pronostican altos niveles de sordera para las generaciones futuras, pues el oído humano está expuesto a una cantidad de decibelios insoportable para este órgano tan sensible y complejo.

Cuando Dios se reveló a Elías, no lo hizo por medio de un terremoto ni de un trueno, sino por medio de un suave murmullo (1 Rey. 19: 12) apenas perceptible. Tan suave y apacible, que el profeta, en medio de su miedo y desaliento, casi ni lo pudo escuchar.

La sordera espiritual suele ser la más agresiva. Nos desconecta del cielo para que escuchemos únicamente los ruidos mundanales. Nos invade el temor, pues creemos que Dios no está, que no se preocupa de nosotros, que nos priva de su consejo. Nada más lejos de la realidad. El Señor siempre habla al oído humano y anhela que lo escuchemos.

Comienza este día apartándote del mundanal ruido y escuchando la voz de Dios, que como siempre, hoy también tiene algo que decirte.

Dios es bondadoso, no solamente poderoso

Los ojos de todos se posan en ti, y a su tiempo les das su alimento.
Abres la mano y sacias con tus favores a todo ser viviente.
El Señor es justo en todos sus caminos y bondadoso en todas sus obras.
El Señor está cerca de quienes lo invocan, de quienes lo invocan en verdad.
Salmo 145: 15-18

Cuando reconocemos el poder de Dios, nos sentimos inmensamente maravilladas. Al meditar y reflexionar en su obra creadora, y en cómo con el solo dicho de su boca fueron hechos los cielos, la tierra y el universo entero, nos embarga un sentimiento de profunda reverencia, respeto y reconocimiento. Exclamamos así como el salmista: «Del Señor es la tierra y todo cuanto hay en ella, el mundo y cuantos lo habitan» (Sal. 24: 1).

Tú y yo somos parte de esa obra extraordinaria, ¡alabado sea el Señor! Sin embargo, no existimos nada más por el poder de su boca, también es porque somos producto de su gran bondad. El Señor es bondadoso en todas sus obras.

Nuestro Dios es poderoso, pero además también desborda de bondad hacia todas sus criaturas, entre ellas tú y yo. Esto nos lleva, no solo a verlo en su trono coronado de poder, sino que también lo vemos acercarse a nosotras lleno de ternura y compasión incalculable. Tenemos un Dios que ha sido hombre, y que por tanto puede comprendernos y acompañarnos en todas nuestras situaciones.

La bondad de Dios es tan grande e infinita como su poder. Está siempre dispuesto a ser benévolo con los seres humanos y no escatima bendiciones para sus hijos. En el Salmo 145: 9 se reafirma la bondad de Dios cuando el salmista dice: «El señor es bueno con todos; él se compadece de toda su creación».

Es por su gran bondad que abrimos los ojos cada mañana. Su amor se manifiesta en cada latido del corazón. Él es quien da energías a nuestros músculos para que podamos movernos y caminar para cumplir con nuestros deberes diarios. Él es quien hace fluir cada gota de sangre por nuestras venas y arterias para que la vida sea posible.

Amiga, segura en el poder de Dios y refugiada en su benignidad, acércate a su presencia cada día, confiada en que mientras su poder te preserva la vida, su bondad satisfará todas tus necesidades. El Señor es bueno y lo será aún más, si estás dispuesta a convertirlo en tu proveedor cotidiano.

Dios no es un ser misterioso

Miren, el Señor omnipotente llega con poder, y con su brazo gobierna.
Su galardón lo acompaña; su recompensa lo precede. Como un pastor
que cuida su rebaño, recoge los corderos en sus brazos;
los lleva junto a su pecho, y guía con cuidado a las recién paridas.

Isaías 40: 10-11

El profeta Isaías, al citar las palabras de Dios, escribió: «Porque mis pensamientos no son los de ustedes, ni sus caminos son los míos. Mis caminos y mis pensamientos son más altos que los de ustedes; ¡más altos que los cielos sobre la tierra!» (Isa. 55: 8-9). En otra porción de la Escritura leemos: «¿Quién ha conocido la mente del Señor para que pueda instruirlo?» (1 Cor. 2: 16). Estas declaraciones divinas podrían llevarnos a pensar que Dios es un ser impersonal y lejano a sus criaturas, que gobierna desde los cielos, volviéndose inalcanzable.

No obstante, son muchas las evidencias de que Dios es cercano a sus hijos. En el Edén, estuvo tan cerca de Adán y Eva, que hablaba con ellos cara a cara. Más tarde, con la entrada del pecado, y después de que el hombre y la mujer fueran despojados de todos sus privilegios, Dios tomó la decisión de enviar a su hijo Jesús a este mundo, el cual asumió la naturaleza humana para revelarse a nosotros con el único propósito de que pudiéramos conocerlo y restaurar la relación perdida. No podremos encontrar prueba mayor que esa de hasta qué punto Dios está cerca de nosotros y nos ama con inmenso amor.

Dios está cerca de nosotros. No es un ente misterioso que se mueve en una esfera inalcanzable para los humanos. El cielo y todos sus beneficios bajaron a la tierra cuando envió a Cristo manifestado a nosotros como un niño indefenso, que nació de padres humanos en una cuna humilde. Creció en el hogar modesto de un carpintero y vivió entre los hombres, haciéndose sensible a nuestras necesidades. Estuvo dispuesto a sufrir la muerte de cruz para librarnos de la condenación que pendía, implacable, sobre la humanidad al completo.

En el día de hoy, Dios desea acercarse a ti igual que un padre se acerca a su hija, mediante una relación plena de amor, comprensión y confianza, en la que todos tus actos pueden quedar a su vista sin temor, con la certeza de que cuentas con su perdón y su amor incondicionales.

Dios da el poder, tú ejerces la fe

¡Cuánto te amo, Señor, fuerza mía! El Señor es mi roca, mi amparo, mi libertador; es mi Dios, el peñasco en que me refugio. Es mi escudo, el poder que me salva, ¡mi más alto escondite!
Salmo 18: 1-2

Ella en apariencia era una joven frágil. Aquejada por una enfermedad congénita, pasó buena parte de su niñez y de su juventud en hospitales y consultorios médicos. Mientras las demás muchachas de su edad hacían amistades y disfrutaban de la vida, ella permanecía aislada en su recámara, sometida a un tratamiento médico tras otro.

Cuando menos lo esperaba, surgió el amor en su vida, y contrajo matrimonio para enfrentar una de las realidades más duras que le puede tocar enfrentar a una mujer. Si intentaba ser madre, tanto su vida como la del bebé correrían peligro de muerte a la hora del parto. Acostumbrada como estaba a cobrar fuerzas en Dios, el esperado milagro se hizo realidad. El Señor la hizo madre de un hermoso niño que, a los pocos días de haber cumplido un año, enfermó y murió. Como yo misma tengo hijas a las que amo entrañablemente, puedo decir que ese es el dolor más terrible que puede enfrentar una madre. Sin embargo, en medio de su sufrimiento la escuché decir: «Dios dio, Dios quitó...».

Siempre me he preguntado de dónde pudo sacar ella tanta entereza. ¿Cómo pudo enfrentar la adversidad sin renegar de Dios? De lo que sí estoy segura es de que su fe no fue el resultado de un único momento de devoción emotiva. No, indudablemente su actitud deja entrever que se trata de alguien que mantenía una convivencia estrecha y permanente con Dios, lo que la hizo desarrollar una fe práctica e inconmovible en las situaciones pequeñas que la mantuvo firme cuando llegaron los momentos difíciles.

Sin lugar a dudas, las crisis de la vida ponen en evidencia nuestra cercanía a nuestro Señor. Cuando él está presente en todos nuestros momentos y la adversidad nos azota con crueldad, nuestra fe puesta a prueba se fortalece, permitiéndonos tomar el brazo omnipotente de nuestro Padre celestial para entonces evitar caer en el foso oscuro y lóbrego del desaliento y la amargura.

Amiga, persevera en el Señor en épocas de bonanza, para que cuando lleguen las pruebas, él te provea el poder necesario para hacer de ti una vencedora.

Mira las estrellas

Consideré entonces la sabiduría, la necedad y la insensatez [...],
y pude observar que hay más provecho en la sabiduría que en la insensatez,
así como hay más provecho en la luz que en las tinieblas.
El sabio tiene los ojos bien puestos,
pero el necio anda a oscuras.
Eclesiastés 2: 12-14

La Vía Láctea es una belleza natural que podemos observar parcialmente cuando levantamos los ojos al cielo. Su nombre, «camino de leche», proviene de la mitología griega, que se inspiró en el parecido que tiene esta galaxia con la leche derramada de una mujer que acaba de ser madre. También es conocida como «camino al cielo», pues atraviesa el firmamento de lado a lado agrupando a millones de estrellas.

El profeta Isaías, seguramente impresionado por este espectáculo nocturno, exclamó: «Alcen los ojos y miren a los cielos: ¿Quién ha creado todo esto? El que ordena la multitud de estrellas una por una, y llama a cada una por su nombre. ¡Es tan grande su poder, y tan poderosa su fuerza, que no falta ninguna de ellas!» (Isa. 40: 26).

Me resulta verdaderamente impresionante y conmovedor saber que Dios, aun a las estrellas, conoce por su nombre, y que se da cuenta si una de ellas falta. ¡Verdaderamente grandioso! Si Dios extiende las estrellas y los astros sobre el firmamento, ¿debiéramos dudar del amor y el cuidado que prometió a sus criaturas?

Dios se ocupa de todos los seres humanos del mundo y desea darnos atención personalizada. No nos ve como un puñado de seres que vagan a su suerte por este planeta. Nuestro Padre celestial nunca se olvida de ninguno de sus hijos y tampoco presta atención preferencial a unas personas en detrimento de otras. Dios no hace acepción de personas, sino que a cada una concede una consideración especial.

En el vasto universo, «el Señor conoce a los suyos» (2 Tim. 2: 19). Tú y yo somos sus hijas, y muy pronto seremos llamadas para formar parte de su gran familia. No importa dónde te encuentres, ni cómo te encuentres, él tiene contados aun los cabellos de tu cabeza (Luc. 12: 7).

Por eso, en este amanecer, levanta tus ojos al cielo, mira las estrellas, y siéntete profundamente amada por tu Creador.

El poder de un canto

¡Alaben al Señor, naciones todas! ¡Pueblos todos, cántenle alabanzas!
¡Grande es su amor por nosotros! ¡La fidelidad del Señor es eterna!
¡Aleluya! ¡Alabado sea el Señor!
Salmo 117

A los niños del barrio les gustaba ir a la casa de José. Parecía tener un encanto especial que los atraía. Los niños llamaban a la vivienda de José «la casa que canta». ¿Se trataría acaso de un lugar mágico? Pues por supuesto que era un lugar mágico. La mamá de José siempre cantaba mientras hacía sus quehaceres diarios, y eso generaba una atmósfera muy especial que fascinaba a los pequeños.

Amiga, ¿pueden decir tu esposo, tus hijos o tus amigos que tu casa canta? ¿Hay un espíritu de alabanza que haga que sus habitantes gocen del ambiente físico y emocional de tu hogar? ¿O por el contrario, tu presencia lóbrega y mustia tiende un manto de hostilidad y frialdad en el ambiente?

Todas hemos sido creadas por el Señor con la capacidad de cantar, de reír y de gozar de la vida. Estos son dones que debemos cultivar hasta que se transformen en hábitos. Posiblemente nunca llegaremos a cantar en la Ópera Garnier de París, pero todas podemos tararear una canción de cuna para calmar la irritabilidad de un bebé. Las aves cantan en la mañana y al anochecer. Haz lo mismo, despierta a los niños para ir a la escuela con una canción, antes de regañarlos. Generarás un ambiente agradable, y los chicos tendrán un día feliz. Por las noches prepara a tu familia para ir a dormir entonando una suave melodía que, con palabras suaves y sencillas, les ayude a tener dulces sueños.

Canta para ti misma cuando estés sola, o te sientas sola. A media voz di «Oh cuán dulce es fiar en Cristo y entregarle todo a él»; pronto te darás cuenta de que las faenas del día se alivianan y una alegría especial inunda tu estado de ánimo. Cuando cantamos cerramos la puerta al pesimismo, la tristeza y el dolor. Por el contrario, abrimos de par en par las ventanas de nuestro hogar y nuestro corazón a la alegría, el optimismo y los buenos deseos.

Hermana, que tu pensamiento para hoy sea semejante al del salmista David, cuando exclamó: «Firme está, oh Dios, mi corazón; ¡voy a cantarte salmos, gloria mía! ¡Despierten, arpa y lira! ¡Haré despertar al nuevo día!» (Sal. 108: 1-2).

La abundancia es de Dios y también tuya

Hijo mío, no te olvides de mis enseñanzas; más bien,
guarda en tu corazón mis mandamientos. Porque prolongarán tu vida
muchos años y te traerán prosperidad.
Proverbios 3: 1-2

No podemos permanecer ajenas a las circunstancias de nuestro mundo. La palabra «crisis» es el vocablo que mejor describe lo que pasa en todo orden de cosas. Crisis en los gobiernos y los gobernantes, crisis económicas, crisis de valores, etcétera, son asunto de estudio y análisis por parte de muchos profesionales, pero la solución parece cada día más lejana. Por otro lado, la miseria parece ser la nota tónica que rige la vida del ser humano. Nos hace falta de todo.

Sumida en la pobreza espiritual, la humanidad niega la existencia de Dios. La pobreza moral hace estragos en la vida de hombres, mujeres, jóvenes e incluso niños, llevándolos a negar la eficacia de los valores. Por otro lado, el hambre es lo único que se sirve a la mesa en millones de hogares.

Nadar en la abundancia no es algo que esté al alcance de todo ser humano simplemente porque así lo decida, sino que la prosperidad la da Dios. No está en manos de los gobiernos del mundo resolver la pobreza y la miseria que nos rodean. El Dios de la abundancia, al crearnos, nos regaló todo lo necesario para que no sufriéramos escasez. Las fuentes de bendiciones estaban abiertas para satisfacer todas nuestras necesidades, pero el despilfarro humano nos condujo a la miseria.

Ningún plan humano logrará restituir lo que hemos perdido, pero la mano de Dios todavía se abre generosa para brindarnos lo que nos hace falta. Su promesa es: «Yo he venido para que tengan vida, y la tengan en abundancia» (Juan 10: 10).

Sigue las indicaciones divinas para hacer posible esta promesa:

«Honra al Señor con tus riquezas [...]. Así tus graneros se llenarán a reventar» (Prov. 3: 9-10).

«Dichoso el que halla sabiduría, el que adquiere inteligencia. Porque ella es de más provecho que la plata y rinde más ganancias que el oro» (Prov. 3: 13-14).

«El oro, aunque perecedero, se acrisola al fuego. Así también la fe de ustedes, que vale mucho más que el oro, al ser acrisolada por las pruebas demostrará que es digna de aprobación, gloria y honor cuando Jesucristo se revele» (1 Ped. 1: 7).

Un boleto al cielo

Jesucristo es «la piedra que desecharon ustedes los constructores, y que ha llegado a ser la piedra angular». De hecho, en ningún otro hay salvación, porque no hay bajo el cielo otro nombre dado a los hombres mediante el cual podamos ser salvos.
Hechos 4: 11-12

Una de las cosas más frustrantes que me ha pasado en la vida es llegar al mostrador de una aerolínea en un aeropuerto para hacer efectiva una reserva y, a pesar de tener mi boleto en la mano, tener que oír cómo el dependiente me dice que no estoy en la lista de pasajeros del avión. ¿Te ha pasado alguna vez?

Para mí fue una experiencia realmente horrible, sobre todo porque teníamos la seguridad de que nada estropearía nuestra llegada a destino. Por un momento una solo ve barreras, las puertas parecen cerrarse, y no se sabe qué hacer.

Lo mismo sucederá a muchos en su viaje al cielo; pensarán que ya tienen el pase o el boleto para llegar allá, pero se llevarán un gran chasco cuando comprueben que el boleto obtenido no es válido y que no podrán llegar a su destino. Hicieron la reserva equivocada, y se confiaron en exceso.

Son muchas las iglesias, doctrinas y filosofías que prometen llevarnos hasta Dios. Nos aseguran que la travesía por el mundo será fácil, placentera y segura hasta que lleguemos al cielo. Desgraciadamente, muchas personas serán seducidas por estos planteamientos y caerán en la trampa. Cuando creen tener todo listo para la vida eterna, resulta que están obteniendo un boleto no válido.

El único boleto seguro para viajar al cielo es el que obtenemos cuando nos apropiamos de la sangre de Cristo vertida en la cruz, y por fe rendimos nuestra vida a sus pies para que él nos indique el camino. Cuando hagas tu reserva para el destino final de tu vida, no olvides estos requisitos.

La seducción satánica toca con bastante insistencia la conciencia de nosotras, las mujeres. Esta seducción consiste en llevarnos por caminos incorrectos, pero que a simple vista parecen rectos, buenos y seguros. Jesús, por medio de su Palabra, nos advierte: «Yo soy el camino, la verdad y la vida […]. Nadie llega al Padre sino por mí» (Juan 14: 6).

Amiga, revisemos cada día la senda por donde transitamos, apliquemos con determinación un «así dice el Señor» a cada decisión que tomemos, teniendo en cuenta que no solamente nos afectarán a nosotras, sino también a los que vienen detrás.

Repara tus relaciones rotas

El que perdona la ofensa cultiva el amor;
el que insiste en la ofensa divide a los amigos.
Proverbios 17: 9

Nuestra vida está formada por relaciones que se entrelazan unas con otras y llegan a crear una gran «malla», que hace las veces de amortiguador ante los golpes que recibimos. Padres e hijos, hijos y padres, esposo y esposa, familiares cercanos y lejanos, amigos y compañeros, son algunas de las relaciones básicas y trascendentes que establecemos todos los seres humanos.

La Biblia asegura: «Porque ninguno de nosotros vive para sí mismo, ni tampoco muere para sí» (Rom. 14: 7). Entiendo que todo lo que hacemos nos afecta a nosotros y a los demás positiva o negativamente, para bien o para mal.

Debemos cuidar nuestras relaciones personales, comenzando por la que tenemos con Dios. Cuando esta alcanza niveles de verdadera intimidad, contamos con una herramienta efectiva para construir relaciones positivas con los demás. Vivimos en intimidad con el Señor cuando nos dejamos guiar por su Palabra santa, y cuando en oración lo invocamos cada momento de nuestra vida. El mismo apóstol Pablo, tras afirmar que nadie vive para sí mismo, añade: «Si vivimos, para el Señor vivimos; y si morimos, para el Señor morimos. Así pues, sea que vivamos o que muramos, del Señor somos» (Rom. 14: 8).

Madres e hijas que viven separadas por el rencor, cónyuges que construyen un muro de separación entre ellos, hermanos que no pueden estar juntos por una vieja cuenta sin saldar, amigos que se desconocen aunque tuvieron muchas vivencias juntos, nueras y suegras que no pueden darse un saludo amable aunque aman al mismo hombre, son algunas de las situaciones que enfrían los corazones y nos impiden disfrutar de una convivencia placentera.

Hay dos cualidades vitales que debemos desarrollar para construir relaciones positivas: la humildad y la empatía. Humildad como la de Jesucristo, que pudo perdonar a quienes lo maltrataron; y empatía para ser sensibles a las necesidades de los demás.

Si en tu vida hay relaciones rotas, y estás en la cima de la soberbia, asciende hasta la cima de la humildad y provoca un acercamiento que sane las heridas y reconstruya el gozo de la convivencia. Esto será salud para tu mente y para tu cuerpo. ¡Pruébalo!

Nunca lo conseguirás

¡Alabado sea Dios, Padre de nuestro Señor Jesucristo! Por su gran misericordia,
nos ha hecho nacer de nuevo mediante la resurrección de Jesucristo,
para que tengamos una esperanza viva y recibamos una herencia indestructible,
incontaminada e inmarchitable. Tal herencia está reservada en el cielo para ustedes,
a quienes el poder de Dios protege mediante la fe hasta que llegue la salvación
que se ha de revelar en los últimos tiempos.
1 Pedro 1: 3-5

Hay muchos lugares en el mundo que se ofrecen al visitante como «el cielo en la tierra». Si bien es cierto que la naturaleza todavía renace cada amanecer con toda su belleza, también es verdad que nada sobre este planeta puede ser comparado con el cielo.

Los mejores escenarios del mundo, con todo su esplendor, apenas nos dan una vislumbre de lo que Dios prepara para sus hijos fieles. Sin embargo, hay quienes intentan vivir en la tierra como si fuera su destino final.

Viajes por el mundo, tener acceso a una suculenta cuenta bancaria, vestir ropa de marca, comer exquisitos y excéntricos manjares, vivir en residencias lujosas, son algunas de las aspiraciones terrenales que hacen pensar a muchos que las poseen que viven en el cielo. Es posible que en algún momento de su vida el autor del Eclesiastés también llegara a pensar así, pues nada de lo que había debajo del sol le fue negado. Sin embargo, al final de sus días, en un análisis retrospectivo, concluyó: «Lo más absurdo de lo absurdo, ¡todo es un absurdo!» (Ecl. 12: 8).

Amiga, no tratemos de vivir en la tierra como si fuera un cielo mal entendido, rodeadas de lujos y abundancia; nunca podremos lograrlo. Es imposible, todo lo que hay en esta tierra se queda corto comparado con lo que Dios tiene para nosotras. «Ningún ojo ha visto, ningún oído ha escuchado, ninguna mente humana ha concebido lo que Dios ha preparado para quienes lo aman» (1 Cor. 2: 9).

No anhelemos los tesoros terrenales, ni envidiemos a quienes los poseen. Tengamos aspiraciones más altas y sublimes. ¡Anhelemos el cielo! ¡Esa es nuestra herencia!

Mientras peregrinamos por la tierra seamos felices, disfrutemos lo mucho o poco que tengamos, y reavivemos todos los días de nuestra experiencia con Cristo el deseo de vivir preparándonos para el día en que tomemos posesión de nuestra herencia celestial.

Cuando se disparan las alarmas

Más vale habitar en un rincón de la azotea que compartir
el techo con mujer pendenciera. [...] Más vale habitar en el desierto
que con mujer pendenciera y de mal genio.
Proverbios 21: 9, 19

La ira es una de las emociones negativas que más daño puede causar. Algunos pretenden justificar sus arranques de ira diciendo que lo que la hizo detonar estaba justificado. Tal resulta el caso de una mujer que en la fila del supermercado siente atropellados sus derechos cuando otra clienta toma un lugar antes que ella, aunque haya llegado después. Este mero hecho es suficiente para que una persona aparentemente tranquila se levante en cólera y, sin importar la presencia de otros, insulte y agreda sin pensar en las consecuencias.

Cuando alguna circunstancia tan frecuente como la que acabo de describir nos hace perder la tranquilidad y la cordura y altera nuestro ánimo, estamos en peligro. La ira incontrolada puede causar daños severos a nuestra salud y no solamente eso, la tranquilidad y el ánimo de los que nos rodean también se verán afectados. Por si fuera poco, perderemos la admiración y el respeto de nuestros seres queridos y quizás nuestra propia autoestima quede seriamente dañada.

Las demandas y presiones del hogar, que son muchas, pueden hacer que la madre y esposa llegue a manifestar estados de ánimo cargados de ira explosiva. La madre que se siente impotente ante el llanto de un bebé y en consecuencia lo trata con agresividad y le grita, puede estar al borde de cometer un delito mayor sin darse cuenta.

Cuando nuestra ira se desborda, corremos el riesgo de volvernos violentos, por eso es tan vital que desarrollemos estrategias para deshacernos de ella lo más pronto posible. El apóstol Pablo advirtió: «Si se enojan, no pequen» (Efe. 4: 26). Lo que significa que, como toda emoción, no estamos exentas de experimentarla. Pero se convierte en un pecado cuando nos acostumbramos a ella y es el único recurso que usamos para expresar los desacuerdos.

Amiga, si tus relaciones con los demás se deterioran por tu propensión al enojo y a la furia, clama al Señor para que dulcifique tu carácter y lucha con fuerza denodada para no sucumbir ante ella. ¡Dios responderá tu oración!

Siempre vigilantes

Tenemos una ciudad fuerte. Como un muro, como un baluarte, Dios ha interpuesto su salvación. Abran las puertas, para que entre la nación justa que se mantiene fiel. Al de carácter firme lo guardarás en perfecta paz, porque en ti confía.
Isaías 26: 1-3

Cuando el visitante está de pie frente a las murallas de la antigua Jerusalén se lleva una profunda impresión. Este monumento es testigo mudo de tantas vivencias, que sin darnos cuenta nos traslada al pasado. Vivencias de guerras, fracasos y triunfos que además conmueven, pues nos llevan por la senda sagrada que el mismo Cristo Jesús trazó con sus pies entre callejones polvorientos.

Edificadas para proteger a sus habitantes de las invasiones enemigas, las murallas de Jerusalén, con sus ocho imponentes puertas y sus más de cuarenta torres de vigilancia, fueron destruidas y reconstruidas varias veces, lo que les ha permitido resistir el paso del tiempo.

Toda la historia contenida dentro de estos imponentes muros me lleva a pensar en la vida cristiana. Nosotros los humanos también debiéramos construir una muralla con sus torres de vigías para protegernos del ataque de nuestro gran enemigo. Sobre todo porque conoce nuestros flancos más débiles y vulnerables.

Mantengamos en vigilancia constante nuestra mente, que es la ciudadela del alma, como la definió Elena G. de White. Por ella entran estímulos que constantemente debemos poner bajo el escrutinio de Dios. Su Palabra contiene una advertencia: «No amen al mundo ni nada de lo que hay en él. Si alguien ama al mundo, no tiene el amor del Padre. Porque nada de lo que hay en el mundo —los malos deseos del cuerpo, la codicia de los ojos y la arrogancia de la vida— proviene del Padre sino del mundo» (1 Juan 2: 15-16).

Amiga, ejerce una estrecha vigilancia sobre los puntos vulnerables de tu personalidad. Recuerda que la mujer de Lot quedó convertida en una estatua de sal cuando, incapaz de despegarse de los deseos del mundo, miró hacia atrás. Pero me consuela saber que para mantener esta vigilancia constante, no contamos únicamente con nuestros recursos personales. La Palabra de Dios dice: «Jerusalén, sobre tus muros he puesto centinelas que nunca callarán, ni de día ni de noche. Ustedes, los que invocan al Señor, no se den descanso; ni tampoco lo dejen descansar, hasta que establezca a Jerusalén y la convierta en la alabanza de la tierra» (Isa. 62: 6-7).

La provisión de Dios siempre nos dejará satisfechas

No se afanen por lo que han de comer o beber; dejen de atormentarse. El mundo pagano anda tras todas estas cosas, pero el Padre sabe que ustedes las necesitan. Ustedes, por el contrario, busquen el reino de Dios, y estas cosas les serán añadidas.

Lucas 12: 29-31

Los lirios son una de las tantas especies de flores silvestres que Dios ha creado. Tienen una belleza excepcional y un sutil aroma que cautiva al olfato más refinado. Cuando la Biblia habla de ellos, los usa para resaltar el cuidado y la atención que Dios provee para satisfacer nuestras necesidades. «Fíjense cómo crecen los lirios. No trabajan ni hilan; sin embargo, les digo que ni siquiera Salomón, con todo su esplendor, se vestía como uno de ellos. Si así viste Dios a la hierba que hoy está en el campo y mañana es arrojada al horno, ¡cuánto más hará por ustedes!» (Luc. 12: 27-28).

En esta época, cuando mucha gente se afana por acumular bienes materiales a costa de lo que sea, muchos hijos de Dios somos arrastrados por esta corriente. Olvidamos que el Señor ha prometido darnos lo necesario para que todas nuestras necesidades queden satisfechas, y que su provisión es y será siempre suficiente. Si recordáramos la sencillez de los lirios del campo, y cómo Dios provee para ellos con la lluvia y el sol a su tiempo, nuestros afanes se reducirían considerablemente.

Cuando la necesidad de tener va más allá de la satisfacción de nuestras necesidades básicas, corremos el riesgo de llegar a desconfiar de Dios y de creer que se ha olvidado de nosotras. Entonces nos comparamos con otras personas, y nos sentimos pobres y despojadas de lo que consideramos que merecemos tener.

La cultura del momento nos dice que muchos bienes de consumo son desechables: usar y tirar a la basura. Muchas mujeres caemos en este juego fatal. La obsesión por tener puede llevar a la bancarrota a la más sólida de las economías.

Dios espera que cuidemos lo que adquirimos: los muebles, la ropa, el calzado, la vivienda... No son para hacer alarde del poder adquisitivo que tengamos, sino que son muestra del cuidado y la provisión que Dios hace para sus hijos. Si desarrollamos una actitud de gratitud y contentamiento por todo lo que él nos ha dado, siempre estaremos satisfechas.

Señales de advertencia

El Dios que hizo el mundo y todo lo que hay en él es Señor del cielo
y de la tierra [...], él es quien da a todos la vida, el aliento
y todas las cosas [...]. En verdad, él no está lejos de ninguno de nosotros,
«puesto que en él vivimos, nos movemos y existimos».
Hechos 17: 24-28

Yo no sé prácticamente nada acerca de motores de automóviles, por eso sigo al pie de la letra el consejo del mecánico: «Cuando se encienda una luz en el salpicadero del auto, es señal de que algo anda mal. ¡Acuda pronto al taller!». Seguir este consejo me ha librado de sufrir muchos percances, como incurrir en gastos que no tenía contemplados o sufrir contratiempos en mis viajes.

Quizás podamos aplicar este mismo principio a nuestra vida cristiana. De vez en cuando se encienden luces de advertencia en nuestros tableros, que nos indican cómo está nuestro nivel de intimidad con Dios. Cuando perdemos el deseo de comunicarnos con el Padre celestial por medio de la oración; cuando ya no buscamos con tanta frecuencia conocer su voluntad por medio de la lectura de su Palabra; cuando la duda comienza a hacer mella en nuestra mente y sentimos que los mandatos divinos se han convertido en cargas para nosotras, ¡estamos en peligro!

Presta atención a las luces de advertencia. Si estas señales que se encienden en nuestra conciencia no son atendidas de inmediato, estamos en peligro de muerte espiritual. ¿Por qué? Porque poco a poco nos vamos volviendo insensibles al llamado del Espíritu Santo, lo que nos pone a merced de Satanás. No debemos tomar livianamente estas señales, no podemos pasarlas por alto, no es bueno ignorarlas, pues entonces ponemos en juego nuestra salvación. Seríamos una influencia negativa para los más débiles e iríamos camino de nuestra propia destrucción.

No permitamos que los afanes de nuestra vida cotidiana se vuelvan tan absorbentes que descuidemos nuestros ejercicios devocionales, los cuales nos llevan a desarrollar una necesaria intimidad con el Padre, y proveen salud y bienestar a la mente y al espíritu.

Amiga, si al leer esta reflexión te das cuenta de que una o más de las señales de advertencia de tu vida está encendida, acude al taller del Señor y permite que repare lo que está mal. Sigue al pie de la letra sus instrucciones y, en adelante, dale el mejor mantenimiento posible para que todos los niveles estén bien.

Él es quien te da bienes en abundancia

«Hombre —replicó Jesús—, ¿quién me nombró a mí juez
o árbitro entre ustedes? ¡Tengan cuidado! —advirtió a la gente—.
Absténganse de toda avaricia; la vida de una persona no depende
de la abundancia de los bienes que posee».
Lucas 12: 14-15

«Tener». Palabra que se gesta en el centro mismo del egoísmo humano. Todos andamos en busca de bienes, especialmente de los materiales. Algunos trabajamos para obtenerlos, otros, sin embargo, lo logran a base de fraudes.

¿Es malo acaso desear tener bienes materiales? Por supuesto que no. Lo que no está bien es que hagamos de eso nuestra prioridad y estemos dispuestos a pagar el precio que sea, aun pasando por encima de nuestros valores y principios.

El Señor ha prometido colmarnos de bienes y también están incluidos aquí los bienes materiales. Él no desea que sus hijos vivan miserablemente, deseando tener muchas cosas y guardando resentimiento hacia aquellos que las poseen o hacia el propio Dios por no concedérselas. Cuando somos presa de la miseria, sentimos que escaseamos de todo y ponemos la justicia de Dios en tela de juicio.

En los graneros del cielo hay muchos bienes para los hijos de Dios; a veces no los recibimos porque las prioridades no están correctamente puestas en nuestra vida; el Señor nos dice: «Busquen primeramente el reino de Dios y su justicia, y estas cosas les serán añadidas» (Luc. 12: 3). En la expresión «estas cosas» están incluidos el alimento, la vivienda, el calzado, la ropa, etcétera.

Poner el reino de Dios en primer lugar significa ser fieles en la devolución de nuestros diezmos y dadivosas al dar nuestras ofrendas. Cuando no cumplimos con estos requisitos divinos, ponemos freno a la generosidad de Dios y dejamos de recibir lo que esperamos. Esto no es una venganza de parte del Señor, por el contrario, es un acto de misericordia. Dios no se beneficia de nuestro dinero, los únicos beneficiados somos nosotros.

Amiga, seguramente hoy buscarás en tu cartera los recursos para el sustento diario; al hacerlo recuerda que debes emplearlos con responsabilidad. Pero sobre todas las cosas procura los bienes que no perecen, aquellos que harán de ti una mejor persona y una buena cristiana. La promesa del Señor para ti en este día es: «Honra al Señor con todas tus riquezas [...] así tus graneros se llenarán a reventar y tus bodegas rebosarán de vino nuevo» (Prov. 3: 10).

Conocimiento sin sabiduría

El Señor da la sabiduría; conocimiento y ciencia brotan de sus labios.
Él reserva su ayuda para la gente íntegra y protege
a los de conducta intachable. Él cuida el sendero
de los justos y protege el camino de sus fieles.
Proverbios 2: 6-8

El mundo de hoy pondera la adquisición de conocimiento, hasta tal punto que muchas personas pasan gran parte de su vida haciendo estudios que les permitan ser expertos en alguna rama del saber. Esto es bueno, pues Dios nos ha regalado un mundo perfecto y extraordinario, desafiante para la mente humana. Este mundo, con todo lo que hay en él, también es obra de sus manos.

Toda la ciencia humana ha surgido del profundo deseo del hombre por descubrir las leyes que rigen la vida, y encontrar respuestas a los misterios del universo, muchos de ellos aún vedados para nosotros. El salmista, que tenía el mismo anhelo que tenemos nosotros hoy, exclamó: «¡Oh Señor, cuán numerosas son tus obras! ¡Todas ellas las hiciste con sabiduría! ¡Rebosa la tierra con todas tus criaturas!» (Sal. 104: 24).

Sin embargo, toda la ciencia humana puede transformarse en presunción si no reconoce a Dios como el origen absoluto de todo conocimiento, y el único capaz de explicar los misterios que envuelven nuestra existencia y la de nuestro planeta. Cuando aprendemos a ver al Señor en cada cosa nueva que se descubre, nos transformamos no solamente en personas que saben mucho, sino también en verdaderos sabios.

Ser sabio significa admitir que todo el conocimiento de las ciencias humanas tiene una sola fuente, que es Dios. Ser sabios nos lleva a aceptar con humildad y reverencia su consejo: «Hijo mío, no te olvides de mis enseñanzas; más bien, guarda en tu corazón mis mandamientos. Porque prolongarán tu vida muchos años y te traerán prosperidad» (Prov. 3: 1-2).

Amiga querida, posiblemente el conocimiento humano te dé herramientas efectivas y eficaces para llevar una vida sana, construir un hogar estable y criar a tus hijos en un buen entorno, pero solo si adquieres la sabiduría de Dios podrás estar preparada y preparar a otros para la vida eterna en Cristo Jesús, nuestro Señor.

Volar sobre el fango

Así que sométanse a Dios. Resistan al diablo, y él huirá de ustedes.
Acérquense a Dios, y él se acercará a ustedes.
¡Pecadores, límpiense las manos!
¡Ustedes los inconstantes,
purifiquen su corazón!
Santiago 4: 7-8

Hace poco tiempo leí la noticia de una familia que, por causa de un aguacero, quedó atrapada en el fango dentro del automóvil en que viajaban. Las brigadas de rescate que acudieron en su auxilio no encontraban la forma de llegar a ellos, pues si lo hacían quedarían automáticamente atrapadas también. Finalmente alguien dijo: «Solamente los rescataremos si los hacemos volar sobre el lodo». Con la ayuda de fuertes sogas y un helicóptero, fue posible.

Las avalanchas del mal pueden llegar a nosotras por medio de modernos y novedosos estilos de vida, conceptos revolucionarios acerca de Dios y su existencia, atractivas propuestas para vivir la feminidad, etcétera. Frente a esto, la única solución para no contaminarnos es ¡volar! Sí, pasar por encima de las tendencias y las modas, aunque por ello nos tachen de raras. Dios lo hace posible si se lo permites.

En medio de todas estas corrientes de mal Dios nos dice: «Si fueran del mundo, el mundo los querría como a los suyos. Pero ustedes no son del mundo, sino que yo los he escogido de entre el mundo. Por eso el mundo los aborrece» (Juan 15: 19). No podemos quedar atrapadas en la contaminación terrenal que nos rodea, y si esto sucede, debemos reclamar la presencia de Dios y esperar en él. Él es el único ser capaz de hacer posible el vuelo que preservará nuestra vida del mal.

Cualquier circunstancia puede hacernos entrar en contacto con el mal, pero es por nuestra decisión y con la ayuda de Dios como podemos apartarnos de él.

Amiga, ¡vuela! ¡Vuela en todo momento! Asida con fe a la cuerda de la oración, que te lleva a la misma presencia de Dios, sigue firme en tus convicciones, promueve cambios en tu vida acordes a la voluntad del Señor, muévete hacia las cosas santas que ennoblezcan tu proceder, y sé un buen ejemplo para las demás. Establece tus propios valores y persiste en ellos, aunque todos vayan en la dirección contraria. No te dejes seducir por ideas novedosas que te aparten de Dios. Si sigues estos consejos, seguramente vas a tener un vuelo placentero.

¿Eres como el durián?

Así como ninguna rama puede dar fruto por sí misma,
sino que tiene que permanecer en la vid, así tampoco ustedes
pueden dar fruto si no permanecen en mí. Yo soy la vid y ustedes son las ramas.
El que permanece en mí, como yo en él, dará mucho fruto;
separados de mí no pueden ustedes hacer nada.
Juan 15: 4-5

Uno de los récords más asombrosos en lo que se refiere al peso y tamaño de hortalizas y frutas lo batió Edward Harol Mckinney, de los Estados Unidos. En el año 2002 logró cultivar un membrillo de dos kilos y treinta y cuatro gramos de peso. Este extraordinario suceso de la naturaleza se encuentra registrado en el libro Guinness de los récords. Me imagino cuán impresionante debe de ser tener a la vista este hermoso y enorme fruto.

Quiero hablarte sobre el durián. Es un árbol exótico que se da en el sudeste asiático; el tamaño de su fruto es muy impresionante, pues puede llegar a pesar cinco kilos. Pero lo que lo hace especial es su olor. Cuando alcanza la madurez despide un olor tan desagradable y nauseabundo que en algunos restaurantes y hoteles está prohibido, aunque posee cualidades alimentarias de alto valor nutricional.

La Biblia también habla de frutos especiales, los llamados frutos del Espíritu, que se mencionan uno por uno en Gálatas 5: 22 y 23: amor, paz, alegría, paz, paciencia, amabilidad, bondad, fidelidad, humildad y dominio propio. Dios espera que estos frutos, que son parte de la naturaleza de Dios, también sean reproducidos en la vida de sus hijas. Cuando estos frutos son visibles en nuestras actitudes, palabras y actos, trascendemos y nos transformamos en una fuente de bendición para los demás.

Por otro lado, muchas de nosotras tenemos una situación similar a la del durián. Todo el mundo nos evita porque generamos con nuestra presencia un ambiente desagradable.

En la Palabra de Dios se encuentra una receta sencilla que nos permitirá producir los ricos y aromáticos frutos del Espíritu: «Yo soy la vid y ustedes son las ramas. El que permanece en mí, como yo en él, dará mucho fruto; separados de mí no pueden ustedes hacer nada» (Juan 15: 5).

Amiga, aprópiate de esta maravillosa promesa, y deleita a Dios y a los demás con tu presencia.

Dios, comienza con lo que tienes

¿Y qué puedo hacer por ti? —Le preguntó Eliseo—.
Dime, ¿qué tienes en casa?
2 Reyes 4: 2

El relato del capítulo 4 del segundo libro de los Reyes tiene como dos de sus temas principales no solamente la obra del profeta Eliseo, sino también la destacada actitud de una mujer de fe. Aquella pobre mujer no enfrentaba únicamente la viudez, sino también la bancarrota y la posible pérdida de sus dos hijos. Su situación no podría haber sido más desesperada.

Presa de la desolación, sintió que ya no le quedaba nada, como bien atestigua la respuesta que dio a la pregunta de Eliseo: «Su servidora no tiene nada en casa excepto un poco de aceite» (2 Rey. 4: 2). Atrapada en las deudas que le había dejado su esposo antes de morir y viviendo en la triste condición social de viuda, su único recurso era un «poco de aceite», que ella misma consideraba como «nada». Sin embargo, con eso que a ella le parecía tan insignificante, se realizó un milagro extraordinario. Ese milagro cambió su vida y la de su familia para siempre. Lo que a nosotros puede parecernos nada, puede convertirse en un instrumento en las manos de Dios para revertir una situación difícil.

¿Has tenido alguna vez la impresión de que te has quedado sin recursos? ¿Te has sentido acorralada en medio de la miseria física, mental y espiritual? ¿Socialmente marginada por alguna circunstancia de tu vida que no podías cambiar? ¿Has llegado a pensar que todos tus recursos se habían agotado? Y no solo eso, ¿has sentido que tú misma no vales nada? ¿Has conocido la frustración de no poder hacer nada por salvar a tus hijos de un mal inminente?

Es cuando vivimos este tipo de situaciones que Dios puede comenzar su obra restauradora en nosotras. Únicamente necesitas reconocer tu miseria y ofrecerte a él como una ofrenda, tal vez imperfecta, pero genuina. Entonces Dios hará el milagro; de la escasez pasarás a la abundancia, de la miseria a la prosperidad, del abandono y el menosprecio de los demás a disfrutar de la dulce compañía de nuestro gran Dios. Su promesa para ti hoy es: «El Señor se complacerá de nuevo en tu bienestar, así como se deleitó en la prosperidad de tus antepasados» (Deut. 30: 9).

Amiga, no importa lo escasos e ínfimos que puedan parecerte tus recursos. El Señor puede hacer asombrosos milagros con lo que tienes, si tan solo confías en él y con fe te propones hacer lo que él te diga. El éxito está garantizado.

Tú pones la medida

Eliseo le ordenó: «Sal y pide a tus vecinos que te presten sus vasijas;
consigue todas las que puedas. Luego entra en la casa con tus hijos y cierra la puerta.
Echa aceite en todas las vasijas y, a medida que las llenes, ponlas aparte».
2 Reyes 4: 3-4

Esta es la parte central del encuentro de Eliseo con la viuda pobre. Constituyó una gran prueba de fe para ella. El profeta de Dios le pidió que hiciera algo que parecía no tener sentido. ¿Cómo pretender llenar vasijas con aceite cuando el problema en sí radicaba en que apenas tenía un poco de aceite, y por esa razón no era capaz de asumir su deuda? ¿Cómo convertir la pobreza en abundancia? ¿Por qué el profeta le pedía que actuara a puertas cerradas acompañada únicamente de sus hijos? ¿Sería posible que el profeta dudara un poco de la instrucción que había dado y prefiriera que todo se hiciera en secreto, por temor a la vergüenza y el ridículo? Si quería buscar excusas para la duda, la mesa estaba servida.

En medio de todas esas posibles reflexiones, la mujer decidió esperar que el poder de Dios se manifestara a través de la palabra de Eliseo y, dejando a un lado sus conjeturas, siguió por fe las indicaciones que había recibido. Al hacerlo, el milagro se hizo posible frente a sus ojos; un milagro en forma de una fina hebra dorada de aceite que parecía no tener fin. La medida de su fe hizo posible que el aceite fluyera continuamente, y también que dejara de fluir cuando las vasijas se agotaron. Me pregunto qué hubiera sucedido si la viuda no hubiera dejado de conseguir vasijas. ¿Se hubiera cansado la mano de Dios para bendecirla?

Si necesitas un milagro, pídelo y actúa con confianza en Dios. No permitas que tu falta de fe detenga y demore la obra salvadora que Dios desea hacer contigo y con los tuyos. Por medio del Libro Santo, la oración y las voces de las personas que te aman, el Señor te mostrará su voluntad. Su promesa es: «Tus graneros se llenarán a reventar y tus bodegas rebosarán de vino nuevo» (Prov. 3: 10).

Querida amiga, la fidelidad de Dios es inconmovible. Ni un proceder erróneo, ni la mayor miseria, ni aun un corazón bloqueado por el pecado, pueden hacer que Dios cambie su actitud amante y bondadosa. Por eso, confía en él y, con toda certeza, recibirás las bendiciones que tiene listas hoy para ti y para tu familia.

Necesitas desear que te llenen

En seguida la mujer dejó a Eliseo y se fue. Luego se encerró con sus hijos y empezó a llenar las vasijas que ellos le pasaban. Cuando ya todas estuvieron llenas, ella le pidió a uno de sus hijos que le pasara otra más, y él respondió: «Ya no hay». En ese momento se acabó el aceite.

2 Reyes 4: 5-6

Las vasijas de fe fueron llenadas una a una por la mano de Dios. ¡Qué maravillosa imagen! ¡Qué maravillosa experiencia para aquella viuda y para sus hijos! Sin lugar a dudas, el resto de sus vidas estuvo marcado por aquel momento único y revelador del carácter de Dios.

Me atrevo a sugerir que, en medio de la alegría, tal vez experimentaron un poquito de culpa por no haber hecho acopio de más vasijas. Posiblemente fue la voz de la madre la que dijo: «Estas son suficientes». O quizá los hijos, cansados de correr de casa en casa, no quisieron continuar con una tarea tan agotadora. Quizás ya no había más en todo el pueblo, o Dios había considerado la cantidad exacta, al igual que conoce el número de cabellos que hay en nuestra cabeza. No importa cuál haya sido la razón, lo que importa es que, gracias a ese increíble suceso, podemos darnos cuenta de que los maravillosos recursos del cielo están a nuestra disposición, y de que a veces no disfrutamos de ellos en toda su plenitud por causa de nuestra limitada fe. Nos cuesta creer sin límites y actuar sin límites para recibir la plenitud que Dios anhela para nosotras.

Puedo imaginar la angustia de aquella madre al pensar que sus hijos corrían el riesgo de tener que vivir bajo el yugo de la esclavitud de un amo implacable y vengativo. Posiblemente también, agobiada ante la posibilidad de perder las pocas pertenencias que tenía, por las noches perdía el sueño y, con gemidos que solo las mujeres sabemos emitir, pedía al Señor que interviniera. ¡Y Dios intervino!

Amiga, si vives en una condición de gran necesidad, esta mañana, antes de salir de tu recámara, cierra la puerta y di a Dios con humildad: «Señor, genera en mi interior el deseo de estar llena de ti. Limpia las vasijas de mi corazón y de mi mente y derrama en ellas el aceite del Espíritu Santo». Luego levántate con la plena convicción de que él responderá tu petición. El Señor nunca dejará tu vasija a medio llenar; su obra es perfecta y completa. Entonces, serás ungida, tus deudas quedarán saldadas y tu miseria se convertirá en prosperidad.

Seis cosas que Dios aborrece – 1ª parte

Los ojos que se enaltecen.
Proverbios 6: 17

Los ojos son dos maravillas de la creación de Dios. Muchos poetas y artistas han encontrado en ellos la fuente de su inspiración. Muchos científicos se han quedado asombrados ante estos órganos que hacen poner en duda la teoría de la evolución. ¿Será posible que tanta complejidad y precisión sean el fruto del azar?

Ubicados estratégicamente en el rostro, los ojos poseen una estructura sumamente compleja, a pesar de ser dos de los órganos más pequeños de nuestro cuerpo. Por medio de ellos y en colaboración con el cerebro, en un instante nos ponemos en conexión con el mundo exterior. Los ojos nos permiten tener una dimensión exacta de los objetos, su forma, su color y tamaño, y nos envían mensajes que nos permiten conocer nuestro entorno e interactuar con él.

Los ojos también tienen la capacidad de sacar a la luz lo que hay en el interior de una persona. Una mirada puede decirnos con bastante exactitud lo que el otro tiene dentro de sí, lo que está pensando, lo que siente o lo que está a punto de hacer. Algunos han llamado a los ojos las ventanas del alma, pues muchas emociones y sentimientos íntimos parecen quedar al descubierto a través de una mirada.

La Biblia dice que Dios detesta los ojos altivos. ¿En qué consiste esa altivez? En realidad, no se puede percibir en la forma ni en el tamaño de los ojos, tampoco en su color; pero sí a través de la expresión. Un corazón endurecido por la soberbia y el orgullo se verá reflejado en una mirada fría, distante, profunda. Esos ojos carecen de la dulce expresión de la ternura y la compasión. Son implacables, descalifican, critican, censuran y desprecian. Por su parte, una mirada cálida esconde tras sí una personalidad cálida.

Amiga, aprendamos a mirar no solamente con los ojos, sino también con el corazón. Al hacerlo brindaremos compañía al que se siente solo, compasión al que sufre, respeto al que se siente indigno y amor al que se cree lejos del amor de Dios.

Intentemos hoy mirar así como miró Jesucristo cuando, al contemplar una Jerusalén perdida, lloró, tal como relatan las Escrituras: «Cuando se acercaba a Jerusalén, Jesús vio la ciudad y lloró por ella» (Luc. 19: 41). El llanto es otro de los milagros asombrosos que se producen a través de los ojos. Que los demás puedan ver en tu mirada la profundidad de una persona que vive en comunión con Dios.

Seis cosas que Dios aborrece – 2ª parte

La lengua que miente.
Proverbios 6: 17

La mentira es devastadora y destructiva, aunque algunos aseguren que las «mentiras blancas» o «mentiras piadosas» son necesarias y, a veces, incluso indispensables. Los mentirosos generalmente son personas que carecen de una autoestima adecuada y tienen miedo al rechazo, por eso adornan sus historias con exageraciones para impresionar y así recibir la atención de los demás. Sin embargo, con esa actitud, el mentiroso pone en tela de juicio su propia integridad y da una imagen de sí mismo como una persona poco fiable, débil e insegura.

Satanás es considerado el padre de la mentira, y todos los que padecen este mal de mentir son sus súbditos. Por eso, cuán cuidadosas debiéramos ser al referirnos a algo o a alguien. La Biblia dice: «La lengua es un fuego, un mundo de maldad» (Sant. 3: 6).

El habla es un don maravilloso, un regalo de Dios a los que ama. Los sonidos que otras personas emiten son interpretados por el cerebro, que elabora una respuesta en consonancia con ellos. Asimismo, cuando nosotros queremos emitir sonidos, nuestro cerebro da la orden y salen por nuestra boca transformados en palabras. Por esta razón podemos asegurar que las palabras reflejan mucho de lo que una persona es en su interior.

Las mentiras llegan a veces camufladas tras medias verdades, chismes, calumnias, rumores… todos ellos abominables para Dios. Toda lengua que miente pertenece a una persona que no se ha convertido al Señor, que necesita con urgencia la restauración, pues si continúa en la misma línea estará en peligro de convertir este mal hábito en una adicción que la encadenará, llevándola a la autodestrucción. «La fortuna amasada por la lengua embustera se esfuma como la niebla y es mortal como una trampa» (Prov. 21: 6).

Los adictos a la mentira usan el engaño como un atajo para llegar a sentirse importantes e indispensables para los demás. Lamentablemente para ellos se produce el efecto contrario. Reciben el desprecio de los demás y esto los lleva a una carrera infructuosa por satisfacer la necesidad de sentirse aceptados.

El escritor y poeta británico Alexander Pope mencionó: «El que dice una mentira no se da cuenta del trabajo que se echa encima; pues queda obligado a inventar veinte más para sostener la certeza de la primera». Amiga, seamos hoy una fuente de bendición para otros por medio de las palabras que digamos. Asegúrate de que sean todas veraces.

Seis cosas que Dios aborrece – 3ª parte

Las manos que derraman sangre inocente.
Proverbios 6: 17

Me sentí fuertemente impresionada cuando observé a una madre en el supermercado estrujar a su pequeño hijo. Uso la palabra «estrujar» porque la mamá hizo con su hijo algo parecido a lo que hacemos cuando estrujamos una prenda de ropa mojada. Lo retorció e imprimió toda su fuerza sobre el cuerpo del niño, hasta que las lágrimas asomaron en los ojos avergonzados del pequeño.

Posiblemente eso ni siquiera se acerque a lo que el versículo refiere como «manos que derraman sangre inocente». Sin embargo, me puse a pensar que ese acto abusivo quizás pudiera causar, además de dolor físico, un daño interno de consecuencias fatales.

Las manos de una madre deben estar programadas para acariciar y dar toques curativos y restauradores. Un estudio científico reciente demostró que las caricias de la madre pueden calmar el dolor de los niños, y que también son eficaces para la prevención de algunas enfermedades como la depresión infantil y ciertos tipos de dolores, como los cólicos, que son tan frecuentes en los bebés. Si un niño recibe caricias positivas tendrá una disposición natural a presentar conductas positivas, como son la obediencia, el respeto y el orden.

Por el contrario, un niño que no recibe caricias y toques positivos, sufrirá una desnutrición emocional que puede llevarlo a desarrollar conductas patológicas. Cuando una persona, por falta de afecto en las primeras etapas de su vida, cae víctima de la adicción a las drogas o al alcoholismo, entra en una pandilla o muere de manera premtaura, se derrama sangre inocente. No importa que tú no hayas puesto literalmente las nefastas armas en sus manos, igualmente serás responsable de que pierda la vida. Y esa muerte no necesariamente tiene que ser física; una mente, un alma o un espíritu muerto, de igual modo hacen que la vida se agote.

Amiga, pongamos nuestras manos al servicio del amor. Hagamos de ellas un instrumento que provea salud, bienestar y seguridad a los que tenemos el deber de amar, aunque las condiciones no sean las óptimas.

Oremos para que, en este día, nuestras manos derramen bienestar y salud, pero nunca sangre inocente.

Seis cosas que Dios aborrece – 4ª parte

El corazón que hace planes perversos.
Proverbios 6: 18

El corazón perverso pertenece a una persona que permite que la impureza, la deshonestidad, el engaño y toda clase de maldades sean dominantes en su vida, y controlen sus pensamientos y sus actitudes. La perversidad es la maldad en grado superlativo.

Ese tipo de maldad al que llamamos perversidad nos conduce a realizar actos corruptos y sentirnos satisfechos con ellos, a vivir disfrutando del vicio y la depravación. Para mucha gente es difícil entender cómo una persona puede llegar a una condición de depravación, sin embargo, esto es posible cuando nos dejamos ir descendiendo por la escala de los valores y las virtudes humanas hasta que la voluntad se deforma y la persona queda presa de sus deseos y caprichos.

Este proceso de degradación puede ser tan sutil que una persona podría no llegar a darse cuenta de que poco a poco va degenerándose hasta que es ya demasiado tarde para él, pues no es capaz de disfrutar del bien y de aspirar a las cosas buenas de la vida. De hecho, así sucede. Someter nuestra voluntad a la de Dios nos ayudará a conservar nuestra limpieza de manos e integridad de corazón.

Alejar la boca de la perversidad y apartar los labios de las palabras corruptas; fijar la vista en lo que está delante, en todo lo bueno y de provecho. Enderezar las sendas torcidas y no desviarse ni a la derecha ni a la izquierda, son los consejos del proverbista para el que desea alejarse de toda perversidad. Por lo tanto, «pon la mirada en lo que tienes delante; fija la vista en lo que está frente a ti. Endereza las sendas por donde andas; allana todos tus caminos. No te desvíes ni a diestra ni a siniestra; apártate de la maldad» (Prov. 4: 25-27).

Hoy, cuando lo malo y lo bueno parecen juguetear, cuando la impureza ha tomado el lugar de lo santo y puro; cuando el mundo llama «preferencias de vida» a las conductas depravadas y corruptas, nosotras, las hijas de Dios, hemos de hacer todo el esfuerzo posible para que en nuestra vida y en nuestros hogares toda acción esté regida por un «así dice el Señor».

La amonestación para hoy de parte de Dios es: «Háganlo todo sin quejas ni contiendas, para que sean intachables y puros, hijos de Dios sin culpa en medio de una generación torcida y depravada. En ella ustedes brillan como estrellas en el firmamento, manteniendo en alto la palabra de vida» (Fil. 2: 14-16).

Seis cosas que Dios aborrece – 5ª parte

Los pies que corren a hacer lo malo.
Proverbios 6: 18

Los pies son los miembros de nuestro cuerpo a los que menos cuidado damos; sin embargo, son dos elementos cruciales para desarrollar un determinado estilo de vida y disfrutar de autonomía. Son nuestro medio de transporte más confiable y seguro. Siempre nos llevarán al lugar preciso donde queremos ir. Un poeta, inspirado en esto, escribió: «Los pies son los que siempre llegan […] sin saber por qué».

Los caminos del mundo, sin lugar a dudas, han sido recorridos por miles de millones de pies que han caminado en busca de una ruta que les asegurara un llegar feliz. Pero también son muchos los pies que se han desviado de la ruta y no han llegado a donde esperaban.

Los vicios, la promiscuidad, los estilos de vida contrarios a lo que Dios ha declarado como mejor para nosotros, son sendas por las que caminan los pies de los que Dios aborrece. «Sus pies descienden hasta la muerte; sus pasos van derecho al sepulcro» (Prov. 5: 5). Por el contrario, Dios califica como hermosos «los pies del que trae buenas nuevas; del que proclama la paz, del que anuncia buenas noticias, del que proclama la salvación» (Isa. 52: 7).

Amiga, son tantas las mujeres que vienen detrás de ti, las que caminan sobre las huellas que van dejando tus pies en el camino de la vida. Madres jóvenes, hijas, mujeres solteras, incluso niñas, necesitan tener la dirección correcta, y tú tienes el deber de señalársela. No confundas el camino de las que te observan, yendo a la derecha y a la izquierda según las circunstancias. La luz y la oscuridad no pueden estar juntas, lo bueno y lo malo se repelen, lo puro y lo impuro no tienen comunión.

Si hasta hoy nuestros pies han ido por sendas de pecado, ha llegado el momento para nosotras, las mujeres de Dios, de hacer nuestras las palabras del salmista: «Es él quien me arma de valor y endereza mi camino; da a mis pies la ligereza del venado, y me mantiene firme en las alturas» (Sal. 18: 32-33).

Ojalá que cuando Cristo revise nuestra ruta de vida podamos decir con propiedad: «He andado en los caminos del Señor; no he cometido mal alguno ni me he apartado de mi Dios» (Sal. 18: 21).

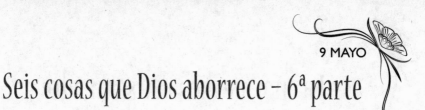

Seis cosas que Dios aborrece - 6ª parte

El falso testigo que esparce mentiras,
y el que siembra discordia entre hermanos.
Proverbios 6: 19

E sparcir mentiras y sembrar discordia. Quien se deleita en estas dos actividades tiene una existencia miserable, e intenta que la vida de los demás sea igual de patética. La gente que extiende falsos rumores sobre los demás busca ser considerada como superiores al desprestigiar a otros y esparcir información sobre ellos sin comprobar si es cierta o no. Pero para la mirada atenta, este tipo de conducta no logrará sus objetivos.

La especulación es la herramienta de trabajo preferida de los «rumoristas», si se me permite el neologismo. Distorsionan la verdad y crean una versión diferente de los hechos y de las personas involucradas en los mismos. Esparcir mentiras y rumores puede convertirse en una adicción muy fuerte, pero lo peor es que es engañosa, pues quienes la padecen pueden llegar a creer que hacen bien, o que no están haciendo nada malo.

Esta tendencia pecaminosa es tan antigua como la misma existencia del ser humano. Una de las leyes de convivencia entre los israelitas decía: «No divulgues informes falsos. No te hagas cómplice del malvado ni apoyes los testimonios del violento» (Éxo. 23: 1).

Por causa de rumores se han destruido matrimonios, se han roto relaciones afectuosas y se han puesto en duda el prestigio y la credibilidad de una persona.

Seamos cuidadosas con lo que decimos. Si nuestra imaginación es tan prolífera que no podemos dejar de agregar «detalles» a un incidente, entonces sutilmente caemos en las redes de Satanás, y las consecuencias serán fatales. «El testigo falso no quedará sin castigo; el que esparce mentiras no saldrá bien librado» (Prov. 19: 5).

Mi querida amiga, sellemos nuestros labios cuando lo que estemos a punto de decir falte a la verdad. Desarrollemos el hábito de hablar bien de los demás, y lo conseguiremos cuando conectemos nuestra mente con la mente del Eterno. Los motivos santificados y las buenas intenciones vienen de una mente y un corazón que han sido tocados por el Espíritu Santo.

Recordemos: «Más vale pobre e intachable que necio y embustero» (Prov. 19: 1). Odia la mentira, como tu Señor. Que de tus labios broten siempre palabras veraces que esparzan vida por donde pases.

La enorme dicha de ser madre

Bendito sea el nombre del Señor, desde ahora y para siempre. Desde la salida del sol hasta su ocaso, sea alabado el nombre del Señor. [...] A la mujer estéril le da un hogar y le concede la dicha de ser madre. ¡Aleluya! ¡Alabado sea el Señor!
Salmo 113: 2-3, 9

Me atrevo a decir que la celebración del Día de la Madre es una festividad prácticamente mundial. Tal vez tenga diferentes fechas en los calendarios de los distintos países del mundo, pero todos estos días tienen el mismo propósito, que es reconocer la loable labor de una madre y darle gracias por su amor incondicional.

La maternidad es, sin lugar a dudas, una dádiva de Dios. Las madres experimentan una de las dichas más intensas que puedan existir, y lo digo con conocimiento de causa, pues yo misma he tenido el privilegio de ser madre dos veces. Cuando un hijo o una hija está en nuestras entrañas, comienza un idilio de amor entre la madre y la criatura que no tiene fin. Acunar un pedacito de tu corazón en los brazos es la más sublime de las experiencias de la vida.

Puede ser que hoy lea estas palabras una mujer que nunca ha experimentado esta alegría, y estas frases que he escrito podrían sonarle ajenas o un tanto crueles. A lo mejor una mujer y un hombre unidos en matrimonio han preparado el nido, llenos de amor y de ilusiones, y el hijo deseado no llega. Una matriz cerrada impide que la danza del amor dé frutos, y entonces hunde a la pareja en una desolación que puede llevarlos a perder la confianza en Dios y en su poder.

Amiga, Dios nos hizo con propósitos santos y buenos, y eso por supuesto que te incluye a ti. No permitas que una matriz cerrada cierre también la puerta de tu corazón. ¡Ábrelo al amor, a la vida! Si deseas un hijo, pídelo a Señor. Él decidirá si te lo envía por medio de tu útero, o por el corazón. Y cuando el hijo o la hija que tanto deseas llegue, ábrele los brazos, abrázalo con fuerza cerca de tu pecho, regálale melodías de amor en el oído y dile con la mirada todo lo bello que significa para ti.

Hoy, cuando en algunos países del mundo se celebra el Día de la Madre, siéntete parte de la celebración. Y mientras el hijo deseado no llega, ¡ama! Son tantos los niños desamparados y abandonados que anhelan ser acurrucados en los brazos de una mujer como tú... Por favor, ¡no pierdas la oportunidad! Sé una colaboradora de Dios en el gran ministerio del amor.

El fascinante mundo de Dios

¡El Señor es rey! ¡Regocíjese la tierra! ¡Alégrense las costas más remotas! [...]
Porque tú eres el Señor Altísimo, por encima de toda la tierra.
¡Tú estás muy por encima de todos los dioses!
Salmo 97: 1, 9

Era un sábado a la puesta de sol; acababa de pasar un día hermoso en comunión con Dios y con mis hermanas en un congreso de mujeres. Nos dirigimos, entonando cantos, hacia la playa; íbamos con los pies descalzos y la brisa marina nos acariciaba el rostro. Teníamos planes de terminar el sábado y comenzar la semana unidas en oración frente al mar. El entorno no podría haber sido mejor.

Respiré hondo y el olor a sal y a mar llenó mis pulmones. Me sentí agradecida a Dios por el enorme privilegio de permitirme estar allí. Sin embargo, él tenía un regalo aún más hermoso para todas nosotras. Cuando levantamos la vista hacia el horizonte pudimos ver la danza más extraordinaria que jamás habíamos visto ninguna de nosotras. Un grupo de delfines, uno tras otro en perfecta formación, se sumergían y emergían en las olas ondulantes del mar; y no únicamente eso, sino que un canto extraño y misterioso se dejaba escuchar en medio del sonido de las olas al atardecer. ¡Los delfines estaban cantando! Qué extraordinario...

Pensé por un momento en el inmenso mundo que Dios ha creado y en el honor que se nos ha concedido de formar parte de él. También me vinieron a la mente los miles de seres humanos que prefieren los placeres mundanos que cautivan los sentidos, esclavizan y enferman, en lugar de las experiencias sanas y naturales como la que yo estaba viviendo. Lo sublime, lo bello, lo inefable de la creación de Dios estaba al alcance de mis ojos para que yo pudiera verlo, y un poder infinitamente restaurador llenó cada célula de mi cuerpo. Casi pude tocar la mano de Dios.

Amiga, no permitas que la parte sombría de la vida de pecado te atrape. Levanta los ojos y observa cómo las nubes danzan en el cielo haciendo figuras caprichosas; escucha a la naturaleza alabar a Dios en un concierto de pájaros cantores; siente la suave textura de un pétalo de rosa y deja que el Señor se acerque a tu corazón. Ponte a tono con la naturaleza y, ¡alaba, alaba, alaba a tu Creador, porque eres la criatura más hermosa de la maravillosa creación de Dios!

No somos raras, somos especiales

Ellos son del mundo; por eso hablan desde el punto de vista del mundo,
y el mundo los escucha. Nosotros somos de Dios, y todo el que conoce
a Dios nos escucha; pero el que no es de Dios no nos escucha.
Así distinguimos entre el Espíritu de la verdad y el espíritu del engaño.
1 Juan 4: 5-6

En cierta ocasión, cuando me presenté como adventista del séptimo día, una persona me llamó «rara». Si el mundo nos llama «raras», no nos sintamos ofendidas. Nosotras sabemos con certeza que somos especiales. Lo raro para el mundo puede ser nuestra manera de comer, de vestir, de recrearnos, nuestra opinión sobre el sexo, la familia y el matrimonio; en otras palabras, no «encajamos» en el estilo de vida del mundo actual, según el cual muchos creen que para estar a la altura de una sociedad tan sofisticada como la nuestra, hemos de echar por la borda los valores eternos. Muchos consideran que la honestidad, la pureza, el respeto, la fe y tantas otras virtudes, son para gente «anticuada y mojigata».

Por otro lado, hay cientos de mujeres que desean sinceramente formar parte del club de las «mujeres raras». Desean tener nuestro estilo de vida, divertirse como nos divertimos nosotras, sentir y pensar de manera parecida a como lo hacemos las mujeres cristianas. Admiran la fuerza de nuestras convicciones, nos ven como mujeres seguras de nosotras mismas y llenas de confianza y esperanza en la vida. Observan con asombro cómo nos comportamos cuando la adversidad nos toca, y la entereza con que enfrentamos el dolor. Nos ven como mujeres triunfadoras, llenas de alegría, hábiles para sortear los desafíos cotidianos. Finalmente, saben que todo viene de Dios.

Proveamos recursos para todas esas mujeres que, aun cuando viven vidas ajenas a los principios de Dios, están dispuestas a ser llamadas «raras», a convertirse en mujeres especiales. Las que viven insatisfechas en medio de la frivolidad mundanal, las que se han ensuciado en el fango de los caminos oscuros y desean ser limpias y vestirse de pureza. Aquellas que han deshecho su vida en pos de los placeres mundanos, y al hacer balance se han encontrado con un saldo negativo, escrito con amargura y sufrimiento.

Este día, demos gracias a Dios por haber sido alcanzadas por el evangelio y porque eso nos permite ser mujeres de altas calificaciones. Esto es un don de Dios, un regalo inmerecido que debemos disfrutar cada día.

¿Concuerdan tus palabras con tus actos?

Que los creyentes vean en ti un ejemplo a seguir en la manera de hablar,
en la conducta, y en amor, fe y pureza.
1 Timoteo 4: 12

Cuando estaba realizando mi práctica docente recibí la supervisión de una profesora que tenía muchos años de experiencia en la actividad pedagógica. Recuerdo que cuando yo estaba frente a mi grupo de niños impartiendo mi clase, ella me miraba con ojos de censura. Cuando terminé la clase, su crítica a mi trabajo fue bastante dura y desconsiderada. Sin embargo, escuché en silencio todas sus observaciones y, aunque reconocí que algunas estaban fuera de lugar, no la contradije. Al terminar, le solicité que me permitiera ir como observadora a una de sus clases para aprender de ella, a lo que respondió muy sorprendida con un «¡No!».

A veces resulta fácil decir a los demás lo que deben hacer, pero las cosas se complican cuando tenemos que demostrar cómo hacerlo. Cualquiera puede hablar y dar indicaciones, pero decir: «Imítenme a mí, hagan lo mismo que yo», no es tan sencillo. Para hablar de esa manera, una debe de estar segura de que es un buen modelo a imitar, porque ella misma ha imitado al mejor modelo que existe.

Me asombra la actitud del apóstol Pablo, cuando al escribir a los hermanos de la iglesia de Filipo, dijo: «Hermanos, sigan todos mi ejemplo» (Fil. 3: 17). ¿Te parece arrogante? En otro momento expresó palabras semejantes, en su Epístola a los corintios: «Imítenme a mí, como yo imito a Cristo» (1 Cor. 11: 1).

Esta segunda expresión me anima y me alienta. Pablo no hablaba con arrogancia ni con prepotencia, hablaba con autoridad porque era un fiel imitador de Jesucristo. Él estaba muy seguro de que el Señor lo había transformado, y sabía que todo cristiano ha de aspirar a ese mismo tipo de transformación.

Nosotras somos mujeres que vamos dejando huellas a las que vienen detrás, y deberíamos, sin arrogancia, poder decir: «Imítenme a mí». Cuando hay armonía entre lo que decimos y lo que hacemos, ejercemos una influencia positiva y poderosa sobre los demás. Cuando solamente hablamos pero no ponemos en práctica diariamente lo que decimos, somos un «fraude» para todos los que nos observan, empezando por quienes comparten nuestro hogar.

Hoy es un día lleno de oportunidades y desafíos. Cerciórate de que lo que digas esté de acuerdo con lo que hagas.

Nadie está descalificado

Querido hermano, no imites lo malo sino lo bueno.
El que hace lo bueno es de Dios; el que hace lo malo no ha visto a Dios.
3 Juan 11

Ayer estábamos hablando de la responsabilidad que tenemos de ser mujeres ejemplares, para que quienes nos observan puedan atisbar el carácter de Jesús a través de nuestro propio carácter. La única manera de lograrlo es permitir que la vida de Cristo fluya a través de la nuestra, aunque sea imperfecta y pecaminosa. Ninguna mujer debe negarse a sí misma este privilegio, aunque piense que no es merecedora de tan gran bondad por parte de Dios.

Ninguna mujer está descalificada, aunque haya dado pasos en la vida que la hayan llevado por caminos lejanos y tortuosos. El amor de Cristo por nosotras es tan fuerte y poderoso que nos puede alcanzar dondequiera que nos encontremos. Y su perdón es tan grande que supera nuestros propios conceptos de perdón.

La mujer adúltera recibió el perdón y razones nuevas para vivir cuando la mano de Dios no se alzó para lapidarla, sino que con inmensa ternura la acogió y la trató con misericordia, con dulces y sencillas palabras: «Tampoco yo te condeno. Ahora vete, y no vuelvas a pecar» (Juan 8: 11).

La búsqueda de la mujer samaritana era sincera. Se sentía miserable y era consciente de que todos la despreciaban. Anhelaba una vida mejor y Jesús lo sabía, por eso propició un encuentro con ella (Juan 4: 6). El corazón sediento y el alma vacía de aquella mujer fueron los depósitos que el Maestro llenó con su perdón y su gracia.

La infelicidad que nos pueden acarrear nuestras malas acciones, el desprecio que podemos llegar a sentir hacia nosotras mismas, pueden hacernos creer que nunca llegaremos a ser modelos de conducta para los demás. Y esto puede ser cierto desde la perspectiva humana, pero no desde la perspectiva de Dios. Es bueno recordar que él nos ve como lo que podríamos llegar a ser si cambiáramos nuestro estilo de vida, y ese es nuestro desafío. ¿Demasiado complicado?

Si en este día comienzas a caminar con Cristo, empezarás a cambiar, y entonces podrás decir con propiedad: «Imítenme a mí, como yo imito a Cristo».

Alégrate siempre

El corazón alegre se refleja en el rostro.
Proverbios 15: 13

El gozo parece ser un privilegio de pocas y un anhelo de muchas. La búsqueda de la felicidad ha llevado a muchas mujeres por intrincados caminos. Sin embargo, parece estar cada día más lejos, pues cada vez son más las mujeres que viven prisioneras de las demandas y preocupaciones que la vida moderna les exige. Lo más preocupante de esto es que, tanto el gozo como la desdicha, son emociones contagiosas, y todas las mujeres, por nuestro gran poder de influencia, somos responsables del gozo o la miseria que se genera dentro de nuestro hogar.

Dios nos asegura que «el corazón alegre se refleja en el rostro». Esto quiere decir que la alegría es una emoción que se genera en nuestro interior y se manifiesta en el exterior. Lo cual significa que para generar gozo genuino, es necesario liberar la mente de pensamientos esclavizantes, como son los complejos, la culpa, los miedos, los pecados sin confesar y las tendencias al mal. Es necesario y también posible, porque así nos lo ha prometido nuestro Dios: «Pon en manos del Señor todas tus obras, y tus proyectos se cumplirán» (Prov. 16: 3).

Cuidar los pensamientos y encomendarlos a Dios debiera ser nuestro compromiso cotidiano. Lo demás es obra del Espíritu Santo, que trabajará produciendo en nosotras «el querer como el hacer» (Fil. 2: 13).

A continuación presento algunas pautas que te ayudarán a ser una generadora de felicidad dondequiera que te encuentres:

- Desarrolla una relación correcta con Dios.
- Piensa bien de ti misma.
- Piensa bien de los demás.
- Haz de cada bendición una celebración.
- Todos los días traen algo bueno, ¡descúbrelo!
- Deja que tu mente encuentre los placeres sencillos de la vida.
- Introduce en tu rutina diaria cambios que te llenen de entusiasmo.
- Camina hacia adelante en los días de sol y también en los nublados.

Si en este día hay algo que te cause angustia, haz tuyo el pensamiento del salmista: «¿Por qué voy a inquietarme? ¿Por qué me voy a angustiar? En Dios pondré mi esperanza y todavía lo alabaré. ¡Él es mi Salvador y mi Dios!» (Sal. 42: 5).

Una tarea extraordinaria
para personas ordinarias

Dios escogió lo insensato del mundo para avergonzar a los sabios,
y escogió lo débil del mundo para avergonzar a los poderosos.
También escogió Dios lo más bajo y despreciado,
y lo que no es nada, para anular lo que es,
a fin de que en su presencia nadie pueda jactarse.
1 Corintios 1: 27-29

Dios nos llama a participar en su gran obra. Podríamos pensar que para colaborar en ella, necesitamos cualidades muy especiales, pero lo cierto es que no es así. Lo único que el Señor espera es que tengamos un gran sentido de compromiso y responsabilidad. Hay mucha evidencia en la Palabra de Dios que lo confirma.

Una mujer sencilla pero consagrada pudo criar a dos grandes líderes como lo fueron Moisés y Aarón. Fue Ester, una humilde huérfana, la que conmovió el corazón del rey para librar al pueblo de Dios de la destrucción. Solamente con una aguja y unos cuantos carretes de hilo, Dorcas desarrolló un ministerio de bondad que inmortalizó su recuerdo.

Nosotras, las mujeres de Dios, las que estamos al frente de nuestros hogares y criamos hijos, inculcamos valores, conducimos a nuestra familia y luchamos por nuestros matrimonios, somos a las que él llama virtuosas y dichosas. En este mundo sofisticado no pensemos que nuestra obra es de poco valor. Todavía se necesitan manos amorosas para mecer la cuna. Aún son necesarios los brazos abiertos de una mujer para cobijar en ellos a un hijo que sufre, a un esposo cansado. Con toda seguridad Dios escucha y responde cuando la voz de una madre se alza en medio de la angustia implorando protección para su familia.

Jamás pensemos que Dios menosprecia acciones como las que acabo de mencionar. No creamos que para que se nos considere «grandes mujeres» es necesario realizar cosas que están fuera de nuestra naturaleza femenina. La personalidad sencilla de una mujer de Cristo, bondadosa, amorosa y tierna, es mucho más valiosa que las piedras preciosas.

Amiga, Dios está a la puerta de tu corazón y te llama a unirte al ministerio de bondad. Si hoy tienes que derramar lágrimas, haz que estas sean de compasión. Si has de tocar a tu hijo, que tu toque sea sanador; si vas a hablar con tu esposo, que sea con palabras que refuercen el amor y demuestren admiración.

Esta es una obra extraordinaria que podemos hacer mujeres sencillas como tú y como yo si permitimos que Dios nos use.

Doña perfecta

¡Anda, come tu pan con alegría! [...] Que sean siempre blancos tus vestidos,
y que no falte nunca el perfume en tus cabellos. [...]
Y todo lo que te venga a la mano, hazlo con todo empeño.
Eclesiastés 9: 7-8, 10

Hoy quiero presentarte a «Doña perfecta». Es una dama que siempre tiene dolor de espalda, causado por la tensión muscular que va acumulando día tras día. A menudo le dicen que padece gastritis, y sus frecuentes e intensos dolores de cabeza la catalogan como «mujer migrañosa». «Doña perfecta» se exige a sí misma más de lo que realmente puede hacer, y también exige a los demás en grado sumo.

A «Doña perfecta» podemos encontrarla en todo tipo de familias, de todos los niveles socioeconómicos y culturales. Las hay rubias y morenas, altas y bajas, delgadas y robustas. Emergen del lugar menos pensado: la casa, la oficina, la escuela, etcétera. Puede ser madre, esposa, hermana, suegra o nuera.

La podrás reconocer porque siempre lleva prisa; por alguna razón el tiempo le resulta insuficiente. Muy rara vez está satisfecha con lo que hace. Si no termina una tarea en el tiempo previsto, entra en un estado de desesperación que le impide descansar y dormir adecuadamente.

Critica lo que hacen los demás, y cuando es madre, puede llegar a exigir cosas absurdas a sus hijos, y así les pisotea su individualidad. La esposa «Doña perfecta» nunca está satisfecha con los esfuerzos de su esposo por complacerla. ¡Exigirá cada vez más y más!

Como trabajadora es virtualmente incansable hasta que llega a la fatiga extrema, y en ese estado acusa a los demás de ser negligentes e incapaces. Disfruta poco de los placeres sencillos de la vida. Las sanas recreaciones son para ella una pérdida de tiempo, y considera a los que las disfrutan como holgazanes y negligentes. Así que sus hijos la evitan, los compañeros de trabajo la rehúyen, el esposo apenas la soporta, y las amigas la abandonan.

Amiga, movámonos con sabiduría en el ajetreo de la vida. Dios, que es perfecto, únicamente nos pide que seamos diligentes en todo lo que hagamos. Jamás nos pedirá que hagamos algo que esté fuera de nuestra capacidad. Hoy, al pedir algo a tus hijos, a tu esposo, a tus amigas, respeta sus individualidades y su libre albedrío, así como Dios te respeta a ti enteramente.

El premio mayor es para todos

Sigo avanzando hacia la meta para ganar el premio que Dios ofrece mediante su llamamiento celestial en Cristo Jesús.
Filipenses 3: 14

Los sorteos, las loterías y la rifas suelen ser muy atractivos para muchas personas. Hacerse rico de la noche a la mañana es el sueño de todos los que «tiran» frecuentemente dinero al comprar un boleto con un número que creen cambiará su suerte. Esta práctica puede transformarse en un hábito y a la larga en un vicio, una adicción, si no se le pone un freno a tiempo. Sin embargo, las personas que administran este gran negocio saben que las probabilidades de ganar un premio en rifas y loterías son muy, pero que muy remotas. Por eso el negocio se mantiene floreciente.

Un billete de lotería es la esperanza de los que desean obtener riquezas sin esfuerzo ni trabajo. Es para los que anhelan conseguir bienes sin que les cueste nada; para aquellos que quieren tener ganancias sin hacer inversiones. Quieren llegar a ricos con mentalidad de pobres, sin formación de carácter y sin madurez.

La remota posibilidad de obtener bienes fácilmente contrasta con el premio mayor que aguarda a todos los hijos de Dios. Esta hermosa verdad es la que hizo exclamar a Pablo: «Por lo demás me espera la corona de justicia que el Señor, el juez justo, me otorgará en aquel día; y no solo a mí, sino también a todos los que con amor hayan esperado su venida» (2 Tim. 4: 8).

Hermana, ¡el premio ya es nuestro! Dios lo hizo posible cuando envió a su Hijo a morir por cada uno de los seres humanos. El costo fue pagado con la sangre preciosa de Cristo Jesús. La parte que nos toca cumplir es sencilla: «Fijemos la mirada en Jesús, el iniciador y perfeccionador de nuestra fe» (Heb. 12: 2).

Comprometámonos con Dios y con nosotras mismas a invertir sabiamente nuestra vida en obras de bien y de bondad. Utilicemos nuestros recursos financieros, físicos, emocionales y espirituales para servir a Dios y a nuestro prójimo, y seguramente seremos poseedoras del premio mayor que el Juez justo nos dará el día de su venida a todos sus hijos y todas sus hijas fieles.

¿A quién seguir?

Ruega para que el Señor tu Dios nos indique el camino que debemos seguir, y lo que debemos hacer.
Jeremías 42: 3

Encontrarse en un lugar desconocido, y además no saber a dónde ir, es una circunstancia que he vivido varias veces con mucha incomodidad. Si preguntas a alguien la dirección, los bien intencionados te darán indicaciones aunque desconozcan cómo llegar al lugar al que deseas ir. Otros te asegurarán que vas en la ruta correcta, en tanto que no faltará quien te asegure que vas por el camino equivocado. Qué gratificante es encontrar a alguien que conoce el lugar y además se ofrece para conducirte a tu destino.

Son tantas las personas que han perdido la ruta de la vida... Viven una existencia sin propósito, siguiendo a los demás; y son tantas las voces que se levantan indicando la dirección, supuestamente correcta, que la existencia puede volverse un caos.

¿A quién seguir? ¿A los que se proclaman dirigentes desde los púlpitos? ¿A los que en pos de «novedosas» filosofías creen sinceramente tener la verdad absoluta? ¿O a las voces que claman desde una plataforma y, según ellas mismas dicen, poseen el derecho a decir a los demás cómo vivir? En las palabras del apóstol Juan encontramos una declaración que viene muy bien al caso: «Queridos hermanos, no crean a cualquiera que pretenda estar inspirado por el Espíritu, sino sométanlo a prueba para ver si es de Dios» (1 Juan 4: 1).

Querida hermana, tú que ejerces un poderoso liderazgo en tu familia y con otras mujeres que buscan en ti a alguien a quien seguir, has de estar segura de que Cristo Jesús va delante de ti marcando la senda de tu vida.

Es necesario que este día, antes de iniciar tus labores cotidianas, te preguntes: «¿Refleja mi vida la vida de Cristo? ¿Soy digna del liderazgo que Dios ha depositado en mí? ¿Me ha dado Dios la autoridad para decir a los demás "Hagan lo mismo que yo"? ¿El Espíritu de Dios es quien motiva mis acciones?».

Si tus respuestas a estas preguntas han sido afirmativas, alaba al Señor y asume tu liderazgo sin temor, pues él está contigo. Si, por el contrario, tus respuestas han sido negativas, escucha la voz de Dios que te dice: «Yo te instruiré, yo te mostraré el camino que debes seguir; yo te daré consejos y velaré por ti» (Sal. 32: 8).

¿Más importante que Dios?

¡Cuidado! No se dejen seducir. No se descarríen ni adoren a otros dioses, ni se inclinen ante ellos.
Deuteronomio 11: 16

Hace algunas décadas John Lennon, líder de la reconocida banda de música *pop Los Beatles*, aseguró durante una conferencia de prensa que era más famoso que Jesucristo. Tal declaración surgió, seguramente, de la influencia que ejerció sobre su mente el hecho de ver cómo miles y miles de jóvenes estaban dispuestos casi a morir por él. Sus canciones las tarareaban millones de chicos y chicas en todo el mundo; el estilo de vestir y peinarse de Lennon y sus compañeros llegaron a ser ley para los adolescentes que vivieron en aquella época, y su desfachatez para vivir en medio de adicciones pasó a ser parte del estilo de vida de muchos, especialmente los más jóvenes.

Es posible que esto nos parezca descabellado e irreverente, y lo es; pero lo que me parece más insólito aún es el hecho de que hoy todavía miles de seres humanos continúan colocando a sus dioses sobre el único Dios verdadero, Cristo Jesús.

Esto revela a todas luces la superficialidad que los seres humanos hemos dado a nuestra relación con lo supremo, lo divino y lo sagrado, todos ellos atributos de Dios. Con cuánta facilidad deponemos nuestra adoración a Dios para caer rendidos a los pies de dioses ajenos. El dinero, la moda, la música, la comida, el esposo o la esposa, el trabajo, las diversiones, los negocios turbios, son algunas cosas que solemos poner antes que a Dios. Para casos como esos, la Biblia dice: «Si llegas a olvidar al Señor tu Dios, y sigues a otros dioses para adorarlos e inclinarte ante ellos, testifico hoy en contra tuya que ciertamente serás destruido» (Deut. 8: 19).

Una buena pregunta para comenzar este día sería: «¿Es Dios supremo y soberano en mi vida?». También conviene preguntarse: «¿A cuánto estoy dispuesta a renunciar por ir en pos de mi Señor? ¿Mis pensamientos y mis palabras honran a Dios? ¿Me deleito en su compañía cada vez que me inclino ante su majestad en oración? ¿Estoy agradecida por el sacrificio de Jesús en la cruz del Calvario, garantía de mi salvación?».

Amiga, si hay otros dioses en tu vida, sácalos, deséchalos, elimínalos, destrúyelos y entroniza a Cristo. No hay placer más grande que ser su súbdito. ¡Compruébalo!

¿Por quiénes murió Cristo?

Hermanos míos, la fe que tienen en nuestro glorioso Señor Jesucristo no debe dar lugar a favoritismos.
Santiago 2: 1

Nunca hemos sido, ni somos, ni seremos merecedoras del maravilloso milagro de la cruz. No existe la más remota posibilidad que nos lleve a pensar con razón que Dios nos ofrece salvación y redención porque somos buenas. ¡No! ¡No la hay!

Los seres humanos hemos sido liberados de la muerte eterna gracias a un acto de amor infinito de Dios, que asumió nuestro pecado en nuestro favor y por tanto sufrió sus consecuencias en su propia carne. En la Biblia leemos: «Porque por gracia ustedes han sido salvos mediante la fe; esto no procede de ustedes, sino que es el regalo de Dios» (Efe. 2: 8).

¡Maravilloso regalo de Dios! Para todos sus hijos y todas sus hijas, todos aquellos que pisamos la tierra sin importar el color de nuestra piel, nuestra situación financiera o cultural; tampoco son válidas referencias sociales, ni un apellido de abolengo, menos aún un montón de papeles que testifiquen que alguien ha llegado a la cumbre del desarrollo intelectual. En otras palabras, salvación para todos los que acepten por fe el sacrificio de Jesús en su favor.

Si Dios no hace distinción de personas, ¿por qué nosotros sí? ¿Qué espíritu es el que nos lleva a pensar que cierto color de piel, o una buena posición financiera holgada, o el reconocimiento social por nuestros logros, ponen a ciertas personas en un nivel superior con respecto a otras?

Conocí a una dama que consideraba que ciertos lugares deberían estar reservados para la «gente bien» (como ella la llamaba), y que jamás deberían rozarse con el «populacho» (otra de sus expresiones para referirse a personas sencillas), sin tomar en cuenta que la cruz de Cristo nos pone a todos sin excepción en un plano de igualdad: «Pues todos han pecado y están privados de la gloria de Dios» (Rom. 3: 23). Es posible que muchas de nosotras alberguemos en nuestro interior la misma idea y suframos en la compañía de personas que carecen de todo.

Si ese es tu caso, es necesario que te bajes del pedestal de la arrogancia y, con humildad santificada, te inclines ante Dios pidiendo perdón, y acerques intencionalmente a tu corazón a todos los que ignoras, pensando que no valen nada.

El silencio que consuela

¡Si tan solo se callaran la boca! Eso, en ustedes, ¡ya sería sabiduría! […]
¿Se atreverán a mentir en nombre de Dios?
¿Argumentarán en su favor con engaños?
Job 13: 5, 7

Las personas que alguna vez hemos tenido que estar cerca de alguien que sufre sabemos cuán difícil es encontrar las palabras adecuadas y pronunciarlas en el momento más indicado. Deseamos consolar, dar apoyo y compañía, pero no sabemos cómo, y nos sentimos mal si permanecemos calladas.

Sin embargo, gracias al testimonio de algunas personas que han pasado por situaciones difíciles, sabemos que el silencio suele traer mucho consuelo. Un toque cariñoso, un abrazo sincero, una mirada compasiva, un acercamiento sin palabras, suelen ser curativos, y preferibles a un discurso vacío o aprendido de memoria para la ocasión. Simplemente estar, dar amor, es lo que necesita de nuestra parte toda persona que sufre.

Hay muchas personas en nuestro entorno que necesitan eso, solamente eso, exactamente eso, y cuesta tan poco darlo... Los discursos, los consejos, los sermones, a veces están fuera de lugar cuando nos encontramos con alguien que sufre intensamente. La empatía es lo que marca la diferencia.

El conflicto entre el silencio y las palabras comienza cuando creemos que la persona que sufre espera oír algo por nuestra parte, cuando lo que en realidad necesita es sentir nuestra presencia y comprensión. Sentir el acercamiento, la empatía, el apoyo y la ayuda de las personas amigas frente a su aflicción. Sentir, a través de nuestra presencia, que Dios está presente y que, las circunstancias que atraviesa, no son indicativo de que el Señor las ha abandonado.

Dios quiere que nosotras, sus hijas, seamos portadoras de consuelo en medio de un mundo lleno de dolor y de angustia. El calor de una amiga es vital para toda mujer que tiene el corazón frío y quebrantado; el acercamiento de una madre a su hija rompe la brecha que puede haber entre ellas; el abrazo tierno de una hija a su madre le provee aceptación y seguridad; el contacto físico afectuoso de una esposa brinda a su esposo nuevas fuerzas y valor frente a la crisis.

Amiga, ¡no tengamos miedo de callar! El silencio respetuoso y solidario frente a alguien que sufre provee salud. La próxima vez que te encuentres frente a una persona que sufre, guarda tus palabras vacías y deja que sea tu presencia la que le dé consuelo.

Ser amiga de verdad

Y este es mi mandamiento: que se amen los unos a los otros,
como yo los he amado. Nadie tiene amor más grande que el dar la vida
por sus amigos. Ustedes son mis amigos si hacen lo que yo les mando.
Juan 15: 12-14

Siempre pensamos que las relaciones consanguíneas son las más fuertes, como la que tenemos con nuestros padres, hijos, hermanos, abuelos, tíos, primos, etcétera. Sin embargo, en la Biblia encontramos una declaración que afirma que esto no siempre es así: «Hay amigos que llevan a la ruina, y hay amigos más fieles que un hermano» (Prov. 18: 24).

Tener amigos es una necesidad que debe ser satisfecha para poder gozar de salud mental. Quien intente vivir aislado seguramente se enfermará. Los amigos son la luz que se enciende cuando caminamos en la oscuridad, los que llenan los espacios vacíos del alma. Son la mano que se extiende para levantarnos cuando hemos caído, son como el motor que nos empuja cuando caemos presas del desánimo.

Jesús, que es nuestro mejor amigo, nos anima a consolidar relaciones de amistad con nuestros semejantes, y con su vida nos dejó el ejemplo de las actitudes que debemos desarrollar si deseamos tener amistades profundas y duraderas:

- Dejar el egoísmo y pensar en las necesidades de nuestros amigos.
- Acompañarlos en los momentos de dolor.
- Prestarles toda nuestra atención cuando nos cuenten sus problemas.
- Alegrarnos de sus triunfos.
- No solapar sus errores.
- Saber escuchar.
- Reír y llorar cuando ellos rían y lloren.
- Respetar su individualidad.
- Demostrar que nos interesan sus planes.
- Recordar las fechas que son importantes en sus vidas.
- Ponerlos todos los días en las manos de Dios por medio de la oración.

Da gracias a Dios hoy por las amigas que tienes. Valóralas como Cristo te valora a ti, una criatura que el Señor ama y que por lo tanto es merecedora de respeto y amor incondicional.

Cortesía y evangelio

Tan compasivo es el Señor con los que le temen como lo es un padre con sus hijos.
Él conoce nuestra condición; sabe que somos de barro. El hombre es como la hierba,
sus días florecen como la flor del campo: sacudida por el viento,
desaparece sin dejar rastro alguno.
Salmo 103: 13-16

Las mujeres cristianas deberíamos ser las personas más corteses que existen. El evangelio práctico debe llevarnos a ser amables, consideradas, generosas y respetuosas con los demás, y esto conlleva respetar también sus ideas y su filosofía de vida, aunque no estemos de acuerdo con ellas. No tolerar, sino respetar.

Discrepar con alguien no nos da derecho a ser insolentes e irrespetuosas. La mujer cristiana representa a su maestro Cristo Jesús mediante una actitud compasiva y empática con los que están en el error y piensan de forma diferente a ellas. Esto no significa que debemos faltar a nuestro compromiso con Dios, ni tampoco que debemos aceptar nada que sea contrario a su voluntad.

La reina Ester, respetuosa de las costumbres de un país que no era el suyo, al presentarse ante el rey, como una muestra de respeto, esperó hasta que él le hubiera extendido su cetro, señal de que la escucharía. No actuó con agresividad ni violencia, aunque estaba dolida por el maltrato que su pueblo recibía. No impuso su presencia, aun sabiendo que era la esposa favorita de Asuero. Fue prudente y recatada, sabia y cautelosa, e hizo posible que la pena de muerte que pendía sobre su pueblo fuera revocada (Est. 5).

Las almas que llevemos a Cristo, posiblemente las vamos a encontrar en los lugares más insólitos y con las ideas más extrañas. A pesar de ello, tenemos que ser de lo más respetuosas. No hemos de discutir, debatir, ni sufrir arrebatos de violencia; el mejor método es mostrarles el amor de Dios.

Podemos ser leales a Dios y a su doctrina sin pelear. Hablemos de sus enseñanzas sin despreciar el estilo de vida de los demás. Que nuestro celo por Cristo no emane de un egoísmo personal, sino más bien del sincero interés por ganar almas para el reino de los cielos.

Permitamos que la gente se acerque a nosotros, como nosotros nos acercamos a Dios: «Así que acerquémonos confiadamente al trono de la gracia para recibir misericordia y hallar la gracia que nos ayude en el momento que más la necesitemos» (Heb. 4: 16).

En las manos del alfarero

Porque somos hechura de Dios, creados en Cristo Jesús para buenas obras,
las cuales Dios dispuso de antemano a fin de que las pongamos en práctica.
Efesios 2: 10

Observar cómo el artesano toma la arcilla tosca entre sus manos hasta transformarla en una pieza de arte es algo extraordinario. Con el pie en la rueda y las manos en la arcilla sin forma, el artesano trata de lograr una obra perfecta, plasmando en ella su deseo de expresarse. Cuando no lo consigue, detiene la rueda y, con suaves apretones, deshace lo que había hecho, y vuelve a comenzar.

El artesano ama su trabajo y se implica en él. No solamente usa sus manos y sus pies, también pone todo el corazón, fija sus ojos en la obra sin distracciones. Pone todo su esfuerzo y dedicación, y cuando la vasija está terminada, muestra a todos su alegría por lo que ha logrado.

El relato bíblico describe la obra de un alfarero con las palabras siguientes: «Entonces bajé a la casa del alfarero, y lo encontré trabajando en el torno. Pero la vasija que estaba modelando se le deshizo en las manos; así que volvió a hacer otra vasija, hasta que le pareció que le había quedado bien» (Jer. 18: 3-4). Nosotros los seres humanos nacimos del barro que Dios tomó y modeló a su imagen y semejanza. La obra del Alfarero divino fue perfecta, sin tacha, como quedó registrado en su Palabra: «Dios miró todo lo que había hecho, y consideró que era muy bueno» (Gén. 1: 31).

¿Te das cuenta? ¡Tú eres fruto de las manos de Dios! Él te moldeó para que fueras perfecta, digna representante de su arte. No obstante, por culpa del pecado, la obra perfecta del gran Alfarero se desvirtuó. La buena noticia es que Dios está dispuesto a desechar el molde viejo para implantar en tu vida un molde nuevo. Él promete hacerlo con sus manos, fijar sus ojos en ti para no descuidar ningún detalle. Te promete una restauración total. Su promesa es: «Por lo tanto, si alguno está en Cristo, es una nueva creación. ¡Lo viejo ha pasado, ha llegado ya lo nuevo!» (2 Cor. 5: 17). Permitiendo que Cristo more en nuestro corazón vamos siendo moldeadas de acuerdo al criterio perfecto de Dios.

¡Lo viejo ha pasado! Malas acciones, malos hábitos, pecados sin confesar, compromisos sutiles con el mal, palabras vanas, vicios... Todas estas imperfecciones serán eliminadas con el toque de Jesús a su más amada obra, que eres tú.

Hazlo a tiempo

Así que tengan cuidado de su manera de vivir. No vivan como necios sino como sabios, aprovechando al máximo cada momento oportuno, porque los días son malos.
Efesios 5: 15-16

Hay un dicho popular que reza: «No dejes para mañana lo que puedes hacer hoy». Esta es una sugerencia muy válida, y la aplicamos a nuestros quehaceres cotidianos. Pero toma otra dimensión cuando la aplicamos a nuestras relaciones. Cuando dejamos que el tiempo pase sin que reparemos nuestras relaciones rotas, cuando postergamos el momento de decir a nuestros amados cuánto los necesitamos, o el tiempo se va sin pedir o dar perdón, los resultados pueden ser catastróficos.

Postergar las cosas, dejarlas para más adelante, parece ser una costumbre muy frecuente, pero no por eso deja de ser peligrosa. En la Biblia leemos: «"Si se enojan, no pequen". No dejen que el sol se ponga estando aún enojados, ni den cabida al diablo» (Efe. 4: 26-27).

Cuando salimos cada mañana de casa y estamos enojadas con alguien que es cercano a nuestro corazón, no sabemos si lo volveremos a ver. Entonces el «hoy» se torna muy importante cuando, una vez transformado en «ayer», no hicimos o dijimos lo que deberíamos haber dicho o hecho. De ese modo surgen los remordimientos, los sentimientos de culpa, la impotencia, el dolor y el arrepentimiento. El llamado de Dios a nuestro corazón dice: «Abandonen toda amargura, ira y enojo, gritos y calumnias, y toda forma de malicia. Más bien, sean bondadosos y compasivos unos con otros, y perdónense mutuamente, así como Dios los perdonó a ustedes en Cristo» (Efe. 4: 31-32).

Me dirijo a ti, esposa: ¿Tienes una deuda de amor con tu esposo que no has saldado, y que pone tu matrimonio en peligro? Me dirijo a ti, madre: ¿Has lastimado el corazón de tu hijo y por ende ahora no tienes momentos de felicidad con él? Me dirijo a ti, amiga: ¿Has roto el corazón de una amiga por una descortesía, y así te has privado de vivir una hermosa aventura de amistad?

Sea cual sea tu caso, solamente te digo: «Hazlo a tiempo». No esperes que llegue mañana y te encuentre con el alma vacía y el corazón solitario. No permitas que el frío de la indiferencia congele tu corazón hasta hacerlo morir. ¡Ama, perdona, reconcíliate pero, hazlo ya!

Las palabras no bastan

Queridos hijos, no amemos de palabra ni de labios para afuera,
sino con hechos y de verdad. En esto sabremos que somos de la verdad,
y nos sentiremos seguros delante de él: que aunque nuestro corazón
nos condene, Dios es más grande que nuestro corazón y lo sabe todo.
1 Juan 3: 18-20

La rodeé con mis brazos para que pudiera sentir mi calor. No era más que una niña y ya tenía el corazón seco. Tenía un precioso nombre de flor, y como una flor sin agua se moría debido a la falta de afecto. Su reclamo iba directo a su madre que, tras haber fracasado en su primer matrimonio, fue al segundo arrastrando con ella a su pequeña hija. Ahora vivía en la casa de su padrastro confinada a la soledad.

Me pregunto cuántos hijos, esposas, esposos, madres y padres viven así, sin nutrientes para el corazón. Tal vez tu respuesta sea: «Muchos, y tienes razón». Sin embargo, no permitas que en esos «muchos» estén incluidos tus seres amados.

Es posible que tú ames sin expresarlo mucho, que pienses que los demás lo saben, que lo dan por sentado, que no necesitas estar demostrándolo con palabras continuamente. Incluso es posible que digas un «te quiero» de vez en cuando y en ocasiones especiales, pero Dios, por medio del apóstol Juan, nos dice que esto no es suficiente. Nos exhorta a que no solamente mostremos nuestro amor con nuestras palabras, sino que nuestros actos también lo hagan evidente.

El amor en acción llega al sacrificio y a la abnegación. Así era el amor que llevó a Jesucristo a la cruz: «En esto conocemos lo que es el amor: en que Jesucristo entregó su vida por nosotros. Así también nosotros debemos entregar la vida por nuestros hermanos» (1 Juan 3: 16).

Debemos ir más allá del simple «te quiero». Criar un hijo implica desvelos y renuncias; y con ellos mostramos nuestro amor. Amar a nuestro esposo a veces significa soportar sus ausencias cuando sabemos que está ocupado buscando el bienestar de su familia; y lo llevamos con paciencia. Convivir con una suegra difícil no será tan complicado si, con compasión, la vemos sufrir porque se siente despojada de su hijo o hija que siempre pensó sería solamente de ella.

Amiga, hoy es un buen día para poner en acción el amor que tienes guardado en tu corazón. ¡Entrégalo, repártelo, vívelo, demuéstralo, y los mejores beneficios los recibirás tú!

Atrapadas en los problemas

Pero de una cosa estoy seguro: he de ver la bondad del Señor
en esta tierra de los vivientes. Pon tu esperanza en el Señor; ten valor,
cobra ánimo; ¡pon tu esperanza en el Señor!
Salmo 27: 13-14

Salió de casa por la mañana para dejar a su hija en la escuela y de ahí continuar hasta su trabajo. De pronto sintió que el automóvil se agitaba como una aparato electrónico a punto de estropearse, de un lado al otro y descontroladamente. Había perdido un neumático. En medio del tránsito, sin saber qué hacer, rozó la mejilla de su hija con el dorso de su mano y se dio cuenta de que una fiebre inesperada la tenía ardiendo. Rápidamente hizo un recuento de los hechos: no dejaría a su niña en la escuela, tendría que faltar al trabajo, llamar a la grúa para que moviera el auto y llevar a la niña al médico. ¡Uf! Era un día fatal. Entonces inclinó su cabeza sobre el volante, y en medio del llanto de la niña y el ruido ensordecedor de los vehículos, le dijo a Cristo en una exclamación desesperada: «¡Jesús, por favor, ayúdame, me siento atrapada!».

¿Te has sentido así alguna vez? Casi puedo escuchar tu respuesta: «¡Sí, más de una!». Las amas de casa, madres y esposas, con frecuencia vivimos situaciones similares. Es parte del precio que pagamos por vivir en este planeta y también por el hecho de haber asumido voluntariamente estas responsabilidades.

¡Pero no nos quejemos! Qué consolador es saber que, en medio de los trajines cotidianos, Dios se ofrece para ser nuestro acompañante. No nos ha dejado solas. Además, él conoce nuestra naturaleza y está listo para fortalecer la parte débil de la personalidad de cada quien. ¿No es maravilloso? Su promesa es: «Les aseguro que estaré con ustedes siempre, hasta el fin del mundo» (Mat. 28: 20).

No importa quién eres ni a qué te dedicas, la promesa es para ti. Si eres adolescente, madre joven, mujer en la madurez de la vida, o abuela; si en algún momento llegas a pensar que la vida te ha puesto entre la espada y la pared y te sientes atrapada, no te desesperes. ¡Confía en Dios, tómate de su mano, respira profundamente y avanza!

Experiencia y crecimiento

Más bien, crezcan en la gracia y en el conocimiento de nuestro Señor
y Salvador Jesucristo. ¡A él sea la gloria ahora y para siempre!
2 Pedro 3: 18

Pensemos en la vida como una cadena. Los eslabones que la forman son las experiencias que vivimos cotidianamente. Estas pueden ser buenas o malas, positivas o negativas, dependiendo no tanto de los sucesos en sí mismos, sino de la manera en que respondamos a ellas. Sin embargo, todas sin excepción pueden llegar a ser una fuente de crecimiento y desarrollo personal. La actitud individual y la confianza en Dios son los elementos que determinarán el efecto de las experiencias en la vida de cada persona.

Las exigencias de la vida moderna son muchas y nos llevan a vivir experiencias de todo tipo. Dos individuos frente a la misma circunstancia pueden presentar una conducta bien diferente. Uno puede percibirla como un desafío a su crecimiento personal, y por tanto verla como algo positivo en su vida; mientras que el otro puede sentir que constituye una amenaza a su desarrollo.

En la Biblia encontramos la expresión de un hombre que, frente a la adversidad, exclamó: «¡Ya estoy harto de esta vida! Por eso doy rienda suelta a mi queja; desahogo la amargura de mi alma» (Job 10: 1). Por otro lado el salmista, frente a una experiencia adversa, exclamó: «Aunque diga: "Me encuentro muy afligido", sigo creyendo en Dios» (Sal. 116: 10).

Con toda certeza en este día te enfrentarás a nuevas experiencias; las circunstancias podrán no siempre ser favorables, pero a pesar de ello puedes salir enriquecida. Encontrarás fortaleza en la medida en que aprendas a hallar descanso en Dios y a confiar en sus promesas. Si, por el contrario, el día de hoy te trae grandes o pequeñas alegrías, gózate y agradece al Señor por sus bondades.

Únete al pensamiento de la escritora Sheryl L. Roush cuando dijo: «Tener fe en que hay una fuente más grande que yo, con la que soy una, me da el poder para enfrentar todos los contratiempos en mi vida. Y no cambiaría ninguno de esos acontecimientos debido al carácter que desarrollé. ¡Dios está siempre actuando en mi vida! ¡Elijo caminar cada instante con él!».

¿Qué haces con tus deficiencias?

¡Sé fuerte y valiente, y pon manos a la obra! No tengas miedo ni te desanimes,
porque Dios el Señor, mi Dios, estará contigo. No te dejará ni te abandonará.
1 Crónicas 28: 20

Cuando Dios nos creó no había ningún defecto en nosotras. Nuestras facultades físicas, tanto como las mentales, eran perfectas. El deterioro de nuestra naturaleza se ha ido produciendo con el paso del tiempo, como resultado directo del pecado arrastrado a lo largo de la historia. Por consiguiente, todos los seres humanos, sin excepción, tenemos que aprender a vivir con debilidades y deficiencias. Esto no significa que debamos resignarnos y desarrollar una actitud pasiva. «Aprender a vivir» quiere decir que aceptemos el hecho de que no somos perfectos y tomemos decisiones y acciones concretas para cambiar lo que puede ser modificado.

Los expertos en alguna rama del saber llegan a serlo por dos razones. La primera tiene que ver con sus habilidades y capacidades heredadas, las cuales les facilitan hacer ciertas cosas casi de manera natural. La segunda razón por la cual algunos llegan a ser especialistas en algo tiene que ver con su firme determinación de superar las deficiencias. Si a esto se añaden el trabajo incesante, el esfuerzo y la tenacidad, se puede llegar a la cumbre del éxito en la especialidad que uno haya elegido.

Hoy es un buen día para que te analices a ti misma y tomes acciones concretas para mejorar lo que pueda ser mejorado en tu vida o en tu personalidad. Si lo haces, aumentará tu autoestima y descubrirás que, con la ayuda de Dios, todas las cosas son posibles. Solamente «¡sé fuerte y valiente! ¡No tengas miedo ni te desanimes! Porque el Señor tu Dios te acompañará dondequiera que vayas» Josué 1: 9.

Los límites de tu vida los pones tú, y al hacerlo también pones límite a lo que Dios puede hacer por ti y en ti. Ábrete a nuevas cosas, mira más allá de tu horizonte. No pienses que ya no tienes tiempo, o no tienes edad para enfrentar nuevos desafíos, y mucho menos te demerites a ti misma dudando de tu capacidad intelectual.

Eleva en este mismo instante tus pensamientos al cielo y di con el salmista: «El Señor cumplirá en mí su propósito. Tu gran amor, Señor, perdura para siempre; ¡no abandones la obra de tus manos!» (Sal. 138: 8).

¡Hasta el límite!

Al de carácter firme lo guardarás en perfecta paz, porque en ti confía.
Confíen en el Señor para siempre, porque el Señor es una Roca eterna.
Isaías 26: 3-4

Los problemas nunca se detendrán, pero su magnitud la defines tú. Un mismo problema puede ser considerado como de «tamaño gigante» por algunos y «de tamaño miniatura» por otros.

¿Por qué algunas personas llevan las cargas de la vida sin llegar al agotamiento psicológico y espiritual, y otras en cambio caen fácilmente presa del desánimo y la angustia? ¿En qué radica la diferencia?

Con frecuencia oigo decir: «Estoy al límite». Cuando esto es así, se pierde el control de los pensamientos y de los actos; quedamos a merced de los impulsos, hacemos y decimos cosas que nunca deseamos.

Muchos aseguran que la capacidad de resistencia es una cuestión de temperamento y que, frente a esto, no hay nada que hacer. Sin embargo, la fuerza interior no solo tiene que ver con eso, sino también con los recursos generados para enfrentar las crisis de la vida. Cuando, aunada a nuestras capacidades internas, sumamos la fe en Dios y en sus promesas, podemos estar seguras de que los problemas se verán en la dimensión correcta.

La promesa de Dios se cumplirá en ti de acuerdo a la medida de tu fe. En las Sagradas escrituras leemos: «Encomienda al Señor tu camino; confía en él, y él actuará» (Sal. 37: 5).

Dejar actuar a Dios en nuestros problemas significa reconocer que él tiene mil soluciones donde nosotras no encontramos ni una sola. Quiere decir también que ni tan siquiera uno de nuestros problemas le resulta ajeno; recuerda que cuando estuvo en esta tierra fue «tentado en todo de la misma manera que nosotros» (Heb. 4: 15). Por último, dejar actuar a Dios es tener la seguridad de que el resultado siempre nos conducirá al cumplimiento del plan de Dios para nuestra vida.

Si hoy te sientes al límite a causa de los problemas que enfrentas, no busques soluciones, busca a Dios y él te dará la que más te convenga. Que tu petición esta mañana sea: «Envía tu luz y tu verdad; que ellas me guíen a tu monte santo, que me lleven al lugar donde tú habitas» (Sal. 43: 3).

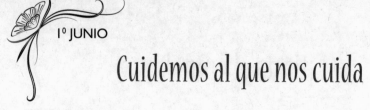

Cuidemos al que nos cuida

Acuérdense de sus dirigentes, que les comunicaron la Palabra de Dios.
Considere cuál fue el resultado de su estilo de vida, e imiten su fe.
Jesucristo es el mismo ayer y hoy y por los siglos.
Hebreos 13: 7-8

En una ocasión, nuestro pastor nos pidió que oráramos por él y por su familia al despedirse, tras concluir una visita que nos había hecho. Aquello me pareció un tanto inusual. ¿No se supone que son los pastores los que oran por sus feligreses? ¿No son las ovejas las que necesitan el cuidado y la atención especial del pastor?

Tal vez esa fue la primera vez que me dediqué a reflexionar respecto a este asunto. Los pastores no solamente necesitan que los apoyemos en los proyectos de la iglesia para que progrese, sino que también necesitan ser ministrados y apoyados por la gente de su entorno. Esto es algo que también debería preocuparnos e interesarnos a nosotros los corderos.

Las familias de los pastores constituyen en muchos casos el blanco favorito de Satanás. Dañar y destruir la misión sacerdotal del pastor en la iglesia y en su hogar parecerían ser objetivos importantes para el enemigo. ¿Los dejaremos desprotegidos?

También pueden llegar enfermedades, lágrimas y dolor al hogar de un pastor. Nadie es inmune a estos males de la vida. Y puesto que es así, los miembros de la familia del pastor necesitan un cuidado, consuelo y atención especiales. El apóstol Pablo, como ministro del Señor, expresó su necesidad de compañerismo y consuelo cuando le escribió a Timoteo, haciéndole una súplica personal: «Haz todo lo posible para venir a verme cuanto antes» (2 Tim. 4: 9). Por eso, hagamos también nosotros todo lo posible.

Seamos una fuente de paz y de bendición para la familia del pastor de nuestra iglesia. No aumentemos sus cargas mediante una actitud de hostilidad o indiferencia ante sus necesidades. No les exijamos que sean perfectos, así como nosotros no somos perfectos. Mostrémosles con palabras y actos que apreciamos su ministerio. Brindémosles nuestra amistad y compañía; muchos de ellos necesitan un brazo de apoyo en su vida personal y espiritual.

Amiga, te invito a que esta mañana, cuando eleves tus oraciones pidiendo el cuidado de Dios para ti y para tu familia, intercedas también por el pastor de tu iglesia y por su familia. No solamente te invito a que hagas esto, sino a que les confirmes tu aprecio incondicional mediante palabras de aceptación y actos de amor.

Creadas para vivir

Que el Dios de la esperanza los llene de toda alegría
y paz a ustedes que creen en él, para que rebosen
de esperanza por el poder del Espíritu Santo.
Romanos 15: 13

Una hermana de una iglesia a la que yo asistía era conocida por sus achaques y enfermedades. La llamaban «Doña Dolores», ya que siempre la oíamos hablar de todos los males que la aquejaban. Era anciana, y le quedaban pocos años de vida. Sus padecimientos le habían restado años de existencia, pero algunos, por no decir todos, eran producto de su imaginación (aunque más tarde se hicieron realidad debido al poder de la mente). Su actitud contribuyó muchísimo a su falta de salud y bienestar.

Por otro lado, tuve el privilegio de conocer a una mujer que, enferma de cáncer, era capaz de vivir en medio del dolor; y proyectaba fuerza y salud a quienes la conocíamos. Mientras estaba en su lecho de muerte, pedía a diario que le llevaran un espejo y un cepillo; luego ensayaba su mejor sonrisa y arreglaba su cabello para recibir a las visitas. Mientras algunas escuchábamos sus mensajes inspiradores con nuestros ojos humedecidos por las lágrimas, ella se mantenía erguida, planificando todos los detalles de su funeral. Lo último que nos dijo fue: «Estoy lista para ir al encuentro de mi Señor».

Aunque ya hace algún tiempo que murió, muchas de quienes la conocimos la recordamos con cariño, y procuramos mostrar la misma actitud hacia la vida que mostró ella frente a la muerte. Fue una gran maestra en el arte de saber vivir.

Amiga, no olvides que has sido creada para vivir eternamente, y que la existencia terrenal es tan solo un compás de espera para la vida que nos aguarda en el hogar eterno. Haz que tu estancia en este planeta no se cuente en años, sino más bien en plenitud. ¡Vive, vive plenamente! Valora la vida que Dios te da, tanto en la salud como en la enfermedad, en los tiempos buenos y durante la adversidad, entre risas o cuando lleguen las lágrimas, con la certeza de que no morirás para siempre, pues Cristo Jesús murió en la cruz para que tú un día despiertes en el hogar de Dios.

Hoy es un buen día para sembrar vida y para colocar una semilla de esperanza en los surcos vacíos del corazón de quienes sufren y lloran. El Señor te dice: «Hoy te doy a elegir entre la vida y la muerte, entre el bien y el mal. Hoy te ordeno que ames al Señor tu Dios, que andes en sus caminos, y que cumplas sus mandamientos, preceptos y leyes. Así vivirás y te multiplicarás, y el Señor tu Dios te bendecirá» (Deut. 30: 15-16).

La verdad absoluta sí existe

¡Ay de los que llaman a lo malo bueno y a lo bueno malo,
que tienen las tinieblas por luz y la luz por tinieblas, que tienen lo amargo
por dulce y lo dulce por amargo!
Isaías 5: 20

El relativismo es una corriente de pensamiento que afirma que no existen verdades universales válidas, ya que toda afirmación depende del contexto, o de quien haga la afirmación. El relativismo defiende que nada es verdad ni mentira, bueno ni malo, falso ni verdadero; es una posición muy próxima al escepticismo. Sus partidarios aseguran que todo es relativo y que depende de las circunstancias. En otras palabras, defiende que «todo depende del cristal con que se mire».

Actualmente impera el relativismo en todas las latitudes; como consecuencia de su influencia mucha gente afirma que todas las religiones tienen aspectos buenos y malos, y que lo mejor es aceptar la existencia de Dios sin comprometerse formalmente con la observancia de una religión en concreto. Otros se sienten tranquilos medrando bajo la premisa de que cada cual debe vivir de acuerdo con sus propios principios, valores, parámetros y códigos de conducta, sin sentir la presión de normas que se le quieren imponer desde afuera. Cada uno es su propia norma, su propio parámetro; impera el criterio personal.

Si el mundo en su totalidad se rigiera por los anteriores parámetros, se produciría un caos total en todos los ámbitos del comportamiento humano. Lo mismo sucedería si desapareciera la fuerza de gravedad, y todos y todo quedara flotando a la deriva en el vasto universo.

Demos gracias porque sabemos que la verdad absoluta está en Cristo. Una verdad maravillosa que nos da paz para vivir y nos sostiene como un ancla; de ese modo no naufragaremos cuando las tormentas de la vida nos azoten. La Palabra de Dios encierra las verdades más absolutas y desenmascara la mentira. Deja al descubierto la falsedad para que podamos ver lo verdadero.

Vivamos el día de hoy disfrutando de esta seguridad. Es posible que no conozcamos todas las verdades respecto a lo que nos ocurre, pero alegrémonos porque conocemos a aquel que es «el camino, la verdad y la vida» (Juan 14: 6). En él no solamente encontramos tranquilidad, calma y sosiego, sino al mismo tiempo sabiduría para responder a los desafíos cotidianos a la vez que tomamos decisiones correctas.

A la espera de un milagro que no llega

Atiende, Señor, a mis palabras; toma en cuenta mis gemidos.
Escucha mis súplicas, rey mío y Dios mío, porque a ti elevo mi plegaria.
Salmo 5: 1-2

Querida hermana, aunque día a día somos testigos y beneficiarias de los milagros de Dios, casi me atrevo a asegurar que toda mujer, en el fondo de su corazón, está o ha estado a la espera de un milagro especial. Precisamente de ese milagro que, en tantas ocasiones, no llega. Entonces, al borde de la desesperación, decimos como David: «¿Por qué, Señor, te mantienes distante? ¿Por qué te escondes en momentos de angustia?» (Sal. 10: 1).

Quiero decirte que esa es mi experiencia. He rogado, clamado y llorado esperando un milagro, sin que haya llegado a hacerse realidad. ¿Será que la bondad de Dios se ha cerrado para mí? ¿O será que ya ha llegado, aunque no en la forma en que yo esperaba? ¿Es tu caso parecido al mío? Si es así, permíteme compartir contigo algunas de las reflexiones que me han animado durante el tiempo de espera.

La bondad de Dios es infinita, por eso siempre nos dará lo mejor. Lo que sucede es que, muchas veces, las peticiones que le hacemos son demasiado personales y nos hacen caer en el egoísmo. Dios nos recuerda que «nuestras oraciones no han de consistir en peticiones egoístas, meramente para nuestro propio beneficio. Hemos de pedir para poder dar» (*Palabras de vida del gran Maestro*, cap. 12, p. 108).

Me tranquiliza la certeza de que Dios conoce mi vida de principio a fin, aunque en ocasiones cambia el curso de los acontecimientos pensando en mi bienestar. Eso lo hace a pesar de mi ceguera, pues sabe con certeza que no siempre estaré de acuerdo. ¡Así es la protección de Dios! Si confiamos en él, algún día podremos mirar hacia atrás y alabarlo por su gracia.

No debemos dudar del poder de Dios para contestar a nuestras oraciones o para manifestarse de manera milagrosa en nuestras vidas. Dios continuamente nos ve y nos escucha, como leemos en su Palabra: «Los ojos del Señor están sobre los justos, y sus oídos, atentos a sus oraciones» (Sal. 34: 15). El Señor, que conoce mi corazón, interpreta en su sabiduría mis emociones y sentimientos, y actúa no en función de ellos, sino de acuerdo a lo que conviene para mi salvación y la de los que amo.

Por eso, amiga, si hoy imploras para que se produzca un milagro en tu vida, ten la seguridad de que llegará en el momento y de la forma que Dios escoja. Eso debe llenarte de gratitud y de paciencia durante la espera.

¿Somos como langostas?

Sácianos de amor por la mañana, y toda nuestra vida cantaremos de alegría.
[…] Que el favor del Señor nuestro Dios esté sobre nosotros.
Salmo 90: 14, 17

Aunque todos los seres humanos somos hijos de Dios, muchos se consideran como seres insignificantes. Están convencidos de que no valen nada cuando se comparan a sí mismos con los demás, a quienes consideran superiores. Este fue el sentir de los espías de Israel que fueron a inspeccionar la tierra de Canaán antes de que el pueblo pudiera tomar posesión de ella. Se vieron a sí mismos como saltamontes y consideraron a los habitantes de aquel territorio como seres de proporciones gigantescas. Esa actitud los incapacitó para la conquista, les restó poder y fueron derrotados antes de tiempo. Por ese motivo cayeron en el desánimo. «La tierra que hemos explorado se traga a sus habitantes, y los hombres que allí vimos son enormes. […] Comparados con ellos, parecíamos langostas, y así nos veían ellos a nosotros» (Núm. 13: 32-33).

Este tipo de actitud derrotista puede tener su origen en el concepto que tenemos de nuestra persona, y determinará en gran medida nuestra relación con Dios, con nosotras mismas y con los demás.

Cuando nos sentimos inferiores por causa de nuestro origen también ponemos en duda el poder creador de Dios, y nuestra fe sufre las consecuencias. Negamos asimismo nuestras capacidades y nos convertimos en personas inseguras y llenas de temores. Por si esto fuera poco, tal complejidad mental hará que nos convirtamos en descalificadores de los demás, fruto de la envidia, y que no sepamos valorar los logros ajenos y aprender las lecciones necesarias del ejemplo de las personas con quienes nos relacionamos.

Esta es una realidad que ninguna de nosotras debería vivir. Es necesario reconocer que, a pesar de la impureza y de otros lastres que podamos haber ido recogiendo a lo largo del camino de la vida, somos hijas de Dios, y él tiene poder para limpiarnos. Una vez que hayamos realizado esto, se renovarán las expectativas que tenemos respecto a nosotras mismas; entonces podremos reconocer que hemos sido ricamente dotadas con dones, talentos y habilidades. Por supuesto, esa actitud nos permitirá establecer un ambiente social positivo en torno a nosotras, así como mejorar nuestras relaciones personales.

Amiga, esta mañana, antes de iniciar tus actividades, pide a Dios que te sacie con su amor para que puedas verte como lo que eres: una «princesa», con todos los derechos que te concede el parentesco con el Rey de reyes y Señor de señores.

Mucho llanto, poca risa

Hazme saber, Señor, el límite de mis días, y el tiempo que me queda por vivir;
hazme saber lo efímero que soy. Muy breve es la vida que me has dado;
ante ti, mis años no son nada. Un soplo nada más es el mortal,
un suspiro que se pierde entre las sombras.

Salmo 39: 4-6

Hoy es un día para alegrarnos y alabar a Dios por el maravilloso acto de expiación que Jesucristo hizo en nuestro favor en la cruz del Calvario. Gracias a ese grandioso acontecimiento que tuvo lugar hace más de dos mil años, nosotras, así como todo creyente de todas las edades, podemos aspirar a la vida eterna. ¿Podría haber acaso mayor alegría que esta?

Muchas personas perciben la vida como un «mar de lágrimas». Aducen que el dolor y el sufrimiento abundan en exceso, en contraste con el placer y la felicidad, que son más bien escasos. Los momentos buenos son breves y los pesares muchos. Las alegrías efímeras y las tristezas permanentes. Mucho llanto, poca risa…

No nos extrañemos de que así sea. La breve estancia de Jesús en esta tierra estuvo marcada por el dolor, el sufrimiento, la ingratitud y finalmente la muerte. Sin embargo, en el día glorioso de su resurrección, se abrió también una puerta de esperanza para cada una de nosotras. Gracias a ese milagro, podemos ver más allá de los sufrimientos e ingratitudes de esta vida.

La vida, la muerte y la resurrección de Cristo son los más ricos dones que recibimos del cielo. Jesús mismo declaró: «El Espíritu del Señor está sobre mí, por cuanto me ha ungido para anunciar buenas nuevas a los pobres. Me ha enviado a proclamar libertad a los cautivos y dar vista a los ciegos, a poner en libertad a los oprimidos, a pregonar el año del favor del Señor» (Luc. 4: 18-19).

Gózate en la vida de Cristo, reflexiona en su muerte y llénate de júbilo en su resurrección. Aprende a vivir como él vivió: amando y sirviendo. Piensa que en su muerte el pecado fue vencido y alégrate, pues en su resurrección se esconde la maravillosa promesa de la vida eterna para todos sus hijos e hijas.

Si en este momento de tu vida la congoja y las lágrimas te han hecho perder la alegría de vivir, prueba a sonreír pensando que todo esto es pasajero y propio de un mundo que está atrapado en el pecado. Recuerda que la alegría natural provee salud al cuerpo y al espíritu; es la razón por la cual nuestro Dios nos pide: «Estén siempre alegres» (1 Tes. 5: 16).

La lengua y los ojos

La lengua que brinda consuelo es árbol de vida.
Proverbios 15: 4
El sabio tiene los ojos bien puestos, pero el necio anda a oscuras.
Eclesiastés 2: 14

Es frecuente que, en una visita al médico, este nos pida que le mostremos la lengua y que también se dedique a examinar nuestros ojos. Parecería que dichos órganos muestran, en alguna medida, el estado general de nuestra salud.

Lo anterior no solamente tendría que ver con la salud física, sino también con la salud emocional y la espiritual. En la Epístola del apóstol Santiago leemos: «La lengua es un fuego, un mundo de maldad. Siendo uno de nuestros órganos, contamina todo el cuerpo y, encendida por el infierno, prende a su vez fuego a todo el curso de la vida» (Sant. 3: 6-7).

Los movimientos de la lengua modulan los sonidos que sirven para formar las palabras. Por otro lado el significado de las mismas demostrará lo que somos internamente. Las mentiras, las palabras groseras, las bromas de doble sentido, darán evidencia de una pobre salud espiritual y emocional. Al contrario, las palabras bondadosas, las expresiones de amor, afecto y tolerancia dirigidas a los demás, serán el fruto de una persona mentalmente sana.

En cuanto a los ojos, la Palabra de Dios dice: «El ojo es la lámpara del cuerpo. Por tanto, si tu visión es clara, todo tu ser disfrutará de la luz. Pero si tu visión está nublada, todo tu ser estará en oscuridad. Si la luz que hay en ti es oscuridad ¡qué densa será esa oscuridad!» (Mat. 6: 22-23). Cuántas personas hay que únicamente con su presencia oscurecen el ambiente. Poseen una visión pesimista de la vida, tan solo ven obstáculos donde podrían ver oportunidades. No reconocen ni aprecian los intentos que otros realizan para proveerles luz y felicidad y, sobre todo, no están en capacidad de ver las bendiciones que Dios les da cada día. ¡Viven en las sombras de la amargura!

Esta mañana es un buen momento para que permitas que el Médico divino examine tu lengua y tus ojos. Si el diagnóstico resulta negativo, por favor sométete a la intervención que él considere que más te conviene. El Señor dará sabiduría a tu lengua y una nueva luz a tus ojos. Si, por el contrario, el examen muestra que tienes una lengua sana y una visión clara, ¡alaba al Señor y continúa siendo una bendición para todos los que te rodean!

De esclava a princesa

Ustedes ya son hijos. Dios ha enviado a nuestros corazones el Espíritu de su Hijo, que clama: «¡Abba! ¡Padre!» Así que ya no eres esclavo sino hijo; y como eres hijo, Dios te ha hecho también heredero.
Gálatas 4: 6-7

El relato más extraordinario que escuché en mi infancia y que aún atesoro en mi corazón, es aquel que habla de una princesita que, a pesar de ser amada por el rey desde pequeña, fue despojada de todos su derechos por los enemigos de su padre. Aquel rey murió en defensa de su reino y de su amada hija, y la pequeña princesa fue llevada como esclava pasando al servicio de los enemigos de su padre. Despojada de sus ropajes reales, debía realizar los quehaceres más pesados y suplicar a sus opresores para que le dieran siquiera un miserable mendrugo de pan. Pero el final feliz llegó. Un príncipe azul puso su vida como garantía y apareció para darle libertad y devolverle el título de «hija del rey» que siempre había sido suyo.

No es más que un cuento, pero hoy quiero recordarte que la mejor historia es aquella en la que tú y Dios son los protagonistas. Tú eres la hija del Rey con todos los derechos que este título te confiere. Pero un día, el enemigo de Dios llegó para despojarte de todos tus privilegios. De princesa pasaste a ser esclava.

Es posible que la esclavitud te tenga atada con cadenas de oro y grilletes de plata, y esto te haga creer que estás bien. Pero aun así continúas siendo esclava. Hábitos perjudiciales, la tendencia al mal, la búsqueda insaciable del placer, la mundanalidad; todo ello podría transformarse en cadenas tan férreas que imposibilitaran todo intento de escapatoria.

Quiero recordarte que tu condición de princesa te fue devuelta cuando Cristo Jesús, el Príncipe de Paz, el Hijo del Rey, vino en tu rescate para morir en la cruz. Lo hizo para devolverte la libertad arrebatada por el pecado. Su magnífica promesa es: «El Señor hace justicia a los oprimidos, da de comer a los hambrientos y pone en libertad a los cautivos» (Sal. 146: 7).

Amiga, eleva tu vista al cielo, ofrece una plegaria pidiéndole al gran Libertador que rompa tus cadenas y entonces «"Volverás a vivir en paz y tranquilidad, y nadie te infundirá temor. Porque yo estoy contigo para salvarte", afirma el Señor» (Jer. 30: 10-11).

Anunciando el evangelio

Que te alaben, Señor, todas tus obras; que te bendigan tus fieles.
Que hablen de la gloria de tu reino, que proclamen tus proezas,
para que el mundo conozca tus proezas y la gloria y esplendor de tu reino.
Salmo 145: 10-12

Los rumores se esparcen como regueros de pólvora y, exagerando un poco, me atrevo a decir que viajan a la velocidad de la luz. Los entendidos en chismografía aseguran que son siempre las noticias negativas acerca de alguien, o de algo, las que viajan con mayor rapidez. También se podría decir que los rumores son como una bola de nieve que se desprende de lo alto de una montaña; ¡van creciendo! ¡y creciendo! Crecen a medida que pasan de boca en boca y de oído en oído. Probablemente eso se debe a que quienes los trasmiten incorporan detalles que han forjado en su mente. ¡El rumor es un recurso informativo poderoso!

Ahora, imaginemos por un momento qué sucedería si utilizáramos esa misma técnica para esparcir el evangelio; aunque con la gran diferencia de que el evangelio es una verdad extraordinaria. De la misma depende nuestra salvación. Esa fue precisamente la estrategia que emplearon los apóstoles. En la Biblia leemos: «Los que se habían dispersado predicaban la palabra por dondequiera que iban» (Hech. 8: 4).

Hoy es un buen día para que digamos, comentemos y contemos las buenas nuevas del evangelio a todos los que se crucen en nuestro camino, en cualquier lugar y circunstancia. El evangelio provee esperanzas a los desesperanzados, sana heridas, proporciona fe y confianza; y además nos promete salvación y vida eterna.

Para millones de seres humanos el evangelio es únicamente un buen rumor, aunque para ti y para mí sea una verdad que necesita ser proclamada con urgencia. «El que hable, hágalo como quien expresa las palabras mismas de Dios» (1 Ped. 4: 11).

Seguramente hoy tendrás muchas oportunidades para hablar del evangelio... ¡aprovéchalas! Podrás hacerlo en el mercado, en el autobús, en la escuela, en el trabajo, en el vecindario y en cualquier lugar donde te toque acudir hoy. Acércate, en el nombre de Dios, al corazón de una persona y tan solo dile: «Dios te ama y viene pronto». Permite que en tu corazón arda el mismo fuego que movió a los apóstoles al exclamar: «Nosotros no podemos dejar de hablar de lo que hemos visto y oído» (Hech. 4: 20).

Aunque te sientas sola

En su angustia clamaron al Señor, y él los libró de su aflicción.
Los llevó por camino recto hasta llegar a una ciudad habitable.

Salmo 107: 6

Hace algún tiempo escuché la historia de una joven que había sido víctima del abandono de su familia por haber aceptado a Cristo como su Señor y Salvador. No solo había tenido que sufrir el rechazo y el desamor de los suyos, sino que también había tenido que abandonar su hogar. ¡Una historia de fe y valor! Tuve la oportunidad de hablar con ella, y me conmovió algo que me dijo: «Estoy sola frente al mundo, pero caminando tomada de la mano de Dios».

La Biblia nos relata historias de mujeres que libraron las más intensas batallas de sus vidas cuando estaban solas. Ester salió vencedora, aunque enfrentó a todo un reino gracias al poder de Dios. Aquella joven fue una incansable testigo en medio de un pueblo pagano. Rahab fue capaz de negar sus creencias y derribar los prejuicios con el fin de convertirse en un miembro de la familia de Dios.

No es raro que, en un mundo que niega a Dios, muchas de las batallas de la vida se tengan que lidiar a solas, contando únicamente con la fuerza que emana de la fe en el Señor. Cuando nuestra lealtad a Dios es probada; cuando somos empujadas a pasar por encima de los principios de Dios con el fin de alcanzar aceptación, o cuando luchamos por mantenernos de parte de la verdad, no estamos solas. La promesa hecha a los discípulos también es hoy para nosotras: «Y les aseguro que estaré con ustedes siempre, hasta el fin del mundo» (Mat. 28: 20).

Es la fuerza de Dios en nosotras la que nos permite decir «no» a la tentación; es su gracia la que nos hace limpias cuando nos mancha el pecado; es el amor infinito del Padre el que nos perdona y nos concede fuerzas para comenzar de nuevo.

La permanente presencia de Dios con nosotras es tan real como la nube que guiaba al pueblo de Dios en su transitar por el desierto, camino a Canaán. Asimismo como el agua que fluyó de la roca cuando la mano de Moisés, movida por la fe, la golpeó.

Si no has experimentado la presencia de Dios en tu vida, hoy puedes hacerlo. Busca el camino por donde pasará el Maestro y síguelo, esa es la senda segura.

Para ser fuerte
debes reconocer tu debilidad

Dichoso el que tiene en ti su fortaleza, que solo piensa en recorrer tus sendas.
Cuando pasa por el valle de las lágrimas lo convierte en región de manantiales.
Salmo 83: 5-6

Después de que Josué reconociera con humildad que no tenía lo necesario como para continuar la tarea del gran patriarca Moisés, recibió una confirmación de parte de Dios: «Durante todos los días de tu vida, nadie será capaz de enfrentarse a ti» (Jos. 1: 5). Con esa promesa, el nuevo líder tomó ánimo y puso su confianza en Dios.

La soberbia es el resultado de pensar que lo tenemos todo y que no necesitamos nada ni a nadie, pues somos autosuficientes. La soberbia nos da un falso sentido de engrandecimiento personal, y nos lleva a sentir que somos superiores a los demás. Ese fue el mismo pecado que llevó a Satanás a suponer que no necesitaba a su Creador. Sin embargo, Josué, no actuó con soberbia, sino que fue humilde y aprendió a depender de Dios en todo momento.

La humildad nos hace reconocer que todo lo valioso que hay en nuestras vidas proviene de la mano de nuestro Creador, y que por lo tanto debemos depender de él para todo, pues nada es fruto de nuestros propios méritos o esfuerzos. La humildad es la virtud que nos lleva a considerar a los demás como personas valiosas y a entender que los necesitamos. Al mismo tiempo nos da un sentido realista de lo que nosotras mismas valemos, y nos ayuda a poner los pies sobre la tierra.

Podemos edificar sobre nuestras debilidades una sólida fortaleza con la ayuda de Dios y de los demás: «El que es sabio tiene gran poder, y el que es entendido aumenta su fuerza» (Prov. 24: 5). Cuando aceptemos nuestra necesidad de Dios y lo busquemos, seremos mujeres de poder y estaremos listas para hacer frente a los desafíos.

También quisiera recordarte que, cuando tengas problemas, la alegría de los niños te ayudará a pasar bien los malos momentos, y que la experiencia de los ancianos representa un valioso recurso que te brindará un sinfín de soluciones. Asimismo, la visión de los jóvenes te servirá para renovar diariamente tus perspectivas y objetivos.

Cuando «no puedas», mira a tu alrededor y te darás cuenta de que hay muchas manos dispuestas a ayudar. Sobre todo, busca escuchar a cada paso la voz de Dios que te dice: «Sé fuerte y valiente» (Jos. 1: 6).

La gallina ciega

Y todo lo que hagan, de palabra o de obra, háganlo en el nombre
del Señor Jesús, dando gracias a Dios el Padre por medio de él.
Colosenses 3: 17

Hace algún tiempo comencé a observar que una sección del césped de mi jardín había perdido su verdor. Se veía amarillento y pronto se marchitó hasta morir. En la siguiente visita que el jardinero hizo a mi casa le pregunté la razón de aquello. Él me dijo, después de reflexionar un poco: «Es por la gallina ciega». Ese es uno de los nombres con que se conoce a cierto escarabajo del género *Phyllophaga*. El jardinero me explicó que ataca la raíz de las plantas hasta hacerla morir. Durante algún tiempo estuve tratando de acabar con aquella plaga utilizando insecticidas. No obstante, aunque la situación mejoraba por un tiempo, el resultado era el mismo: la planta moría. Entonces, sin otro recurso, seguí el consejo del experto: quitar el césped enfermo y sembrar semillas nuevas.

Ese incidente doméstico me hizo pensar en el efecto de los malos hábitos sobre nuestra vida. Llegan a nosotras y se van introduciendo poco a poco en nuestra rutina diaria, hasta llegar a formar parte de nuestra personalidad. Una vez instalados ahí, hacen su trabajo silencioso aunque destructivo, hasta que llegan a formar parte de nuestro estilo de vida. Podríamos pensar que un mal hábito quizá desaparezca con algo de dominio propio, pero en ocasiones se tornará más fuerte hasta que se apodere de nuestra vida.

Los estudiosos de la conducta humana aseguran que un mal hábito únicamente puede eliminarse si lo reemplazamos por otro. Es parecido a lo que sucedió en mi jardín: tuve que quitar de raíz la hierba y sembrar en su lugar nuevas plantas.

Los malos hábitos nos esclavizan, dominan nuestro comportamiento hasta llevarnos a la destrucción total. No intento ser sensacionalista, pero esta es la realidad, aunque nos parezca exagerada. Algunos mentirosos, ladrones, delincuentes y estafadores quizá comenzaron su mal proceder muy temprano en la vida, y todo ello se fue afianzando por medio de la repetición de dichos actos negativos.

Se dice que una acción repetida, continua y constante toma aproximadamente quince días para convertirse en un hábito. Cuanto más repitamos la misma conducta, más fuertes se volverán nuestros ismos. Por eso deseo invitarte a desarraigar, con la ayuda de Dios y con determinación personal, todo hábito pernicioso que pueda haber en tu vida antes de que te destruya.

Un baño de amor

Sabemos que el sufrimiento produce perseverancia;
la perseverancia, entereza de carácter; la entereza de carácter, esperanza.
Y esta esperanza no nos defrauda, porque Dios ha derramado su amor
en nuestro corazón por el Espíritu Santo que nos ha dado.
Romanos 5: 3-5

A lo largo de toda la cordillera de los Andes se encuentran fuentes de aguas termales, a las que se les atribuyen marcados poderes medicinales. Son muchas las personas que viajan largas distancias para disfrutar de ellas. Debido a sus componentes químicos están indicadas para aliviar enfermedades como la artritis, el reumatismo y otras dolencias de la piel. Un baño en aguas termales también puede ser un buen relajante para la gente nerviosa y estresada. Otros las disfrutan porque aseguran que les proveen un renovado vigor físico y mental.

Esto vino a mi memoria porque hace algunos días, mientras visitaba otra ciudad, encontré un letrero que me llamó la atención. Decía que se ofrecían «baños de amor»; algunos de los elementos usados para tal servicio eran pétalos de rosa, canela y esencias aromáticas que aseguraban atraer el amor.

Aunque los aceites y las esencias son placenteras al olfato y al tacto, no aportan absolutamente nada más. Un verdadero y único baño de amor es el que recibimos cuando hacemos nuestra la promesa del Señor: «Dios, que es rico en misericordia, por su gran amor por nosotros, nos dio vida en Cristo, aun cuando estábamos muertos en pecados» (Efe. 2: 4). «Porque tanto amó Dios al mundo, que dio a su Hijo unigénito, para que todo el que cree en él no se pierda, sino que tenga vida eterna» (Juan 3: 16).

Recibir un baño del amor de Dios nos pone en condiciones de ofrecer y dar a los demás un amor incondicional; nos hacemos sensibles a sus necesidades y desarrollamos un espíritu de tolerancia y perdón.

Amiga, hoy, antes de iniciar tus actividades, toma un «baño del amor de Dios». Sumérgete en su gracia divina, empápate de sus promesas, limpia tu cuerpo y tu alma de todo mal pensamiento y entonces estarás en condiciones de decir con el apóstol Juan a todos los que te rodean: «Queridos hermanos, ya que Dios nos ha amado así, también nosotros debemos amarnos los unos a los otros. Nadie ha visto jamás a Dios, pero si nos amamos los unos a los otros, Dios permanece entre nosotros, y entre nosotros su amor se ha manifestado plenamente» (1 Juan 4: 11-12).

Metamorfosis divina

No se amolden al mundo actual, sino sean transformados
mediante la renovación de su mente. Así podrán comprobar
cuál es la voluntad de Dios, buena, agradable y perfecta.
Romanos 12: 2

Mientras me desempeñaba como maestra de preescolar acostumbraba a llevar a mis alumnos a hacer recorridos por algún parque o jardín, con la finalidad de hacer más objetivas, mediante los elementos de la naturaleza, las lecciones enseñadas en el aula. Durante una de esas aventuras, los niños descubrieron algunas orugas que se retorcían, intentado avanzar, entre las verdes ramas de un árbol. Aunque con temor, se quedaron cerca y escucharon la explicación que yo les di. Al principio no podían comprender cómo aquellas orugas que les causaban temor se transformarían con el paso de los días en bellas mariposas. Parecían incrédulos, pero saber eso les hizo sentir simpatía por las orugas y las aceptaron como parte de la creación de Dios.

En la Palabra de Dios hay una promesa para nosotras que nos asegura también que todos seremos completamente transformados, de una forma tan radical como la transformación de la oruga en mariposa: «No todos moriremos, pero todos seremos transformados, en un instante, en un abrir y cerrar de ojos, al toque final de la trompeta. Pues sonará la trompeta y los muertos resucitarán con un cuerpo incorruptible, y nosotros seremos transformados» (1 Cor. 15: 51-52). Ese será un día extraordinario y yo anhelo tomar parte en dichos acontecimientos. Será el día en que Dios transforme nuestra naturaleza inclinada al mal y nos haga partícipes de la naturaleza divina. Sin embargo, mientras llega ese maravilloso momento, Dios desea hacernos objeto de su amor transformador a diario.

Nuestros malos hábitos y todo rasgo personal negativo, podrán ser transformados día a día con voluntad y con la ayuda de Dios. No nos conformemos asumiendo que nuestros defectos son frutos de la herencia y que cualquier cambio es imposible. Eso sería lo mismo que negar el poder de Dios.

Amiga, hoy es un buen momento para el cambio. Retira y sacude todo aquello que estorba tu crecimiento personal. Desafíate a ti misma y atrévete a luchar contra las malas tendencias, contra todo defecto que te impida ser plenamente lo que eres, ¡una hija de Dios, hecha para volar! «El Señor dice: "Yo te instruiré, yo te mostraré el camino que debes seguir; yo te daré consejos y velaré por ti"» (Sal. 32: 8).

Cuando hagas lo bueno, procura que sea lo mejor

La justicia y el derecho son el fundamento de tu trono, y tus heraldos,
el amor y la verdad. Dichosos los que saben aclamarte, Señor,
y caminan a la luz de tu presencia; los que todo el día
se alegran en tu nombre y se regocijan en tu justicia.
Salmo 89: 14-16

Las tareas femeninas, ya sea en el hogar o fuera de él, pueden llegar a resultar realmente agotadoras. Son tantos los detalles que un ama de casa debe atender: el cuidado de la casa, la educación de los hijos, la atención del cónyuge… además, muchas mujeres también deben cumplir con una jornada de trabajo fuera del hogar. Por supuesto, nadie puede negar que Dios reconoce y aprecia los esfuerzos de la mujer que cumple con dichas ocupaciones en forma responsable. Sin embargo, el peligro reside en que nos enfrasquemos en tantas cosas buenas y necesarias, que dejemos de hacer lo mejor. Es posible que quien viva así llegue a padecer una elevada dosis de ansiedad que conduce al agotamiento. Con las facultades agotadas se pierde la capacidad de discernimiento, la alegría por el servicio y posiblemente el ego herido nos lleve a sentirnos víctimas, abusadas y atropelladas en nuestros derechos fundamentales.

Si las ocupaciones consumen todo nuestro tiempo y olvidamos apartar momentos para atender y nutrir la parte espiritual de la vida, podemos llegar a ser presas del hastío y de la frustración. Quien desee realizar sus deberes con eficacia ha de beber cotidianamente de la fuente proveedora de fortaleza y sabiduría. En las Sagradas Escrituras leemos: «Con Dios están la sabiduría y el poder; suyos son el consejo y el entendimiento» (Job 12: 13).

Dios es la única fuente de poder y sabiduría. Toda madre y esposa que sabe esto, buscará que nada ni nadie se interponga entre su Señor y ella. Su prioridad en la vida será desarrollar una relación cercana e íntima con Jesús. Al hacerlo, será habilitada para tener relaciones íntimas y amorosas con los que están a su cargo, experimentará el gozo de servir, y hará de su hogar una reproducción del hogar eterno. En los momentos de aflicción y angustia, sabrá a qué lugar acudir con el fin de encontrar paz.

Amiga, que tu oración en este día sea: «Impárteme conocimiento y buen juicio, pues yo creo en tus mandamientos» (Sal. 119: 66). Estoy segura de que, bajo la dirección de Dios, harás lo bueno hoy sin dejar de hacer lo mejor.

Da un buen ejemplo, ¡y despreocúpate!

Ustedes me llaman Maestro y Señor, y dicen bien, porque lo soy. Pues si yo, el Señor y el Maestro, les he lavado los pies, también ustedes deben lavarse los pies los unos a los otros. Les he puesto el ejemplo, para que hagan lo mismo que yo he hecho con ustedes.

Juan 13: 13-15

A las mujeres maduras se nos exige, de un modo u otro, actuar como mentoras de las más jóvenes que vienen detrás de nosotras en el camino de la vida. Las que aceptemos ese desafío debemos estar dispuestas a dar orientación y asumir el papel de guías para las que están recién comenzando su carrera cristiana y carecen de experiencia.

Las damas jóvenes se benefician enormemente del ejemplo de otras mujeres que, con responsabilidad, estén dispuestas a compartir sus conocimientos y prudencia, adquiridos a lo largo de los años. Si asumen el papel de amigas y consejeras, y se acercan con calidez a quienes necesitan afecto y dirección, enriquecerán sus vidas y alcanzarán un satisfactorio desarrollo personal.

Hacemos bien cuando, para realizar dicha tarea, intentamos prepararnos. El conocimiento que se obtiene a través de los libros es necesario, y nos resultará útil si deseamos dar instrucción precisa sobre algo o alguien. Sin embargo, el ejemplo posee un mayor poder educativo, que es insustituible con nada.

Un buen ejemplo puede más que mil palabras. Es observando como la mayoría de las jóvenes aprenden. Cuando las virtudes son modeladas frente a sus ojos, ejercen un poder educador y transformador difícil de igualar. Toda mujer que se propone ser mentora de las más jóvenes debe adquirir conocimientos no solo para instruir de palabra, sino también para dar un buen ejemplo; de ese modo, cambiará vidas. Ambas cosas son determinantes para dar un buen testimonio de lo que somos por la gracia de Dios, y para desarrollar nuestra voluntad de modo que podamos ser cada día mejores.

¡Mujer, detente un momento! Reflexiona y analiza tus acciones, y pregúntate: «¿Qué ejemplo estoy dando? ¿Mi conducta pública honra a Dios y edifica a las demás? ¿Pueden otras mujeres inspirarse gracias a lo que ven en mí? Y si mi vida privada quedara al descubierto, ¿estaría libre de vergüenza y de culpa?».

Recuerda que la única manera de alcanzar credibilidad y generar confianza, es mostrar a todos que existe armonía entre lo que dices y lo que haces. Aprende a vivir honorablemente para que los demás desarrollen confianza en ti y fe en Dios.

El Señor es mi pastor, nada me falta

Mis ovejas oyen mi voz; yo las conozco y ellas me siguen.
Juan 10: 27

El pastor, con abnegación y tierno cuidado, lleva a sus ovejas a pastar, desafiando las inclemencias del tiempo y los peligros del campo abierto. Las ovejas conocen a su pastor y caminan en pos de él por intrincados senderos, sin temor. Según algunos estudios científicos que el Instituto Babraham de Cambridge, Inglaterra, realizó con ovejas, ha quedado demostrado que son capaces de reconocer hasta cincuenta rostros de sus congéneres y diez rostros humanos.

Cuando en el campo de pastoreo se mezclan varios rebaños y un pastor desea juntar a sus propias ovejas, las llama con un silbido que los animalitos distinguen entre todos los demás. Pocas veces se confunden y se van en pos de otro pastor, siguiendo a otro rebaño. Al terminar la jornada, el camino de vuelta al aprisco está marcado por las huellas que el pastor deja en la senda y que sus corderos siguen sin titubear. Una vez allí, con tierna consideración, el pastor atiende las heridas de aquellas que se lastimaron en el camino, y permanece vigilante mientras el rebaño descansa. ¡Hermosa imagen!

David, autor del salmo 23, representó por medio de esta joya literaria el amoroso cuidado que Dios tiene por nosotras. Jesús, el buen pastor, busca tener una relación cercana con nosotras. Desea conocernos y que lo conozcamos. Busca maneras para que escuchemos su llamado amoroso y que respondamos a él voluntaria y dócilmente. Permanecer en Cristo es nuestro desafío cotidiano, y para ello debemos ponernos bajo su cuidado. Que esta sea nuestra oración: «Tómame, ¡oh Señor!, como enteramente tuyo. Pongo todos mis planes a tus pies. Úsame hoy en tu servicio. Mora conmigo, y sea toda mi obra hecha en ti» (*El camino a Cristo*, cap. 8, p. 104).

Querida amiga, es posible que el eco de algunas filosofías mundanas te lleve a desconocer el llamado de Cristo Jesús, tu pastor. A lo mejor, unida a otros rebaños, sientes temor y no sabes cómo volver al redil. Haz tuya la promesa divina y aférrate a ella hasta que retornes al hogar. Jesús te dice: «Yo soy el buen pastor; conozco a mis ovejas, y ellas me conocen a mí» (Juan 10: 14).

Te invito para que hoy, en la frescura y el silencio de la mañana, le pidas al Señor con humildad que te permita escuchar su voz, y ser apacentada por los caminos de la vida, hasta llegar sana y salva al hogar eterno en el reino de los cielos.

El Señor es mi pastor, me infunde nuevas fuerzas

No temo peligro alguno porque tú estás a mi lado;
tu vara de pastor me reconforta.
Salmo 23: 4

Ver a Jesucristo como lo describe el salmo 23, indudablemente nos lleva a pensar en una relación cercana y de cuidado, sobre todo para las que hemos visto cómo un pastor convive con sus ovejas. La vara es un instrumento que el pastor usa con propósitos bien definidos, como son la dirección y el salvamento. Dicha vara es como un bastón largo con una curva en la parte superior.

El pastor emplea el gancho de su vara para atraer con suavidad, aunque con decisión, a la oveja que pierde el camino y corre el peligro de extraviarse y ser atacada por animales depredadores. La vara es, pues, un instrumento para corregir el rumbo, para evitar un extravío. Con ella el pastor disciplina a la oveja que se resiste a regresar al camino junto al resto del rebaño.

De igual modo, y contrario a lo que pudiéramos pensar, la Palabra de Dios dice: «Tu vara de pastor me reconforta». ¿Cómo es posible que una vara, a priori considerada como un instrumento de corrección y castigo, pueda llegar a resultarnos reconfortante? Porque a pesar de nuestros desvíos sabemos que el Señor nos conduce a un lugar seguro.

Cuando asumimos el papel de ovejas y consideramos a Jesús nuestro pastor, lo aceptamos como nuestro guía y nuestro Salvador. Sabemos que, como parte del rebaño, si nos alejamos del mismo y perdemos la senda, Cristo extenderá su vara y nos traerá de vuelta. En la Biblia leemos: «Buscaré a las ovejas perdidas, recogeré a las extraviadas, vendaré a las que estén heridas y fortaleceré a las débiles […]. Yo las pastorearé con justicia» (Eze. 34: 16).

¿Alguna vez te has sentido perdida, y en medio de tu confusión no has sabido qué camino tomar? Esa confusión puede haber sido espiritual, emocional o intelectual, puede haberte hecho perder de vista lo que significas para Dios y lo que espera de ti, llevándote lejos del rebaño y del cuidado tierno de la zona de seguridad.

Recuerda: «No tomes a la ligera la disciplina del Señor ni te desanimes cuando te reprenda, porque el Señor disciplina a los que ama, y azota a todo el que recibe como hijo» (Heb. 12: 5-6).

El Señor es mi pastor, me ofrece descanso

En verdes pastos me hace descansar. Junto a tranquilas aguas me conduce.
Salmo 23: 2

La escena más maravillosa que puedo imaginar en este momento es la de un sacrificado pastor velando por sus ovejas en el monte, mientras ellas descansan. Él aleja, con espíritu decidido y movido por el gran amor con que las ama, cualquier peligro que las amenace. Está dispuesto a defenderlas incluso a costa de su propia integridad física y de su seguridad.

Jesús, como nuestro pastor, asume un papel semejante. En la incertidumbre de una vida llena de peligros y amenazas, se ofrece a ser nuestro protector y salvador. En medio de los trajines de la existencia humana, cuando las preocupaciones y la ansiedad hacen presa de nuestras emociones y nos sentimos agotadas y agobiadas, es bueno hacer un alto y recordar que Cristo desea darnos descanso duradero y permanente; recordar que él está constantemente velando por nuestro cuidado, y que por nosotras ha ofrecido su vida, sin escatimar ningún sacrificio.

Él, como nuestro pastor, nos ofrece conducirnos a verdes pastos, un lugar donde el alimento es abundante y el mejor para proveernos salud plena. Jesús nos dice: «Las haré pastar en los mejores pastos, y su aprisco estará en los montes altos de Israel. Allí descansarán en un buen lugar de pastoreo y se alimentarán de los mejores pastos de los montes de Israel. Yo mismo apacentaré a mi rebaño, y lo llevaré a descansar. Lo afirma el Señor omnipotente» (Eze. 34: 14-15).

Mujer, madre, esposa, hermana, abuela, alumna, seguramente hoy te enfrascarás en un sinfín de quehaceres y puede ser que, aun cuando todavía no hayas comenzado a realizar tus tareas, ya te sientas cansada e incapaz de enfrentar tantas demandas que tu rutina diaria te exige. Desafíos, objetivos, tareas, compromisos, son algunos de los asuntos que este día te harán correr de aquí para allá y te privarán del verdadero descanso, si no caminas al lado del Pastor.

Te animo a aceptar y disfrutar el descanso que el divino Pastor te ofrece. Te sentirás segura y en paz, incluso si te encuentras rodeada por la adversidad. «No se inquieten por nada; más bien, en toda ocasión, con oración y ruego, presenten sus peticiones a Dios y denle gracias. Y la paz de Dios, que sobrepasa todo entendimiento, cuidará sus corazones y sus pensamientos en Cristo Jesús» (Fil. 4: 6-7).

El Señor es mi pastor, reconforta mi alma

Dios es nuestro amparo y nuestra fortaleza, nuestra ayuda segura en momentos de angustia. Por eso, no temeremos aunque se desmorone la tierra y las montañas se hundan en el fondo del mar.

Salmo 46: 1-2

Cuando el alma se abate por alguna circunstancia externa, todas las defensas de nuestro organismo se inhiben. Cualquier caída emocional nos hace vulnerables y propensas a sufrir enfermedades de toda índole. Los sentimientos y las emociones como la tristeza, la desgana, la ansiedad y el miedo, son los signos predominantes en alguien que se siente abatido.

La pérdida de esperanza y de fe constituye el síntoma más grave de una persona que es presa del abatimiento de corazón. Siente que Dios está lejano y ausente, lo cual hace que las jornadas diarias le resulten pesadas y difíciles de enfrentar. Entonces, la voluntad se quebranta y la persona queda a la deriva, incapacitada para tomar decisiones importantes. La impotencia que se siente es tal, que faltan las fuerzas para tomar cualquier decisión.

Jesús, nuestro cariñoso pastor, está dispuesto a confortarnos cuando nuestras fuerzas naturales se agotan por causa de las vicisitudes de la vida. Él únicamente puede decir: «El Espíritu del Señor omnipotente está sobre mí, por cuanto me ha ungido para anunciar buenas nuevas a los pobres. Me ha enviado a sanar los corazones heridos, a proclamar liberación a los cautivos y libertad a los prisioneros» (Isa. 61: 1). Sanidad del corazón herido y liberación de nuestras prisiones mentales y reales, esa es la promesa.

Cuando el alma es confortada por el divino Pastor, se recobran las fuerzas perdidas, renace la esperanza y el ánimo apocado desaparece para dar paso a un nuevo espíritu de lucha que nos hace fuertes frente a los desafíos.

Que tu oración en este día sea: «Ten compasión de mí, oh Dios; ten compasión de mí, que en ti confío. A la sombra de tus alas me refugiaré, hasta que haya pasado el peligro» (Sal. 57: 1).

Amiga, si hoy al despertar creíste haber perdido la voluntad para continuar en la lucha, déjate apacentar por el buen Pastor, quien te «guía por sendas de justicia por amor a su nombre» (Sal. 23: 3). Si caminas por esas sendas de justicia, irás en la dirección correcta. Asegurarás tu bienestar personal y tendrás paz interior. Solamente busca conocer la voluntad de Dios y, en actitud de sumisión, disponte a cumplirla.

El Señor es mi pastor, me guía por sendas de justicia

Encomienda al Señor tu camino; confía en él, y él actuará.
Hará que tu justicia resplandezca como el alba; tu justa causa,
como el sol de mediodía.
Salmo 37: 5-6

La confusión parece ser la nota tónica en el mundo actual. A veces tengo la impresión de que los seres humanos caminan sin rumbo, sin propósitos, sin dirección. La confusión puede hacer presa de nosotros, sobre todo cuando muchas voces se alzan al mismo tiempo y aseguran indicar la senda correcta para una vida exitosa.

Los seres humanos, desprovistos de Dios, siempre irán errantes. La senda correcta, el camino seguro, la vía expedita para llegar a ser personas sanas y felices, únicamente se encuentra cuando marchamos junto a él. Son palabras de esperanza las que salen de los labios del Pastor, y que nos ayudan en la búsqueda de la senda de justicia: «Yo soy el camino, la verdad y la vida [...]. Nadie llega al Padre sino por mí» (Juan 14: 6). Ese es un camino trazado por sus pies sangrantes y lacerados mientras marchaba de camino al Calvario. Una senda fruto del sacrificio, el dolor, el sufrimiento y la negación personal. La única que nos da la oportunidad de no ser más vagabundos.

Amiga, ¿por dónde caminarás hoy? ¿Deseas trazar tu propio camino? ¿O andarás por la senda del sacrificio por la que anduvo Jesús? La osadía humana es tan asombrosa, que muchos están dispuestos a dejar la ruta segura para vagar por caminos inciertos y peligrosos. Tengamos cuidado, recordemos que: «Hay caminos que al hombre le parecen rectos, pero que acaban por ser caminos de muerte» (Prov. 14: 12).

Si hoy tus pies y tu mente se encuentran sin dirección, o van por la senda equivocada, regresa al rebaño y sigue las huellas que el Pastor va dejando con sus pies en el camino. Esas huellas son para que tú andes en ellas. La senda de justicia conlleva sacrificio, entrega, abnegación y servicio; estos son los únicos medios a través de los cuales podemos alcanzar grandeza y llegar a la realización personal.

Si por la gracia de Dios has permanecido en la senda junto al Pastor, y has aceptado su guía y su corrección, suplica por poder y sabiduría para continuar como vas. Honrarás el nombre de Dios y algún día él te honrará a ti.

El Señor es mi pastor, me prepara un banquete

Sean puros e irreprochables para el día de Cristo, llenos del fruto de justicia
que se produce por medio de Jesucristo, para gloria y alabanza de Dios.
Filipenses 1: 10-11

Los pastos verdes son el alimento favorito de las ovejas. El pastor sabe dónde
están, y se siente bien cuando puede proveérselo a sus corderos para que disfruten de un suculento banquete. Tal vez el pastor les diga con profunda satisfacción: «La mesa está dispuesta, adelante, disfruten». Por supuesto que mientras las
ovejas distraídamente saborean con placer el rico alimento, el pastor se mantiene
alerta; sabe que tal vez otros animales salvajes merodeen por el lugar, y podrían
hacer el intento de dañar a las ovejas. Un pastor nunca baja la guardia, incluso
mientras disfruta de nuestra fiesta; nunca pierde de vista su deber.

Si, con los ojos de la imaginación, me considero como una oveja del rebaño de
Cristo y medito en la escena arriba descrita, experimento una tranquilidad que me
proporciona una paz inmensa. Nuestro Pastor no desea que estemos malnutridas
ni hambrientas. Tiene abundantes y ricas bendiciones para darnos. Él desea preparar un banquete de vida todos los días frente a nuestros ojos, que vayamos y,
sentadas a la mesa del festín, disfrutemos de su compañía y de su amor.

Los ricos y exquisitos manjares de la mesa del Señor están dispuestos para ti y
para mí. Entre los más deliciosos, por supuesto, no pueden faltar los frutos del Espíritu: «Amor, alegría, paz, paciencia, amabilidad, bondad, fidelidad, humildad y
dominio propio. No hay ley que condene estas cosas» (Gál. 5: 22-23). Si disfrutamos un banquete continuo con el Pastor, gozaremos de salud mental y espiritual,
y estaremos en condiciones de ofrecer un banquete continuo en nuestros hogares,
en el trabajo, en la iglesia y dondequiera que estemos.

Amiga, no padezcas «inanición espiritual». Recuerda que hay un suculento banquete preparado para ti. Los «aderezos celestiales» darán sabor a tu vida y a la de
todos los que te rodean. La amargura, el rencor, la ira y la envidia, son las fieras
implacables que quieren acabar con tu bienestar y hacerte vivir una existencia miserable. Aléjate de esos pastos áridos. El pastor quiere llevarte lejos de esos secarrales,
a pastos verdes.

Cada día, al amanecer, ponte tu vestido de gala y entra en el gozo de tu Señor a
disfrutar de la mesa que ha dispuesto especialmente para ti.

El Señor es mi pastor, unge mi cabeza con perfume

¡Tu Dios te ungió con perfume de alegría! Aroma de mirra, áloe y canela exhalan todas tus vestiduras; desde los palacios adornados con marfil te alegra la música de cuerdas.
Salmo 45: 7-8

Cuando están en sus lugares de pastoreo, las ovejas pueden ser incluso atacadas por insectos y lastimadas por espinas, sobre todo en sitios en donde el pasto es alto y tupido. Para prevenir esto, el pastor a veces unta con repelente a sus ovejas, usa un aceite preparado con hierbas aromáticas y medicinales, virtualmente un perfume, que ahuyentará a los insectos y suavizará las heridas que las ovejas pudieran hacerse en el camino. ¡Qué cuidado tan especial!

Al transitar por la senda de la vida, nosotras también podemos salir heridas. Sin embargo, nuestro amoroso Pastor ha hecho provisión para esta contingencia. La unción con el perfume celestial pone nuestra vida a salvo y nos llena de una alegría especial. Es la unción que nos hace resistentes a las asechanzas de Satanás y nos provee un bálsamo sanador cuando nos lastimamos. Además, nos prepara para prestar un servicio abnegado en favor de otros, algo que concederá significado a la vida. «Has amado la justicia y odiado la maldad; por eso Dios, tu Dios, te ha ungido con aceite de alegría, exaltándote por encima de tus compañeros» (Heb. 1: 9).

El Espíritu Santo es el perfume que nuestro Padre Celestial desea derramar sobre cada una de nosotras, y esto es posible en la mujer que voluntariamente busca ser parte del rebaño y se somete a la dirección del Buen Pastor. La invitación que nos hace al respecto el apóstol Pablo es: «Así que les digo: Vivan por el Espíritu, y no seguirán los deseos de la naturaleza pecaminosa. Porque esta desea lo que es contrario al Espíritu, y el Espíritu desea lo que es contrario a ella. Los dos se oponen entre sí, de modo que ustedes no pueden hacer lo que quieren. […] Si el Espíritu nos da vida, andemos guiados por el Espíritu» (Gál. 5: 16, 17, 25).

Hoy, cuando inicies tu quehacer cotidiano, escucha la voz del Pastor, reconoce su rostro y responde a su llamado. En el silencio de la mañana, pídele que derrame sobre ti el perfume de la alegría y recibirás las mejores y más grandes bendiciones. Realiza tus deberes consciente de que la vara del Pastor te llevará por una senda de rectitud y por el camino de la perfección.

El Señor es mi pastor, viviré en su hogar por toda la eternidad

Y nosotros, tu pueblo y ovejas de tu prado, te alabaremos por siempre;
de generación en generación cantaremos tus alabanzas.
Salmo 79: 13

Cuando por fin concluye la jornada, el pastor cuenta sus ovejas y, con especial cuidado, las conduce de vuelta al redil. Se encarga bien de que ninguna de ellas se quede regazada en el camino y, si esto sucede, la disciplina sutil de la vara hace volver a la oveja al sendero, para conducirla al aprisco donde finalmente todas estarán a salvo de peligros. Finalmente, el peregrinaje del día ha terminado. Es hora de disfrutar de la seguridad que ofrece el hogar, y del cuidado tierno del pastor durante la noche.

Estas promesas de seguridad y cuidado son también para nosotras. Nuestro tránsito rumbo al hogar celestial pronto llegará a su fin. Vivimos tan aprisa que el futuro se convierte en presente, y el presente en pasado vertiginosamente. Pero debemos llenarnos de ánimo al ver cómo, en tiempos de prosperidad y de conflicto, el Señor nos ha conducido por verdes prados dándonos de beber de la fuente inagotable de su poder. Él nos ha cubierto con su manto de justicia y nos ha ofrecido un banquete continuo del cual podemos ser alimentadas por sus promesas maravillosas que nunca fallan. Confiamos en la promesa que nos asegura: «¡Miren que vengo pronto! Traigo conmigo mi recompensa, y le pagaré a cada uno según lo que haya hecho» (Apoc. 22: 12).

Deseamos estar en el hogar eterno, nuestros pies cansados por el duro camino buscan día a día no perder la ruta. En medio de los ruidos mundanales, nuestros oídos atentos anhelan seguir escuchando la voz del Pastor, y cuando una espina del camino nos hiera, de su mano santa recibiremos el bálsamo sanador.

Amiga, no importa las circunstancias en las que te encuentres ahora, si te aferras a las promesas del Señor pronto estarás en el hogar donde «ya no habrá muerte, ni llanto, ni lamento ni dolor, porque las primeras cosas han dejado de existir» (Apoc. 21: 4).

Busca de todo corazón el bien y alcanzarás misericordia, y en la casa del Padre vas a vivir por la eternidad entera, sabiendo que él nunca descansa en su amor y cuidado hacia todas nosotras.

Siembra alegría por dondequiera que vayas

¡Anda, come tu pan con alegría! ¡Bebe tu vino con buen ánimo,
que Dios ya se ha agradado de tus obras!
Eclesiastés 9: 7

Mi esposo y yo teníamos la costumbre de ir a comer a un pequeño restaurante cercano a nuestra casa. Era frecuente que nos brindara sus servicios una señorita encantadora, que en todo momento mostraba una radiante sonrisa sin importar a cuántos comensales tuviera que atender. Debo confesar que muchas veces intencionalmente buscábamos la sección que ella atendía, con el único propósito de encontrarnos con ella, pues nos hacía sentir que éramos especiales.

Es posible que tú también conozcas a alguien con las mismas características, que irradia felicidad y lleva la alegría a flor de piel, contagiando a todo el mundo de un espíritu optimista. Por el contrario, también habrás conocido individuos que son la personificación de la tristeza y del pesimismo.

Expresar felicidad es un rasgo distintivo de algunas personas. Su sola presencia crea una atmósfera placentera y contagiosa. Son capaces de ver el lado agradable a la vida y tienen una disposición natural a la alegría. Sin embargo, hay otras que ensombrecen su existencia con quejas y lamentos, se regodean en relatar calamidades, y lo peor es que también ensombrecen la existencia de quienes las rodean.

Mucha gente afirma que el gozo y la alegría son disposiciones temperamentales heredadas. Sin embargo, esos son rasgos de carácter que debemos y podemos cultivar con la ayuda de Dios. Quienes poseen dichos dones son capaces de devolver, aunque sea momentáneamente, el gozo a un enfermo, suavizar las tensiones en las relaciones personales, y crear un ambiente festivo aun en medio de las peores circunstancias.

Amiga, te invito a experimentar el gozo constante que implica ser hija de Dios. Fuiste hecha a su semejanza y eres depositaria de los mejores dones. No permitas que nada ni nadie te arrebate el deleite de vivir: ese es uno de los más deliciosos frutos del Espíritu y podrás brindarlo a los demás si vives la alegría anticipada que nos espera en la patria celestial, junto a nuestro Padre eterno.

La promesa es: «Y volverán los rescatados por el Señor, y entrarán en Sión con cantos de alegría, coronados de una alegría eterna. Los alcanzarán la alegría y el regocijo, y se alejarán la tristeza y el gemido» (Isa. 35: 10).

Las abuelas, fabulosas fuentes de sabiduría

¡Tengan cuidado! Presten atención y no olviden las cosas que han visto sus ojos,
ni las aparten de su corazón mientras vivan.
Cuéntenselas a sus hijos y a sus nietos.
Deuteronomio 4: 9

Ser abuela es uno de los desafíos más grandes que he tenido que enfrentar, mientras llena de orgullo veo crecer y abrirse paso en la vida a mi nieta. Ahora que tiene tan solo cuatro años, me pregunto qué función desempeño yo en el desarrollo de esta vida tan pequeñita.

Ser abuela me ha hecho disfrutar de ríos de gozo que antes no había experimentado nunca. Siempre que estoy con mi nieta, ella me hace participar en sus fantasías y en sus juegos. Ella sabe que su abuelita siempre está dispuesta a hacer dócilmente lo que otros rehúsan. Entonces me pregunto por qué hizo Dios a las abuelas. ¿Acaso para complacer a sus nietos en todo? ¿Para instruirlos? ¿Para corregirlos? Cuando pienso en esto, siento el peso de mi responsabilidad.

Indudablemente, ser abuela es una tarea un tanto complicada. Debemos tener el equilibrio suficiente como para no dejarnos dominar por el inmenso amor que sentimos hacia los nietos, al punto de que nos atrevamos a romper las reglas que sus padres han establecido. Pero también debemos procurar para ellos una niñez feliz sin tanta rigidez.

Al meditar en esto, me doy cuenta de que mi tarea principal consiste en transmitir a mi nieta lo positivo que las experiencias de la vida me han aportado. Ojalá que gracias a los años que he vivido, yo pueda enseñarle a comprender que en la vida hay que luchar para conseguir lo que se desea. Que los mejores bienes son los que se obtienen con esfuerzo, trabajo y sacrificio. Que hay que sembrar buenas semillas para disfrutar de una buena cosecha. Que hay que vivir día a día dando lo mejor y tomando lo mejor de la vida.

Aún más importante es que toda abuela pueda lograr que sus nietos aprendan que, en cada etapa de la vida, hay que descubrir el gozo de vivir teniendo como compañero de viaje a Cristo Jesús.

Amiga, si eres abuela, ¡disfrútalo! Deja las tensiones de la enseñanza a los padres de tus nietos. Tú únicamente muéstrate como una guerrera victoriosa que no tiene deudas con la vida, que vive cada día descubriendo nuevas emociones y que espera a su Señor con el equipaje preparado.

¿Feminidad es sinónimo de debilidad?

La casa y el dinero se heredan de los padres,
pero la esposa inteligente es un don del Señor.
Proverbios 19: 14

*¿T*e han dicho alguna vez que por ser mujer perteneces al «sexo débil»? A algunas mujeres les molesta ser consideradas de esa forma y procuran exhibir rudeza para que no las encasillen mediante ese estereotipo. Otras, en cambio, se aprovechan de ello para hacerse dependientes y rehuir sus responsabilidades personales. Por supuesto que las dos tendencias son incorrectas y están ubicadas en extremos que pueden ser peligrosos, no tan solo para la mujer sino también para quienes viven y se relacionan habitualmente con ella.

Dios, creador del hombre y de la mujer, no se equivocó ni fue parcial cuando nos dotó de las características propias de cada sexo. Las diferencias y semejanzas que existen entre hombres y mujeres no tienen como propósito señalar la superioridad de uno en detrimento del otro. Al reflexionar en el acto de la creación del hombre y la mujer, podemos percibir a un Dios amante que nos hizo a ambos, a mujeres y hombres, a su imagen y semejanza (Gén. 1: 27). Por lo tanto, somos seres complementarios y dotados de la capacidad de convivir juntos en esta vida y para la eternidad.

La fuerza de la mujer no radica en sus músculos. Tampoco nos hace fuertes tener autoridad, y mucho menos adquirimos poder al colocarnos en pugna con los hombres intentando demostrar que somos superiores. Sencillamente somos mujeres, creadas de acuerdo a la voluntad de Dios, con debilidades y grandes fortalezas al igual que los varones. No reprimamos ni neguemos lo femenino que hay en nosotras. No intentemos dar una imagen que compense un criterio incorrecto. La fuerza que tenemos para dar a luz, también la necesitamos para enfrentar los desafíos personales y familiares. Actuar como los hombres para buscar que se nos escuche y respete, nos llevará, a la larga, a despreciar lo que somos.

Amiga, te exhorto a encontrar armonía contigo misma. Ámate y aprecia tus cualidades, tus fortalezas, tus dones. Agradece a Dios por los atributos femeninos que ha puesto en ti, pues son indispensables para que la vida en este planeta continúe.

Ama lo que eres, y esto traerá paz a tu corazón y a la humanidad.

Cuando la lentitud es más bien una virtud

No te jactes del día de mañana, porque no sabes lo que el día traerá. No te jactes de ti mismo; que sean otros los que te alaben. Pesada es la piedra, pesada es la arena, pero más pesada es la ira del necio.

Proverbios 27: 1-3

La vida contemporánea nos exige ir de prisa. Todo el mundo quiere llegar a donde va de la forma más rápida posible. Nos estresamos en medio de calles atestadas de vehículos; nos pone de mal humor tener que hacer largas filas en los bancos, en los supermercados y en los almacenes. En las salas de espera de las consultas médicas es frecuente ver a personas que repiquetean los dedos sobre una mesa, como señal inequívoca de que la espera las pone nerviosas.

Por otro lado, las actividades humanas que antes se realizaban manual o mecánicamente, hoy, gracias a la tecnología, se han optimizado; constantemente ahorramos tiempo y esfuerzo en relación a las generaciones anteriores. Hacer las cosas bien y con rapidez parece ser la consigna del mundo actual.

Sin embargo, en las Sagradas Escrituras encontramos un consejo que es una invitación a ser lentos: «Mis queridos hermanos, tengan presente esto: Todos deben estar listos para escuchar, y ser lentos para hablar y para enojarse; pues la ira humana no produce la vida justa que Dios quiere» (Sant. 1: 19-20).

«Lentos para hablar y para enojarse». Qué difícil resulta a veces comportarnos así, ¿verdad? Con cuánta rapidez respondemos cuando alguien lastima nuestro ego, o cuando alguien tiene la osadía de criticar nuestras opiniones y puntos de vista.

El enojo simple, definido como un malestar en nuestro ánimo, puede causarnos graves problemas cuando se transforma en ira incontenible. La ira es una respuesta emocional acompañada de furia y violencia, que puede incluso generar daños al organismo. El salmista David nos exhorta al respecto con estas palabras: «Refrena tu enojo, abandona la ira; no te irrites, pues esto conduce al mal» (Sal. 37: 8).

Las madres en el hogar están expuestas a muchas tensiones. Los múltiples quehaceres pueden llevarlas a la irritabilidad y al enojo y, finalmente, a arranques de ira, lo que puede hacer víctimas de ella a sus seres amados, fracturando y rompiendo las relaciones familiares.

Amiga, antes de exaltar tu ánimo, recuerda que «más vale habitar en el desierto que con mujer pendenciera y de mal genio» (Prov. 21: 19).

Sé flexible, no te quiebres

Mujer ejemplar, ¿dónde se hallará? ¡Es más valiosa que las piedras preciosas!
[...] ¡Sean reconocidos sus logros, y públicamente alabadas sus obras!
Proverbios 31: 10, 31

El hogar, como cualquier otra empresa, nos exige hacer planes. Se deben determinar los objetivos a alcanzar, con el propósito de definir estrategias, distribuir responsabilidades e implementar normas. Por supuesto, es necesario también hacer una evaluación para darnos cuenta de si la familia y el hogar están gozando de bienestar.

Todas las madres y esposas anhelamos que el hogar marche «sobre ruedas». Deseamos que las cosas funcionen y que lo hagan bien, y puede ser que en ese legítimo deseo lleguemos al punto de olvidar que las personas son más importantes que las cosas. Cuando esto suceda, es posible que nos volvamos rígidas e intolerantes. Olvidamos que el hogar es el único lugar en el que podemos desarrollar salud mental hasta llegar a la madurez total.

Estoy de acuerdo con que las reglas deben cumplirse, pero también es importante contar con cierto grado de flexibilidad, para que quienes conviven en un hogar se sientan felices y satisfechas en su seno. Por supuesto, el equilibrio también ha de tomarse en cuenta. Los extremos no son buenos. Ni la tiranía será la solución para guiar el hogar por buen camino, ni tampoco lo será dar «carta libre» para que cada quien haga lo que mejor le parezca.

Una vez que hayas decidido adoptar una postura más flexible, prepárate. Para ser flexible es importante que tomes en cuenta los siguientes aspectos:

- Los miembros de una familia son individuos con necesidades, intereses y edades diferentes.
- Todos deben colaborar en el hogar con las capacidades que poseen.
- El hogar está al servicio de sus integrantes, no sus integrantes al servicio del hogar. Esto quiere decir que cada espacio debe ser funcional, cada regla debe ser lógica y cada tarea adecuada a la persona encargada de realizarla.
- Cumplir las normas debe causar bienestar y no malestar.
- Las normas deben cambiar paulatinamente, a medida que la familia evoluciona.
- La madre es la reina del hogar, no un policía.
- Que todos los miembros del hogar busquen juntos entronizar a Cristo en todo lo que hagan como familia.

Pronto formaremos parte de la gran familia del cielo, y por ende tenemos que prepararnos ahora.

Dios es luz

Este es el mensaje que hemos oído de él y que les anunciamos:
Dios es luz y en él no hay ninguna oscuridad. [...] Si vivimos en la luz,
así como él está en la luz, tenemos comunión unos con otros,
y la sangre de su Hijo Jesucristo nos limpia de todo pecado.
1 Juan 1: 5, 7

Cuando era niña, la reunión de oración de cada miércoles era mi deleite. Mis padres me llevaban a la pequeña capilla que quedaba a dos kilómetros de nuestra casa. En el invierno de Sudamérica, cuando el sol se ponía temprano, el regreso a casa era una aventura emocionante. El camino angosto estaba bordeado por hierbas que formaban figuras mágicas a la luz de la linterna que papá siempre llevaba consigo. Recuerdo que la oscuridad reinante nunca me causó temor, pues veía a mi padre como una fuente de luz.

Estamos llegando al fin del tiempo. El mundo se oscurece poco a poco y la esperanza de una vida mejor se desvanece en la mente y el corazón de muchas personas. Los gobernantes buscan en otros hombres la luz que necesitan para orientar el destino de las naciones. Se hacen propuestas, y nuevas teorías surgen como la panacea para un mundo que perece. ¡Si tan solo se dieran cuenta de que si no incluyen a Dios en sus planes, nada prosperará!

Nosotras, las mujeres cristianas, madres y esposas, en cuyas manos está la dirección de una familia, debemos procurar que Dios nos ilumine. Él es la fuente de luz. En esto creemos cuando nos dice: «Yo soy la luz que ha venido al mundo, para que todo el que crea en mí no viva en tinieblas» (Juan 12: 46). Esa declaración de amor debe sostenernos hasta que el mundo resplandezca el día glorioso de la venida de nuestro Rey y Señor.

Si confiamos a él nuestros hijos, ellos serán librados de las densas nubes de pecado que los rodean. Además, como fruto de esa confianza, tendremos una mente clara para construir con inteligencia y sabiduría matrimonios fuertes que trasciendan este mundo y lleguen hasta la eternidad. Actuaremos como mujeres iluminadas por una luz especial que nos capacitará para conducir a otras hacia la fuente de luz verdadera, que es Cristo Jesús.

El Señor reafirma nuestra vocación al decirnos: «Te he puesto por luz para las naciones, a fin de que lleves mi salvación hasta los confines de la tierra» (Hech. 13: 47).

¿Mujeres poderosas o llenas de poder?

Según avanzan los peregrinos, cobran más fuerzas,
y en Sión se presentan ante el Dios de dioses.
Salmo 84: 7

La influencia de la mujer en los diferentes ámbitos de la vida toma cada vez más fuerza a lo largo y ancho del planeta. Por ejemplo, desde hace años, varios países han tenido a mujeres al frente de sus gobiernos; Angela Merkel en Alemania, Michelle Bachelet en Chile, o Cristina Fernández en Argentina. Mujeres que, en el mundo de la política, los negocios y las ciencias, han alcanzado puestos de poder, evidenciando sus habilidades naturales y sus capacidades adquiridas. Es posible que Gabriel García Márquez pensara en estos logros femeninos cuando dijo: «En todo momento de mi vida hay una mujer que me lleva de la mano en las tinieblas de una realidad que las mujeres conocen mejor que los hombres y en las cuales se orientan mejor con menos luces».

Aplaudimos el desempeño de estas mujeres. Sin embargo, la aspiración de la mujer cristiana va mucho más allá. Nuestro anhelo no es ser poderosas, sino estar llenas de poder. No solo del que emana de nuestras capacidades, habilidades y talentos, sino especialmente del que proviene de Dios, que nos ayuda a cultivar un corazón ardiente para luchar contra el pecado y nos fortalece para transformar lo que no está de acuerdo con la voluntad de Dios en nuestro entorno. Elena G. de White escribió: «La influencia refinadora y suavizadora de las mujeres cristianas se necesita en la gran obra de predicar la verdad» (*El evangelismo*, cap. 14, p. 345).

Supliquemos con fervientes oraciones cotidianas el poder de Dios, y será derramado abundantemente a través del Espíritu Santo. Esta es una petición que complace al Señor. Él está dispuesto a hacerse cargo de la vida que dócilmente entrega su voluntad, doblega su yo, y se compromete con determinación a permanecer firme, aunque las circunstancias sean adversas.

Es innegable que vivimos tiempos difíciles. Las mujeres espiritualmente frágiles pueden sucumbir con mucha facilidad. En cambio, quienes estén llenas del poder de Dios lograrán superar cualquier circunstancia adversa, y así salvarán sus hogares y ayudarán a salvar al mundo para la eternidad. No trates de ser una mujer poderosa, mejor procura ser una mujer llena del poder de Dios, y todo lo demás vendrá por añadidura. Esa es la promesa del Señor.

Este es el mes para renovar tus suscripciones de 2014. Hazlo cuanto antes (ver página 373).

Demos paso a las nuevas generaciones

No hagan nada por egoísmo o vanidad; más bien, con humildad consideren a los demás como superiores a ustedes mismos. Cada uno debe velar no solo por sus propios intereses sino también por los intereses de los demás. La actitud de ustedes debe ser como la de Cristo Jesús, quien, siendo por naturaleza Dios, no consideró el ser igual a Dios como algo a qué aferrarse.
Filipenses 2: 3-6

Hace algún tiempo asistí a un seminario para matrimonios en el que compartiría algunas charlas con una de mis antiguas alumnas, a quien aprecio ya que, cuando fui maestra de secundaria, estuvo en varias de las clases que me tocó impartir.

Ahora, después de unos cuantos años, hemos dejado de vernos como maestra y alumna. Más bien nos tratamos como dos profesionales que realizan su trabajo en un mismo campo. Mi alumna se ha convertido en una excelente psicóloga clínica, y en aquella ocasión me dejó asombrada por la forma en que compartía sus conocimientos. Debo confesar que en más de un caso consideré conveniente reforzar mis charlas utilizando varias ideas de ella.

Algunas de nosotras hemos permanecido en el escenario de la vida durante varias décadas y nos hemos acostumbrado a ello. Sin embargo, es bueno reconocer que llega el momento en que debemos ceder el lugar a las generaciones más jóvenes que vienen detrás de nosotras. Al tomar en cuenta que poseemos un mayor cúmulo de experiencias, podremos asumir la posición de mentoras y guías.

Del mismo modo, al llegar el momento apropiado, Juan el Bautista fue capaz de decir respecto a Jesús: «A él le toca crecer, y a mí menguar» (Juan 3: 30). Ojalá podamos tener esa misma actitud al ver cómo surgen nuevas dirigentes en un mundo de rostros renovados. Las ideas jóvenes son frescas e inyectan nuevos ánimos; lo rutinario sufrirá cambios, y la manera de hacer las cosas variará. Todo esto es algo siempre bueno y deseable.

Sentarnos a ser espectadoras, escuchar en vez de hablar, aceptar indicaciones en lugar de darlas, demuestra madurez y equilibrio mental. Podremos actuar así si la humildad de Cristo se convierte en una virtud de nuestro carácter.

Querida hermana, un buen pensamiento para el día de hoy es: «El altivo será humillado, pero el humilde será enaltecido» (Prov. 29: 23).

Este es el mes para renovar tus suscripciones de 2014. Hazlo cuanto antes (ver página 373).

Las cuatro estaciones traen alegría

Me has dado a conocer la senda de la vida; me llenarás de alegría en tu presencia, y de dicha eterna a tu derecha.
Salmo 16: 11

Los días grises repletos de nubes cargadas de lluvia son mis favoritos. Me dan la oportunidad de mirar a mi interior, y esto me permite meditar en la grandeza de Dios. Y qué decir de la llegada explosiva de la primavera, que hace brotar millones de capullos de mil colores que deleitan la vista y perfuman cada bocanada de aire.

Es entonces cuando los pétalos caídos anuncian los frutos que darán alimento a todos los seres que se nutren y gozan de la opulencia del verano. Más tarde, cuando el otoño, con su tinte ocre, hace su llegada, toda la natura se adormece, dándonos la promesa de un nuevo y pronto renacimiento.

La vida se asemeja a las estaciones del año. El verano de la vida está adornado de risas y llantos infantiles, que son una promesa de futuro. La primavera se adorna con los encantos juveniles, y todas quisiéramos permanecer en ella eternamente, debido a la abundancia de bienes y alegrías que nos provee. Los adultos, vestidos de otoño, son serenos y productivos. Están en la cúspide de la realización personal; caminan seguros, pues poseen un bagaje de ricas experiencias que los hace útiles para hacer madurar y crecer a las nuevas generaciones. Los que están en la etapa del invierno ven desfilar a los nuevos participantes de la carrera de la vida, ahora más tranquilos, y en paz, satisfechos por la labor cumplida, libres de toda prisa.

Querida hermana, disfruta la estación vital en la que te encuentras. No te detengas en el pasado, ni desaproveches las oportunidades del presente. Aprovecha las buenas experiencias de antaño para construir tu vida en el «aquí y ahora». Continúa con alegría. Todas las etapas traen consigo grandes desafíos y hermosas sorpresas que debes aprender a disfrutar. Todo tiempo es bueno para crecer, servir al prójimo y alabar a Dios.

Plena de confianza y fe agradece a Dios por cada aliento, por cada día vivido, por cada año cumplido, pues constituyen las más grandes bendiciones del Señor. Tenemos una hermosa promesa que debe transformarse en el aliciente diario para vivir: «Yo he venido para que tengan vida, y la tengan en abundancia» (Juan 10: 10).

Este es el mes para renovar tus suscripciones de 2014. Hazlo cuanto antes (ver página 373).

No mires por el espejo lateral

Ahora vemos de manera indirecta y velada, como en un espejo;
pero entonces veremos cara a cara. Ahora conozco de manera imperfecta,
pero entonces conoceré tal y como soy conocido.
1 Corintios 13: 12

La mayoría de los automóviles tiene escrita una frase en uno de los espejos laterales que dice algo así como: «Los objetos que se ven en este espejo están más cercanos de lo que parece». Por supuesto que es una advertencia, para que el conductor no sufra un engaño visual que lo lleve a tener un accidente.

Los objetos están mucho más cercanos de lo que aparentan. Si el conductor no toma en cuenta la advertencia del fabricante, las consecuencias pueden ser fatales. En esos espejos los objetos no solamente se ven más distantes, sino que también parecen más pequeños. Algunas personas viven como si estuvieran mirando por un espejo lateral, y por ende se colocan en un grave peligro. En ese caso, quienes lo hacen serán engañados, pensando que Dios está lejos de nosotros, cuando en realidad está más cerca de lo que imaginamos.

Cuando dejamos de contemplar la visión celestial para mirar por uno de esos espejos, no solamente nuestros sentidos pueden resultar engañados, sino que también nuestra fe y nuestra confianza en Dios pueden debilitarse. Pensamos y creemos que el Señor se mantiene distante y lejano. Los problemas y las circunstancias difíciles podrían hacernos perder la perspectiva de un Dios cercano y amoroso, atento a nuestras necesidades. Es en esos momentos cuando debemos recordar: «El Señor está cerca de los quebrantados de corazón, y salva a los de espíritu abatido» (Sal. 34: 1).

Amiga, si hoy el espejo de la vida te muestra una imagen velada, reducida y lejana de Dios, no te dejes engañar, solamente recuerda que:

- «El Señor está cerca. No se inquieten por nada» (Fil. 4: 5-6).
- «Muy cercano está para salvar a los que le temen, para establecer su gloria en nuestra tierra» (Sal. 85: 9).
- «El Señor está cerca de quienes lo invocan, de quienes lo invocan en verdad» (Sal. 145: 18).
- «Ahora en Cristo Jesús, a ustedes que antes estaban lejos, Dios los ha acercado mediante la sangre de Cristo» (Efe. 2: 13).

Este es el mes para renovar tus suscripciones de 2014. Hazlo cuanto antes (ver página 373).

La autenticidad como un sello de garantía

Nos consuela en todas nuestras tribulaciones para que con el mismo consuelo
que de Dios hemos recibido, también nosotros podamos consolar
a todos los que sufren. Así como participamos abundantemente en los sufrimientos
de Cristo, así también por medio de él tenemos abundante consuelo.
2 Corintios 1: 4-5

Hoy en día es común encontrar objetos falsos que se ofrecen como genuinos. La música y las películas se venden de manera «pirata»; asimismo el calzado y la ropa, las joyas y una interminable cantidad de objetos que tan solo son réplicas mal confeccionadas de los originales. Únicamente al obtener un certificado de autenticidad podemos estar seguras de que un artículo costoso que hayamos adquirido es verdadero.

En el ámbito espiritual también sucede algo parecido. Se ofrece un cristianismo falso a la vuelta de cada esquina, como la solución a los problemas de los seres humanos. En consecuencia a muchos individuos les atrae comprar una verdad que no es legítima. Una verdad barata, de consumo masivo. Un cristianismo carente de compromisos, desprovisto de renuncias. Una verdad religiosa sin cambio de vida, sin sacrificios. Una espiritualidad que, parapetada detrás de la cruz, se acomoda a toda circunstancia humana.

Todo hombre y mujer que anhelan ser cristianos deberán buscar en la vida de Jesucristo el sello de autenticidad. Cuando caminamos con él y vivimos su vida y su muerte, entendemos que nuestra experiencia cristiana no debe estar basada en la comodidad y en la satisfacción de nuestros deseos personales.

¡El cristianismo verdadero produce cristianos verdaderos! Hombres y mujeres que están dispuestos a seguir el consejo del apóstol Pablo cuando dijo: «Por tanto, hagan morir todo lo que es propio de la naturaleza terrenal: inmoralidad sexual, impureza, bajas pasiones, malos deseos y avaricia, la cual es idolatría» (Col. 3: 5).

Amiga, Dios desea hacer de ti una cristiana genuina, en cuyo hogar se enarbole la bandera de la verdad a cualquier precio. El Señor anhela que seas de las mujeres dispuestas a sufrir por Cristo para llevar la salvación a tu hogar, a la iglesia y a la comunidad.

Que tu oración en este día incluya las palabras del apóstol Pablo: «Para mí el vivir es Cristo y el morir es ganancia» (Fil. 1: 21).

Este es el mes para renovar tus suscripciones de 2014. Hazlo cuanto antes (ver página 373).

Aprende a esperar

Mi justicia no está lejana; mi salvación ya no tarda. ¡Estoy por traerlas!
Concederé salvación a Sión, y mi esplendor a Israel.
Isaías 46: 13

Todas nos hemos impacientado en alguna ocasión al estar atrapadas en el tránsito sin poder avanzar ni retroceder. Los minutos se hacen eternos, sobre todo si en la agenda diaria tenemos fijado el tiempo y el lugar donde debemos comparecer. Muchas veces, cuando estamos en esta situación, desconocemos lo que pasa delante de nosotras, y entonces somos presa de la desesperación y las especulaciones.

Es frecuente que en la carrera de la vida enfrentemos situaciones parecidas. Tenemos que «parar» y «esperar» y, al igual que sucede en el tráfico lento, ignoramos por qué, y somos presa de la impaciencia. Cuando Dios nos dice «detente» y «espera», seguramente tiene propósitos que, aunque no estén al descubierto, son los mejores.

Esperar activamente es la opción que nos ayudará a permanecer en calma hasta recibir la orden de avanzar. Deberíamos orar sin cesar, meditar en la Palabra de Dios para recibir referencias y señales divinas que nos digan que la espera ya llega a su fin.

Antes del extraordinario cruce del Jordán los israelitas recibieron la orden de acampar a sus orillas. La orden de Dios fue: «Cuando vean el arca del pacto del Señor su Dios, y a los sacerdotes levitas que la llevan, abandonen sus puestos y pónganse en marcha detrás de ella. Así sabrán por dónde ir, pues nunca antes han pasado por ese camino» (Jos. 3: 3-4). Después de haber cruzado en seco, erigieron un monumento conmemorativo como testimonio de los milagrosos actos de amor de Dios hacia sus hijos.

Amiga, es posible que algún proyecto de tu vida esté en espera de la respuesta de Dios. Tal vez de pronto te asalte el pensamiento de que los buenos planes que has hecho para tu vida no se han concretado. Quizá hace mucho que suplicas para que por fin te cures de una enfermedad... Nunca pienses que el Señor tu Dios está lejano. Ten la seguridad de que tu espera terminará cuando Dios te muestre con claridad el camino que debes seguir. Cuando tu fe fortalecida te lleve a cumplir su voluntad; cuando permitas que el Señor te lleve de la mano por la senda de tu vida y no tengas la tentación de enorgullecerte de tus triunfos, sino que glorifiques a Dios, entonces llegará la orden de marchar y la espera habrá terminado.

Este es el mes para renovar tus suscripciones de 2014. Hazlo cuanto antes (ver página 373).

Una iglesia fuerte está formada por familias consagradas

Por tanto, imiten a Dios, como hijos muy amados, y lleven una vida de amor, así como Cristo nos amó y se entregó por nosotros como ofrenda y sacrificio fragante para Dios.
Efesios 5: 1-2

La fortaleza de una iglesia se mide por la de las familias que la forman. Cuando el evangelio de Cristo es una experiencia viva en el seno de una familia, todos sus miembros serán portadores de las mejores dádivas del cielo. En su diario caminar serán un testimonio vivo del poder del evangelio, y un apoyo sustentador que ayude a la iglesia a cumplir con su misión redentora y salvífica en beneficio de los pecadores.

Las familias unidas a Cristo, en cuyo seno las virtudes de Dios se cultivan y expresan, constituyen el mejor sermón que el mundo que no conoce a Jesús puede escuchar. Las madres y los hijos, los esposos y las esposas cristianas que siguen las instrucciones de Dios para la familia, formarán núcleos fuertes y comprometidos.

Las esposas que sin temor ni prejuicios permanecen sumisas a sus esposos, como lo pide el Señor, alimentarán en el corazón de ellos un sentido de valor personal, favoreciendo así una convivencia saludable en las relaciones entre hombres y mujeres dondequiera que se encuentren. Los esposos que aman a sus esposas como a sus mismos cuerpos y mantienen su voto de fidelidad, siembran alegría en el corazón de sus cónyuges alentando en ellas una disposición natural que las llevará a aceptar el liderazgo de los varones con humildad y sin recelos.

Los hijos que obedecen a los padres recibirán por recompensa una vida abundante de acuerdo a la promesa del Señor: «Honra a tu padre y a tu madre —que es el primer mandamiento con promesa— para que te vaya bien y disfrutes de una larga vida en la tierra» (Efe. 6: 2-3). Los padres que corrigen a sus hijos sin causarles enojo, y les presentan una imagen de autoridad amorosa, ganarán a sus vástagos para el reino de los cielos.

Dios establece y organiza a la familia para nuestro bienestar y felicidad aquí en la tierra; y también para prepararnos para que formemos parte de la gran familia de Dios. Muy pronto, cuando el Señor venga, las familias terrenales serán reunidas y convocadas a un festín en el reino de los cielos que nunca tendrá fin.

Querida hermana, ¡prepárate junto a los tuyos para ese gran encuentro!

Este es el mes para renovar tus suscripciones de 2014. Hazlo cuanto antes (ver página 373).

El perdón proviene de Dios

Dichoso aquel a quien se le perdonan sus transgresiones, a quien se le borran sus pecados. Dichoso aquel a quien el Señor no toma en cuenta su maldad y en cuyo espíritu no hay engaño.
Salmo 32: 1-2

Cuando nuestro corazón ha sido lastimado y nuestro ego pisoteado, lo más natural es experimentar sentimientos negativos hacia quien nos hizo daño. El rencor y el resentimiento pueden hacer presa de nuestro espíritu, y si permanecemos en dicha condición durante mucho tiempo, la cosecha será una enorme carga de amargura.

Es entonces, al estar en dicho estado, cuando aparece ante nosotros la solución de Dios: perdonar. Muchas veces nos resistimos, o no sabemos cómo hacerlo. Sin lugar a dudas el perdón es un atributo de la personalidad de Dios y algo incompatible con la naturaleza humana que de por sí es egoísta y soberbia.

Ofrecer perdón es una bendición múltiple. Cuando lo brindamos, aportamos a la vez salud física, emocional y espiritual a nuestra vida. Entregamos nuestra voluntad a Dios para que él defienda nuestra causa y nos vindique, algo que trae paz a nuestro espíritu. Por supuesto, cuando perdonamos, estamos en mejores condiciones de alcanzar el perdón de Dios para nuestros pecados.

Para que podamos perdonar a quienes nos ofenden, es necesario que confesemos, pidamos y aceptemos el perdón divino para nuestra vida. En la Palabra de Dios leemos: «Él perdona todos tus pecados y sana todas tus dolencias» (Sal. 103: 3). Reconocer nuestra indignidad y pedir a Dios que nos perdone, nos lleva a desarrollar una actitud de compasión y perdón hacia los que han intentado hacernos daño. Es entonces cuando «la paz de Dios, que sobrepasa todo entendimiento, cuidará sus corazones y sus pensamientos en Cristo Jesús» (Fil. 4: 7).

Querida hermana y amiga, hoy es un buen día para poner fin a tus rencores y resentimientos, en caso de que los tengas. Inclínate reverentemente delante de Dios, acepta su perdón para tu vida y deposita tus causas en sus manos; él peleará por ti y serás una mujer enteramente libre. Que tu oración para este día sea: «Señor, oye mi justo ruego; escucha mi clamor; presta oído a mi oración, pues no sale de labios engañosos. Sé tú mi defensor, pues tus ojos ven lo que es justo» (Sal. 17: 1-2).

Este es el mes para renovar tus suscripciones de 2014. Hazlo cuanto antes (ver página 373).

Para acabar con la contaminación, cuida tu mente

Dios no nos llamó a la impureza sino a la santidad; por tanto,
el que rechaza estas instrucciones no rechaza a un hombre sino a Dios,
quien les da a ustedes su Espíritu Santo.
1 Tesalonicenses 4: 7-8

La preocupación de los gobernantes por la contaminación ambiental en el mundo aumenta a diario. Se han diseñado planes y estrategias para erradicar muchas malsanas prácticas relacionadas con ella. Sin embargo, los intentos, aunque bien intencionados, no han rendido los resultados esperados. Nosotras, las hijas de Dios, sabemos que este es uno de los resultados inevitables del pecado.

Sin embargo, hay un tipo de contaminación que es el arma favorita de Satanás para destruir a los seres humanos: la contaminación de la mente. La mente es la generadora de nuestros pensamientos, y de ellos se desprenden las actitudes que finalmente se trasforman en acciones concretas. Elena G. de White, al referirse a la importancia de vigilar la mente, escribe: «Como centinelas fieles, han de guardar la ciudadela del alma, y nunca sentir que pueden descuidar su vigilancia ni por un momento» (*Mente, carácter y personalidad*, tomo 1, cap. 9, p. 84).

Nuestros pensamientos pueden verse contaminados por todo lo que vemos y oímos, e incluso por lo que comemos. En muchos de nuestros hogares hemos consentido la entrada a la contaminación mental al permitir un uso sin control de televisor e Internet. A través del uso irregular de esos medios se puede contemplar toda clase de actos pecaminosos, y lo peor del asunto es que corremos el riesgo de acostumbramos a ello.

Si en tu hogar los avances tecnológicos contaminan los pensamientos y la vida de sus miembros, es necesario que traces un plan de recuperación antes de que sea demasiado tarde. En la Palabra de Dios leemos: «Despójense de toda inmundicia y de la maldad que tanto abunda, para que puedan recibir con humildad la palabra sembrada en ustedes, la cual tiene poder para salvarles la vida» (Sant. 1: 21).

Mi querida amiga, nosotras las madres, las reinas del hogar, debemos mantener un código de pureza que impida que nuestros hijos y que nosotras mismas caigamos en la contaminación mental mencionada por el apóstol. La autoridad amorosa, el dominio propio y la ayuda divina son las armas más poderosas para erradicar el pecado y la contaminación moral de nuestros hogares.

Este es el mes para renovar tus suscripciones de 2014. Hazlo cuanto antes (ver página 373).

Si trabajas para Dios, no importa quién sea tu jefe

¿Has visto a alguien diligente en su trabajo? Se codeará con reyes,
y nunca será un Don Nadie.
Proverbios 22: 29

Desde que los seres humanos dimos la espalda a Dios, nos hemos visto sometidos a diversos tipos de yugos que nos imponen otras personas. Ya sea que se nos llame sirvientes, obreros o empleados, todos estamos sujetos a la autoridad de un superior o de un jefe. A nuestra naturaleza pecaminosa no le gusta el concepto de autoridad porque rechaza todo lo que suene similar a sometimiento y obediencia.

Sin embargo, a Dios le agrada que tengamos la actitud adecuada ante nuestros superiores, a los que debemos lealtad, respeto y obediencia. La propia Biblia lo dice: «Esclavos, obedezcan a sus amos terrenales con respeto y temor, y con integridad de corazón, como a Cristo. No lo hagan solo cuando los estén mirando, como los que quieren ganarse el favor humano, sino como esclavos de Cristo, haciendo de todo corazón la voluntad de Dios» (Efe. 6: 5-6).

Estar sujetos a la autoridad de nuestros jefes o empleadores con humildad y buen espíritu es una actitud que adorna el carácter de los hijos de Dios, sin importar quiénes sean ni cómo sean. Seremos servidores responsables y honestos, independientemente del salario que tengamos. Reconoceremos en todo momento y circunstancia que el trabajo es una bendición de Dios y nos dará alegría realizarlo. Sabemos que tras todo esfuerzo vendrá la recompensa: «Lo que ganes con tus manos, eso comerás; gozarás de dicha y prosperidad» (Sal. 128: 2).

Amiga, si en este momento te encuentras a punto de salir a tu lugar de trabajo, deseo invitarte a generar en tu interior una buena disposición de ánimo, y lo conseguirás si piensas que tu jefe supremo es Cristo Jesús. Cuando pienses así, tu jornada diaria será placentera y también será el medio más eficaz para llegar a la cúspide de la autorrealización, porque «el de manos diligentes gobernará; pero el perezoso será subyugado» (Prov. 12: 24).

No repares en esfuerzos. Sé confiable y diligente; busca siempre poner un sello de calidad a todo lo que hagas, pues «las manos ociosas conducen a la pobreza; las manos hábiles atraen riquezas» (Prov. 10: 4).

Este es el mes para renovar tus suscripciones de 2014. Hazlo cuanto antes (ver página 373).

Armando el rompecabezas de la vida

Desde el cielo Dios contempla a los mortales,
para ver si hay alguien que sea sensato y busque a Dios.
Salmo 53: 2

¿Has intentado alguna vez ordenar las piezas de un rompecabezas? Sin duda el momento más emocionante es cuando tomas la última y te das cuenta de que encaja perfectamente en el único espacio que queda vacío, mostrándote el cuadro completo. Ese acto representa un premio a tu laboriosidad y dedicación. Por el contrario, nada más frustrante que no encontrar la última pieza cuando todas las demás están perfectamente acomodadas. La belleza de un cuadro o de una imagen queda reducida a un hueco que no sabemos cómo ni con qué llenar.

Me gustaría comparar la obra de la vida con un rompecabezas de varios miles de piezas que vas colocando día a día, a lo largo de los años. Algunas de las piezas se pueden colocar en forma casi automática, prácticamente sin titubear; no obstante, otras se irán acomodando con el tiempo, a través del ensayo y del error.

El rompecabezas de la vida es diferente para cada persona. El único aspecto común a todos es el anhelo de ver la obra terminada, para así disfrutarla a plenitud. Lamentablemente, ese es un placer que no todos pueden disfrutar, si es que la pieza más importante está perdida.

Amiga mía, Dios debe ocupar el lugar principal en la obra de tu vida; él es esa «pieza única» que da sentido y significado a todo lo que dices y haces. Es lo que hace que tus planes prosperen, lo que te impulsa a lograr tus objetivos. Si la dejas fuera quedará un hueco en tu vida que nada ni nadie podrá ocupar, pues «el corazón humano genera muchos proyectos, pero al final prevalecen los designios del Señor» (Prov. 19: 21).

No dejes que la obra de arte que es tu vida quede inconclusa. Si la pieza más importante para que llegues a ser una mujer satisfecha y realizada está perdida, entonces búscala y colócala en el centro de tu corazón. Cuando lo hayas hecho podrás exclamar: «Me has dado a conocer la senda de la vida; me llenarás de alegría en tu presencia, y de dicha eterna a tu derecha» (Sal. 16: 11).

Este es el mes para renovar tus suscripciones de 2014. Hazlo cuanto antes (ver página 373).

Somos herederas de las riquezas celestiales

Así que mi Dios les proveerá de todo lo que necesiten,
conforme a las gloriosas riquezas que tiene en Cristo Jesús.
Filipenses 4: 19

Cuando leemos las palabras que Jesucristo nos dice: «Pidan, y se les dará», creo que no pensamos en la magnitud de dicha declaración. Nuestra mente es limitada y apenas podemos entender que Dios satisfará medianamente nuestras necesidades materiales y espirituales básicas. Sin embargo, lo que está más allá de nuestro entendimiento, lo que no podemos entender a cabalidad, es que Dios quiera hacernos partícipes de todos los tesoros del cielo y de la tierra.

La visión que tenemos de los dominios del Señor es pobre y escasa. Quizá ni siquiera podamos imaginar los bienes perecederos que podríamos obtener en esta tierra, muchísimo menos creer que las riquezas eternas de Dios también están a nuestra disposición. «Así que no se afanen por lo que han de comer o beber; dejen de atormentarse. El mundo pagano anda tras todas estas cosas, pero el Padre sabe que ustedes las necesitan. Ustedes, por el contrario, busquen el reino de Dios, y estas cosas les serán añadidas» (Luc. 12: 29-31).

Muchos consideran que pueden disponer a su antojo de los bienes que Dios les ha concedido. La actitud que nosotras asumamos respecto a los bienes terrenales es parte de la preparación que nos permitirá ser partícipes de las riquezas celestiales. Si nuestra vida aquí se caracteriza por el despilfarro y el derroche de lo poco o mucho que tenemos; si somos egoístas y mezquinas con los pobres y desamparados; si escatimamos compartir nuestros bienes para que la obra de Dios en esta tierra termine; indudablemente no estaremos preparadas para ser herederas de las riquezas celestiales.

Por el contrario, si un espíritu de dadivosidad nos mueve a compartir lo que tenemos con los pobres; si con generosidad proveemos para el avance de la obra de Dios en esta tierra, y usamos responsablemente los bienes materiales que Dios nos ha dado por su gracia y misericordia, estaremos preparadas para administrar las bodegas celestiales.

Amiga, revisa tu bolso antes de salir, y proponte usar con responsabilidad los recursos que Dios ha puesto en tus manos. Su consejo respecto a las posesiones terrenales es: «Las riquezas no son eternas ni la fortuna está siempre segura» (Prov. 27: 24).

Este es el mes para renovar tus suscripciones de 2014. Hazlo cuanto antes (ver página 373).

La provisión de Dios
es más grande que tus necesidades

Honra al Señor con tus riquezas y con los primeros frutos de tus cosechas.
Así tus graneros se llenarán a reventar y tus bodegas rebosarán de vino nuevo.
Proverbios 3: 9-10

Afanarnos buscando recursos para cubrir nuestras necesidades es un mecanismo de supervivencia. Dios, que nos conoce, lo sabe, por eso nos dice: «Fíjense en las aves del cielo: no siembran ni cosechan ni almacenan en graneros; sin embargo, el Padre celestial las alimenta. ¿No valen ustedes mucho más que ellas?» (Mat. 6: 26).

El ejemplo de las aves nos recuerda la necesidad de tener fe, confianza y seguridad de que nada nos va a faltar. La vida sencilla de los pajaritos debe hacernos comprender que la opulencia no proporciona felicidad, y que Dios siempre tiene cosas buenas para cada uno de sus hijos.

En una sociedad consumista que día a día intenta crear nuevas necesidades; en un medio que nos lleva de manera incesante a desear la posesión y el disfrute de mil y un artículos, podríamos pensar que Dios no nos bendice de acuerdo con nuestra devoción a él, cuando no podemos conseguir todo lo que deseamos. Nos olvidamos de que los almacenes del cielo pueden vaciarse infinitamente sobre los hijos y las hijas del Dueño del universo.

Las personas que padecen escasez en sus vidas harían bien en reflexionar con humildad respecto al uso que hacen de los bienes que poseen. Deberían tomar en cuenta que «el Señor no deja sin comer al justo, pero frustra la avidez de los malvados» (Prov. 10: 3).

Los bienes que poseemos son prestados. Debemos recordar que nos son concedidos con un propósito: para hacernos reconocer la bondad de Dios y para que desarrollemos un espíritu de gratitud, generosidad y satisfacción. La ropa que adquirimos es para cubrir nuestra desnudez, no para presumir de cuántas prendas diferentes tenemos. Los alimentos sirven para mantener una vida saludable, no para fomentar la glotonería. El dinero que ganamos es para obtener aquello que nos provea bienestar, no para derrocharlo en placeres. Las propiedades son para enseñarnos a ser humildes y agradecidos, jamás deben tener el propósito de estimular o fomentar la codicia.

Querida hermana, en este día disfruta y confórmate con todo lo que Dios te da. Agradece incluso por lo que no tienes. Haciendo así aprenderás a depender más de Dios.

Este es el mes para renovar tus suscripciones de 2014. Hazlo cuanto antes (ver página 373).

Disfrutemos de nuestro trabajo

Cuídense de no echar a perder el fruto de nuestro trabajo;
procuren más bien recibir la recompensa completa. Todo el que se descarría
y no permanece en la enseñanza de Cristo, no tiene a Dios;
el que permanece en la enseñanza sí tiene al Padre y al Hijo.

2 Juan 8-9

Es muy poca la gente para quien su rutina diaria consiste en trabajar poco y descansar mucho. La mayoría de la gente trabaja mucho y descansa poco. Los que trabajan únicamente por un salario desaprovechan la oportunidad de gozar y disfrutar de lo que hacen. Sus jornadas de trabajo se vuelven interminables y tediosas, y por consiguiente, su productividad desciende y finalmente, quiérase o no, surgen sentimientos de frustración y fracaso.

Dios asignó el trabajo a los seres humanos como una fuente de bienestar y realización personal. Cuando el Señor puso a Adán en el huerto del Edén, le encargó cuidar y cultivar, no solo el hermoso huerto, sino también sus propias capacidades, dones y habilidades personales. Es únicamente así como los seres humanos podemos llegar a ser personas realizadas y, por ende, felices.

El trabajo es una bendición, pues además de proveernos el sustento diario, es el único medio para descubrir y pulir nuestras capacidades. Da vigor al cuerpo y nos ayuda a desarrollar cualidades como la dedicación, la constancia y la laboriosidad.

Querida hermana, por último, te puedo decir que el trabajo nos infunde vida y nos aleja de la ociosidad. Esta última puede hacerse adictiva e incluso paralizar el desarrollo personal. La consigna de Dios para todo trabajador abnegado es: «Todo lo que te venga a la mano, hazlo con todo empeño; porque en el sepulcro, adonde te diriges, no hay trabajo ni planes ni conocimiento ni sabiduría» (Ecle. 9: 10).

Amiga, si hoy, al despertar, reconoces tener sentimientos adversos respecto al trabajo que te espera, llénate de energía divina, piensa positivamente. No cuentes tus jornadas en horas, cuéntalas en logros obtenidos, objetivos alcanzados, satisfacciones experimentadas, cansancio saludable y, sobre todo, el reconocimiento de Dios, que llegará a ti en las siguientes palabras: «¡Hiciste bien, siervo bueno y fiel! Has sido fiel en lo poco; te pondré a cargo de mucho más. ¡Ven a compartir la felicidad de tu señor!» (Mat. 25: 23).

¡Atrévete a ver tu trabajo no como una carga, sino como una fuente inagotable de crecimiento personal!

Este es el mes para renovar tus suscripciones de 2014. Hazlo cuanto antes (ver página 373).

Una mujer con compromisos

«Todo está permitido», pero no todo es provechoso.
«Todo está permitido», pero no todo es constructivo.
Que nadie busque sus propios intereses sino los del prójimo.
1 Corintios 10: 23-24

A las mujeres de hoy nos ha tocado vivir en un mundo que a diario nos empuja a tomar parte activa en el desenlace de la historia. Por tanto, se supone que hemos de ser mujeres comprometidas. Si nos mantenemos apartadas, indiferentes al ir y venir de la vida, sin enfrentar los desafíos y los riesgos que conlleva, desaprovecharemos oportunidades de crecimiento al mismo tiempo que nos privaremos del privilegio de aportar al desarrollo de quienes nos rodean.

Por supuesto, el primer compromiso que debemos asumir es con Dios y con nosotras mismas. Una mujer comprometida con Dios reconoce que ha sido dotada con habilidades que debe desarrollar y poner al servicio de su Creador; además de que ese acto le causa una enorme alegría.

Un compromiso con nosotras mismas nos llevará a una constante preparación intelectual, a una rica vida espiritual y a cuidar de nuestro cuerpo. Asimismo, a tener una actitud mental positiva centrada en Dios, para que seamos mujeres con salud integral.

La vida familiar también nos exige un compromiso decidido. Es necesario que seamos una fuente de apoyo para quienes forman parte de nuestro núcleo familiar. Jamás hemos de ser mujeres solitarias, concentradas únicamente en nosotras mismas. Sabemos que Dios se agrada cuando, con espíritu solidario, nos ocupamos de los demás. Busquemos y aprovechemos oportunidades de servicio, así como aquellas que nos ayuden a pulir nuestros dones y talentos.

Otro aspecto que necesita un compromiso de nuestra parte es el social. No estamos solas en el universo. Si alguien necesita lo que tú tienes, con generosidad debes compartirlo. Hay hermanas nuestras que necesitan orientación, guía y dirección. Si todo lo anterior es algo que les podemos ofrecer, las más beneficiadas seremos nosotras. Al compartir nuestros talentos y bendiciones, pondremos a un lado el egoísmo y olvidaremos muchas de nuestras cargas personales.

Amiga, ¡hoy es un buen día para crecer y para contribuir a que los demás también lo hagan! El Señor será tu ayudante. No te quedes como espectadora de la vida. Recuerda, el día de rendir cuentas delante de Dios llegará pronto.

Este es el mes para renovar tus suscripciones de 2014. Hazlo cuanto antes (ver página 373).

Recordar su sacrificio nos llena de inspiración

Por lo tanto, hermanos, tomando en cuenta la misericordia de Dios, les ruego que cada uno de ustedes, en adoración espiritual, ofrezca su cuerpo como sacrificio vivo, santo y agradable a Dios.

Romanos 12: 1

Cuando Jesucristo estuvo en la tierra compartió su amor al mismo tiempo que realizó numerosos sacrificios. Cada episodio de su vida estuvo definido por la abnegación. Mientras caminaba por los polvorientos caminos de Galilea, Cristo sanaba, enseñaba y predicaba acerca del gran amor del Padre.

No existe registro alguno de su vida que nos diga que Jesús actuó movido por el egoísmo, o por sus intereses personales. Culminó su ministerio terrenal regalándonos libertad y vida mediante su sacrificio en la cruz. Se sometió voluntariamente al calvario, derramó su sangre y con ella hizo realidad la promesa de una vida nueva. Estuvo dispuesto a morir por los pecados del mundo, aunque él jamás hizo nada malo o incorrecto. «Ustedes saben que Jesucristo se manifestó para quitar nuestros pecados. Y él no tiene pecado» (1 Juan 3: 5).

Hermana, el ejemplo del Señor debería inspirarnos a vivir una vida semejante a la de él. Nos movemos en un mundo en el que cada ser humano declara ser autónomo e individual, lo cual lo vuelve indiferente, y por tanto ajeno, a las necesidades del prójimo; siempre en busca del beneficio personal. Puede ser que en ocasiones olvidemos el bien común, así como la consigna donde Dios nos dice: «Ninguno de nosotros vive para sí mismo, ni tampoco muere para sí» (Rom. 14: 7).

Recordar el sacrificio de Cristo en la cruz y meditar en ello nos llevará a darnos cuenta de que no merecemos todo aquello que hoy poseemos y todo cuanto somos. El ejemplo de Jesús nos ayudará a transitar por el camino de la humildad y la generosidad. Al mismo tiempo nos daremos cuenta de que el precio de nuestra libertad fue nada más y nada menos que la sangre del Hijo de Dios.

Amiga querida, hoy, antes de iniciar tu rutina diaria, reserva un poco de tiempo para meditar en el sacrificio de Cristo en el monte Calvario. Te llevará a reconocer tu indignidad. Te sentirás especial y privilegiada. Aprenderás a contar cada una de las bendiciones que recibes diariamente de la mano del Salvador, y te animarás a compartirlas con los débiles y los necesitados.

Este es el mes para renovar tus suscripciones de 2014. Hazlo cuanto antes (ver página 373).

¡Las delicias del descanso!

Vengan a mí todos ustedes que están cansados y agobiados,
y yo les daré descanso. Carguen con mi yugo y aprendan de mí,
pues yo soy apacible y humilde de corazón, y encontrarán descanso
para su alma. Porque mi yugo es suave y mi carga es liviana.
Mateo 11: 28-30

El descanso está catalogado como una de las necesidades básicas del ser humano. No así el ocio, que puede ser una de las peores armas que se vuelven contra nosotros. Alguien que vive en la ociosidad no posee el elemento motivador que conduce al cumplimiento de metas. Es un hecho que una vida sin metas carecerá de sentido y, aquel que vive de ese modo, se mantendrá como un simple observador del avance de los demás mientras oscila entre sentimientos de impotencia y hastío.

El descanso ideal es aquel que surge de una jornada de trabajo productivo. Provee al obrero la reparación de las capacidades físicas, mentales y espirituales. Le provoca una grata sensación del deber cumplido, dando como resultado una vida plena y satisfactoria.

Nuestro Dios, quien nos dio el trabajo como una fuente de bendiciones, hizo provisión para el descanso del trabajador desde el principio de los tiempos. Con ese propósito estableció dos períodos especiales. Ellos son la noche, y el sábado.

Únicamente los seres humanos, así como algunos animales nocturnos, son los que dan la nota discordante en esta maravillosa sinfonía. Hemos hecho de las noches días, y de los días noches, distorsionando los propósitos divinos.

El Señor dijo: «Trabaja seis días, y haz en ellos todo lo que tengas que hacer, pero el día séptimo será un día de reposo para honrar al Señor tu Dios» (Éxo. 20: 9-10). Dios apartó el sábado con la única intención de encontrarse con nosotros y proveernos paz interior, alimento para nuestra fe y, sobre todo, satisfacción al espíritu fatigado y cargado.

Amiga, recoge tu espíritu al llegar la noche y descansa en el Señor. El sueño del trabajador es dulce y reparador. Al mismo tiempo, cuando el santo sábado se acerca, llénate de alegría, pon fin a tus faenas terrenales y prepara tu cuerpo y tu mente para entrar en armonía con el Creador. No permitas que una actitud irreverente interrumpa el refrigerio espiritual que Dios tiene preparado para ti y para tu familia.

Este es el mes para renovar tus suscripciones de 2014. Hazlo cuanto antes (ver página 373).

¡Quiero alabarte, mi Señor!

Quiero alabarte, Señor, con todo el corazón,
y contar todas tus maravillas. Quiero alegrarme y regocijarme en ti,
y cantar salmos a tu nombre, oh Altísimo.
Salmo 9: 1-2

El espíritu de alabanza es una de las actitudes que más beneficios nos aporta. Cuando reconocemos todos los favores que Dios nos concede, nos llenamos de una fuerza interior y experimentamos gozo, ánimo y gratitud. Al hacerlo no habrá mayor alegría que expresar esa maravillosa certeza, manifestada en armoniosas notas musicales o en dulces versos llenos de fervor; o quizá en alguna otra manera que exprese cuánto agradecemos al Señor por todo lo que él nos prodiga.

¿Habrá alguna manera de fomentar o de generar un espíritu de alabanza? ¡Por supuesto que sí! La alabanza es más que dar las gracias. Es un reconocimiento de la grandeza y la magnificencia de Dios. Consiste en reconocerlo como soberano en nuestra vida. Alabar equivale a rendir nuestra voluntad ante su grandeza incomparable, inmutable y eterna. Es decir, una vez que reconocemos nuestra indignidad, podemos decir como el salmista: «¿Qué es el hombre, para que en él pienses? ¿Qué es el ser humano, para que lo tomes en cuenta?» (Sal. 8: 4). La verdadera alabanza surge cuando nos damos cuenta de que Dios envió a su hijo para ser nuestro Salvador personal, ofreciéndose a llevar nuestra carga de pecado.

Cuando alabamos, nos unimos al gran coro angelical, y a toda la creación, para ofrecer un concierto sublime que conmueve al universo y a la vez nos vivifica. Como bien dijo el predicador británico George Campbell Morgan: «Alabar a Dios es la verdadera y más alta función del lenguaje humano». Hoy es un buen día para hacer evidente nuestra alabanza a Dios por todos los bienes recibidos de su mano.

- *Alaba a Dios por lo que eres.* Somos hijas de Dios; a pesar de lo que hayamos hecho, Dios no tomará en cuenta nuestra maldad (1 Juan 3: 1).
- *Alaba a Dios por lo que tienes.* Todas nuestras posesiones vienen de su mano generosa (Sal. 2: 8). Somos mayordomos de Dios, como lo fue Adán en su momento.
- *Alaba a Dios por lo que significas para él.* Eres su hija amada (Juan 1: 12), alguien que goza del amor y del aprecio de Dios.

Este es el mes para renovar tus suscripciones de 2014. Hazlo cuanto antes (ver página 373).

Como adornos de un palacio

Que nuestros hijos, en su juventud, crezcan como plantas frondosas;
que sean nuestras hijas como columnas esculpidas para adornar un palacio.
Salmo 144: 12

La maternidad hace aflorar lo mejor de nosotras. Cuando somos madres enten-demos con un poco más de claridad el gran amor de Dios. Nos volvemos ca-paces de las más increíbles proezas, y podemos dejar a un lado nuestras necesidades para atender las necesidades de nuestros hijos. En todos nuestros sueños ellos están presentes. Nuestro anhelo es que lleguen a una madurez plena, y que desarrollen una vida de servicio a Dios y al prójimo.

Pero como dijo alguien: «Tener hijos buenos no es casualidad». Y por supuesto que no lo es, la maternidad implica fortaleza, dedicación, abnegación, sacrificio, valentía y perseverancia. Con estos ingredientes, además de la dirección divina, nuestros hijos serán «como flechas en las manos del guerrero» (Sal. 127: 4).

El primer precepto de importancia en la educación de un hijo es criarlo en el temor y la instrucción de Dios. Su promesa es: «El Señor mismo instruirá a todos tus hijos, y grande será su bienestar» (Isa. 54: 13). No nos deben temblar la mano ni la voz para corregirlos cuando intenten poner otro fundamento de vida que no sea Cristo. Seamos valientes y fuertes para que nuestro ánimo no decaiga, cuando el hijo entre en rebeldía con Dios y sus padres.

Los hijos deben ser como plantas frondosas. Inculquemos en ellos el buen uso de sus capacidades. El despilfarro de la juventud parece ser el estilo de muchos jó-venes. Cualquier exceso o vicio arruinará tempranamente la vida de los jóvenes que no se hayan entregado en las manos del Señor.

Las madres de poder pasan tiempo de rodillas y tomadas de la mano de Dios. Únicamente así podrán contrarrestar las influencias del mal que rodean a nuestros hijos dentro y fuera del hogar. El Señor dice: «Alrededor de tu mesa, tus hijos serán como vástagos de olivo» (Sal. 128: 3). La familia unida a Cristo será una fuerza real, mientras que nosotras las madres, con espíritu renovado, cada mañana y cada noche presentaremos a nuestros hijos ante el altar.

Amiga, hoy, antes de disponerte a cumplir tus deberes, reúne a tus hijos. Ora por ellos, ínstalos a mantenerse fieles a los valores que les has inculcado, y lo demás déjalo en las manos de Dios.

Este es el mes para renovar tus suscripciones de 2014. Hazlo cuanto antes (ver página 373).

Las actitudes determinan la calidad de vida

Este es el pacto que haré con ellos después de aquel tiempo —dice el Señor—: Pondré mis leyes en su corazón, y las escribiré en su mente.
Hebreos 10: 16

¿Te has preguntado alguna vez por qué algunas personas desarrollan una buena calidad de vida, a pesar de que están rodeadas de circunstancias adversas? ¿Y por qué otras, aun teniendo los vientos a favor, viven en forma miserable? ¿Por qué algunos que reciben las mismas oportunidades viven derrotados; mientras que otros tienen una vida rica y productiva? Aparentemente hay quienes saben sacar jugo a la vida, y otros dejan que la vida les saque el jugo a ellos.

Nuestras actitudes determinan en gran manera nuestra calidad de vida. Son las fuerzas que nos orientan a la hora de enfrentar las demandas y los desafíos de la vida. Nos valemos de ellas para interpretar la realidad, y esto es diferente para cada persona.

Las actitudes tienen componentes cognitivos y emotivos. Esto quiere decir que todas nuestras actitudes tienen que ver con las experiencias vividas y con la interpretación emotiva que hagamos de ellas. El apóstol Pablo, al escribir a los romanos, les exhortó a renovar su entendimiento. Les dijo: «No se amolden al mundo actual, sino sean transformados mediante la renovación de su mente. Así podrán comprobar cuál es la voluntad de Dios, buena, agradable y perfecta» (Rom. 12: 2).

Amiga, si al hacer una análisis de tu vida te das cuenta de que está salpicada de experiencias y emociones negativas, y que de algún modo afectan a tus actitudes y a tu conducta presente, recuerda que Dios puede transformar tu mente para que veas desde una perspectiva diferente tu pasado, y no sea un lastre que te impida disfrutar de la vida y esperar del futuro lo mejor. El consejo divino para este día es: «Con respecto a la vida que antes llevaban, se les enseñó que debían quitarse el ropaje de la vieja naturaleza, la cual está corrompida por los deseos engañosos; ser renovados en la actitud de su mente; y ponerse el ropaje de la nueva naturaleza, creada a imagen de Dios, en verdadera justicia y santidad» (Efe. 4: 22-24).

Te reto a que hagas de este día un cambio radical en tus actitudes negativas, para que así te transformes en una mujer que agrade a Dios y sea un ejemplo digno de imitar.

Este es el mes para renovar tus suscripciones de 2014. Hazlo cuanto antes (ver página 373).

La autocompasión es destructiva

Puse en el Señor toda mi esperanza; él se inclinó hacia mí y escuchó mi clamor.
Me sacó de la fosa de la muerte, del lodo y del pantano; puso mis pies
sobre una roca, y me plantó en terreno firme.
Salmo 40: 1-2

La autocompasión consiste en sentir lástima por uno o una misma, y es el resultado de una baja autoestima. La persona que se autocompadece se considera víctima de las circunstancias y del medio que la rodea. Una persona así se siente acechada y cree que todos quieren sacar provecho a su costa, y esto la hace sufrir intensamente.

La autocompasión es también una excusa para no asumir responsabilidades y hacer compromisos. Quien la adopta se muestra ante los demás como alguien débil y sin recursos, lo que la lleva a vivir a expensas de decisiones ajenas.

John William Gardner, que ocupó varios cargos políticos importantes en los Estados Unidos, habló de la autocompasión de la siguiente manera: «Sentir lástima de uno mismo es uno de los narcóticos más destructivos. Es adictivo, da placer únicamente en el momento, y aleja a la persona de la realidad».

El que siente compasión de sí mismo cuenta su vida por las derrotas, los errores, los traumas, y es incapaz de ver las cosas buenas que la vida le ha dado. Esta es una condición paralizadora que infunde temor.

Las desgarradoras palabras del salmista nos llevan a pensar que en su vida hubo rachas de autocompasión: «Pero yo, gusano soy y no hombre; la gente se burla de mí, el pueblo me desprecia. Cuantos me ven, se ríen de mí» (Sal. 21: 6). Afortunadamente él buscó y encontró en Dios la mejor terapia. No permitió que la autocompasión se convirtiera en el eje de su vida, por eso es que David más tarde pudo decir: «Te exaltaré, Señor, porque me levantaste» (Sal. 30: 1).

Nosotras, como hijas de Dios, estamos expuestas a situaciones adversas en un mundo complicado. A pesar de ello, Dios desea que vivamos en plenitud, esperando la vida venidera que será eterna y sin las consecuencias de la maldad y el pecado.

Recuerda que Dios te creó para volar como las mariposas y las aves, y no para que te sientas como un vil insecto. Agradece por la vida, espera cosas buenas de este día y mírate como lo que eres, una hija de Dios.

Este es el mes para renovar tus suscripciones de 2014. Hazlo cuanto antes (ver página 373).

Cuando estés hablando, ¡escúchate!

Eviten toda conversación obscena. Por el contrario, que sus palabras contribuyan
a la necesaria edificación y sean de bendición para quienes escuchan.
No agravien al Espíritu Santo de Dios, con el cual fueron sellados
para el día de la redención.
Efesios 4: 29-30

Las palabras que pronunciamos, y la forma en que las decimos, dicen mucho más de nosotros que cualquier otra cosa. Estoy segura de que si grabáramos algunas de nuestras conversaciones, al escucharlas más tarde nos sentiríamos abochornadas. La ligereza con que a veces soltamos palabras, frases y expresiones verbales, pregona indudablemente todo lo que abrigamos en nuestro interior. En la Biblia leemos: «De la abundancia del corazón habla la boca» (Mat. 12: 34).

Una manera de escucharnos a nosotras mismas mientras hablamos es observar el efecto que nuestras palabras tienen en la persona o personas que las escuchan. El tono de voz, el contenido, los gestos que hacemos al hablar, forman el todo de una conversación y emiten un mensaje. Una buena palabra, dicha en un tono de desdén, podría causar en la persona que escucha un mal en vez de un bien.

Aunque las mujeres tenemos fama de hablar mucho más que los hombres, en realidad la situación es muy pareja. Los estudios más recientes demuestran que las mujeres pronunciamos aproximadamente 16,200 palabras al día, en contraste con los hombres que, según el mismo estudio, emplean unas 15,600 palabras. Posiblemente la diferencia estribe en que las mujeres sentimos más placer al hablar. Pero sea como fuere, no permitamos que el contenido de algunas de nuestras charlas sean calificadas como palabras «ociosas» (Mat. 12: 36), o expresiones que salen de «labios impuros» (Isa. 6: 5).

Hagamos el esfuerzo de hablar para bendecir y edificar. En la Palabra del Señor encontramos un gran consejo: «Los labios de los sabios esparcen conocimiento» (Prov. 15: 7). Hagamos del maravilloso don del habla una herramienta para alentar al que está caído, motivar al desanimado, proveer compañía al solitario y sanar las heridas del que está lastimado.

Amiga, encontrar las palabras correctas al hablar es uno de los desafíos que tendrás que enfrentar en este día. Recuerda que: «Como naranjas de oro con incrustaciones de plata son las palabras dichas a tiempo» (Prov. 25: 11).

Este es el mes para renovar tus suscripciones de 2014. Hazlo cuanto antes (ver página 373).

¿Eres una persona positiva?

¿Acaso no oirá el que nos puso las orejas, ni podrá ver el que nos formó los ojos?
¿Y no habrá de castigar el que corrige a las naciones e instruye
en el saber a todo el mundo? El Señor conoce los pensamientos
del humano, y sabe que son absurdos.
Salmo 94: 9-11

Cuando charlaba con una amiga respecto a un viaje que ella había realizado a Europa, quedé impresionada al escuchar la cantidad de peripecias y contratiempos que enfrentó. En ningún momento escuché la palabra «disfrutar», menos «gozar», «gustar», «aprender», «conocer». Una emocionante aventura, desde mi punto de vista, se había transformado para ella en una pesadilla. Le incomodó el clima, por lo que no pudo disfrutar de una nevada. No pudo conciliar el sueño, pues tenía que cambiar con frecuencia de alojamiento. El idioma fue otro obstáculo que le impidió conocer a otras personas. Y las largas horas de espera en los aeropuertos «agriaron» su estado de ánimo.

Cuando pienso en todo esto, no me cabe la menor duda de que cada quien vive como desea. Permíteme comparar nuestra mente con el disco duro de una computadora. En él almacenamos lo que nos viene en gana, aunque no siempre guardamos allí todo lo que necesitamos. Algo parecido es lo que hacemos con la mente. Por medio de nuestros sentidos seleccionamos las impresiones que deseamos registrar. Imágenes, sonidos, olores y toques que finalmente darán forma a alguna vivencia que se almacenará en el subconsciente y que podremos guardar en uno de dos tipos de archivos, uno positivo, otro negativo. Es nuestra decisión.

Amiga, actúa en forma inteligente al interpretar la realidad que te rodea. Dios te ha dado potestad sobre tu mente. Todas las experiencias te pueden proveer bienestar. Aprende a desarrollar la habilidad de disfrutar de las pequeñas y grandes bendiciones que Dios te da todos los días, y que a veces tienden a pasar desapercibidas. Deja en el olvido los malos momentos y llénate de buenas impresiones. Te ayudarán a generar sensaciones gratas y placenteras dondequiera que te encuentres, como te encuentres y con quien te encuentres.

La promesa divina para ti es: «La paz de Dios, que sobrepasa todo entendimiento, cuidará sus corazones y sus pensamientos en Cristo Jesús» (Fil. 4: 7).

Este es el mes para renovar tus suscripciones de 2014. Hazlo cuanto antes (ver página 373).

Deshazte del resentimiento y del rencor lo más pronto posible

Restáuranos, Señor, Dios Todopoderoso;
haz resplandecer tu rostro sobre nosotros, y sálvanos.
Salmo 80: 19

El resentimiento implica recordar una y otra vez algún suceso o sentimiento que nos causó desazón, incomodidad o daño. Esto es algo que con el paso del tiempo se podría transformar en rencor. Ese sentimiento repetitivo puede estar dirigido a una persona o a un acontecimiento que nos causó daño o perjuicio. Puede llegar a ser tan dominante, que desgaste nuestra energía. El resentimiento hace que la vida se llene de amargura, algo que podría ser motivo de enfermedades físicas y emocionales, y hasta de la misma muerte.

Quien vive embargado por resentimientos abriga un dolor emocional tan intenso que en ocasiones da lugar a un maléfico deseo de venganza. Por supuesto, con eso nada se gana: únicamente se acrecentarán más los sentimientos negativos, haciendo que el dolor sea más intenso. El individuo se siente atrapado en la hostilidad, que será dirigida a cualquier persona o situación que le haga evocar el sentimiento primario de su dolor.

El único remedio para el resentimiento es el perdón. Esta es la propuesta de Dios para que sintamos paz y nos deshagamos de un dolor o daño que alguien nos ha infligido. Ya que el perdón es un atributo de la personalidad de Dios, nosotros únicamente podremos beneficiarnos de él mediante el auxilio divino. Dios nos ayudará a gozarnos en el perdón cuando nos demos cuenta de que el daño mayor nos lo hacemos a nosotras mismas. Asimismo debemos entender que al perdonar a otros, tendremos acceso al perdón de Dios.

El segundo paso en este proceso sanador consiste en permitir que Dios se haga cargo de nuestras afrentas. Por último, hay que aceptar que la persona que nos ha ofendido ha sido arrastrada por una corriente de mal, y que necesita urgentemente la misericordia y la gracia salvadora de Dios.

Una vez que implementemos el perdón en nuestras vidas podremos levantar el rostro para mirar de frente al mundo sin la vergüenza de haber sido una piedra de tropiezo en la vida de un semejante. Esto te llenará de una sana alegría y podrás disfrutar de la vida sin cargas que enferman el alma. Podrás exclamar llena de confianza, como el salmista: «Por amor a tu nombre, Señor, perdona mi gran iniquidad» (Sal. 25: 11).

Este es el mes para renovar tus suscripciones de 2014. Hazlo cuanto antes (ver página 373).

El esposo perfecto

Yo sé que nada hay mejor para el hombre que alegrarse y hacer el bien
mientras viva [...]. Sé además que todo lo que Dios ha hecho
permanece para siempre; que no hay nada que añadirle ni quitarle;
y que Dios lo hizo así para que se le tema.
Eclesiastés 3: 12, 14

Creo que muchas de las lectoras de este devocional que están en edad casadera
desean que alguna de las meditaciones diarias les provea orientación en la búsqueda de un compañero para sus vidas.

Cuando somos niñas, imaginamos con anhelo a nuestro príncipe azul, que vendrá
a buscarnos sobre un corcel blanco para llevarnos a un hermoso palacio donde seremos
felices para siempre. Este es un buen sueño; pero se trata sencillamente de eso, un
sueño. Despertamos de él cuando la vida nos muestra que la sangre azul no existe, y
que los palacios son cosa del pasado o parte de otra realidad.

Sin embargo, existe una realidad que es aún mejor que la de aquel sueño infantil:
los hombres buenos existen y Dios, de acuerdo a su voluntad, hará provisión de un
buen esposo para la señorita que se lo pida en oración. Las jovencitas han de casarse
con hombres que hagan de la felicidad un hábito, una forma de ser, un estilo de vida.
Quien es feliz hace felices a los demás, así de sencillo, así de fácil.

Seguramente ahora te preguntarás cómo es posible saber si el hombre que ha
escogido tu corazón es alguien realmente feliz. Las señales de felicidad son claras
y fáciles de descubrir. Una persona feliz:

- Teme a Dios y se deleita en obedecerlo.
- Ama la naturaleza y la disfruta.
- Es bondadoso con los animales.
- Es generoso con los necesitados.
- Colabora en proyectos ajenos sin sentir envidia.
- Respeta a sus padres y a las personas mayores.
- Cree en la igualdad de género pero respeta las diferencias individuales.
- Asume sus responsabilidades con seriedad.
- Es honesto en todo lo que hace y dice.

Amiga, la mujer que logra encontrar un hombre con estas cualidades, puedo decirte con poco temor a equivocarme, que ha encontrado a un hombre feliz y seguramente logrará que su compañera de la vida lo sea también.

Este es el mes para renovar tus suscripciones de 2014. Hazlo cuanto antes (ver página 373).

En las manos de Dios

Puse en el Señor toda mi esperanza;
él se inclinó hacia mí y escuchó mi clamor.
Salmo 40: 1

Seguramente más de una vez hemos sido invitadas a poner todos nuestros problemas en las manos Dios. Es posible que muchas hayamos tenido la intención de hacerlo, pero terminamos atadas a nuestras cuitas, sin conseguir despojarnos de ellas de manera eficaz.

Cuando alguien desea poner su vida y sus problemas al cuidado de Dios, debe, como primera condición, tomar la decisión de colocar su voluntad a un lado y dejar que Dios actúe como soberano en su vida y en sus problemas.

La segunda condición consiste en aprender a vivir en el tiempo de Dios. Un tiempo que se mide en forma diferente al nuestro. Muchas veces nos apresuramos y nos adelantamos al Señor, y eso impide que se haga efectiva la solución que él tiene preparada para nosotras.

Deponer nuestras cargas significa no darle sugerencias a Dios respecto a la manera en que deseamos que él se manifieste en nuestra vida y en nuestros problemas. Implica dejar nuestras soluciones a un lado con el fin de permitir que Dios actúe a favor nuestro. Las exigencias que tenemos, muchas veces lo que hacen es poner un freno al gran poder de Dios. Debemos aceptar que «Dios es demasiado sabio para equivocarse y demasiado bueno para negar un bien a los que andan en integridad» (*El camino a Cristo*, cap. 11, p. 143). ¡Confiemos en él!

Por último, nos resta ejercer una fe inquebrantable, aunque las condiciones del entorno estén en contra de nuestras expectativas. «Por la fe Abraham, cuando fue llamado para ir a un lugar que más tarde recibiría como herencia, obedeció y salió sin saber a dónde iba» (Heb. 11: 8).

Caminar por fe, sin ver, sin conocer los resultados finales, pero con la convicción de que serán los mejores; eso es verdaderamente dejar nuestros problemas en las manos de Dios.

Amiga, esta mañana Dios te invita a descansar de tus cargas. Dobla tus rodillas ante su majestad y, con el rostro inclinado, coloca a sus pies todas tus cargas. «Pero tú, espera en el Señor, y vive según su voluntad, que él te exaltará para que heredes la tierra. Cuando los malvados sean destruidos, tú lo verás con tus propios ojos» (Sal. 36: 34).

Este es el mes para renovar tus suscripciones de 2014. Hazlo cuanto antes (ver página 373).

¿Responsables por los demás?

Si uno de los miembros sufre, los demás comparten su sufrimiento;
y si uno de ellos recibe honor, los demás se alegran con él.
1 Corintios 12: 26

En un mundo que fomenta el egoísmo, preocuparnos por los demás parece estar fuera de moda. Mucha gente argumenta que tienen una vida tan atareada, que no les queda tiempo para pensar en sus semejantes, y mucho menos para interesarse en sus problemas.

En las Sagradas Escrituras encontramos una declaración bastante clara al respecto: «Preocupémonos los unos por los otros, a fin de estimularnos al amor y a las buenas obras» (Heb. 10: 24). El apóstol nos dice que no tan solo debemos preocuparnos por los demás, sino que también debemos apoyarlos y contribuir a su crecimiento personal.

Preocuparnos por los demás conlleva ser cuidadosas en nuestro comportamiento para no convertirnos en piedras de tropiezo en la senda ajena. También significa mostrar sensibilidad frente a las necesidades de los demás, unida a una gran dosis de generosidad cristiana. Al aportar una parte de nuestra vida para promover la felicidad de quienes nos rodean se nos facilitará despojarnos del yo y de un sinnúmero de rasgos y prácticas egoístas. Los que viven para sí se encierran en una burbuja de egocentrismo que, en la mayor parte de las veces, les impide disfrutar de la alegría asociada a tener una parte en el crecimiento y el desarrollo personal de sus semejantes.

Nosotras, las mujeres cristianas, hemos sido llamadas a ejercer un ministerio de bondad y de cuidado respecto a nuestras hermanas. Cada una, sin excepción, tiene algo que compartir. Por ejemplo, las madres de más experiencia pueden orientar a las futuras madres en los complicados caminos de la maternidad. Las esposas podemos guiar y aconsejar a las más jóvenes para que formen hogares que honren el nombre de Dios. Las hijas son llamadas a ejercer cuidado y atención amorosa por sus padres, especialmente si estos han llegado a la vejez.

Las jovencitas necesitan ver modelos a seguir en las jóvenes cristianas. Su testimonio ha de servir de inspiración a las que se adentran en el fascinante mundo de lo femenino.

Amiga, seguramente hoy te relacionarás con otras mujeres. Tu presencia y tu influencia quedarán grabadas en ellas como un grato perfume, o como desagradable olor. La decisión es tuya. ¡Marca la diferencia!

Este es el mes para renovar tus suscripciones de 2014. Hazlo cuanto antes (ver página 373).

Enfrentando las críticas

Los maestros de la ley que habían llegado de Jerusalén decían:
«¡Está poseído por Beelzebú! Expulsa a los demonios
por medio del príncipe de los demonios».
Marcos 3: 22

Uno de los asuntos más difíciles de enfrentar exitosamente es la crítica. Sin importar el tipo de personas que seamos, a todas nos hieren las críticas de una u otra manera. Cuando recibimos críticas nos vemos expuestos ante los demás, y eso nos hace sentir vulnerables.

Debemos aceptar que la crítica forma parte de la vida. Desde el nacimiento hasta la muerte, seremos actrices en el teatro de la vida; todo frente a un montón de espectadores que evaluarán cada aspecto de nuestra actuación. Es conveniente tener en mente que el ojo escrutador de los espectadores no siempre estará a favor nuestro.

Aprender a lidiar con la crítica sin que nos afecte emocionalmente es la única forma de vivir con ella. Cuando nos critiquen, nos ayudará pensar que no se trata de un ataque personal que se nos hace, sino que más bien lo que existe es un desacuerdo con lo que decimos y hacemos. Tomemos en cuenta esto, especialmente si viene de parte de nuestros jefes o superiores en el entorno laboral.

En segundo lugar, nos hará bien considerar que si no somos del agrado de alguien (lo cual es inevitable), todo lo que digamos y hagamos será mal visto por esa persona, pero eso no significa que nuestro desempeño haya sido deficiente. Dicha actitud tiene la ventaja de que nos permitirá seguir adelante sin que nuestra autoestima se vea afectada.

Por último, prestemos atención a la crítica y saquémosle partido. Algo de lo que digan de nosotras podría representar un avance, así como una mejora personal, y ayudarnos a hacer las cosas mejor en el futuro.

Amiga, si eres objeto de crítica, ya sea bien o mal intencionada, mantén la calma. Escucha con atención y no te defiendas. Deja que lleguen a tu mente las ideas que te puedan aportar un beneficio y elimina aquellas que de nada te servirán. Reconoce tus errores, dibuja una sonrisa en tus labios y da las gracias.

Dondequiera que vayas lleva contigo el pensamiento que dice: «Quien se conduce con integridad, anda seguro; quien anda en malos pasos será descubierto» (Prov. 10: 9).

Este es el mes para renovar tus suscripciones de 2014. Hazlo cuanto antes (ver página 373).

Despójate del luto

Me has dado a conocer la senda de la vida; me llenarás de alegría
en tu presencia, y de dicha eterna a tu derecha.
Salmo 16: 11

En la mayor parte de las culturas, el color negro representa el luto. En años atrás
todas las personas que perdían un ser querido debían vestir ropa de luto durante
un determinado período de tiempo. En otros lugares del mundo, las viudas debían
vivir en un duelo indefinido y vestir de negro por el resto de su vida. La ropa de luto
pone de manifiesto que la persona que la viste enfrenta un duelo, una pérdida que
causa dolor, sufrimiento y un abatimiento intenso.

Los expertos en salud mental mencionan un período de seis meses para que se
inicie la restauración emocional de alguien que ha atravesado por una situación de
duelo. Por otro lado, consideran que se requieren varios años antes de que se logre
una restauración total. Aún así, hay personas que deciden vivir un luto perpetuo.
Se acostumbran a sufrir y a llorar, se alimentan de la lástima de los demás y no desean disfrutar de los placeres que conlleva vivir.

Las pérdidas de seres queridos son una especie de continuos «baches» en la vida
de los hijos de Dios. La dicha eterna no existe en esta tierra, únicamente la podremos
disfrutar en el reino venidero: «Él les enjugará toda lágrima de los ojos. Ya no habrá
muerte, ni llanto, ni lamento, ni dolor, porque las primeras cosas han dejado de
existir» (Apoc. 21: 4).

Mientras esa promesa se hace realidad, aprendamos a vivir nuestros duelos buscando el consuelo de Dios, y educando nuestra voluntad para salir de ellos. El luto
perpetuo ensombrece el corazón, disminuye las fuerzas físicas y nos aleja del consuelo de Dios.

Confía en el poder sanador de Dios, querida amiga. Permite que cada amanecer
anuncie un nuevo día y un sinfín de nuevas esperanzas que puedes hacer tuyas. Despójate del luto. Recuerda que poner fin a un duelo no significa olvidar; muchas veces
consiste en perdonar, buscar y encontrar un nuevo sentido a la vida. Asimismo, consiste en llenar los espacios vacíos del corazón con nuevos amores, acompañar a los
que sufren, consolar a los abatidos y creer a pies juntillas que Dios conduce tu vida.

Repite con el salmista: «Aun si voy por valles tenebrosos, no temo peligro alguno porque tú estás a mi lado; tu vara de pastor me reconforta» (Sal. 23: 4).

Este es el mes para renovar tus suscripciones de 2014. Hazlo cuanto antes (ver página 373).

Esperando cosas buenas de la vida

Cobren ánimo y ármense de valor, todos los que en el Señor esperan.
Salmo 31: 24

Cuando Douglas Bader perdió sus dos piernas al caer a tierra el avión que pilotaba, pudo haber pensado que había llegado el final de su vida. Sin embargo, Douglas Bader, en plena juventud, sin posibilidades de volver a caminar y menos de pilotar un avión, no se dio por vencido.

En los años siguientes al accidente, todos los que conocían a Douglas vieron en él un ejemplo de entereza, valor, dedicación y esfuerzo. Con dos prótesis volvió a caminar, bailar, jugar al tenis, y lo más admirable de todo, una vez más pudo pilotear un avión. En 1976, la reina de Inglaterra lo condecoró con el título de «caballero» por su trayectoria heroica y singular. Como dato curioso, la historia cuenta que fue el único «caballero» que no ha tenido que hacer la genuflexión ante la reina.

Tal fue la historia de un hombre que estuvo dispuesto a esperar cosas buenas de la vida, aun en medio de la adversidad. ¿Qué lo hizo posible? ¿De dónde provino su fortaleza? Seguramente de dos fuentes. La primera de ellas, el poder de Dios. «¡Sé fuerte y valiente!», es lo único que nos pide el Señor para poder salir de las mejores y peores circunstancias. Por otro lado, la decisión personal intencionada de alguien que no se permitió el lujo de vivir en la autocompasión. Su historia ha servido de acicate para muchos jóvenes que han intentado rendirse ante los obstáculos.

Puede ser que haya algo en tu vida que a ti te parezca un impedimento o una barrera para tu desarrollo y crecimiento. Pueden ser cosas reales, como una enfermedad, una deficiencia física, una incapacidad intelectual. O tal vez esté relacionado a tu origen, a tu condición étnica, a tu medio cultural o a tu posición social. Todo eso puede, si lo permites, transformarse en factores que frenen el desarrollo de tu vida.

No planifiques tu vida en torno a tus limitaciones, porque con toda certeza te vendrán a la mente frases como «No puedo», y te llenarás de temores infundados. Planifícala en relación a los recursos y talentos que Dios te concede, y que es tu responsabilidad utilizar con sabiduría. No te aflijas por lo que no tienes, sino aprende a disfrutar de aquello que sí posees.

Dios ha puesto a tu disposición un sinnúmero de posibilidades, ¡aprovéchalas!

Este es el mes para renovar tus suscripciones de 2014. Hazlo cuanto antes (ver página 373).

La vida conlleva riesgos

Amen al Señor, todos sus fieles; él protege a los dignos de confianza,
pero a los orgullosos les da su merecido. Cobren ánimo y ármense de valor,
todos los que en el Señor esperan.
Salmo 31: 23-24

Cuando nacemos, ya venimos equipadas por el Creador para hacer frente a las demandas de la vida. Los talentos, las habilidades y las capacidades físicas, mentales y espirituales, son las herramientas con las cuales tendremos que enfrentar los riesgos que conlleva vivir en este planeta.

Hay quienes, conscientes de esto, afilan, pulen y emplean sus capacidades, en contraste con aquellos que prefieren dejarse llevar por la inercia de la vida, sin realizar un mínimo esfuerzo. Quien esté dispuesto a enfrentar la vida con todos sus riesgos será un buen protagonista de los acontecimientos que le sobrevengan, y no un simple espectador. Reconocerá que el camino para trascender y lograr los objetivos trazados requiere un gran esfuerzo, tenacidad y diligencia.

Los que crean su propia burbuja de seguridad y se sienten cómodos en ella, se ven privados de la oportunidad de construir una vida exitosa y útil. El reconocido abogado austriaco Peter Drucker dijo: «Donde hay una empresa de éxito, hay alguien que tomó una decisión valiente».

La mexicana Adriana Macías es un ejemplo de perseverancia y dedicación. Llegó a la vida sin dos de las herramientas más importantes que tenemos: los brazos. Sin embargo, esto, lejos de ser un impedimento para ella, fue un acicate que le permitió desarrollarse como persona y como mujer. Hoy, apenas superando los treinta años, es una mujer bella físicamente, abogada de profesión y autora de varios libros, entre los cuales destaca *Abrazar el éxito, sin meter las manos*. Adriana estuvo dispuesta a caminar por la senda del sacrificio y del dolor, logrando que sus piernas y sus pies se transformaran también en sus brazos y sus manos.

Vivir la vida y aceptar los riesgos que conlleva es un acto de valentía y de fe. Valor para evitar los impedimentos y una fe inquebrantable para confiar en que Dios está al mando de la vida de cada ser humano.

Amiga, mírate bien, reconócete como una hija de Dios y pon tus manos a la obra. El Señor despliega constantemente ante ti un mundo de posibilidades.

Este es el mes para renovar tus suscripciones de 2014. Hazlo cuanto antes (ver página 373).

¿Eres consciente de lo que deseas?

**Me has dado a conocer la senda de la vida; me llenarás de alegría
en tu presencia, y de dicha eterna a tu derecha.**
Salmo 16: 11

Alguien dijo: «Quien sabe a dónde va, y qué desea, llega más rápido y mejor».
Por supuesto que esta aseveración la podríamos aplicar a todos los aspectos
de nuestra vida.

Conocer lo que uno desea es sencillamente tener un proyecto de vida que incluya acciones concretas para el logro de metas y objetivos a largo, medio y corto
plazo. Significa tener un plan de ruta de vida en el cual estarán incluidos personas,
lugares, acciones y, por supuesto, lo más importante: Dios. Él le dará seguridad al
caminante, y lo guiará por toda la ruta hasta llegar a la eternidad.

Nuestro mundo está lleno de gente sin metas ni objetivos en la vida. Son como
vagabundos que caminan como errantes solitarios, y probablemente su andar es
torpe y su existencia intrascendente. Pero ese no es el plan de Dios para nuestro
paso por este mundo. La estancia terrenal es un ciclo que comienza el día de nuestro
nacimiento y concluye con el sueño de la muerte. Desde la niñez hasta la senectud,
pasando por la juventud y la edad adulta, la vida presenta sus propias demandas y
desafíos que debemos enfrentar con la dotación de recursos físicos, mentales y emocionales que Dios nos ha dado a cada uno.

Amiga, no importa en qué etapa de la vida te encuentres, enfréntate a ella aceptando los retos con alegría y optimismo. Si tienes un trabajo bien remunerado, no
trabajes únicamente por el dinero, hazlo por el placer que conlleva hacer lo que te
gusta.

Si te relacionas con otras personas, acércate a ellas con sinceridad y procura
aprender de ellas. No hay dos personas iguales. Apóyate en otros para lograr tus
metas y asimismo provee para el desarrollo de los demás. Haz que tu mundo sea
cada día mejor y sin duda también lo será para quienes te rodean.

No pases por alto la voz de Dios, que habla a tus sentidos y a tu corazón.
Cuando te sientas inspirada a realizar una tarea o algún proyecto, no te detengas,
saca fuerza de tu interior y busca hacer la voluntad de Dios. «El Señor dice: "Yo te
instruiré, yo te mostraré el camino que debes seguir; yo te daré consejos y velaré
por ti"» (Sal. 32: 8).

¿Olvidar o perdonar?

Abandonen toda amargura, ira y enojo, gritos y calumnias,
y toda forma de malicia. Más bien, sean bondadosos y compasivos
unos con otros, y perdónense mutuamente, así como Dios
los perdonó a ustedes en Cristo.
Efesios 4: 31-32

He oído en numerosas ocasiones la famosa frase: «Perdonar es olvidar». Pero, ¿será eso realmente posible? ¿Tenemos acaso el poder para desterrar de nuestra mente los recuerdos que nos atormentan y que podrían transformarse con el tiempo en rencores y resentimientos?

Considero que los recuerdos pueden permanecer en nuestras mentes para siempre. Algunos no se podrán borrar ni con el más decidido de los intentos. Podremos hacer todo esfuerzo posible para eliminar de nuestra memoria las reminiscencias de incidentes y personas que nos han hecho daño, pero será una tarea frustrante. Siempre estaremos inclinadas al recuerdo. ¡Es inevitable!

Lo que sí podemos hacer, aunque no resulta fácil, mediante el ejercicio de la voluntad y de la ayuda de Dios, es cambiar las emociones y los sentimientos que experimentamos al traer al consciente hechos y personas desagradables. De no hacerlo, nos haremos daño a nosotras mismas.

Erradica de tu mente todos aquellos sentimientos que te coloquen en condición de víctima; eso te llevará a sentir lástima de ti misma. El dolor moral o emocional se hará más intenso y el resultado final será el rencor y los resentimientos. Para que puedas lograrlo, te será útil recordar que quienes te han hecho daño están prisioneros en un laberinto de egoísmo y de miseria que los empuja a perjudicar a otros para realzar sus existencias.

Cuando lleguemos a esa situación de limpieza mental, estaremos en la antesala del perdón. Ese es un acto que constituye una respuesta de amor dirigida a alguien que te ha herido. Equivale a poner todo el peso de una calumnia, o de una ofensa, a los pies de Jesús. Es vaciar el alma de dolor, pena y amargura permitiendo que Dios cure tu herida.

Amiga, antes de iniciar las actividades de este día, inclínate ante la majestad de Cristo, agradece por el perdón inmerecido que te ha regalado, y luego te resultará más fácil orar y perdonar a quienes te han perjudicado. Recuerda que no fuimos hechas para odiar, sino para amar. Digamos, como el gran escritor Mark Twain: «Perdonar es la fragancia que la violeta exhala, cuando se levanta el zapato que la aplastó».

Sé una constructora de puentes

Mujer ejemplar, ¿dónde se hallará? [...] Cuando habla,
lo hace con sabiduría; cuando instruye, lo hace con amor.
Proverbios 31: 10, 26

Hace unos cuantos meses recibí la visita de una madre y de su hija adolescente. Al sentarse frente a mí parecían dos completas desconocidas la una para la otra; rehuían todo contacto físico. Además, al hablar se descalificaban mutuamente. En cierto momento pensé que si las hubiera dejado a solas, se habrían propinado no solamente duros golpes verbales, sino también puñetazos. Me puse a pensar en la situación, y me pregunté cómo podían haberse alejado tanto dos mujeres que en algún momento de sus vidas habían compartido incluso el mismo torrente sanguíneo.

Este tipo de escenas y desencuentros son cada vez más frecuentes y más dañinos. Las madres y las hijas parecen ir por caminos contrarios hasta llegar a la controversia, y en casos más graves a la confrontación. Muchas madres vuelcan todas sus frustraciones y proyectos inconclusos sobre sus hijas y se vuelven controladoras, autoritarias, críticas e insensibles. No reconocen que la hija tiene una vida propia y que, como madres, tan solo les compete brindar orientación, consejo y guía, además de dar amor. En muchas ocasiones privan a sus criaturas del derecho a construir su propia vida, sembrando graves conflictos emocionales tanto en ellas como en otras personas.

Por otro lado, también hay madres que, afectadas por un pasado conflictivo, no desean intervenir en el desarrollo personal de sus hijas. Se mantienen al margen y argumentan que no están capacitadas para brindar consejos y orientaciones. Las hijas, por su parte, aseguran no sentir el amor de sus madres y eso las lleva a experimentar sentimientos de abandono y distanciamiento. Las consecuencias de esa soledad se verán en el tipo de relaciones que establecerán con otras personas.

A las madres nos corresponde mantener abiertos los canales de comunicación, especialmente cuando nuestros puntos de vista no coinciden con los de nuestras hijas. Somos nosotras, por haber sido antes hijas, las que deberíamos hacer esfuerzos para entender mejor las actitudes de nuestras herederas. Es conveniente tener en cuenta que ellas se esfuerzan ante todo por encontrarles un sentido a sus vidas.

Las madres deberíamos tender puentes si la relación con algunos de nuestros hijos se viera interrumpida. Puentes de amor y de confianza por los cuales nosotras y nuestros vástagos podamos transitar hasta el día en que concluya nuestro peregrinaje.

Atrévete a ser quien eres

Porque somos hechura de Dios, creados en Cristo Jesús para buenas obras,
las cuales Dios dispuso de antemano a fin de que las pongamos en práctica.
Efesios 2: 10

Muchos han comparado el mundo con un teatro, y a los seres humanos con actores. Todos somos protagonistas del drama de la vida, intentamos interpretar nuestro papel lo mejor posible para convencer a los espectadores. Nuestro deseo más profundo es cosechar aplausos y elogios que incluso quizá nunca lleguen; en ese caso pensaremos haber sido reprobados en nuestra actuación.

En realidad, la vida no es una mascarada, ni tampoco una obra teatral en la que los seres humanos representamos personajes, pero sin ser realmente quienes aparentamos ser. La vida en esta tierra es una realidad que debemos enfrentar con autenticidad. Necesitamos ser lo que somos, sin máscaras, ni simulaciones. Hemos de mostrarnos naturales, reales, sinceras, tal como somos.

Ser genuinas, honestas, veraces y confiables es lo mejor que podemos hacer con el fin de alcanzar el éxito. Quien acostumbra a utilizar máscaras y disfraces para ocultar quién es realmente, en algún momento se sentirá cansado o cansada. Y, más pronto que tarde, se descubrirá su teatro.

Descubramos nuestros talentos y démosles uso. Todas los tenemos y, por designio de Dios, son diferentes en cada caso. Somos individuos únicos. No tratemos de ser una persona diferente, atrevámonos a ser quienes somos, nosotras mismas. No abriguemos la idea de que los demás son mejores que nosotras, porque nos hará perder de vista quiénes somos y lo que somos capaces de hacer con la ayuda de Dios.

Amiga, actúa hoy con la confianza de que eres una persona dotada de cualidades y que te corresponde desarrollarlas según tu propio estilo. No intentes aparentar lo que no eres, pues vivirás con el temor latente de que los demás descubran quién se oculta tras tus máscaras. Por otro lado, al hacer un escrutinio de tu vida, probablemente descubrirás que tienes defectos y debilidades. Si ese es el caso, asúmelos con honestidad. Eso te hará recordar que para todo aquello que a ti te resulta imposible, Dios tiene una salida y una respuesta.

Permite que se manifieste esa bella persona que hay en ti. Deja que crezcan sus alas para volar con libertad, teniendo la certeza de que Dios te rescatará en caso de que en algún momento desfallezcas.

La cosecha de la vida

> No se engañen: de Dios nadie se burla. Cada uno cosecha lo que siembra.
> El que siembra para agradar a su naturaleza pecaminosa,
> de esa misma naturaleza cosechará destrucción; el que siembra
> para agradar al Espíritu, del Espíritu cosechará vida eterna.
>
> Gálatas 6: 7-8

Las leyes de la naturaleza nos dicen que no puede haber una cosecha sin que antes se haya sembrado la semilla. Asimismo, que de acuerdo con lo que se siembra, eso mismo ha de cosecharse. Estas leyes naturales que rigen la vida vegetal podrían igualmente aplicarse a la vida de los seres humanos. En la Biblia leemos: «Recuerden esto: El que siembra escasamente, escasamente cosechará, y el que siembra en abundancia, en abundancia cosechará» (2 Cor. 9: 6).

En la cosecha de muchos productos no hay sorpresas. Si la siembra ha sido escasa, la cosecha también lo será; y por el contrario, una siembra abundante dará como resultado una siega abundante; es obvio que los frutos resultantes serán proporcionales a las semillas sembradas.

La cosecha que obtendremos al final de nuestra vida sigue una pauta similar. Nosotras vamos por la vida, y a nuestro propio paso esparcimos poco a poco semillas. La calidad de esas semillas depende mucho de nuestra actitud. Si sembramos semillas de alegría, amor y bondad, nuestra cosecha será abundante y alcanzará para saciar el hambre de amor y de alegría de mucha gente.

Dios nos llama a ser sembradoras prudentes y generosas. El corazón y la mente son los mejores terrenos para sembrar, y en dicha tarea recibiremos el auxilio del Espíritu Santo, quien hará que la semilla germine y dé frutos para la eternidad.

Esparce las preciosas semillas dondequiera que te encuentres. Apela al corazón y a la mente de las niñas, de las jovencitas, de las mujeres adultas y de las ancianas; en fin, siembra en todas las personas que te rodean. Siembra las semillas de esperanza y de gozo, y recibirás de vuelta una abundante cosecha que se traducirá en esperanza y alegría para tu vida.

Amiga, mira a tu alrededor. Los campos están listos para la siembra. Escoge como semillas las virtudes del carácter de Cristo, reprodúcelas en tu vida y sal a los campos del mundo a sembrar mientras haya tiempo. Recuerda que pronto el divino Sembrador regresará a segar la cosecha y a repartir a cada quien según la obra que haya realizado.

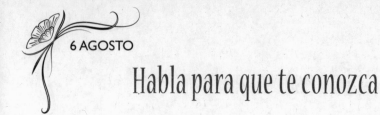

Habla para que te conozca

Evita las palabrerías profanas, porque los que se dan a ellas se alejan cada vez más de la vida piadosa, y sus enseñanzas se extienden como gangrena.
2 Timoteo 2: 16-17

Sócrates, el renombrado filósofo de la antigua Grecia, se distinguió por sus excelentes métodos de enseñanza. Acostumbraba a decir cuando le presentaban a alguien: «Habla para que yo te conozca».

Cuánta verdad hay en esta expresión, que no está relacionada con la capacidad visual. Conocemos quién es una persona cuando habla y escuchamos el contenido de sus expresiones. Sus palabras serán una manifestación bastante exacta de lo que hay en su interior. En la Biblia leemos: «El que es bueno, de la bondad que atesora en el corazón produce el bien; pero el que es malo, de su maldad produce el mal, porque de lo que abunda en el corazón habla la boca» (Luc. 6: 45).

Con cada expresión verbal que sale de nuestros labios mostramos de qué material estamos formadas. ¿Qué pensamos de una persona que continuamente habla mal de los demás? ¿Qué te dicen de determinada persona las palabras obscenas y los chistes de doble sentido que brotan de su boca?

Las palabras ponen al descubierto las creencias, los valores, los sentimientos y las emociones de quien las pronuncia. Aunque algunas personas hacen ingentes esfuerzos por ocultar el verdadero sentido de lo que dicen, por alguna «rendija» sus caracteres quedan en evidencia. El apóstol Santiago escribió: «Con la lengua bendecimos a nuestro Señor y Padre, y con ella maldecimos a las personas, creadas a imagen de Dios. De una misma boca salen bendición y maldición. Hermanos míos, esto no debe ser así. ¿Puede acaso brotar de una misma fuente agua dulce y agua salada?» (Sant. 3: 9-11).

El Señor nos dio el maravilloso don del habla con propósitos santos y elevados. Algunos de ellos son:

- **Bendecir.** Significa hacer bien a otros con lo que decimos. La invitación del Señor Jesús es: «Bendigan a quienes los maldicen, oren por quienes los maltratan» (Luc. 6: 28).
- **Edificar.** Hagamos que nuestras palabras ayuden al crecimiento espiritual y emocional de los demás.

Recordemos: «Él murió por nosotros para que, en la vida o en la muerte, vivamos junto con él. Por eso, anímense y edifíquense unos a otros, tal como lo vienen haciendo» (1 Tes. 5: 10-11).

¿Una muñeca de porcelana?

En el seno de tu hogar, tu esposa será como vid llena de uvas;
alrededor de tu mesa, tus hijos serán como vástagos de olivo.
Salmo 128: 5

En las Sagradas Escrituras se presenta a una generación especial de mujeres. En Éxodo 1: 19 encontramos la respuesta que las parteras de Egipto dieron al faraón cuando les preguntó cómo era la situación de las mujeres hebreas: «Resulta que las hebreas no son como las egipcias, sino que están llenas de vida y dan a luz antes de que lleguemos» (Éxo. 1: 19). ¡Aquellas eran mujeres de gran fortaleza!

Las que somos madres, sabemos que dar a luz es un episodio difícil. El dolor físico es tan intenso que únicamente el amor que se siente por el hijo ayuda a pasar por dicho trance. El diseño que Dios utilizó al crear a la mujer es único. La dotó de una inmensa capacidad de ternura, aunque también de una fortaleza extraordinaria. Únicamente una madre puede pujar hasta entregarlo todo para que su hijo nazca. Solo ella puede permanecer más de veinte horas sin dormir con el fin de cuidar de su retoño.

Muchos estudios afirman que, comparada con el hombre, la mujer tiene una mayor capacidad de resistencia. Jocabed cuidó del pequeño Moisés y manifestó gran valor cuando llegó el momento de entregar al hijo de su alma a la hija del faraón. María tuvo las fuerzas para ver a su hijo pendiendo de una cruz y conservar su equilibrio emocional. Ester tuvo el valor para enfrentar a un rey mientras desempeñaba el papel de reina.

La fortaleza es la capacidad desarrollada para enfrentar las dificultades con entereza. Nuestro estilo de vida nos exige entrar en un campo de batalla, asumiendo la fortaleza que proviene de Dios, así como aquella adquirida por voluntad propia; estas son las herramientas indispensables.

No nos comportemos como muñecas de porcelana, frágiles e indefensas. La lucha de la vida nos exige ser mujeres de valor. El bienestar y el destino de nuestra familia y de sus miembros están en nuestras manos. Con ánimo decidido y con empuje singular debemos levantar en nuestros hogares el estandarte del evangelio.

Dios será nuestro auxilio. ¡No tengamos miedo!

Lleno de optimismo

Quien halla esposa halla la felicidad: muestras de su favor le ha dado el Señor.
Proverbios 18: 21

Si tu esposo sale cada día a la calle a ganarse el pan cotidiano y tú permaneces en casa, tienes una tarea muy importante que hacer. La vida fuera de casa es dura y, con el fin de enfrentar adecuadamente el estrés, se necesita una disposición única. Tú debes confeccionar esa armadura especial en casa. Si tu cónyuge sale «gruñendo» y dando un portazo al ir al trabajo, te aseguro que tendrá contratiempos, mal ánimo y muchas probabilidades de tener enfrentamientos con otras personas a lo largo del día.

Por el contrario, si en tu casa se «cocinan» la buena voluntad, la amabilidad y el apoyo, sus habitantes tendrán jornadas de trabajo productivas, disposición de ánimo para llevarse bien con los demás, capacidad para aceptar sugerencias y un profundo sentimiento de satisfacción.

El buen ánimo, así como el malo, se genera en gran medida en el hogar, y el entorno del hogar depende de la poderosa influencia de la madre. Esto lo he comprobado durante mis más de cuarenta años como esposa, y más de treinta como madre.

Debemos esparcir gotas de optimismo y torrentes de alegría en nuestras jornadas hogareñas. Si tú, como ama de casa, te muestras optimista, contagiarás a tu esposo, a tus hijos, hermanos y hermanas, tíos y tías, ¡a todos los que estén cerca de ti! Las mujeres apocadas, deprimidas y enojadizas, cubren a su familia con un manto frío y oscuro de pesimismo y de anticipada derrota. Por lo tanto:

- Espera siempre cosas buenas de la vida y de quienes te rodean.
- Elabora nuevos proyectos.
- Ríete con frecuencia.
- Agrega una gota de humor a los momentos difíciles.
- Busca y encuentra el lado bueno de la gente. ¡Seguro que lo tienen!

Por último, recréate en el gran amor de Dios, y disfruta al máximo el privilegio de ser su hija.

La apariencia del esposo habla mucho de su cónyuge

Mujer ejemplar, ¿dónde se hallará? [...] Anda en busca de lana y de lino,
y gustosa trabaja con sus manos.
Proverbios 31: 10, 13

Camisas planchadas, calcetines limpios y todo bien acomodado en un cajón del armario; un perfume varonil; corbatas sin manchas y navajas de rasurar nuevas, son los mejores artículos de belleza que todo varón aprecia. La imagen que tu esposo presenta en su trabajo, ante sus compañeros, ante sus amigos y ante los vecinos, es vital para que tenga éxito como persona. No necesitamos tener cuerpos perfectos, ni tampoco llenar los armarios con ropa costosa para mostrar una buena imagen. Únicamente hacen falta dos elementos: buen gusto y pulcritud.

El arreglo personal de su esposo es la mejor promoción que una esposa hace de sí misma. No importa lo «arregladitas» que andemos nosotras, si nuestro esposo es la personificación del mal gusto y del descuido en su arreglo personal, quedará en entredicho la clase de esposas que somos.

Mucha gente dice que los varones acunan con más denuedo el niño que todos tenemos dentro. Muchos de ellos esperan de su esposa asesoría y consejo a la hora de escoger su indumentaria, así como lo hace un chico. Hazlo con gusto, como si fueras tú la que va a vestir determinada prenda. Los cuellos arrugados, los puños ennegrecidos, las corbatas manchadas, los calcetines rotos, la falta de pulcritud en el corte de pelo, te dejan a ti muy mal parada en cualquier lugar donde tu esposo se presente.

Amiga, en esta época en la que hay tanta tecnología, todavía existen el agua y el jabón, las agujas y las planchas. Si no tienes los medios económicos para encargar a otras personas el cuidado de la vestimenta de tu esposo, ¡hazlo tú misma! Esta puede ser una de las mejores demostraciones de amor y cuidado. Piensa que la apariencia personal de tu esposo depende en gran medida de ti. No importa si él se desempeña como ejecutivo de una gran empresa, o quizá como conductor de taxi, comerciante o albañil. El asunto es que necesita verse bien para sentirse bien, y te aseguro que igualmente te sentirás también orgullosa al verlo feliz.

Haz que por tu medio se cumpla en tu esposo lo que el sabio escribió: «Su esposo es respetado en la comunidad; ocupa un puesto entre las autoridades del lugar» (Prov. 31: 23).

¿Qué opinión tienes de ti misma?

Marcharé al frente de ti, y allanaré las montañas; haré pedazos las puertas de bronce y cortaré los cerrojos de hierro. Te daré los tesoros de las tinieblas, y las riquezas guardadas en lugares secretos.
Isaías 45: 2-3

La conversación que sostuve con ella duró más o menos una hora, y durante todo ese tiempo el tenor de la charla fue el mismo. Muchas veces la escuché decir: «Soy una tonta». «Yo tengo la culpa». «Todo me sale mal». Confieso que fue agotador.

Intenté de muchas maneras refutar las expresiones descalificadoras que profería de ella misma, pero no lo conseguí. Traté de que se juzgara con menos dureza, pero fue imposible. Me despedí de aquella dama con la seguridad de que no estaba en condición de cambiar la manera en que se percibía a sí misma. Me pareció que la posición de víctima le resultaba cómoda, pues podría culpar a medio mundo de sus fracasos, sin hacerse responsable de ellos. Aunque era una mujer físicamente atractiva, intelectualmente preparada y que gozaba de una buena posición social, tenía una pésima opinión de su persona.

De la valoración que hagamos de nosotras mismas dependerá la consideración que los demás nos extiendan. La persona que se considera de poco valor será tratada a la ligera. Pero quien sea consciente de su valor y de sus capacidades, se tendrá en alta estima y también lo expresará a otros.

Esa opinión acerca de uno mismo comienza a formarse durante las primeras etapas de la vida, y a veces la adquirimos de nuestros padres, hermanos, maestros, amigos, y más tarde de las personas que poco a poco aparecen en nuestras vidas. Hay algunas jóvenes que son apoyadas emocionalmente, son amadas y valoradas, y eso las ayuda a desarrollar personalidades saludables. Por el contrario, las que viven en contacto con personas hostiles, tendrán carencias emocionales que bien podrían marcar sus vidas.

Afortunadamente, las consecuencias de haber vivido en un medio hostil se pueden revertir al poner a prueba nuestras capacidades, aceptando retos y sobre todo al entregar nuestras vidas en manos de Dios. Nadie que haya entregado su vida a la dirección divina, estará determinado al fracaso. Él nos hizo para lo bueno y lo superior.

Querida hermana, ¡aférrate hoy al Señor con la certeza de que Dios pagó por ti un precio elevadísimo!

Se necesitan conductoras

Por la mañana hazme saber de tu gran amor, porque en ti he puesto mi confianza. Señálame el camino que debo seguir, porque a ti elevo mi alma.
Salmo 143: 8

Por lo general, las mujeres no gozamos de un gran prestigio en lo que se refiere a conducir automóviles. Por eso me sorprendí al ver un letrero en una agencia de autobuses de turismo: «Se necesitan conductoras». El anuncio era real, y supongo que los administradores de la empresa de autobuses descubrieron algún rasgo excepcional en la naturaleza femenina que consideraron necesario y útil para su empresa.

Apliqué dicho anuncio a otros aspectos de la vida, y estuve de acuerdo con su premisa. Los hogares, las familias, los hijos; todos necesitan *conductoras*, y esta es una necesidad que cada día se vuelve más apremiante. Muchos hogares caminan sin rumbo porque carecen de una madre y esposa que los conduzca.

Se necesitan mujeres que, con una elevada visión y bajo la dirección de Dios, se esfuercen por guiar a sus familias al logro de metas y objetivos definidos. Mujeres que, con claridad de propósitos, preparen hogares para el reino de los cielos y hagan de Jesucristo su guía y consejero.

En el extraordinario desempeño de Abigaíl (1 Sam. 25) encontramos personificada a una mujer *conductora*. Frente a los errores de su esposo, supo manejar las circunstancias de tal forma que evitó una cátástrofe de consecuencias fatales. Ella supo actuar en el momento oportuno. Abigaíl:

- Demostró humildad y paciencia.
- Fue prudente al actuar.
- Tuvo un carácter a prueba de crisis.
- Mostró un espíritu de servicio.

Esa destacada mujer fue premiada por el Señor, al mismo tiempo que su malvado esposo fue librado de la muerte a manos de los seguidores de David. Todo gracias a la actuación inteligente de una «mujer conductora».

Amiga, echa tú también mano de los recursos que Dios te ha dado, y decide que serás la encargada de guiar tu propia vida, y por ende la de tus seres queridos.

El destino glorioso que espera a las «conductoras» que se entregan en las manos de Dios ¡es la patria celestial!

¡Pon manos a la obra!

Tú les das, y ellos recogen; abres la mano, y se colman de bienes.
Si escondes tu rostro, se aterran; si les quitas el aliento, mueren y vuelven al polvo.
Pero si envías tu Espíritu, son creados, y así renuevas la faz de la tierra.
Salmo 104: 28-30

Hoy me gustaría hablar de las manos femeninas, que han sido motivo de inspiración de muchas canciones y poemas. Manos de mujer, que mecen la cuna y que curan las heridas. Manos que abrazan y consuelan a los desamparados. Manos que, con firmeza, conducen al niño que desconoce el camino que emprenderá en la vida. Manos que saben dar una caricia a la amiga que sufre, y al esposo cansado. Manos de mujer, por las que debería fluir todo el amor de Dios a los seres que sufren, que suplican amor, que viven en soledad, que anhelan aprobación. Como dice un poema muy popular: «Una mujer fuerte, es una mujer "manos a la obra"».

Esa es la invitación de hoy: que pongamos nuestras manos a la obra. Hay demasiado que hacer, pero tan solo mediante la ternura que destila de las manos de una mujer podrá ser realizado. La mujer virtuosa «tiende la mano al pobre, y con ella sostiene al necesitado» (Prov. 31: 20).

Quien está agobiado por la tristeza es terreno fértil para que tus manos abran un surco en su corazón abatido, y siembren esperanza. Si lo consigues, la bendición será recíproca: «El que ayuda al pobre no conocerá la pobreza; el que le niega su ayuda será maldecido» (Prov. 28: 27).

Manos de mujer, laboriosas e incansables. Manos de costureras, de enfermeras, de maestras y de cocineras. Manos que, mientras cumplen con sus labores cotidianas, remiendan con hilos de amor los corazones rotos y curan las heridas con el ungüento del perdón. Son maestras del bien y escriben mensajes de amor en los renglones torcidos del alma que sufre. Son las que preparan el menú de la alegría cuando la familia se reúne en torno a la mesa familiar.

Amiga, es hora de que mires tus manos y, en forma reverente, le pidas al Señor que las limpie del mal y las use para el bien. Estoy segura de que, al terminar el día, recibirás el más delicioso y puro de los toques. ¡El toque de las manos de Dios!

La excelencia y la exigencia
son dos conceptos que se parecen

Ustedes, por su parte, ambicionen los mejores dones.
1 Corintios 12: 31

Hoy en día, la mayor parte de los seres humanos aspira a que se diga de ellos que tienen un desempeño excelente. Sin embargo, son pocos los que conocen el significado de la verdadera excelencia y están dispuestos a pagar el precio de la misma. La exigencia es la mejor senda para llegar a la cima de la excelencia. Quien aspira a alcanzar dicha meta debe esforzarse en dar lo mejor de sí.

Para dar lo mejor de uno es necesario buscar en nuestro interior con el fin de descubrir los recursos que Dios nos ha concedido. Luego, dedicar tiempo y esfuerzo a trabajar con ellos, pulirlos y usarlos a favor de los demás, así como para honrar el nombre de Dios. Ese es el único camino hacia la excelencia, y no siempre resulta fácil. Para algunos significa la negación de deseos personales; suprimir cosas que para otros serían esenciales; tener disciplina y ser capaces de superar los fracasos momentáneos.

Dios quiere que seamos mujeres comprometidas con la excelencia. En la Biblia leemos: «Ustedes, por su parte, ambicionen los mejores dones» (1 Cor. 12: 31). Luego, la pregunta que nos toca formularnos es: ¿Cuál es el límite de esta sana «ambición» personal? Por supuesto, al reconocer que todo talento y don provienen de Dios, nuestra prioridad debería ser ofrecer al Señor y al prójimo un servicio abnegado y de calidad. «Vivan de manera digna del Señor, agradándole en todo. Esto implica dar fruto en toda buena obra, crecer en el conocimiento de Dios y ser fortalecidos en todo sentido con su glorioso poder» (Col. 1: 10-11).

Si nuestra búsqueda de la excelencia no está centrada en Dios, en quien se origina todo don, esta podría convertirse en una búsqueda infructuosa, frustrante y desgastadora. La medida de Dios para la mujer que anhela la excelencia está expresada en su Palabra: «Y todo lo que te venga a la mano, hazlo con todo empeño» (Ecle. 9: 10).

Amiga, al realizar tus faenas diarias, recuerda que Dios espera lo mejor de ti. No importa en qué lugar te encuentres, en tu hogar, en la escuela, en el trabajo, recuerda servir a tu prójimo y glorificar a Dios en todo lo que hagas y también en la forma en que lo hagas.

¿Cuántos años tienes?

Escucha, hijo mío; acoge mis palabras, y los años de tu vida aumentarán.
Yo te guío por el camino de la sabiduría, te dirijo por sendas de rectitud.
Proverbios 4: 10-11

Dicen que la única pregunta que no se le debe hacer a una mujer es: «¿Qué edad tiene usted?». El hecho es que si alguien osa plantearnos esa interrogante, quizá evadimos la respuesta con un toque de humor, o sencillamente mencionamos nuestra edad con una voz apenas audible. Personalmente yo creo que los años vividos no deberían avergonzar a nadie. Aunque quizá nos preocupe el efecto que los mismos hayan causado en nuestras vidas, en caso de que estén vinculados a un estilo de vida cuestionable.

A lo que menos deberíamos temer las mujeres, cuando hemos vivido en armonía con Dios, es a las canas y a las arrugas. Por otro lado, lo que sí debemos respetar son los estragos causados en la vida como consecuencia de malos hábitos, de pecados sin confesar, y de la carga asociada a un marcado sentimiento de culpa.

Los años bien vividos, pocos o muchos, deben hacer honor a lo que eres: una hija de Dios creada a su imagen y semejanza. El paso de los años jamás debería borrar en nosotras esa imagen. Asimismo, el conjunto de esos años debería glorificar el nombre de Dios. Cuando estos dos elementos se conjugan en una mujer cristiana, cada año vivido representa una bendición, no un motivo de vergüenza.

Examínate en el espejo de tu propia existencia. Observa las huellas que los años han dejado en ti. Los surcos formados en la comisura de tus labios, causados por las muchas sonrisas prodigadas, deben llenarte de orgullo. Las manos visiblemente desgastadas por los quehaceres femeninos serán un indicador de la misión cumplida. La espalda encorvada, quizá por todos esos años que pasaste reclinada en la cuna velando el sueño de tus hijos, debería hacerte sentir como una heroína.

La próxima vez que alguien te pregunte cuántos años tienes, responde sin vergüenza. Eres una heroína de la vida. Esparce experiencia, enseñanza y sabiduría apoyándote en cada uno de los años cumplidos, y alaba al Señor por los años futuros que él te regalará.

Aprendamos a descansar en el Señor

Yo me acuesto, me duermo y vuelvo a despertar,
porque el Señor me sostiene.
Salmo 3: 4

«¿Cómo podrá él dormir con todos los problemas que tiene?», me preguntaba una esposa asombrada al comprobar que su cónyuge se iba a la cama y a los pocos minutos quedaba profundamente dormido, aunque enfrentaba numerosas dificultades. Esto parece ser propio de la naturaleza masculina, y no es necesariamente un indicador de despreocupación. Es tan solo una forma varonil de enfrentar la vida.

Muchas de nosotras, sin embargo, con la más leve situación de estrés, entramos en un estado psicológico que nos impide en ocasiones conciliar el sueño. La preocupación parece ser un rasgo distintivo de las mujeres. Si es excesiva puede incluso llevarnos a imaginar situaciones que posiblemente nunca sucederán, e incluso a desconfiar de la protección de Dios.

Todo tipo de preocupación tiene que ver fundamentalmente con tres asuntos vitales: hacer frente al pasado, al presente, y nuestras expectativas del futuro. Cuando nos quedamos atrapadas en las malas experiencias del pasado, ensombrecemos el presente y obstaculizamos todo lo bueno que pueda traernos el futuro. Un pasado rebosante de culpa es la herramienta favorita de Satanás para frenar nuestro desarrollo cristiano. Seguramente el apóstol Pablo era consciente de esto cuando exclamó: «No pienso que yo mismo lo haya logrado ya. Más bien, una cosa hago: olvidando lo que queda atrás y esforzándome por alcanzar lo que está delante, sigo avanzando hacia la meta para ganar el premio que Dios ofrece mediante su llamamiento celestial» (Fil. 3: 13-14).

Por otro lado, un presente ensombrecido por un pasado oscuro podría paralizar la vida e incluso impedir que caminemos en forma resuelta hacia el logro de los propósitos cotidianos. Tal vez una situación similar llevó al salmista a exclamar: «¡Cómo quisiera tener las alas de una paloma y volar hasta encontrar reposo!» (Sal. 55: 6). Es reconfortante saber que Jesús es el amigo fiel que nos ofrece descanso verdadero y permanente. Lo que nos debe llenar de tranquilidad es recordar que el futuro le pertenece a Dios, y que en sus planes para cada uno, él siempre tendrá algo grandioso para ofrecernos si hacemos su voluntad y seguimos sus huellas en el sendero de la vida eterna.

Este es un buen día para recordar las cosas buenas del pasado, para anclar en Dios nuestra seguridad presente ¡y para pensar que aún falta lo mejor!

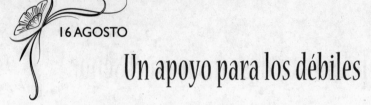

Un apoyo para los débiles

Asimismo, en nuestra debilidad el Espíritu acude a ayudarnos.
No sabemos qué pedir, pero el Espíritu mismo intercede por nosotros
con gemidos que no pueden expresarse con palabras.
Romanos 8: 26

La autocompasión es el recurso favorito de los débiles; es el vehículo en el que se trasladan a todas partes y que parecería estar siempre adornado con la amargura, la ira, el resentimiento, el rencor y el enojo. Sus usuarios se conforman con inspirar lástima para, de ese modo, recibir migajas de afecto. Culpan a los demás de sus fracasos, no se sienten dignos y aseguran que la vida se ha ensañado con ellos. Quien se regodea en la autocompasión es muy probable que llegue a ser rígido y falto de humor, presto a ensombrecer el camino de quienes están a su alrededor.

Una conmiseración enfermiza puede estropear los proyectos de Dios para nuestras vidas, poner límites a nuestro desarrollo e impedir que crezcamos a la estatura de una hija de Dios. ¿Por qué compadecernos, si la vida es el gran regalo de Dios? Mientras dure, podremos contribuir a nuestra felicidad y la de los demás, así como glorificar el nombre de Dios. Aparte de nuestras experiencias, la vida en Dios debería ser un himno de loor al Creador y un canto cotidiano de victoria.

Amiga, viajemos por la vida en el tren de la esperanza, del optimismo, del gozo, del amor y de la confianza. Una vez que dejemos de concentrarnos en nuestros fracasos y defectos para pensar en los demás y agradecer a Dios, podremos decir con el salmista: «Quiero alabarte, Señor, con todo el corazón, y contar todas tus maravillas. Quiero alegrarme y regocijarme en ti, y cantar salmos a tu nombre, oh Altísimo» (Sal. 9: 1-2).

Este es un día de grandes oportunidades, ¡aprovéchalas! Que tu oración sea: «Señor, ayúdame a valorarme de acuerdo al gran precio que Cristo Jesús pagó en la cruz, de tal manera que pueda ser restaurada de todos los aspectos de mi vida».

Dios puede transformar nuestras vidas, la mía y la tuya. Aprovechemos toda oportunidad para contemplar su prodigioso amor en la naturaleza y en la obra transformadora que realiza en las vidas de muchas personas. Dios está a la espera de que le entreguemos nuestros corazones para hacer su gran obra. El gozo y la felicidad pueden ser nuestros.

¡Agradezcamos a Dios hoy y siempre, por todo lo que nos da!

Repara las relaciones rotas

En efecto, nuestros padres nos disciplinaban por un breve tiempo,
como mejor les parecía; pero Dios lo hace para nuestro bien,
a fin de que participemos de su santidad.
Hebreos 12: 10

A poco de redactar estas líneas mi padre, quien en fecha reciente había cumplido 93 años, pasó al descanso. Cuando me avisaron de su fallecimiento, y mientras trataba de sobreponerme al impacto de la noticia, me vinieron a la mente muchos recuerdos y vivencias. A pesar del tiempo transcurrido, los recuerdos se mantenían nítidos en mi mente y mi corazón, ya que fueron muchos los años que convivimos juntos.

A mi padre lo habían criado en la milicia, por lo que le gustaba dar órdenes y que lo obedecieran. Su andar era recio y seguro, y no aceptaba excusas para la desobediencia. Tenía un alto grado de responsabilidad en el cumplimiento de sus deberes y consideraba que si alguien no era puntual en sus compromisos, no era una persona digna de confianza. Se me ocurre, al echar un vistazo al pasado, que esos hábitos laborales, así como su formación, no le permitieron demostrar plenamente la ternura y el amor que estoy segura sentía por sus hijos.

Su personalidad rígida no le permitía mostrar su amor mediante besos y caricias. Nunca consoló nuestras lágrimas, sino que ofrecía soluciones y sugerencias. Me protegió al proveerme abrigo, pero nunca me abrigó con sus brazos. Se preocupó porque siempre hubiera alimento en la mesa familiar, pero hizo poco para mitigar el hambre emocional de la familia. Jugamos apenas unas cuantas veces, nuestras conversaciones fueron superficiales, el contacto escaso; sin embargo, estoy segura de que el amor estaba en su corazón.

Aunque mi padre ya no nos acompaña, lo recordaré siempre sin rencores. Estoy segura de que él creía que estaba dando lo mejor de sí, y sin duda lo hizo, aunque quedaron muchos espacios vacíos en los corazones y almas de sus hijos.

Querida hermana, hay muchas hijas cuyas experiencias quizá estén salpicadas por la falta de cariño y la frialdad. Es posible que a pesar de los años trascurridos las heridas no hayan sanado y que aún duelan. De ser así, habrá que restaurar algunas situaciones. Quizá sea necesario el perdón; en todo caso, no juzgues con dureza a tus padres si esa ha sido tu experiencia. Es mejor que dejes el camino libre para que la justicia de Dios actúe y te restaure.

Recuerda que el único mandamiento con promesa es aquel que nos exhorta a honrar a nuestro padre y a nuestra madre, símbolos y representantes de nuestra dependencia de Dios.

18 AGOSTO

Epidemia de violencia

Oh Señor, líbrame de los impíos; protégeme de los violentos,
de los que urden en su corazón planes malvados
y todos los días fomentan la guerra.
Salmo 140: 1-2

Parece ser que la violencia que se vive en la sociedad actual ha llegado para quedarse. Nos hemos acostumbrado a convivir con ella, de tal modo que, sin darnos cuenta, podríamos incluso establecer patrones de una conducta violenta para resolver los asuntos de la vida diaria.

La cordialidad y la concordia entre los pueblos y las gentes se extinguen poco a poco. Es en extremo devastador el efecto de esa violencia, que rebasa los límites de lo aceptable y que se atreve a instalarse en nuestros hogares. Es lamentable descubrir que los mecanismos para la resolución de conflictos implementados en muchas familias están permeados de violencia.

Vemos que en algunas sociedades los hijos reaccionan con violencia hacia sus padres, desafiando la autoridad paterna mediante una actitud insolente y provocadora. Los padres, por otro lado, se enfurecen con sus hijos cuando estos se atreven a contradecir sus órdenes. La agresión verbal es el arma de muchas esposas para actuar en forma violenta contra sus esposos, y muchos de ellos, cuando tienen un desacuerdo con sus mujeres, hacen alarde de su fuerza física y llegan incluso a agredirlas.

Vivimos en medio de la violencia, pero no hemos sido creados para ella. Esta es una realidad a la que debemos despertar. Hemos de ser pacificadoras. Madres que, con un verdadero sentido de justicia, corrijamos a nuestros hijos con paciencia y bondad. Esposas capaces de poner un candado en los labios cuando los sentimientos negativos estén a punto de brotar en forma de palabras violentas. El consejo de Dios es: «Eviten toda conversación obscena. Por el contrario, que sus palabras contribuyan a la necesaria edificación y sean de bendición para quienes escuchan» (Efe. 4: 29).

Permitamos que, durante el día de hoy, Dios nos utilice como instrumentos de su paz, como elegidas de Dios. Contrarrestemos todo brote de violencia vistiéndonos de bondad, humildad, amabilidad y paciencia, de modo que nos toleremos unos a otros (Col. 3: 12-13).

No en balde Jesús asumió la imagen de un cordero, uno de los animales más mansos de la creación, e incapaz de realizar un acto violento en contra de sus congéneres. Sigamos el ejemplo del Maestro, ¡digamos no a la violencia!

¡Líbrate del miedo!

Tu vida será más radiante que el sol de mediodía, y la oscuridad será
como el amanecer. Vivirás tranquilo, porque hay esperanza;
estarás protegido y dormirás confiado.

Job 11: 17-18

Los temores y las fobias afectan a muchas personas en la actualidad. Uno de los temores más marcados es el que se le tiene a la vida misma. La persona que lo experimenta contempla la vida como un callejón sin salida, como un túnel demasiado oscuro, y por tanto no se atreve a avanzar. ¡Queda literalmente paralizada! Como bien lo expresó la compositora argentina Eladia Blázquez: «El miedo a vivir es señor y dueño de muchos miedos más, voraces y pequeños, en una angustia sorda que brota sin razón, y crece muchas veces ahogando el corazón».

Quien se siente así no experimenta motivación alguna. Es incapaz de trazar ningún proyecto, pues piensa que todo le saldrá mal. Las palabras más frecuentes en sus conversaciones son «fracaso», «error», «frustración». Estas personas renuncian al derecho de vivir por temor a fracasar. Se niegan la oportunidad de poner a prueba sus capacidades, así como las maravillas de la creación de Dios.

Para despojarnos del miedo a la vida es necesario que conozcamos a su Autor. Eso nos ayudará a recordar que, ante cualquier duda respecto a la existencia, él es quien está en la mejor disposición de dar una respuesta. La oración es esa llave que abre las puertas del consultorio de Dios en todo momento.

Comprometerte con Dios a administrar la vida que te ha dado requiere que confíes en él, y también que tengas confianza en ti misma. Si lo haces, podrás marchar hacia el futuro sin temores infundados. Las maravillosas promesas divinas te confirmarán y te llenarán de una nueva alegría de vivir. El Señor te dice: «Busquen el bien y no el mal, y vivirán; y así estará con ustedes el Señor Dios Todopoderoso, tal como ustedes lo afirman» (Amós 5: 14).

Dios te ha dado la vida como un regalo, no como una carga. Necesitas echar mano de tus capacidades. ¡Todos los seres humanos, sin excepción, las tenemos! Busca y encuentra las tuyas, serán el motor que te impulse a cumplir tus metas. Cuando las hayas identificado pide al gran Maestro que te ayude a pulirlas y a ponerlas al servicio de los demás.

Recuerda que el gozo en el servicio es lo que da sentido a nuestra vida. Nos llena de buenos propósitos y nos permite alcanzar la excelencia.

Estrellas en mi corona

Vengo pronto. Aférrate a lo que tienes, para que nadie te quite la corona.
Apocalipsis 3: 11

El gran acontecimiento de mi encuentro final con Dios en la tierra nueva siempre deambula por mi mente. Con los ojos de la imaginación me parece que puedo visualizar el momento en que las manos del Salvador coloquen sobre mi cabeza esa corona que tiene preparada especialmente para mí. ¡Qué momento tan sublime será aquel! Me aferro fuertemente a la esperanzadora promesa que hemos recibido como súbditos del reino eterno: «Cuando aparezca el Pastor supremo, ustedes recibirán la inmarcesible corona de gloria» (1 Ped. 5: 4).

¡Una corona de gloria! Esa será la recompensa visible de la fidelidad que hayamos brindado a Dios a lo largo de nuestra vida terrenal. No sé si todas las coronas serán iguales, pero si tomamos en cuenta que Dios conoce la naturaleza de la mujer, me imagino que pondrá un detalle especial en las coronas preparadas para sus hijas. ¿No te parece que tendría lógica?

¿Cómo serán las estrellas que adornarán tu corona y la mía? Elena G. de White escribió al respecto: «Vi después un gran número de ángeles que traían de la ciudad brillantes coronas, una para cada santo, cuyo nombre estaba inscrito en ellas» (*Eventos de los últimos días*, cap. 19, p. 237).

Cada estrella representa las almas que hemos ayudado a salvar. Representan a todas aquellas personas que la vida y las circunstancias pusieron en nuestro camino, y que finalmente llegaron al cielo gracias, entre otras cosas, a nuestra influencia positiva. Las estrellas serán una señal que los redimidos llevaremos sobre nuestra cabeza. Mostrarán objetivamente el amor compasivo que brindamos a nuestros semejantes de una manera práctica. Brillarán por la eternidad y nos recordarán el esfuerzo que hicimos, con el poder de Dios, para rescatar a los pecadores de la muerte eterna.

¿Cuántas estrellas deseas que tenga tu corona? Entonces, trabaja arduamente ahora para recibirlas después. Mira a tu alrededor. ¡Ese es tu campo de acción! Esas almas hoy perdidas, son las que harán brillar tu corona si las ayudas a acudir a Cristo.

Comencemos ahora, en Jerusalén, y luego en Samaria. En nuestra casa, en nuestra familia, en nuestro entorno. Si trabajas por el Señor, podrás decir con seguridad como el apóstol: «Por lo demás me espera la corona de justicia que el Señor, el juez justo, me otorgará en aquel día; y no solo a mí, sino también a todos los que con amor hayan esperado su venida» (2 Tim. 4: 8).

Sube el siguiente peldaño

«Ya te lo he ordenado: ¡Sé fuerte y valiente! ¡No tengas miedo ni te desanimes!
Porque el Señor tu Dios te acompañará dondequiera que vayas».
Josué 1: 9

Muchos han comparado la vida con una escalera por la que se debe ascender. Cada uno de sus peldaños representa objetivos a alcanzar y desafíos que enfrentar. Únicamente la persona que llegue a la cumbre podrá saborear la gloria de la autorrealización. Por otro lado, la decisión de llegar es personal.

El ascenso requiere inteligencia, cautela, confianza, perseverancia, paciencia y tenacidad. La tarea de subir peldaño a peldaño podría estar acompañada de cansancio, desánimo y caídas que incluso podrían lastimarnos. Me alegra saber que Dios nos hizo para aspirar a lo elevado, a lo bueno, a lo superior, y que a la vez nos capacitó física, mental y espiritualmente para lograrlo. Para eso el Señor únicamente nos pide: «¡Sé fuerte y valiente!» (Jos. 1: 6). Dios sustentará tu espíritu de lucha y te dará la victoria.

Querida amiga, ser una mujer de Dios, ser madre y esposa, o una trabajadora asalariada, exige preparación constante; exige capacitación, estudio y especialización. Cada peldaño alcanzado es una invitación a subir al siguiente. El camino de la superación se transita cuando cada día encontramos un motivo para ser felices y para poner todo nuestro empeño en la realización de las tareas cotidianas, sin importar cuán sencillas nos parezcan. Cuando mostremos gratitud por los grandes favores de Dios y también por sus pequeñas bendiciones, el Señor nos bendecirá ricamente.

Amiga, hoy estás de pie frente a la escalera de tu vida. Es la misma escalera que Jacob contempló en su sueño. Por ella suben y bajan ángeles buscando auxiliar a los seres humanos. No tengas temor de ascender y contemplar la cumbre aunque se encuentre arropada por las nubes. Decide y prepárate a vivir este día como el mejor de tu vida. El mejor día para aprender, crecer, luchar, amar, trabajar, reír, ¡hazlo una realidad! Deposita toda tu confianza en Dios y entrega tu mejor esfuerzo. Recuerda que: «El Señor afirma los pasos del hombre cuando le agrada su modo de vivir; podrá tropezar, pero no caerá, porque el Señor lo sostiene de la mano» (Sal. 36: 23-24).

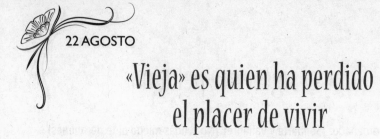

«Vieja» es quien ha perdido el placer de vivir

Los que confían en el Señor son como el monte Sión,
que jamás será conmovido, que permanecerá para siempre.
Salmo 125: 1

«Vieja» es aquella persona que ha perdido el placer por la vida. Las mujeres *avanzadas en años*, en cambio, son las que han acumulado, como si fueran tesoros, alegrías, anécdotas y experiencia. Aunque algunos quizá no deseen convivir con una persona *vieja*, sin embargo todos disfrutan de la conversación y la presencia de una mujer *avanzada en años* que exhala un perfume de satisfacción personal en todos sus actos.

Las mujeres *viejas* huelen a amargura, se visten de luto y apagan la luz de su existencia; se envuelven en mantos de oscuridad y desprecian la vida. No ríen, no lloran, no se emocionan. La risa de los niños les molesta, la algarabía de los jóvenes las irrita. Son las que caminan con la cabeza agachada, pues mirar a los árboles, ver el sol y el cielo ya no tiene encanto para ellas.

Por otro lado, las mujeres *avanzadas en años* tienen recuerdos para compartir, viven con la ilusión de un nuevo amanecer, reconociendo que cada día representa un enigma que resolver con emoción. Son las que conocen y abren el camino para las más jóvenes, y siembran optimismo, e incluso picardía y gozo a cada paso. Son las que, aunque se aproximan al final del camino, se muestran satisfechas, porque han transitado tomadas de la mano de Dios. Confían en él y esperan seguir viviendo en la eternidad.

Con la ayuda de Dios, algunas llegaremos a acumular muchos años. Pero nunca nos haremos viejas. Seremos como el roble que, cuantos más años tiene, más fuerte se hace y ofrece su sombra generosa, debajo de la cual descansa el peregrino de la vida.

Nunca perdamos el encanto juvenil, ni la capacidad de asombro de los niños. Tener años no significa enfermarnos; caminar lento no implica quedar paralizadas. Si no podemos correr, ¡caminemos, juguemos, riamos, emocionémonos, descubramos, a nuestro propio ritmo!

Amiga, trabaja con tus manos sin descuidar tu mente; sobre todo, ayuda al prójimo. Es la mejor terapia para no envejecer. No pienses que el tiempo pasado fue mejor. Descubre tu presente, que seguramente está lleno de sorpresas y emociones nuevas, y vive esperando lo mejor del futuro.

Cuando el sol se pone

Ya no será el sol tu luz durante el día, ni con su resplandor te alumbrará
la luna, porque el Señor será tu luz eterna; tu Dios será tu gloria.
Isaías 60: 19

Nada tan hermoso como el amanecer, excepto un bello atardecer. Cuando llega la aurora, el cielo se matiza de colores dorados y ocres que parecen salidos de la paleta del Artista divino. La frescura del aire matinal penetra los sentidos y, al ser transportadas en las alas de la imaginación, podremos en ocasiones captar una vislumbre de la patria celestial. El amanecer es sinónimo de vida. La naturaleza despierta, las aves elevan sus trinos y los humanos reiniciamos las faenas inconclusas. El amanecer nos pone en acción, genera dinamismo y alegría.

Por otro lado, el atardecer es un espectáculo que arroba el alma y cautiva los sentidos. La mano de Dios diseñó los colores del atardecer. Rojos intensos en la línea del horizonte con los que se despide el sol. El aire se hace fresco y se llena de fragancias húmedas, como cuando la tierra recibe la lluvia generosa. El atardecer que nos ofrece descanso y paz, es a la vez la promesa más segura de un nuevo amanecer. El espíritu entra en un recogimiento que nos acerca a Dios, ante quien nos inclinamos reverentes en muestra de gratitud. ¡El amanecer y el atardecer son dos alegorías de alabanza y gratitud al Creador!

Nosotras somos hechura de Dios. Algunas de ustedes quizá estén en el amanecer de la vida, otras ya hemos entrado al atardecer de la existencia. Sin embargo, todas somos poseedoras de una belleza singular y somos expresiones del amor de Dios. Las jóvenes que están en el amanecer de la vida son promesas por cumplir. Las mujeres adultas que están en el atardecer de la existencia, son como promesas cumplidas. Las jóvenes son el génesis de la existencia humana; mientras que las damas adultas son como el epílogo de los buenos libros: en ellas se encuentra la mejor lección.

Mujer joven, ¡despierta! Tienes mucho que hacer. Levántate con la naturaleza y alaba a Dios. Trabaja, aprende, prepárate. Tienes el tiempo y la lozanía de la juventud a tu favor. Si acaso estás en una etapa madura, piensa que eres la reina del atardecer. Podrás invitar al descanso e infundir paz a los que te rodean. Reposa en los brazos de tu amante Señor y retoma nuevas fuerzas para continuar con la misión de tu vida, de manera que cuando el sol se ponga en tu día, entres en la alegría del eterno amanecer.

¿A qué grupo perteneces?

Bendito el hombre que confía en el Señor, y pone su confianza en él.
Será como un árbol plantado junto al agua, que extiende sus raíces
hacia la corriente; no teme que llegue el calor, y sus hojas están siempre verdes.
En época de sequía no se angustia, y nunca deja de dar fruto.
Jeremías 17: 7-8

Hoy hablaremos de dos tipos de personas, las optimistas y las que confían en Dios. Por supuesto, hay grandes diferencias entre ellas. Los optimistas se concentran en sí mismos. Determinan cómo quieren vivir confiando en sus habilidades. Sacan poder y fuerza de su vida interior. Establecen sus propias estrategias de supervivencia apoyándose en sus habilidades naturales y en sus experiencias cotidianas. Ellos mismos generan la chispa que los impulsa a ser positivos y a ver las cosas por su lado amable. Sin embargo, corren el peligro de agotar sus energías y caer en el derrotismo y en el pesimismo.

Los que confían en Dios, esperan también cosas maravillosas de la vida. No se derrumban por los problemas, ni se dejan intimidar por las dificultades, ya que encuentran en Dios su fortaleza. El Señor es su fuente de poder. Todos los que confían en Dios tienen una fe activa. Saben que su fuerza aumentará cuando hagan uso de ella. Confiar en Dios no significa ser indolentes y negligentes con la parte que nos corresponde hacer. Quienes confían en Dios enfrentan los momentos difíciles en una tranquila espera, pues saben que el Señor está al mando, y que cuando las pruebas hayan terminado cosecharán la mejor de las bendiciones: su confianza en Dios se habrá incrementado. Pero, ¿acaso existe algún parámetro que nos ayude a reconocer nuestros niveles de confianza en Dios? Por supuesto que sí. La paz es la compañera fiel de todo aquel que confía en Dios. La esperanza siempre alumbra la senda de los que tienen su voluntad fundida con la de Dios. El gozo y la alabanza están presentes aun cuando el dolor apremie y el futuro se vea incierto.

Amiga, seguramente habrás recibido muchas invitaciones para unirte al grupo de los optimistas; yo más bien deseo hoy invitarte a que formes parte de los bienaventurados que han puesto su confianza en Dios. La invitación divina hoy es: «Confíen en el Señor para siempre, porque el Señor es una Roca eterna» (Isa. 26: 4).

Aprende a esperar,
las bendiciones ya están en camino

Yo he puesto mi esperanza en el Señor; yo espero en el Dios
de mi salvación. ¡Mi Dios me escuchará!
Miqueas 7: 7

El mundo marcha en forma vertiginosa. Las esperas parecen estar en desuso en la vida contemporánea. Tanto es así que quizás en algunas ocasiones, cuando nos toca esperar, perdemos la paciencia. Sin embargo, las esperas tienen un valor didáctico impresionante. Cuando esperamos algo, o a alguien, desarrollamos paciencia y tolerancia, que son dos valores de gran importancia.

Hoy, cuando muchas cosas se hacen en pocos segundos o minutos, es importante que aprendamos a esperar tranquilamente. Es necesario reconocer que todo se hace a su debido tiempo. Esperar que un hijo alcance la madurez, solidificar una relación matrimonial, cultivar una relación de amor con Dios, son algunos de los asuntos de la vida que requieren una paciente espera hasta que podamos ver los resultados.

El profesor de psicología José Luis Trechera, autor del libro *La sabiduría de la tortuga*, hace referencia al largo tiempo que muchas tortugas marinas emplean para llegar a determinadas playas y cumplir con su misión: desovar con el fin de mantener la especie. Pueden viajar miles de kilómetros sin prisa, aunque sin detenerse, sorteando toda clase de obstáculos, incluyendo la agresión humana.

La prisa desmedida puede causarnos graves problemas, como son los arrebatos intensos de estrés, el cansancio, la pérdida de la fe en Dios, la pérdida de la confianza en los demás... La urgencia puede precipitar la toma de decisiones equivocadas, que traerán fatales consecuencias.

Cuando trasladamos la impaciencia a nuestra relación con Dios, podemos llegar al punto de poner en duda las promesas que el Señor nos ha hecho. Podemos incluso llegar a pensar que él nos ha olvidado y comenzamos a tomar decisiones sin someterlas a su escrutinio.

Amiga, si tienes asuntos sin resolver que has puesto en las manos de Dios y te parece que la respuesta se dilata, recuerda que: «"El Señor es todo lo que tengo. ¡En él esperaré!" Bueno es el Señor con quienes en él confían, con todos los que lo buscan. Bueno es esperar calladamente a que el Señor venga a salvarnos» (Lam. 3: 24-25). ¡Espera confiadamente en Dios, pues él actuará! ¡No tengas dudas de ello!

¿Cómo medimos el tiempo?

Enséñanos a contar bien nuestros días,
para que nuestro corazón adquiera sabiduría.
Salmo 90: 12

El tiempo es uno de los dones más maravillosos que Dios nos ha concedido. En la historia humana y en sus diferentes culturas, encontramos una gama increíble de instrumentos creados por el hombre para medir el tiempo. Sin embargo, la primera forma de medir el tiempo la encontramos en el libro de Génesis, en el relato de la creación, cuando el autor expresa: «Y vino la noche, y llegó la mañana» (Gén. 1: 5). Surgió entonces la semana creada por Dios.

De ahí en adelante, los seres humanos han inventado relojes en sus diferentes modalidades, así como calendarios con sus días, semanas, meses y años. De igual modo surgieron las unidades más pequeñas de medición del tiempo, como son los segundos, los minutos y las horas que forman un día.

Sin embargo, lo que deseo considerar contigo esta mañana únicamente difiere en los años de vida que Dios nos concede a cada una. El sabio escribió: «Todo tiene su momento oportuno; hay un tiempo para todo lo que se hace bajo el cielo» (Ecle. 3: 1). Algunas miden su tiempo en años, en arrugas, en achaques, en canas... Otras miden su tiempo en productividad, en metas alcanzadas, en éxitos obtenidos en la vida profesional, en logros económicos... Estas son sumatorias que indudablemente nos retribuirán ganancias.

Cada segundo de nuestra vida deberíamos emplearlo con responsabilidad y sabiduría. Eso implica transitar por el tiempo tomadas de la mano de Dios. Al hacerlo tendremos calidad y cantidad de vida. El consejo bíblico aplicado al tiempo se encuentra en Efesios 5: 15-16, en palabras del apóstol Pablo: «Tengan cuidado de su manera de vivir. No vivan como necios sino como sabios, aprovechando al máximo cada momento oportuno, porque los días son malos».

Hay cosas que podemos hacer con el fin de aprovechar de manera prudente el tiempo: pasar momentos en compañía del Señor para desarrollar intimidad con él; prestar un servicio desinteresado al prójimo; charlar con un anciano; sonreír a un niño; trabajar con entusiasmo y abnegación, sin importar lo que nos toque hacer; acariciar a un cachorrito; disfrutar de los alimentos; abrazar a nuestros seres amados...

¡Haz la prueba, y verás cómo aprovecharás tu tiempo!

¿Estás actualizada?

La mujer que teme al Señor es digna de alabanza.
¡Sean reconocidos sus logros, y públicamente alabadas sus obras!
Proverbios 31: 30-31

Cada día surgen más expectativas en torno a quienes nos ha tocado vivir en esta época, con todas sus implicaciones. Por dondequiera que vayamos, la gente espera que actuemos de acuerdo a las condiciones que imperan en el momento actual. Claro está, los parámetros van a diferir de acuerdo a la sociedad y a la cultura de referencia. No obstante, nosotras, las hijas de Dios, deberíamos preguntarnos qué parámetros son los que debemos observar con respecto a la realidad imperante, aunque sin fallarle al Señor.

Sin lugar a dudas, el papel de la mujer en la sociedad ha sufrido cambios fundamentales, y muchas nos hemos sumido en una especie de confusión que nos impide dar lo mejor de nosotras mismas. El mundo feminista proclama a voz en cuello la liberación de la mujer del yugo del varón, y entra en una pugna infructuosa, aunque es conveniente enfatizar que no podremos obtener la superación y el reconocimiento que deseamos mientras imitemos conductas varoniles impropias.

Por supuesto que las hijas de Dios deberíamos vivir en armonía con lo que la vida moderna nos exige. Debemos ser mujeres en constante desarrollo personal para encontrar sabiduría y conducirnos apropiadamente en este tiempo mientras que lo femenino pierde su valor. No debemos despreciar las características de nuestra naturaleza, porque son un don de Dios para nuestra felicidad y realización.

Tenemos el deber de transmitir a las más jóvenes la imagen de que somos cristianas felices y realizadas, sin tener que usurpar ni desear las funciones masculinas. Debemos esforzarnos con todo empeño en formar familias felices. Este esfuerzo debe ser con nosotras mismas. No intentemos parecernos a otra persona, ni siquiera para demostrar a los hombres que podemos hacer las cosas mejor que ellos. El apoyo masculino siempre será necesario y debemos buscarlo intencionalmente.

Únicamente recibiremos aprobación o desaprobación de parte de nuestro Dios. Sin embargo, recordemos que él nos dará todo lo que haga falta. Ese es el gran consuelo y aliciente que podemos recibir a diario, si lo demandamos a Dios con fe y sinceridad.

El mundo cambia de continuo, ¿y tú?

El que afirma que permanece en él, debe vivir como él vivió.
1 Juan 2: 6

Es indudable que vivimos en una época de cambios vertiginosos. Los avances tecnológicos pueden quedar obsoletos de un día para otro. La manera de hacer las cosas, las corrientes de pensamiento, los valores, las conductas de los seres humanos, cambian tan rápida y radicalmente que apenas nos dará tiempo a salir de nuestro asombro. Sin embargo, no olvidemos que esto ya estaba predicho desde hace siglos: «Muchos andarán de un lado a otro en busca de cualquier conocimiento» (Dan. 12: 4). Saber que tiene que suceder así, nos da confianza en Dios.

En este mundo cambiante, las hijas de Dios debemos entender claramente la actitud que debemos asumir. En primer lugar, no olvidemos que «la hierba se seca y la flor se cae, pero la palabra del Señor permanece para siempre» (1 Ped. 1: 24-25). Apoyadas en dicha premisa, nuestro pie podrá avanzar seguro por la senda cambiante de la vida. Los principios de Dios son eternos e inmutables y nunca perderán su vigencia, sin importar el tiempo que nos toque vivir.

La presión social es a veces muy intensa, y nos exige cambios en nuestra forma de ser, de hablar, de vestir, de comer, y nos plantea nuevas formas de comportamiento que muchas veces nos ponen a dudar de los principios cristianos que rigen nuestra vida. Sin embargo, tampoco debemos permanecer inmutables frente a los cambios. Hemos de aprender a adaptarnos con sabiduría a las nuevas circunstancias de nuestra vida sin que eso implique abandonar lo que creemos.

Nuestros esposos, nuestros hijos y nosotras mismas nos movemos al compás de nuevas demandas y necesitaremos toda la fuerza del cielo con el fin de poder enfrentarlas. A nosotras nos corresponde rescatar los valores perdidos y presentarnos en nuestros hogares, frente a nuestros hijos y delante del mundo, con el poder del evangelio. Asimismo con el respaldo de una información actualizada. Entonces podremos conmover corazones.

Amiga, sé una mujer promotora de cambios. Perfecciona tu manera de amar, de pensar, de enseñar, de conducir, de guiar y orientar a otros. Sobre todo procura que los cambios que promuevas estén de acuerdo con la voluntad de Dios.

Sin dolor no hay crecimiento

**Él los mantendrá firmes hasta el fin, para que sean irreprochables
en el día de nuestro Señor Jesucristo.
1 Corintios 1: 8**

Aunque no hemos sido creadas para sufrir, reconocemos que el dolor puede llegar a nuestras existencias como consecuencia del pecado. No obstante, es en la escuela del dolor donde aprendemos las mayores lecciones de la vida. Ocasionalmente, cuando las aflicciones llaman a la puerta, experimentamos sentimientos y emociones devastadores que incluso podrían hacernos dudar de la bondad de Dios, y de los buenos planes que tiene para cada uno de sus hijos y de sus hijas.

El Señor no es el autor del dolor. Muchas veces somos afligidas y pasamos por pruebas de fuego que a la larga harán de nosotras mejores personas y mejores cristianas. «Ya saben que la prueba de su fe produce constancia. Y la constancia debe llevar a feliz término la obra, para que sean perfectos e íntegros, sin que les falte nada» (Sant. 1: 3-4).

El gran consuelo consiste en saber que si Dios está con nosotras, cuando lleguen las pruebas, saldremos de ellas grandemente bendecidas y fortalecidas. La prueba de la fe en Dios es superada y nuestra vida enriquecida. ¿Acaso habrá mayor bendición que esa? Toda la gracia del cielo está a nuestra disposición y podemos exclamar como el apóstol: «Alabado sea el Dios y Padre de nuestro Señor Jesucristo, Padre misericordioso y Dios de toda consolación, quien nos consuela en todas nuestras tribulaciones para que con el mismo consuelo que de Dios hemos recibido, también nosotros podamos consolar a todos los que sufren» (2 Cor. 1: 3-4).

La intención de Satanás es motivarnos a que neguemos la eficacia del poder de Dios y de sus promesas cuando la aflicción llega. En esos momentos, podemos llegar a sumergirnos en un mar de dudas y correr el peligro de que esas dudas nos ahoguen. Somos víctimas de la conmiseración y buscamos inspirar lástima como nuestro único y mejor consuelo.

Amiga, en caso de que te encuentres acorralada por un sinfín de problemas y aflicciones, y de que estés buscando una salida sin encontrarla, recuerda que Dios está a tu lado. Confía en él, suplica que te dé fortaleza con todo el poder de tus sentidos y de tu corazón y finalmente, espera en él. Él actuará a tu favor y serás una mujer no solamente delicada como el pétalo de una flor, sino también fuerte y de decisiones firmes en el nombre del Señor.

¿Lista para dar ejemplo?

Deben enseñar lo bueno y aconsejar a las jóvenes a amar
a sus esposos y a sus hijos, a ser sensatas y puras.
Tito 2: 3-5

Cuando era niña, vivía con mis padres en una pequeña propiedad que contaba con una gran diversidad de árboles frutales. El consejo de mi padre siempre era el mismo: «No corten una fruta hasta que esté madura». Confieso que algunas veces ignoré esa indicación y tomé alguna fruta antes de tiempo; en esos casos el sabor por lo general era agrio, quizá un tanto amargo. Por el contrario, ¡qué delicia era saborear una fruta que había llegado a su plena madurez!

Hay una etapa de la vida que llamamos «madurez» y de la que muchas mujeres intentamos escapar. Quizá es porque tenemos un concepto falso de lo que es la madurez. Las que estamos próximas a llegar a esa etapa, no debemos esperar su llegada envueltas en miedos, amarguras e improductividad. Quizá pensemos y creamos que lo mejor de la vida es la juventud, que ya se ha ido, y que es poco o nada lo que podemos hacer y ser... pero no es así. Antes al contrario, amiga mía, la madurez nos coloca en una posición muy especial con respecto a las adolescentes y jovencitas que están comenzando a sufrir un proceso de maduración.

Una mujer madura debiera ser como una fruta cortada a tiempo: ¡Deliciosa! Jamás debemos esperar ni vivir la madurez revestidas de amargura. Alcanzar la madurez física, espiritual y emocional, nos capacita para presentarnos ante las demás como «maestras del bien», que tanta falta hacen en el mundo. Una sociedad que marcha sin dirección, sin conocer la diferencia entre el bien y el mal, sin distinguir la mano derecha de la izquierda, necesita gente madura que la guíe. Querida mujer madura, este es nuestro campo de acción.

Aprovecha y comparte tus experiencias para aconsejar. Aprovecha tus errores para prevenir, tus aciertos para crear optimismo, tus fracasos para infundir nuevos ánimos. Por último, emplea tus años para transmitir salud. Ser como frutas maduras implica cordura, humildad, inteligencia, conocimiento, así como ejercer una influencia positiva ante nuestras hermanas que vienen detrás de nosotras en la maravillosa senda de la vida.

¿Cuáles son tus motivos para vivir?

Olvidando lo que queda atrás y esforzándome por alcanzar
lo que está delante, sigo avanzando hacia la meta
para ganar el premio que Dios ofrece.
Filipenses 3: 13-14

Una vida sin motivos es algo sin sentido. Quien no descubra cuál es la misión de su vida, caminará perdido por los laberintos de la existencia humana. Puede incluso sentir hastío de sí y no soportará los triunfos y éxitos de los demás.

Los propósitos son los que marcan la ruta, son los motores que se encienden cada mañana al despertar y nos impulsan a trabajar con ahínco; la fuerza de la existencia y el deseo de vivir se encuentran en ellos.

Cuando Dios colocó a Adán en el Edén, tenía propósitos bien definidos para él: «Dios el Señor tomó al hombre y lo puso en el jardín del Edén para que lo cultivara y lo cuidara» (Gén. 2: 15). Dios creó un entorno especial para Adán y le encomendó una tarea; esto pasó a constituir una parte de la razón de su existencia. Lo mismo ha hecho Dios con nosotras. Nos creó, y nos encomendó una misión. Nuestra tarea consiste en descubrir la razón de nuestra existencia. Cuando lo conseguimos, somos como el buen árbol que da frutos deliciosos y que cobija en sus ramas a las avecillas del campo y a su sombra al caminante cansado.

Los propósitos más buscados deberían ser aquellos que en todo tiempo y circunstancia glorifiquen a Dios. La búsqueda de conocimiento, de prosperidad material y de éxito profesional, son motivos santificados cuando los ponemos en las manos de Dios. Sin embargo, el egoísmo puede hacer que perdamos de vista el hecho de que todo lo que Dios nos provee como un bien, debe ser usado también en beneficio de otras personas. Si lo ignoramos, caeremos en la frialdad, y finalmente una sensación de vacío existencial podría hacer presa de nosotras.

Amiga, hoy es un buen día para que revises los propósitos de tu vida. Si descubres que no están en orden, vuelve a definirlos. Compra el colirio del cielo para que puedas ver con claridad lo que tienes frente a ti. Toma fuerzas en la oración y en la lectura de la Palabra de Dios, y con paso firme y decidido avanza.

Di, como el apóstol: «Sigo avanzando hacia la meta para ganar el premio que Dios ofrece mediante su llamamiento celestial en Cristo Jesús» (Fil. 3: 14).

El don de la maternidad

A la mujer estéril le da un hogar y le concede la dicha de ser madre.
¡Aleluya! ¡Alabado sea el Señor!
Salmo 113: 9

La maternidad es un privilegio que Dios ha concedido a las mujeres. Aunque él nos ha creado a todas para que seamos madres, no todas tendremos hijos. La naturaleza femenina, salpicada de rasgos celestiales, nos ha dado la capacidad de engendrar, criar y cuidar de otros seres humanos, pero muchos son los hogares que no poseen hijos propios. Son incontables los matrimonios sin hijos que han adoptado o criado niños que han considerado como suyos. Algunos son hijos de crianza y otros adoptados con todas las de la ley; en cualquier caso, esa obra puede representar la salvación del niño, además de que aportará alegría y felicidad a un hogar.

Cuando un vientre no puede engendrar, se abre para la mujer una nueva posibilidad, gracias a la cual puede «dar a luz» por medio del corazón. Un alumbramiento de ese tipo hará asimismo que resurjan todas las inclinaciones maternales que Dios ha conferido a cada mujer: ternura, cariño, dulzura, apego, calidez y amor.

Hay mujeres que pasan toda su vida deseando ser madres. Buscan el embarazo como un modo de realización personal, y al no lograrlo terminan desperdiciando toda la ternura y el calor de madre que Dios ha puesto en ellas. Algunas incluso se vuelven duras e indiferentes. Pero hay tantos seres indefensos que viven sin el amor de una madre: bebés, niños y jóvenes que anhelan ser abrigados por unos brazos maternales. Ese es un buen terreno para compensar los anhelos de una maternidad frustrada. Alguien que así actúe, no debe considerarse como una «madre sustituta», sino como una madre genuina. Si ese es tu caso, te animo a dar lo mejor de ti. Tú estás capacitada para crear vínculos maternales y filiales, duraderos y profundos, que te retribuirán grandes y especiales bendiciones.

Si no han llegado los hijos en el tiempo que esperabas, no cierres tu corazón a la maternidad. Acércate a los niños que sufren abandono, y sé para ellos una madre genuina. Tu vida se llenará de nueva alegría y harás una obra de incalculable valor. Cuando el anhelo de la maternidad intente brotar en tu vida, no lo reprimas. Recuerda que toda mujer puede, de una forma u otra, ser madre.

Prudencia, una cualidad indispensable

El prudente actúa con cordura, pero el necio se jacta de su necedad.
Proverbios 13: 16

La prudencia es un rasgo del carácter que se basa en la sensatez y en el buen juicio. La mujer prudente medita de antemano en su proceder, hace cálculos antes de ejecutar una acción y sopesa los resultados.

¿Te has fijado alguna vez en la forma en que un bebé comienza a caminar? No hay nada más bello para sus papás que esos primeros pasos titubeantes al amparo de algún mueble o persona de quien aferrarse. Algunos, incluso dilatan su aprendizaje porque son tímidos, prudentes o temen soltarse y comenzar a caminar sin ayuda. Sin embargo, con cuánta frecuencia nos encontramos con personas desfachatadas en su manera de hablar y de conducirse. No ejercen la prudencia del niño que comienza a caminar. Algunas no solamente dan la impresión de ser personas vulgares, sino también de ser poco cristianas. El consejo bíblico para las mujeres de Dios, es: «Que sean reverentes en su conducta, y no calumniadoras» (Tito 2: 3).

Hemos de ser cuidadosas de nuestro testimonio. Hay quienes nos observan y, al vernos actuar con arrojo desmedido, pueden creer que cierta conducta es normal y que, si la repiten, en nada deshonrarán a Dios. Amiga, recordemos que la imprudencia no solamente proyecta una imagen negativa de nosotras, sino que también afecta a quienes nos observan. Una actuación responsable, sensata y atinada, será la compañera cotidiana de la mujer que ama a Dios y respeta a su prójimo. Nunca permitamos que nuestra actuación pase por encima de la dignidad de nadie, atropellando su derecho al respeto.

No nos faltemos el respeto a nosotras mismas comportándonos como mujeres indisciplinadas y sin cordura. No le fallemos a Dios al denigrar la imagen que él puso en nosotras cuando nos creó. Por el contrario, hagamos gala de buen juicio, de sentido común y, sobre todo, de la voluntad para que el Señor nos guíe.

Recordemos algunos de los medios que nos permiten actuar con prudencia:
- *Dominio propio*. Tener control de nuestros pensamientos, deseos y actitudes.
- *Reflexión*. Pensar antes de actuar y medir los resultados de nuestras acciones.
- *Inteligencia*, para saber cuándo decir lo que conviene en la forma correcta.
- *Discernimiento* para descubrir los efectos positivos y negativos de nuestros actos.
- *Humildad* para reconocer cuándo actuamos con necedad.

251

La sabiduría en el hogar

Con sabiduría se construye la casa; con inteligencia se echan los cimientos.
Con buen juicio se llenan sus cuartos de bellos y extraordinarios tesoros.
Proverbios 24: 3-4

La construcción de una vivienda requiere los mejores materiales. Para esta elección necesitamos sabiduría y conocimiento. Todo aquel que se sienta carente de dichas virtudes puede demandarlas a Dios, con la seguridad de que su petición será concedida. Al igual que Salomón, podemos expresar nuestro deseo al Señor: «Yo te pido sabiduría y conocimiento para gobernar a este gran pueblo tuyo; de lo contrario, ¿quién podrá gobernarlo?» (2 Crón. 1: 10).

Dios ha puesto en las manos de nosotras, sus hijas, la edificación de nuestros hogares. ¡Qué gran responsabilidad! ¡Qué hermoso privilegio! Este es el momento de preparar hogares para el cielo, para que formen parte de la gran familia de Dios. Un hogar hermoso implica algo más que bellas paredes y muebles costosos. Un hogar hermoso tiene que ver con el ambiente que se vive en su interior, así como con la forma en que se vinculan sus miembros. Tiene que ver con la relación que la familia en conjunto sostiene con Dios, y la manera en que las virtudes celestiales son expresadas en palabras y actos.

Nosotras, como madres y esposas, somos responsables en gran medida del ambiente que reine en nuestro hogar, ya que por lo general somos las que pasamos más tiempo en él. Las madres felices crean hogares felices. Por otro lado, las madres dominantes pueden establecer en sus hogares ambientes demasiado rígidos. Una madre amorosa criará a sus hijos con una adecuada autoestima. Una madre sensible hace que sus hijos sean misericordiosos. Una esposa tolerante hace prosperar su matrimonio. Una esposa y madre temerosa de Dios, hará de su hogar un pedazo de cielo aquí en la tierra.

Con la ayuda de Dios, con empeño y dedicación, debemos descubrir estrategias para contrarrestar todas las fuerzas del mal que intentan destruir a nuestra familia. Las influencias mundanales pueden llamar a la puerta de nuestro hogar, pero dependerá de nosotras dejarlas entrar o no.

Querida hermana, decide hoy que harás de tu hogar una trinchera de salvación en la cual tus hijos, tu esposo y todos sus moradores, podrán sentirse seguros de tu amor y del amor incondicional que Dios tiene por cada uno de ellos.

Cristianas y bellas

Que su belleza sea más bien la incorruptible, la que procede
de lo íntimo del corazón y consiste en un espíritu suave y apacible.
Esta sí que tiene mucho valor delante de Dios.
1 Pedro 3: 4

Dios nos hace un llamado a la prudencia, a la castidad y a la pureza. Estas virtudes harán de nosotras mujeres bellas, no solamente por dentro, sino también externamente. Cuando Dios, por medio del apóstol Pedro, dijo: «Que la belleza de ustedes no sea la externa, que consiste en adornos tales como peinados ostentosos, joyas de oro y vestidos lujosos» (1 Ped. 3: 3), no lo dijo porque le desagradara el arreglo personal externo de las mujeres, sino que concedía mayor importancia al atavío interno, que se manifiesta en nuestras palabras y acciones.

Cuando el atuendo interno, consistente en virtudes como la bondad, la generosidad, la pureza o la castidad, forme parte de nuestro estilo de vida, se verá manifestado incluso en nuestra apariencia personal. Las mujeres virtuosas hemos de ser pulcras, vestirnos con buen gusto y con sobriedad, pues así nos reconocerán como representantes de Dios en este planeta.

Es cuestión de prioridades. Quienes nos concentremos en el atavío externo, en vez del interno, correremos el peligro de convertirnos en mujeres «huecas»; es decir, vacías y sin propósitos. Afanadas por las cosas materiales, podemos perder de vista las celestiales, que son las que darán vigor a nuestra vida física, emocional y espiritual. Por otro lado, quienes cuidemos el atavío de la mente y el corazón, veremos asimismo coronada nuestra vida con la belleza externa.

Dios desea que seamos hermosas por dentro y también por fuera. Corremos un grave peligro cuando estimamos la belleza de una mujer únicamente al tomar en cuenta factores externos. Por ende, alguien que esté adornado en su interior con las virtudes eternas, tendrá igualmente una apariencia agradable que no pasará desapercibida.

Amiga, no juzguemos la belleza sobre la base de la forma o apariencia, sino del fondo o contenido de nuestras vidas, de manera que cuando la belleza física externa disminuya, sigamos siendo mujeres bellas en nuestro interior. No rindamos culto al cuerpo, sino que más bien rindamos culto y adoración a Dios por la forma maravillosa en que nos ha creado.

¿Hay frutos en tu huerto?

Vivan de manera digna del Señor, agradándole en todo.
Esto implica dar fruto en toda buena obra, crecer en el conocimiento de Dios
y ser fortalecidos en todo sentido con su glorioso poder.
Colosenses 1: 10-11

La historia de la higuera que fue maldecida porque no daba frutos nos enseña una enorme lección. «Viendo a lo lejos una higuera que tenía hojas, fue a ver si hallaba algún fruto. Cuando llegó a ella solo encontró hojas, porque no era tiempo de higos. "¡Nadie vuelva jamás a comer fruto de ti!", le dijo a la higuera. [...] Por la mañana, al pasar junto a la higuera, vieron que se había secado de raíz» (Mar. 11: 13-14, 20). Jesús secó la higuera porque no llevaba frutos. Nada tenía para ofrecer al caminante hambriento.

De la misma forma Dios ve la clase de frutos que nosotras producimos, tanto buenos como malos. La advertencia es: «Todo árbol bueno da fruto bueno, pero el árbol malo da fruto malo. Un árbol bueno no puede dar fruto malo, y un árbol malo no puede dar fruto bueno. Todo árbol que no da buen fruto se corta y se arroja al fuego. Así que por sus frutos los conocerán» (Mat. 7: 17-20).

Dios nos insta a que no solamente demos frutos, sino buenos frutos. Puede ser que muchas de nosotras produzcamos frutos, pero no estemos honrando a Dios con ellos. Podríamos ser mujeres brillantes ante el mundo, y que sin embargo, únicamente proyectemos sombras y oscuridad en nuestros hogares. La permanencia en Cristo es la propuesta divina para todo aquel que desea dar buenos frutos: «Yo soy la vid y ustedes son las ramas. El que permanece en mí, como yo en él, dará mucho fruto; separados de mí no pueden ustedes hacer nada. El que no permanece en mí es desechado y se seca, como las ramas que se recogen, se arrojan al fuego y se queman» (Juan 15: 5- 6).

Hermana, la calidad de nuestros frutos está garantizada si permanecemos unidas a Cristo. ¿Y cómo haremos para permanecer unidas a él en un mundo tan hostil como el nuestro? Pide a Dios que haga de ti una roca de apoyo, y que no te deje ser una piedra de tropiezo para quienes te encuentres en tu camino. Regala amor y aprecio a los que han perdido la capacidad de sentir cariño, y alberga un espíritu de consolación por todo doliente. Entonces darás frutos de olor y sabor gratos para el Señor y para el prójimo.

La naturaleza masculina

Queridos hermanos, ya que Dios nos ha amado así,
también nosotros debemos amarnos los unos a los otros.
1 Juan 4: 11

En nuestra convivencia diaria con los demás seguramente todas nos relacionamos con varones. Puede tratarse de nuestro padre, esposo, hermano, compañero de trabajo, jefe o amigo. Sin embargo, por muy acostumbradas que estemos, basadas en la rutina diaria, a ver el mundo de cierta manera, de vez en cuando nos asombramos y hemos de reconocer que la gran parte de los varones poseen una perspectiva totalmente diferente a nosotras.

Los sexos, y las características distintivas de cada uno de ellos, son fruto de la creación de un mismo Dios. Cuando entendamos que los hombres y las mujeres tenemos necesidades diferentes, la convivencia en cualquier ámbito, será mucho más grata. Si nos esforzamos en llegar a conocer verdaderamente la naturaleza masculina, sabremos también que los objetivos de vida, así como los anhelos personales, de los hombres son diferentes a los nuestros. Un varón se siente realizado en el liderazgo, le gusta dirigir y espera un reconocimiento especial por parte de las mujeres con las cuales convive: su madre, su esposa, su hermana o su prometida.

Sin embargo, hay un «grupo» singular de mujeres a las que les encanta desafiar a los varones con quienes conviven. Los critican de manera constante, les dirigen palabras hirientes al mismo tiempo que menoscaban sus esfuerzos, logros y éxitos. Una dama que se siente satisfecha consigo misma, no tiene problemas en ofrecer respeto por sus ideas y consideración frente a sus debilidades a sus amigos y familiares varones, así como reconocimiento ante sus éxitos. El resultado de una actitud de este tipo creará una atmósfera grata dondequiera que estemos.

Si nos toca relacionarnos con varones difíciles, polémicos o prepotentes, Dios nos dará sabiduría para no responder de la misma manera. Un esposo difícil de sobrellevar puede ser cambiado por las oraciones y la actitud de una esposa pacificadora y abnegada. Un hijo rebelde puede ser sometido con lazos de amor, nunca por medio de métodos coercitivos, altaneros o prepotentes. Un jefe iracundo podría calmar su ánimo gracias a una palabra suave o a una actitud conciliatoria.

Amiga, te exhorto a que, en este día, tu convivencia con los varones de tu vida sea grata y agradable delante del Señor. Y si hubiera algún tipo de dificultades, colócate en el camino correcto y deja que tu amante Salvador te guíe.

¡Jamás te des por vencida!

De una cosa estoy seguro: he de ver la bondad del Señor en esta tierra de los vivientes. Pon tu esperanza en el Señor; ten valor, cobra ánimo; ¡pon tu esperanza en el Señor!
Salmo 27: 13-14

Tras la aparición del movimiento feminista, con todas sus buenas intenciones enfocadas en superar la discriminación por causa del sexo, los seres humanos, tanto hombres como mujeres, han estado transitando por una senda un tanto confusa. Esas nuevas tendencias nos han llevado a una búsqueda que algunos catalogan como infructuosa, y que nos hace perseguir un ideal de sometimiento mutuo.

Sin importar los años que tengas, la profesión que ejerzas, los papeles que desempeñes, jamás debes olvidar que tienes grandes posibilidades. La búsqueda de una razón para tu vida deberás llevarla a cabo en función de ti misma. Lo que eres y lo que deseas ser dependerá de ti, mucho más que de las circunstancias. El Señor te dice: «Solo te pido que tengas mucho valor y firmeza» (Jos. 1: 7).

Cada mujer llegará a la cumbre de su desarrollo al ver sus sueños hechos realidad. Las adversidades y dificultades pueden ser muy fuertes, pero si tienes la voluntad de sobreponerte a ellas, podrás salir adelante. Tu deber es mantenerte en una línea permanente de comunicación con Dios, sin desistir. Por eso, hoy te invito a que hagas un análisis de tu vida y a que tengas bien claro en tu mente lo que buscas y esperas de la vida.

La mujer que ama a Dios, y que además se alegra de ser su hija, colocará su relación con Dios como la primera de sus prioridades. Dedicará tiempo para dar a conocer al Señor sus planes, y estará dispuesta a esperar, llena de fe, que él le conceda su aprobación. Entonces, cuando nuestros proyectos hayan recibido el visto bueno de Dios, nos tocará hacer lo que esté en nuestras manos para que dejen de ser proyectos y se conviertan en una realidad. Debes echar mano de todas tus facultades, cultivar tus dones y empeñarte en superar las debilidades.

En el ámbito espiritual, proponte caminar con Dios paso a paso; en tu vida laboral deberás aprender a ser diligente. Tu vida social se verá enriquecida si cultivas la tolerancia y la cordialidad; y la parte física de tu vida estará protegida si cuidas tu cuerpo, porque es templo del Espíritu Santo.

Yo puedo sola

Dichoso aquel cuya ayuda es el Dios de Jacob, cuya esperanza
está en el Señor su Dios, creador del cielo y de la tierra,
del mar y de todo cuanto hay en ellos, y que siempre mantiene la verdad.
Salmo 146: 5

Dios nos ha creado con necesidades especiales y nos ha rodeado de personas que nos ayudan a satisfacer dichas necesidades. Cuando hablamos de «dependencia», muchas nos ponemos a la defensiva. Consideramos que «depender» es señal de debilidad. Nos cuesta admitir que dependemos de los demás, y asimismo que dependemos de Dios.

La ley de la reciprocidad dice que los seres humanos nos necesitamos unos a otros; y más aún: que todos necesitamos a Dios. Quien no entienda eso vivirá en la soledad y en el aislamiento. No hemos sido creadas para eso. Para gozar de una vida emocional saludable es vital encontrar una mano amiga, un oído atento y una voz que nos consuele. Nunca digamos «Yo puedo sola» porque es mucho mejor decir: «Lo haré con la ayuda de Dios y de mi prójimo».

No es lo mismo autonomía que autosuficiencia. La autonomía es la capacidad de hacerse uno cargo de sí mismo y de tomar decisiones asertivas. Sin embargo, la autosuficiencia, sentirse que uno puede con todo, nos lleva en ocasiones a menospreciar la ayuda de los demás e incluso a creer que no necesitamos a Dios. Cuando eso sucede, nos subimos al pedestal de la soberbia y nos entregamos al aislamiento.

Durante los días previos a su crucifixión, cuando el dolor y la agonía hacían presa del ánimo de Jesucristo, él buscó la compañía de sus discípulos. «Fueron a un lugar llamado Getsemaní, y Jesús les dijo a sus discípulos: "Siéntense aquí mientras yo oro". Se llevó a Pedro, a Jacobo y a Juan, y comenzó a sentir temor y tristeza» (Mar. 14: 32-33). El Maestro necesitaba la oración y el consuelo de sus discípulos, que eran también sus hermanos.

Amiga, establece una red de apoyo con tu familia y tus amigos. No será difícil reconocer que los necesitas, y tu inteligencia espiritual debe hacerte considerar que, sin la ayuda de Dios, todos tus intentos se quedarán únicamente en eso, intentos. Ofrécete generosamente para formar parte de una red de apoyo para los demás, pues ellos necesitan lo que tú tienes.

¿Quién te ayudará a llevar tus cargas?

Encomienda al Señor tus afanes, y él te sostendrá;
no permitirá que el justo caiga y quede abatido para siempre.
Salmo 55: 22

Los expertos aseguran que el estrés es una enfermedad que tiene que ver con la manera en que cada quien lleva las cargas propias del diario vivir. Algunos caen abatidos con la misma carga que otros llevan sin dificultades. Es innegable que todos llevamos cargas, pero el peso de las mismas y el lugar donde las depositamos, los determina cada persona.

Muchos asisten a centros de diversión que se promocionan como una propuesta para aliviarse de la tensión emocional. Otros se integran a grupos de autoayuda con el fin de liberarse de las cargas que los agobian. Igualmente, también hay quienes recurren a medicamentos que prometen aliviar las tensiones. Puede ser que todos esos métodos tengan su lugar en la vida de los seres humanos, pero actúan solamente como calmantes temporales de la tensión que padecen.

La única fuente de alivio para los pesares y cargas de la vida se encuentra en Dios. En la Sagrada Escritura podemos leer: «Desde el cielo Dios contempla a los mortales, para ver si hay alguien que sea sensato y busque a Dios» (Sal. 53: 2). Buscar a Dios y entregarle nuestras cargas, no solamente produce alivio temporal, sino que renueva las fuerzas para seguir en la lucha por la existencia. El Señor se ofrece voluntariamente a ayudarnos. Es como si nos dijera: «Si quieres que yo te ayude, ven y deposita tus cargas a mis pies, y yo me haré cargo de ellas».

Es posible que las esposas y las madres no solo tengamos que asumir nuestras propias cargas, sino estar dispuestas a sobrellevar las de los demás. Los hijos demandan atención, necesitan cuidados y dirección, y debes estar siempre dispuesta. Por otro lado, debemos brindar apoyo a nuestros esposos que fuera de casa luchan para traer el sustento familiar. Si no canalizamos todas las tensiones que se generan, podrían llegar a aplastarnos.

Por todo esto y mucho más, querida amiga, hoy antes de comenzar los trajines de tu vida apártate y, en la quietud de la mañana, arrodíllate y deposita a los pies de Jesús todo peso que te haya estado mortificando. Te aseguro que no solo tendrás un buen día, sino que también disfrutarás de la compañía de tu amado Señor.

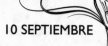

Espera hasta que Dios te hable

A ti clamo, oh Dios, porque tú me respondes;
inclina a mí tu oído, y escucha mi oración.
Salmo 17: 6

Somos muchas las mujeres que desearíamos experimentar de una forma más palpable la presencia de Dios con nosotras. Quizás nos gustaría que se manifestara mediante alguna señal extraordinaria, como lo hizo ante Gedeón cuando pidió que fuera visible la voluntad divina en un vellón de lana (Jue. 6: 36-38). Tal vez nos gustaría escuchar la voz del Señor que nos llama, como en el caso del pequeño Samuel. No obstante, aunque tenemos la seguridad de que Dios está con nosotras, posiblemente nunca tendremos una experiencia similar.

Gozar de la presencia divina es privilegio de toda hija de Dios. Disfrutar su compañía y recibir sus consejos es posible para las mujeres a las que nos ha tocado vivir en esta época. El Señor se nos manifiesta por medio de su Palabra. Cuando sostienes en tu mano el sagrado libro y lees, puedes escuchar la voz de Dios y conocer su voluntad. Cada vez que leas la Biblia, hazlo con devoción y quédate a la espera; alguna palabra o frase repercutirá en tu mente y entonces escucharás a Dios hablar a tu corazón.

La oración es el medio por excelencia, provisto por nuestro Padre celestial, para atender la voz y el clamor de sus hijos. Él nos dice: «Clama a mí y te responderé, y te daré a conocer cosas grandes y ocultas que tú no sabes» (Jer. 33: 3). Cuando Dios nos responde en medio de una oración, nuestra mente puede quedar impresionada y recibir claridad para saber cómo hacer frente a una situación que nos preocupa.

Los sonidos y las imágenes de la naturaleza son otra forma extraordinaria para sentir la presencia de Dios. El canto de las aves, el susurro del viento entre los árboles, el sonido del agua del arroyo, son susurros de la voz de Dios que habla a nuestra mente y a nuestro corazón. Podemos oírlo decir: «Yo soy el que más te cuida, y también a tu familia. No tengas temor frente a las vicisitudes de la vida. Ten confianza, yo estoy contigo».

Recuerda, querida hermana, la Palabra de Dios, la oración y la naturaleza, son la provisión divina para que vivas en constante comunicación con él.

Llena lo que está vacío

El temor del Señor conduce a la vida; da un sueño tranquilo
y evita los problemas.
Proverbios 19: 23

Hay gente que cree haber perdido el sentido de la vida. Aseguran sentir un gran vacío existencial que les quita las fuerzas y los deseos de vivir. Arguyen que las metas y los proyectos que no han podido alcanzar son los responsables de la condición en que está su vida. Cuando se pierde el interés y el gozo de vivir, corremos un grave peligro. Los sentimientos que preceden a esta condición son de impotencia, incapacidad, derrota y desaliento. La persona se hace vulnerable y es muy posible que caiga en un estado de postración física, emocional y espiritual, en el cual ya nada importa. Con el desánimo a cuestas, algunos no saben a dónde ir, ni qué hacer.

La vida es uno de los dones más preciados que Dios nos ha dado. Cuando nos la proveyó, también puso dentro de nosotros la capacidad de gozar, de amar, de luchar, de buscar lo mejor y lo superior. No somos seres incapacitados e inútiles para quienes basta únicamente con respirar. La breve vida de Jesús en esta tierra fue rica y trascendente. Durante su vida no hubo lugar para la conmiseración, aunque lo maltrataron. El servicio abnegado ocupaba la mayor parte de su tiempo, pues él sabía que tenía una misión que cumplir. Por eso declaró: «El que quiera hacerse grande entre ustedes deberá ser su servidor, y el que quiera ser el primero deberá ser esclavo de los demás; así como el Hijo del hombre no vino para que le sirvan, sino para servir y para dar su vida en rescate por muchos» (Mat. 20: 26-28).

En este mundo consumista y competitivo podríamos fácilmente perder de vista los motivos correctos para vivir. La búsqueda de riquezas, prestigio, posición social, finalmente pueden llevarnos al vacío existencial. La Biblia contiene una buena amonestación al respecto: «Puedes ponerte a la sombra de la sabiduría o a la sombra del dinero, pero la sabiduría tiene la ventaja de dar vida a quien la posee» (Ecle. 7: 12).

Amiga, ruega para que en este día el Señor te llene de sabiduría, y de esa forma consigas llenar todo vacío de tu corazón con motivos correctos y santificados.

Un vestido especial

Israel amaba a José más que a sus otros hijos […]. Por eso mandó
que le confeccionaran una túnica especial de mangas largas.
Viendo sus hermanos que su padre amaba más a José que a ellos,
comenzaron a odiarlo y ni siquiera lo saludaban.

Génesis 37: 3-4

«La túnica de José», del genial pintor sevillano Diego Velázquez, es uno de los cuadros más admirados entre todos los que se encuentran en el monasterio de San Lorenzo del Escorial, en Madrid, España. Esta obra de arte hace referencia a la distinción un tanto arbitraria que Jacob hizo a su hijo José al regalarle una túnica especial, que era ropa propia de príncipes.

No dudo de que Jacob amara a todos sus hijos, pero su preferencia por José fue evidente para todos ellos. La túnica se transformó en un objeto de discordia que más bien provocó dolor, tristeza, rencor, deseos de venganza y remordimientos. El relato lo señala: «Israel amaba a José más que a sus otros hijos, porque lo había tenido en su vejez» (Gén. 37: 3).

La Biblia dice que los hermanos de José eran jóvenes que tenían un dudoso comportamiento, y eso molestaba a su padre. En cambio, José era probablemente de temperamento dócil y de carácter dulce. Todos ellos, el padre, José, los hermanos e incluso sus familias, sufrieron las consecuencias del trato parcial que Jacob tuvo para con sus hijos. Esta actitud suscitó asimismo envidia, contiendas y engreimiento.

Las razones para sentir más simpatía por un hijo pueden ser muy fuertes, pero ningún padre ni madre debería fomentarlas. Las madres que muestran preferencia por uno de sus hijos, siembran en el corazón de los restantes un sentido de escaso valor personal, soledad, inseguridad y vacío. Los «hijos difíciles» existen en casi todas las familias y son los que necesitan especial cuidado y atención. Quiero pensar que la mala conducta de los hijos de Jacob fue una respuesta al amor mal expresado que Jacob sentía por José.

Amiga, ama a tus hijos con amor inteligente. Las preferencias por unos en detrimento de los otros no son un estilo de maternidad que Dios apruebe. Amemos a nuestros hijos del mismo modo en que nos ama a nosotras el Padre celestial. Cubramos a cada uno de nuestros hijos con la inmaculada túnica del amor de Dios.

La caricia de Dios

Prueben y vean que el Señor es bueno; dichosos los que en él se refugian.
Teman al Señor, ustedes sus santos, pues nada les falta a los que le temen.
Salmo 34: 8-9

La sutileza de una caricia amorosa siempre nos hace estremecer. Son toques suaves que llegan al corazón y renuevan las fuerzas. La caricia de una madre anima al hijo frente a las inclemencias de un mundo frío e indiferente. El toque amoroso de una esposa amante fortalece el amor y la fidelidad conyugal. Del mismo modo, las caricias de Dios engendran nuevo vigor.

Las caricias del Señor vienen envueltas en bendiciones tanto grandes como pequeñas, y están disponibles constante y permanentemente. Cuando las espinas de la vida nos lastiman, nuestro Padre celestial ofrece con generosidad la caricia de su consuelo, que mitiga el dolor. Si nos equivocamos y el pecado hace presa de nosotras, la caricia del perdón nos toca si la pedimos al Señor con fe y humildad. ¡Caricias de Dios, cotidianas y sutiles! ¡Qué bendición tan grande!

Cuando la noche cubra el mundo, levanta tu vista al cielo y recibe la caricia de Dios transformada en millones de estrellas, que dan testimonio de que Dios tiene control de todo el universo. Cuando el perfume suave y delicado de las flores llegue hasta ti, entonces recibirás la caricia de Dios que te dice que, si tiene cuidado de las flores más pequeñas, con mucha mayor razón va a cuidar de ti. Si la pequeña mano suave y frágil de un bebé toca la tuya, cierra los ojos y reflexiona en el gran milagro que eres tú, pues Dios te dio la vida y promete cuidarte. Y si te encuentras de frente al inmenso océano, piensa que mucho más grande es la bondad de Dios, que se despliega generosa y abundante cada vez que la necesitas. Es tan, tan magnífica la misericordia de Dios, que te brinda la oportunidad de volver a empezar la marcha de la vida, aunque te hayas caído y lastimado.

Hoy es un buen día para que disfrutes de las caricias de Dios, que vienen envueltas en bendiciones reservadas exclusivamente para ti. Pídele que te muestre su ternura mediante el toque suave de la fe, y haz silencio para sentir el roce de Dios. Descansa en él completamente. Recuerda bien que: «La bendición del Señor trae riquezas, y nada se gana con preocuparse» (Prov. 10: 22).

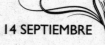

Descubre la dicha de ser tolerante

Abandonen toda amargura, ira y enojo, gritos y calumnias, y toda forma
de malicia. Más bien, sean bondadosos y compasivos unos con otros,
y perdónense mutuamente, así como Dios los perdonó a ustedes en Cristo.

Efesios 4: 31-32

La intolerancia genera conflictos en las relaciones personales. Consiste en la dificultad que muchas personas tienen para aceptar las opiniones, actitudes y comportamientos de los demás, al percibir que son diferentes a los propios. Ser intolerante va en contra de lo que la Palabra del Señor dice, como señaló el apóstol Pablo: «Les ruego que vivan de una manera digna del llamamiento que han recibido, siempre humildes y amables, pacientes, tolerantes unos con otros en amor. Esfuércense por mantener la unidad del Espíritu mediante el vínculo de la paz» (Efe. 4: 1-3).

Durante su ministerio terrenal, Jesús demostró la tolerancia que cada hijo de Dios debe tener. Aunque nunca condescendió ni disculpó el pecado, pudo sentarse a la mesa con recaudadores de impuestos, permitió que una mujer pecadora lavara sus pies, y simpatizó con la naturaleza de los niños cuando pidió a sus discípulos que lo dejaran acercarse a él.

La tolerancia surge de un corazón humilde y convertido gracias al amor de Dios. La tolerancia es la capacidad que tenemos de ser sensibles a las necesidades de los demás, y respetuosas de sus opiniones, aunque no estén de acuerdo con las nuestras. El consejo del apóstol Pablo al respecto es: «Como escogidos de Dios, santos y amados, revístanse de afecto entrañable y de bondad, humildad, amabilidad y paciencia, de modo que se toleren unos a otros y se perdonen si alguno tiene queja contra otro. Así como el Señor los perdonó, perdonen también ustedes. Por encima de todo, vístanse de amor, que es el vínculo perfecto» (Col. 3: 12-14).

La convivencia diaria con nuestra familia, con nuestros compañeros de trabajo, con amigos, con jefes y vecinos, nos exige cierto grado de tolerancia. En ocasiones incluso somos intolerantes con nosotras mismas. Nuestro amor propio está deteriorado, y eso nos impide aceptarnos y aceptar a los demás como somos.

Amiga, ¿cómo está la relación con tu esposo, tus hijos, tus amigas? ¿Tienes dificultades para relacionarte con ellos? Si es así, arrodíllate humildemente ante el Señor y pídele que sane la parte enferma de tu alma, y que te dé la capacidad de aceptar a los demás tal como son.

Tu enemigo puede estar dentro de ti

En lo íntimo de mi ser me deleito en la ley de Dios; pero me doy cuenta
de que en los miembros de mi cuerpo hay otra ley, que es la ley del pecado.
Esta ley lucha contra la ley de mi mente, y me tiene cautivo.
¡Soy un pobre miserable! ¿Quién me librará de este cuerpo mortal?
Romanos 7: 22-24

A menudo, cuando oramos, pedimos al Señor que nos libre de las personas que nos pueden hacer algún mal. Pasamos por alto el hecho de que nuestro peor enemigo puede estar dentro de nosotras mismas. Cuando hablo de «enemigos internos», me refiero a las tendencias pecaminosas que pueden llegar a ser tan dominantes que inclusive podrían convertirse en hábitos.

Los hábitos forman parte de la estructura de nuestro carácter, y determinan en gran medida lo que somos. Los hábitos negativos son verdugos crueles que nos obligan a hacer lo que ellos nos dictan, y son incluso capaces de llevarnos a la ruina en todos los aspectos de la vida. Los expertos aseguran que el único recurso para deshacernos de un mal hábito es reemplazarlo por otro que sea positivo.

La lucha más importante del ser humano es la que libra consigo mismo. El apóstol Pablo, consciente de esto, dijo: «Yo sé que en mí, es decir, en mi naturaleza pecaminosa, nada bueno habita. Aunque deseo hacer lo bueno, no soy capaz de hacerlo. De hecho, no hago el bien que quiero, sino el mal que no quiero. Y si hago lo que no quiero, ya no soy yo quien lo hace sino el pecado que habita en mí» (Rom. 7: 18-20).

Amiga, hoy es un buen día para que reflexiones respecto a los actos que rigen tu vida. «Atrapen a las zorras, a esas zorras pequeñas que arruinan nuestros viñedos, nuestros viñedos en flor» (Cant. 2: 15). ¿Cómo es posible lograrlo? Pues los expertos aseguran que una acción repetida durante veintiún días quedará arraigada en nuestra mente, para convertirse en un hábito.

La fuerza de voluntad y la ayuda divina serán tus mejores aliadas en esta lucha. Únicamente así podrás derrotar al enemigo que está dentro de ti. Las tendencias pecaminosas irán perdiendo fuerza y finalmente serán vencidas, dando paso a un nuevo estilo de vida que esté en armonía con la voluntad de Dios.

Sabiduría, inteligencia y buen juicio

La guerra se hace con buena estrategia; la victoria se alcanza
con muchos consejeros. La sabiduría no está al alcance del necio,
que en la asamblea del pueblo nada tiene que decir.
Proverbios 24: 6-7

La empresa más importante que una mujer puede dirigir es su propio hogar. La conducción de un hogar exige el establecimiento de metas, objetivos y estrategias. Debido a que es en el hogar donde la familia crece y se desarrolla, cuán cuidadosa debería ser al planificar cada aspecto de la vida familiar. Esta es una tarea que requiere toda nuestra atención. La Biblia nos insta a ser «cuidadosas del hogar, bondadosas […], para que no se hable mal de la Palabra de Dios» (Tito 2: 5).

Se nos ha encargado el cuidado del hogar. Nuestra primera tarea consiste en lograr que Cristo habite como soberano en él. Cuando esto sea una realidad, en el hogar se manifestará un ambiente de armonía y paz, propicio para el desarrollo integral de quienes viven en él. La meta prioritaria para el hogar de una mujer que ama a Dios es lograr que su familia sea heredera del reino de los cielos. Para alcanzar este objetivo, cada mujer debe echar mano de toda la sabiduría de Dios.

El hogar terrenal se considera como la antesala del hogar celestial, por eso en él se deben cultivar los mejores dones. El orden, la limpieza y el buen gusto, son algunos de los hábitos que hemos de ir adquiriendo y enseñando para hacer del hogar un anticipo del cielo. Las mujeres poseedoras del don de la creatividad somos las encargadas de dar un toque especial a cada espacio de la casa.

Por otro lado, el ambiente emocional de un hogar determinará la salud mental de sus miembros. Lo mejor sería que nos propusiéramos corregir a los hijos con cariño, y hacer de la convivencia familiar un medio para acercarnos más a Dios. Las palabras alentadoras y de apoyo serán las herramientas para llegar al corazón de los hijos, de tal manera que, con docilidad, se sometan a la voluntad de Dios y a la autoridad de sus padres.

Amiga, en este día hagamos gala de nuestro buen juicio. De esa forma estaremos en condiciones de comprender a los demás, sentiremos empatía por ellos y podremos disculpar sus errores.

Planes bien pensados

Los ojos altivos, el corazón orgulloso y la lámpara de los malvados son pecado.
Los planes bien pensados: ¡pura ganancia! Los planes apresurados:
¡puro fracaso!
Proverbios 21: 4-5

En cierta ocasión que Jesucristo hablaba ante un numeroso auditorio, hizo que sus oyentes reflexionaran al decir: «Supongamos que alguno de ustedes quiere construir una torre. ¿Acaso no se sienta primero a calcular el costo, para ver si tiene suficiente dinero para terminarla? Si echa los cimientos y no puede terminarla, todos los que la vean comenzarán a burlarse de él» (Luc. 14: 28-29). Bien podemos nosotras aplicar hoy en nuestras vidas ese principio tan práctico.

Dios nos ha creado para que seamos mayordomos de la vida. Él desea que en el momento apropiado, y utilizando los recursos que nos ha otorgado, podamos construir una existencia plena que honre su nombre. El Señor nos presta la vida y nosotras somos las que determinamos qué haremos con ella mientras dure. Las habilidades personales, la inteligencia, las características emocionales y el aprovechamiento de las oportunidades, son las herramientas con que contamos para edificar la vida misma.

El escritor español Lope de Vega una vez escribió: «Pero la vida es corta: viviendo, todo falta; muriendo, todo sobra». Esta reflexión bien la podríamos comparar con el texto bíblico que dice: «Y todo lo que te venga a la mano, hazlo con todo empeño; porque en el sepulcro, adonde te diriges, no hay trabajo ni planes ni conocimiento ni sabiduría» (Ecle. 9: 10).

Haz planes, mide tus fuerzas y avanza. La «parálisis emocional» llega cuando desconfías de Dios y a la vez dudas de tus propias capacidades. Se cuentan por miles y millones los hombres y las mujeres que viven solo el instante inmediato. Personas que no tienen horizontes ni montañas que escalar. Simplemente languidecen a la vera del camino; sienten lástima de sí mismos y se limitan a ver pasar al caminante decidido, al que sabe adónde va y al que conoce los recursos que posee para llegar a la meta.

Escucha lo que el Señor te dice en su Palabra: «Solo te pido que tengas mucho valor y firmeza para obedecer toda la ley que mi siervo Moisés te mandó. No te apartes de ella para nada; solo así tendrás éxito dondequiera que vayas» (Jos. 1: 7). Que la ley y los principios divinos sean el cimiento de unos planes bien organizados.

Un montón de quejas

Háganlo todo sin quejas ni contiendas, para que sean intachables y puros,
hijos de Dios sin culpa en medio de una generación torcida y depravada.
Filipenses 2: 14-15

La Biblia compara a las mujeres quejumbrosas con las «goteras constantes». Parece ser que muchas mujeres hoy están dentro de dicha categoría. Quejarse es la incapacidad que tenemos para sumar las bendiciones y restar los momentos poco gratos.

Las mujeres quejumbrosas escogen caminar en la oscuridad, aunque frente a ellas haya un camino de luz. Se quejan del trabajo, del esposo, de los hijos, de la casa en que viven, de las personas que las rodean, en fin, tienen una actitud negativa la mayor parte del tiempo. Además, muchas de ellas contagian a otras personas de su mismo espíritu.

Si tú, querida amiga, te encuentras sin darte cuenta en dicha condición, te invito a meditar en las palabras del apóstol Pablo: «He aprendido a estar satisfecho en cualquier situación en que me encuentre. Sé lo que es vivir en la pobreza, y lo que es vivir en la abundancia. He aprendido a vivir en todas y cada una de las circunstancias» (Fil. 4: 11-13). Estar satisfechas de la vida y con la vida no es una respuesta a las circunstancias externas, sino que se desprende de nuestra vida interior y de nuestra relación con Dios.

La «insatisfacción crónica» es una conducta que podemos sencillamente desarraigar de nuestra vida ejerciendo dominio propio y mediante la ayuda de Dios. Acostumbrémonos a ser agradecidas con la vida por el sencillo hecho de que la tenemos. Nadie desea perder su vida, pero muchos la disfrutan tan solo para despreciarla. ¡Esto no debe ser así! Las pequeñas y las grandes cosas que nos ocurren a diario van formando cadenas de gozo o de amargura; depende de la actitud de cada persona. Nosotras, las hijas de Dios, tenemos razones más que suficientes para sobreponernos a las situaciones adversas, apoyadas por las múltiples bendiciones que recibimos del Señor.

- Alégrate por la familia que tienes. Alégrate cuando tus hijos tengan buena salud.
- Disfruta el pan y el agua que hay sobre tu mesa.
- Agradece por la casa en que vives. Lo que la hace valiosa son los que habitan en ella.
- Y por último, ¡alaba a Dios porque te escogió para que seas su hija!

Bendice a mis enemigos

Ustedes han oído que se dijo: «Ama a tu prójimo y odia a tu enemigo».
Pero yo les digo: Amen a sus enemigos y oren por quienes los persiguen,
para que sean hijos de su Padre que está en el cielo.
Mateo 5: 43-45

Cuando Jesús pidió a sus discípulos que amaran y bendijeran a sus enemigos, parecía que les solicitaba algo imposible de lograr para la naturaleza humana. Pero Dios nunca nos pide algo que no podamos hacer. Cuando algo parece imposible para nosotros, él está dispuesto a ser nuestro apoyo incondicional, y nos da lo necesario para lograrlo.

Si una persona nos hace daño, es posible que se generen en nuestro interior sentimientos de rechazo hacia ella. Su sola presencia nos incomoda, y muchas veces en nuestro interior deseamos que las cosas no le salgan bien. Cuando permitimos que esta actitud crezca dentro de nosotras, lo que finalmente cosechamos es rencor, que nos conduce inevitablemente a la amargura. El precio que se paga por vivir con rencor es demasiado alto. A veces incluso se pone en riesgo la vida misma. Cuando alguien nos trata con injusticia, nuestro «yo» oculto se siente amenazado y agredido, y toda la fuerza interna se prepara para el combate. Este es un desgaste inútil que consume las reservas espirituales, físicas y emocionales.

Por otro lado, pedir a Dios que conceda bendiciones a nuestros enemigos implica deponer nuestra soberbia para revestirnos voluntariamente de humildad. Orar por nuestros enemigos es una decisión que debemos tomar con voluntad decidida, aunque el corazón experimente emociones y sentimientos contrarios. La fortaleza para llevarlo a cabo proviene de Dios. Cuando deseamos «lo bueno» a otros, aunque no lo merezcan, también estamos atrayendo «lo bueno» a nuestras propias vidas.

Cuando seamos capaces de pedir bendiciones para alguien que nos ha maltratado, las heridas del corazón sanarán, y el dolor por la ofensa desaparecerá poco a poco, lo cual por fin nos traerá paz. Amiga, si en tu corazón hay rencores acumulados, hoy es el día de tu liberación. Cuando ores y digas «Padre, perdónanos nuestras deudas, como también nosotros hemos perdonado a nuestros deudores», hazlo con la seguridad de haber echado de tu corazón todo rencor y todo resentimiento.

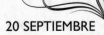

Cuando los vientos golpean

Él se levantó y reprendió al viento y a las olas;
la tormenta se apaciguó y todo quedó tranquilo.
Lucas 8: 24

La pequeña barquilla de pesca quedó varada en la playa. Los recios vientos del norte la habían hecho zozobrar, a pesar de que apenas unas pocas horas antes flotaba apacible en el muelle, sujeta por medio de una delgada cuerda. Una tormenta inesperada vino a trastornar la tranquilidad del lugar con resultados realmente devastadores. Otros botes apenas sintieron la tormenta, ya que estaban firmemente amarrados al muelle.

Algo parecido sucede en las vidas de algunas personas cuando llegan las tormentas de la vida. La paz huye del corazón y cede el paso a la intranquilidad y a la preocupación. Es posible también que la fe del creyente se debilite, y que esto lo lleve a pensar que Dios lo ha abandonado.

En el gran océano de la vida, hay días de apacible calma, aunque también hay días de vientos huracanados. Las circunstancias inesperadas podrían ser financieras, familiares o de salud, y quizá nos hagan creer que probablemente nos hundiremos. Sin embargo, debemos tener la seguridad de que, Aquel que reprendió al viento y apaciguó las olas, aún sigue con nosotros dispuesto a darnos salvación (Luc. 8: 24). Cuando vengan las tormentas de la vida, recuerda:

- Dios tiene poder para calmar la tempestad. «Él se levantó, reprendió al viento y ordenó al mar: "¡Silencio! ¡Cálmate!" El viento se calmó y todo quedó completamente tranquilo» (Mar. 4: 39).
- Confía en el Señor, porque su promesa es: «Cuando cruces las aguas, yo estaré contigo; cuando cruces los ríos, no te cubrirán sus aguas; cuando camines por el fuego, no te quemarás ni te abrasarán las llamas» (Isa. 43: 2).
- La tormenta en algún momento terminará. «Dios es fiel, y no permitirá que ustedes sean tentados más allá de lo que puedan aguantar. Más bien, cuando llegue la tentación, él les dará también una salida a fin de que puedan resistir» (1 Cor. 10: 13).

Mi querida amiga, si hoy estás en medio de una tormenta, ¡vamos, anímate! Recuerda que el Señor está contigo aunque no puedas verlo ni sentir el toque de su mano cariñosa que dirige tu vida.

Corrigiendo con amor

Y ustedes, padres, no hagan enojar a sus hijos,
sino críenlos según la disciplina e instrucción del Señor.
Efesios 6: 4

Las madres y las esposas que ejercemos un liderazgo vital en la familia somos propensas a padecer tensiones. Cuidar el hogar, disciplinar a los hijos y atender las necesidades del esposo, sin abandonarnos a nosotras mismas, son algunas veces detonantes de ansiedad que podrían llevarnos a olvidar la nobleza de nuestras tareas.

El liderazgo en el hogar lo ejercen el padre y la madre de manera responsable y compartida. Debido a que la mujer está dotada de cualidades emocionales que le permiten expresar ternura y apego, Dios le ha asignado la sagrada tarea de conducir a sus hijos por la senda del bien. Puesto que la madre es la que permanece más tiempo en el hogar, recae sobre ella la tarea de instruir y corregir a los hijos. Para realizarla necesita cultivar un espíritu de misericordia y compasión, que haga sensibles a los niños, para que de ese modo puedan obedecer con docilidad.

Las madres irritables, punitivas, y rígidas muchas veces hacen que los niños se vuelvan desafiantes y agresivos. Un espíritu tranquilo, aunque firme, doblega la naturaleza infantil rebelde y lleva a los hijos a obedecer a sus padres y a cooperar con ellos voluntariamente. Elena G. de White escribió al respecto: «Las palabras ásperas y enojadas no son de origen celestial. Renegar y regañar nunca ayuda. Por el contrario, despiertan los peores sentimientos en el corazón humano» (*Conducción del niño*, cap. 44, p. 230).

El amor es una virtud que debe ejercerse en la educación de los hijos sin que por eso se anulen las normas establecidas. Un niño que se siente amado será sensible a la corrección y acrecentará el respeto que tiene hacia sus padres. Tendrá un concepto correcto de la justicia y manifestará admiración por sus progenitores.

Querida madre, hoy es un buen día para que revises tus métodos de crianza. Que tu oración en este día sea: «Señor, deseo que habites en mi corazón. Tú, que eres un padre amante y misericordioso, lleva a cabo tu obra en mi vida. Dame la capacidad para guiar a mis hijos con paciencia y bondad, de tal manera que tengan un concepto correcto de tu amor».

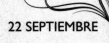

¡Siempre hay demasiado por hacer!

¿Qué gana el hombre con todos sus esfuerzos y con tanto preocuparse y afanarse bajo el sol? Todos sus días están plagados de sufrimientos y tareas frustrantes, y ni siquiera de noche descansa su mente.
Eclesiastés 2: 22-23

Con cuánta frecuencia he escuchado a mis amigas decir: «¡Tengo tanto que hacer!». Y no son menos las veces que yo misma lo he dicho. Parece ser que muchas, bajo un falso concepto de productividad, creemos que no nos merecemos momentos de descanso y que siempre debemos estar ocupadas. Solamente cuando hacemos algo sentimos que somos productivas.

Tanto el ocio como la enajenación laboral son dos extremos que debemos evitar. Perder el tiempo sin hacer nada, o haciendo cosas que para nada sirven, es irresponsable, pero recargarnos de trabajo es un mal hábito que puede acarrear consecuencias desastrosas. Es cierto, las actividades de la mujer en el hogar son múltiples y de diferente índole. De la cocina, donde preparamos los alimentos de la familia, nos trasladamos a la sala de estudio en la que asesoramos a los hijos con los deberes escolares; luego quizá debamos pagar cuentas, ir de compras, recoger a los niños en la escuela y de paso llevar a un amiguito de nuestros hijos a su casa…

El día concluye ¡pero también acaba con nosotras! El cansancio extremo es peligroso. Se agota nuestra resistencia a la frustración y cualquier incidente, por simple que sea, nos irrita y nos molesta a tal grado, que no somos capaces de controlar nuestros impulsos.

Hoy es un buen día para que pongas atención a las señales que tu cuerpo y tu mente con seguridad te envían. Si con frecuencia te sientes al borde de un ataque de nervios, haz una pausa, reorganiza tus prioridades y vuelve a plantear tus objetivos como ama de casa, madre y esposa. No permitas que las personas que viven contigo sean los receptores de tu ansiedad y mal humor.

Amiga, puedes seguir el ejemplo de Marta. Ocúpate con pasión de tus deberes de ama de casa, pero al mismo tiempo imita la prudente actitud de María; ¡siéntate a los pies de tu Maestro y descansa! Permite que la Marta que llevas en tu interior busque con afán la productividad, pero también deja que la María que vive dentro de ti recueste su cabeza en el regazo de Cristo Jesús. ¡Un maravilloso equilibrio! ¿No crees que tú también deberías disfrutarlo?

El Señor cubre nuestra desnudez

Me deleito mucho en el Señor; me regocijo en mi Dios.
Porque él me vistió con ropas de salvación y me cubrió con el manto
de la justicia. Soy semejante a un novio que luce su diadema,
o una novia adornada con sus joyas.
Isaías 61: 10

Cuando Adán y Eva se dieron cuenta de que estaban desnudos, intentaron ocultarse rápidamente de la presencia de Dios. No solo era la desnudez del cuerpo lo que intentaban esconder; lo que más les avergonzaba y los llenaba de culpa era el hecho de haber fallado a su Creador. En medio de su indignidad y sin saber qué hacer, tomaron algunas hojas para tratar de cubrirse. Fue un acto de suficiencia propia. En la Palabra de Dios leemos: «Todos somos como gente impura; todos nuestros actos de justicia son como trapos de inmundicia. Todos nos marchitamos como hojas: nuestras iniquidades nos arrastran como el viento» (Isa. 64: 6).

Cuando estemos desnudas delante de Dios, quizá reconozcamos haber despreciado las vestiduras blancas de santidad, para vestirnos de harapos voluntariamente. Sin embargo, el Señor puede actuar a nuestro favor y cubrirnos con su manto de justicia para así devolvernos la dignidad que hemos perdido. Satanás es el principal proveedor de esa «ropa de vergüenza». Cuando nos equivocamos y cometemos algún pecado, él está listo para colmarnos de culpa y de autocompasión. Entonces creemos que no somos merecedoras del amor de Dios ni de su perdón. ¡Cuán equivocadas estamos! Dios, que conoce el corazón de sus hijos y lee nuestros pensamientos, puede cubrirnos con su manto de misericordia y librarnos del peso del pecado y de la culpa. En su Palabra leemos: «El gran amor del Señor nunca se acaba, y su compasión jamás se agota. Cada mañana se renuevan sus bondades; ¡muy grande es su fidelidad!» (Lam. 3: 22-23).

Amiga, despójate de tus harapos. Esto es posible si aceptas la gracia salvadora de Dios y reconoces tus errores, te arrepientes de ellos, y suplicas al Señor que te dé su perdón y tenga misericordia de ti. La vestidura blanca que Dios tiene preparada para ti te permitirá entrar a la fiesta de bodas del Cordero. Pronto el universo entero alabará al Señor con estas palabras: «¡Alegrémonos y regocijémonos y démosle gloria! Ya ha llegado el día de las bodas del Cordero. Su novia se ha preparado, y se le ha concedido vestirse de lino fino, limpio y resplandeciente» (Apoc. 19: 7-8).

¡Tú no puedes faltar a ese, el más grandioso acontecimiento de la historia universal!

El discernimiento, una capacidad necesaria

Como has pedido esto, y no larga vida ni riquezas para ti,
ni has pedido la muerte de tus enemigos sino discernimiento
para administrar justicia, voy a concederte lo que has pedido.
Te daré un corazón sabio y prudente,
como nadie antes de ti lo ha tenido ni lo tendrá después.
1 Reyes 3: 11-12

El discernimiento es una virtud que nos permite distinguir una cosa de otra antes de tomar cualquier decisión. En el ámbito espiritual, podríamos decir que se refiere a la capacidad para distinguir entre lo bueno y lo malo, entre lo santo y lo profano, entre lo que conviene o no conviene, entre lo que agrada a Dios o le desagrada.

Este don parece ser cada día más escaso. Los seres humanos hemos perdido poco a poco la capacidad de tomar decisiones personales, pues resulta más cómodo aceptar lo que la mayoría considera como correcto y bueno. En medio de tantas voces, opiniones y conceptos, no es raro que nos sintamos confundidas. Es un hecho que quien desea tomar una decisión correcta tiene que buscar la voluntad de Dios y apegarse a ella con todas sus fuerzas.

El discernimiento es a su vez sinónimo de buen juicio y puede ser ejercido únicamente cuando nos hacemos sensibles a la voz del Espíritu Santo. Entonces tendremos el «entendimiento» necesario para tomar buenas decisiones y para tener conductas correctas. La Palabra de Dios nos dice al respecto: «Para que puedan distinguir entre lo santo y lo profano, y entre lo puro y lo impuro» (Lev. 10: 10).

Vivimos en una época en la que millones de personas han decidido tomar la senda del error. Nosotras deberíamos ser cuidadosas no tan solo respecto a las decisiones que tomemos ahora, sino también de cara al futuro, previendo las repercusiones que tendrán sobre los demás, a corto y a largo plazo.

Amiga, hoy es el día más indicado para pedir al Señor que aclare nuestro entendimiento. Sobre todo cuando la vida nos pone ante encrucijadas difíciles de resolver. No olvidemos que «cuando venga el Espíritu de la verdad, él los guiará a toda la verdad, porque no hablará por su propia cuenta sino que dirá solo lo que oiga y les anunciará las cosas por venir» (Juan 16: 13).

Tareas innecesarias

Solo en Dios halla descanso mi alma; de él viene mi esperanza.
Solo él es mi roca y mi salvación; él es mi protector y no habré de caer.
Salmo 62: 5-6

La mayor parte de las mujeres tiene la misma queja respecto a las demandas cotidianas de la vida: «Tengo muchas cosas que hacer y poco tiempo para terminar-
las». Quien siente que un día no le es suficiente para realizar sus tareas, tendrá que
respirar profundamente y dedicar tiempo para analizar lo que hace; asimismo para
decidir la forma en que piensa llevarlo a cabo.

Sería bueno que te hicieras algunas preguntas. ¿Acaso estás por cumplir las tareas
que te corresponden, o te encargas de cosas que otros deberían hacer? ¿Eres verdaderamente efectiva en el uso del tiempo? ¿Con qué frecuencia se te escapa el tiempo y no
sabes en qué lo has empleado? Recuerda que el Señor nos dice: «Todo tiene su momento oportuno; hay un tiempo para todo lo que se hace bajo el cielo» (Ecle. 3: 1).

Cuando las madres y amas de casa nos enfrascamos en los quehaceres propios
del hogar, y eximimos de los mismos a los demás miembros de la familia, cometemos
un grave error, ya que no consiste en cumplir con tareas que no nos corresponden.
Hacemos un gran bien a nuestros hijos cuando les enseñamos a colaborar con las tareas del hogar. Si no lo hacemos, entonces los privamos del privilegio de ejercer sus
capacidades, y los convertimos en inútiles para el trabajo. Los hijos deben disfrutar
mientras colaboran con su madre en las tareas domésticas. Ninguna de ellas es de-
gradante; por el contrario, ayudan a desarrollar nuestro sentido de utilidad y el gozo
del servicio.

Por otro lado, la esposa debe encontrar en su esposo a un aliado en el cuidado
del hogar. Él puede, con solicitud y por el amor que dice sentir hacia su esposa,
ayudarla a llevar las cargas. No pierde masculinidad el esposo que entra a la cocina
para ayudar y no únicamente a comer.

Amiga, no te enfrasques en tareas innecesarias. Haz lo que te corresponde con
placer y calma. Recuerda que, en medio del ajetreo diario, debes hacer una pausa
con el fin de pasar tiempo a solas con tu Maestro y Señor. Que tu pensamiento en
este día sea: «Solo en Dios halla descanso mi alma; de él viene mi salvación. Únicamente él es mi roca y mi salvación; él es mi protector. ¡Jamás habré de caer!»
(Sal. 62: 1-2).

Dios te dará todo lo necesario

Así que mi Dios les proveerá de todo lo que necesiten,
conforme a las gloriosas riquezas que tiene en Cristo Jesús.
Filipenses 4: 19

Son muchas las personas que creen tener necesidades que en realidad no son tal, pero se llenan de impotencia cuando consideran que no podrán satisfacerlas. La vida moderna y consumista nos impone necesidades creadas a diario, y la mayoría mordemos el anzuelo. Si nuestras abuelas hubieran tenido la variedad de enseres domésticos con los que hoy contamos para realizar los quehaceres en casa, pensarían que las mujeres de la actualidad somos una generación de desocupadas.

Con el fin de no sentirnos embargadas por un espíritu de frustración, será conveniente reconocer que realmente no necesitamos todo lo que deseamos. Por otro lado, resulta tranquilizador considerar que el Señor ha prometido que satisfará todas las necesidades verdaderas que tengamos. Así como dijo el salmista: «Teman al Señor, ustedes sus santos, pues nada les falta a los que le temen. Los leoncillos se debilitan y tienen hambre, pero a los que buscan al Señor nada les falta» (Sal. 34: 9-10), así actuará Dios con nosotros.

Esta es una declaración absoluta: «Nada les falta». El Señor sabe que tenemos necesidades materiales, emocionales, físicas y espirituales, y se compadece de nosotras, así como la madre se compadece del hijo al que ama. A veces vivimos una vida menesterosa y miserable porque no somos capaces de ver cómo nuestro maravilloso Dios satisface cada una de nuestras necesidades, ¡mas nunca nuestros deseos egoístas!

Otra de las razones por las que no percibimos la provisión de Dios a nuestro favor, es que estamos pendientes de lo que otros disfrutan, una actitud que no nos permite disfrutar de lo que tenemos. Ojalá podamos decir como el apóstol Pablo: «He aprendido a vivir en todas y cada una de las circunstancias, tanto a quedar saciado como a pasar hambre, a tener de sobra como a sufrir escasez. Todo lo puedo en Cristo que me fortalece» (Fil. 4: 12-13). El Señor nos lleva a descansar en verdes pastos y junto a aguas tranquilas. Nos da fuerzas para trabajar. Conduce nuestros pies por sendas rectas. Cuando estamos en las sombras, nos lleva de la mano y al final nos hará participar de un gran banquete.

Amiga, agradece la bondad de Dios. Un corazón agradecido se sentirá siempre satisfecho y no creerá carecer de la más mínima cosa.

Sin temor a la muerte

Nos sentíamos como sentenciados a muerte.
Pero eso sucedió para que no confiáramos en nosotros mismos sino en Dios,
que resucita a los muertos. Él nos libró y nos librará de tal peligro de muerte.
2 Corintios 1: 9-10

El mismo día en que nacemos comienza nuestro viaje hacia la muerte. Suena pesimista dicho en estos términos, pero esta es una verdad que no podemos negar. Sin embargo, deberíamos preocuparnos más por nuestra forma de vida que por el día de nuestra muerte. De lo que sí debemos estar seguras, es que si sabemos vivir, enfrentaremos el momento de nuestra muerte en paz y con dignidad.

Aunque la muerte es consecuencia del pecado (Rom. 6: 23), también es cierto que podemos vivir sin un constante temor a ella, ya que tenemos la maravillosa promesa de vida eterna en Cristo Jesús. Esta promesa se hizo realidad por medio del sacrificio que hizo Dios al entregar a su Hijo a una muerte en extremo ignominiosa, motivado por el amor incalculable que siente hacia sus criaturas.

Es cierto que vivimos rodeadas de dolor, enfermedades y violencia, y que nuestra vida se ve constantemente amenazada, pues cada minuto de la existencia es realmente un milagro. Aun así, Dios desea que experimentemos el gozo de la vida en este mundo, y que nos anticipemos a la felicidad eterna que nos espera en el reino de los cielos cuando la muerte haya sido derrotada para siempre. El apóstol Juan describió ese gran suceso con las siguientes palabras esperanzadoras: «Él les enjugará toda lágrima de los ojos. Ya no habrá muerte, ni llanto, ni lamento ni dolor, porque las primeras cosas han dejado de existir» (Apoc. 21: 4).

Si hoy la desventura hace que temas por tu vida, o por la vida de alguno de tus seres queridos; si alguna enfermedad los ha afectado y sientes que sus vidas, o la tuya, se ven amenazadas, aférrate con toda tu fe a aquel que es la resurrección y la vida. Él te proveerá la paz para vivir y te dará fortaleza para aceptar su voluntad.

Amiga, hoy ha salido el sol y tú estás viva. ¡Alaba a Dios! Siente cada uno de los latidos de tu corazón, ¡y vuelve a alabarlo! Experimenta el ritmo cadencioso de tu respiración y exclama: «¡Gracias, Padre, por la maravillosa promesa de la vida eterna!».

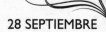

Una mujer íntegra

La justicia protege al que anda en integridad,
pero la maldad arruina al pecador.
Proverbios 13: 6

La palabra «corrupción» se ha vuelto muy común en nuestra sociedad; la vemos en la prensa, la oímos en la radio y la televisión, la encontramos en la literatura y es de uso cotidiano en la calle y los hogares. El hecho es que muchas personas tienen un código ético elevado mediante el cual evalúan a los demás; sin embargo, quizá la vida de algunos de ellos esté manchada en lo privado por la falta de honestidad, por el fraude o por algún otro defecto o mala actuación. Esa tendencia que parece ir en aumento, afecta por igual a hombres y a mujeres.

Cuando hablamos de integridad, nos referimos a un valor que es vital para el buen vivir. La integridad personal supone a una persona completa, sin dobleces, alguien que no tiene dos caras. Alguien que es confiable tanto en su hablar como en su manera de actuar. Sencillamente es una persona que actúa con transparencia. Nosotras, las que amamos a Dios y hemos aceptado a Cristo como nuestro salvador personal, nos consideramos «cristianas», y deseamos que el mundo, al contemplar nuestra actuación, nos reconozca como tales. Dios se agrada cuando logramos conducirnos de esa forma.

La mujer que se dice cristiana lo será cuando se sujete a la voluntad de su Creador y muestre en su carácter destellos de la personalidad divina. Si la integridad determina su existencia, habrá coherencia entre su vida pública y privada. No tendrá que esforzase por parecer «buena» porque en realidad lo es.

Amiga, Dios nos llama a caminar en integridad. Es hora de solicitar ayuda al único que puede cambiar los aspectos oscuros de nuestra personalidad: las tendencias pecaminosas, los pensamientos impuros, las conductas erróneas. Recuerda la advertencia de Dios, que bien expresó el sabio: «A los justos los guía su integridad; a los falsos los destruye su hipocresía» (Prov. 11: 3).

Que lo decoroso y lo decente, lo puro y lo verdadero, lo bueno y lo santo, sean el sello de nuestra personalidad. ¡Nunca permitas que tu actuación deje una sombra de duda! «No se contenten solo con escuchar la Palabra, pues así se engañan ustedes mismos. Llévenla a la práctica. El que escucha la Palabra pero no la pone en práctica es como el que se mira el rostro en un espejo y, después de mirarse, se va y se olvida en seguida de cómo es» (Sant. 1: 22-24).

La verdadera riqueza

Dios nos resucitó y nos hizo sentar con él en las regiones celestiales,
para mostrar en los tiempos venideros la incomparable riqueza de su gracia,
que por su bondad derramó sobre nosotros en Cristo Jesús.
Efesios 2: 6-7

La famosa actriz Elizabeth Taylor recibió de uno de sus esposos un regalo excepcional: un diamante de casi setenta quilates de peso, y que años después ella misma ofreció a la venta nada más y nada menos que por la cantidad de cinco millones de dólares. Debido a su elevado costo, dicha joya permanecía en una bóveda de seguridad, lejos de la vista de todos, incluso de su dueña. ¡Qué lástima! Una joya tan hermosa que no se podía admirar. ¿No es eso una ironía?

Todas nosotras recibimos de nuestro Padre celestial talentos diversos, joyas de incalculable valor, y lo mejor de todo es que podemos lucirlos y emplearlos como un tributo a su gran bondad y al amor que siente por cada una de nosotras. Nuestra riqueza es más valiosa que un diamante. Dios nos ha otorgado dones maravillosos que hacen hermosa nuestra personalidad, y nos convierten en mujeres valiosas dondequiera que nos encontremos.

Es posible que pienses que eres poco afortunada; o que Dios se ha olvidado de ti y su generosidad no te alcanza. No sé, quizás conozcas a algunas mujeres que brillan como un diamante. Admirar a otras personas es bueno cuando hacen algo digno, aunque jamás deberíamos hacerlo para compararnos con ellas. Tu misión hoy consiste en trabajar contigo misma, y pedirle al Señor que te ayude a descubrir los preciosos dones y las habilidades que mantienes ocultos, o que no has descubierto todavía. Estás a tiempo. El método de Dios para lograrlo es el servicio. Es únicamente por medio de actos de servicio al prójimo y a Dios como podrán manifestarse en nuestras vidas las capacidades que él nos ha dado.

Las joyas que Dios te ha concedido no deben permanecer guardadas. Haz uso de ellas con alegría, para la honra y la gloria de Dios. Límpialas y sácales brillo todos los días. La mejor forma de hacerlo es mediante la práctica. Al poco tiempo te darás cuenta de que por la gracia de Dios eres capaz de hacer cosas que jamás habías imaginado.

¡Hoy es un buen día para comenzar!

Llévanos de la mano

Encomienda al Señor tu camino; confía en él, y él actuará.
Hará que tu justicia resplandezca como el alba.
Salmo 37: 5-6

En muchas ocasiones le he pedido en mis oraciones a Dios que tome mi mano y me conduzca por la senda de la vida sin tropezar. Otra de mis súplicas ha sido que, si caigo, no suelte mi mano, y que me levante con su poder. Me gustaría pensar que esa ha sido también tu experiencia.

Ir tomadas de la mano de Dios implica mucho más que aferrarnos a él cuando estamos en peligro, o cuando nos sentimos en total abandono. Significa estar dispuestas a tomar decisiones que giran en torno a él. Quiere decir que toda nuestra confianza está depositada en su voluntad, y que la aceptaremos aunque no esté de acuerdo con nuestras expectativas. La promesa de Dios se cumplirá en nosotras: «Pon en manos del Señor todas tus obras, y tus proyectos se cumplirán» (Prov. 16: 3).

Caminar tomadas de la mano de Dios es avanzar por fe, aunque el camino esté cubierto de tinieblas y no podamos ver cada detalle. Implica esperar pacientemente el cumplimiento de sus promesas, no según nuestro reloj, sino dentro del cronograma que ha fijado el dueño y señor del tiempo. La evangelista Cathy Lechner dijo al respecto: «Esperar pacientemente por una respuesta de Dios es un proceso, un maravilloso, amoroso, temeroso y difícil proceso. Aquel que va al valle de la paciencia no es la misma persona que sale del mismo».

El Señor ha dicho: «Marcharé al frente de ti, y allanaré las montañas; haré pedazos las puertas de bronce y cortaré los cerrojos de hierro. Te daré los tesoros de las tinieblas, y las riquezas guardadas en lugares secretos, para que sepas que yo soy el Señor, el Dios de Israel, que te llama por tu nombre» (Isa. 45: 2-3).

Amiga, hoy te animo a que le pidas a Dios que te tome de la mano. Haz un pacto de fidelidad con él. La parte que te corresponde hacer es someterte al aceptar su voluntad en todo. Frente a los obstáculos, no te sueltes de la mano de tu Padre. Si tienes que subir montañas, apóyate en su brazo fuerte. Cuando no puedas ver, cierra los ojos y no dejes de marchar; cuando menos lo pienses estarás frente a las puertas de la ciudad eterna. ¿Habrá acaso una mayor alegría que esa?

Crucemos al otro lado

Porque te amo y eres ante mis ojos precioso y digno de honra.
No temas, porque yo estoy contigo.
Isaías 43: 4-5

Cuando estaba en la escuela primaria tenía que tomar clases de natación. Debido a que asistía a una escuela rural, la profesora y algunos ayudantes nos llevaban a un río cercano. Cada vez que íbamos al río, comenzaba a ponerme ansiosa. Sabía la orden que recibiría: «Ahora deberás cruzar el río nadando». Aunque iba protegida por un salvavidas, no podía evitar el pánico. El torrente se veía de color turquesa, como las aguas profundas.

El sonido del silbato era la señal. Temblando de pies a cabeza por el miedo y por el frío del agua, me sumergía, y movía los brazos y los pies con todas mis fuerzas. El recorrido me parecía eterno… Pero, ¡qué alivio cuando una mano me tocaba! Era la señal de que me encontraba al otro lado. Sentía que mis pulmones se llenaban de aire mientras que el corazón parecía salírseme del pecho por la intensa alegría.

Esto me hace recordar la promesa del Señor: «Cuando cruces las aguas, yo estaré contigo; cuando cruces los ríos, no te cubrirán sus aguas» (Isa. 43: 2). ¿Recuerdas cuando Jesucristo y sus discípulos cruzaban el lago y los sorprendió una tempestad? Los doce pensaron que iban a morir, pero no fue así porque su Maestro estaba con ellos. Él es el único que puede calmar las tormentas.

La orden de Jesús fue: «Crucemos al otro lado». Es difícil vivir del lado opuesto, pero Dios desea que cruces «al otro lado». Así que la orden se repite: «Cruza al otro lado». Al recibir este llamamiento es posible que te sientas impotente, llena de temor, y que el frío de lo impredecible te recorra el cuerpo y el alma.

¿Será que vives en el lado opuesto al camino de la salvación? Pues el Señor te dice: «¡Ven!». Quizá en tu vida hay obstáculos que te mantienen varada y en la oscuridad. ¿Acaso piensas que Dios se ha cansado de esperarte y que cuando llegues a la orilla únicamente encontrarás sus huellas dibujadas en la arena? Si crees que el gozo jamás inundará tu corazón, pídele al Señor que te permita ver a través de las nubes y del fuerte oleaje de las dificultades, y verás las manos de Dios extendidas hacia ti, listas para sacarte de las aguas y rescatarte.

Evitando la autocompasión

El Señor da vista a los ciegos, el Señor sostiene a los agobiados,
el Señor ama a los justos.
Salmo 146: 7

La claustrofobia produce un temor extremo en algunas personas cuando se encuentran en espacios cerrados y pequeños, como un elevador o un cuartito. Los síntomas más frecuentes son sudoración intensa, aceleración del ritmo cardiaco, fuertes temblores y una necesidad imperiosa de huir. Esta ansiedad es tan paralizadora, que puede causar que los afectados no actúen con propiedad en su trabajo, en el hogar, e incluso su vida social se puede ver perjudicada. Gracias a los avances de la medicina, en la actualidad existe un tratamiento para dicho mal, que puede permitir al afectado llevar una vida normal.

Hay otro encierro que también resulta aterrador y que podría causar estragos en nuestra vida: la autocompasión. ¿Cómo escapar de ella? Los síntomas más frecuentes de este mal espiritual y también psicológico pueden tener su origen en una infancia marcada por abusos, sufrimientos y dolor; sucesos que han dejado traumas sin superar. La persona encerrada en su autocompasión cree que no tiene valor; que la vida ha sido injusta con ella; le dan vergüenza sus actos y cree que siempre está expuesta al ridículo.

Esto me hace recordar a la mujer samaritana que acudió al pozo de Jacob en busca de agua. Cuánta vergüenza y dolor había en su vida. Aislada de todos y de todo, se encerraba en su miseria y no sabía qué hacer. Disfrutaba de unos pocos momentos de libertad cuando acudía al pozo a por agua, esperando tal vez que algo cambiara su triste realidad. Y el milagro se produjo. La voz liberadora de Jesús la impactó; la voz suave y amorosa del Maestro sensibilizó las fibras de su alma y de su corazón. Por primera vez pudo disfrutar del aire fresco de la tarde. Se dio cuenta de que había personas que vivían en peores condiciones que ella y, dejando su cántaro, les llevó las buenas nuevas de salvación. ¡Aquel poder liberador era Cristo, el Maestro, el Mesías esperado!

Amiga, si necesitas la ayuda divina, coloca tu dolor a los pies del Maestro y permite que el bálsamo de su amor te sane. Abre tu vida y deja entrar la luz del Espíritu Santo a tu corazón. Al hacerlo serás una mujer realmente libre.

El origen de la impaciencia

Hermanos, tengan paciencia hasta la venida del Señor.
Miren cómo espera el agricultor a que la tierra dé su precioso fruto
y con qué paciencia aguarda las temporadas de lluvia.
Santiago 5: 7

Todos, sin importar la edad o el sexo, sufrimos de impaciencia. La impaciencia consiste en la incapacidad para esperar sin cierto grado de angustia que lo que deseamos ocurra en el momento que muchas veces nuestro egoísmo ha determinado. Si tenemos que hacer fila para abordar el autobús, hacer una transacción bancaria, pagar algún producto que hemos adquirido, deseamos ser los primeros en recibir atención, ¿cierto?

Parece que la impaciencia viene adosada a nuestra personalidad desde el día en que nacemos. Los bebés muestran su impaciencia con llanto cuando el alimento esperado no llega rápido a sus bocas. Luego, ya de adultos, también exigimos disfrutar de nuestros «derechos» con prontitud. Así que pasamos de ser hijos exigentes a convertirnos en padres demandantes.

Si trasladamos este defecto de carácter a nuestra relación con Dios, nos damos cuenta de que sucede lo mismo: con demasiada frecuencia somos impacientes con el Señor. Pero, ¿de dónde surge nuestra impaciencia respecto a Dios? En primera instancia, de una fe débil. El salmista dijo en medio de un doloroso suspiro: «A ti clamo, Señor; ven pronto a mí. ¡Atiende a mi voz cuando a ti clamo!» (Sal. 141: 1). ¡Vaya que exigía prontitud y atención inmediata!

En segundo lugar, nuestra impaciencia se debe a que estamos acostumbradas a medir el tiempo de Dios con nuestro propio reloj. No nos damos cuenta de que el tiempo de Dios no tiene principio ni fin, por tanto no se puede medir según parámetros humanos. Dios se encuentra y permanece en la eternidad, no está sujeto al ritmo de las manillas del reloj que colgamos en las paredes de nuestra casa.

En tercer lugar, las respuestas de Dios llegan al final de un proceso que se efectúa en nuestras vidas. Muchas veces pensamos que si Dios nos ama, debe complacernos y darnos lo que le pedimos tan pronto como sea posible. Dios no solamente desea bendecirnos, sino que primero desea enseñarnos, moldearnos, transformarnos. La respuesta llega cuando todo esto ha sucedido en lo más íntimo de nuestro ser.

Si esperas una respuesta de parte de Dios, sé paciente. Esa actitud te ayudará a recordar que Dios no te ha olvidado. Él te dará lo que necesitas de acuerdo a la multitud de sus misericordias.

Antes de llegar al cielo

Hermanos, tengan paciencia hasta la venida del Señor.
Miren cómo espera el agricultor a que la tierra dé su precioso fruto
y con qué paciencia aguarda las temporadas de lluvia.
Así también ustedes, manténganse firmes y aguarden con paciencia
la venida del Señor, que ya se acerca.

Santiago 5: 7-8

Llegar al reino de los cielos es uno de los anhelos más legítimos del cristiano. Sabemos que cuando esto suceda, nuestra accidentada permanencia en este planeta habrá terminado. Sin embargo, la espera de la venida del reino de Dios debe ser una «espera activa». El Señor nos insta con estas palabras: «Tú, espera en el Señor, y vive según su voluntad, que él te exaltará para que heredes la tierra» (Sal. 37: 34).

Una de las condiciones para heredar la vida eterna es que hagamos la voluntad de Dios. Únicamente podremos disfrutar y gozar nuestra permanencia en el cielo, cuando aquí en la tierra hayamos aprendido a vivir según la voluntad del Señor.

Otra condición que debemos cumplir es buscar intencionalmente a Dios. De esa manera será aquí donde comencemos una relación de compañerismo y amistad con él, y que perdure por los años sin fin en la eternidad. La Palabra de Dios dice: «Bueno es el Señor con quienes en él confían, con todos los que lo buscan» (Lam. 3: 25).

Recordemos que nuestra estancia en la tierra es pasajera. Tan solo somos peregrinos que marchamos al hogar eterno. «Somos ciudadanos del cielo, de donde anhelamos recibir al Salvador, el Señor Jesucristo» (Fil. 3: 20). Este traslado maravilloso desde un mundo lleno de pecado a la patria celestial será una de las últimas cosas que nos conecte con este planeta. Nuestros siguientes viajes los realizaremos por el vasto e infinito universo, mientras disfrutamos de la compañía de Dios y de los santos ángeles.

Hermana y amiga, pronto estaremos en nuestro verdadero hogar. Cobremos ánimo y renovemos nuestra esperanza día a día. Es hora de preparar el equipaje del corazón, de la mente y del espíritu para ese día glorioso. «Él murió por nosotros para que, en la vida o en la muerte, vivamos junto con él. Por eso, anímense y edifíquense unos a otros, tal como lo vienen haciendo» (1 Tes. 5: 10-11). Hoy es un buen día para que anuncies el mensaje de Salvación a todos los que encuentres a tu paso.

Experimentando la paz del Señor

Que el Señor de paz les conceda su paz siempre y en todas las circunstancias.
El Señor sea con todos ustedes.
2 Tesalonicenses 3: 16

La paz parece ser una virtud que se ha ido extinguiendo poco a poco de nuestra sociedad, para dar paso a la discordia, la violencia, la guerra... Esta ausencia de paz hace que muchas personas se vuelvan irritables, contenciosas, intolerantes, agresivas, violentas física y verbalmente, y sobre todo desconfiadas de todo y de todos, incluso de Dios. En realidad, la mal llamada paz que se disfruta en este planeta se cubre a diario de la sangre de muchos inocentes. En medio de esta triste situación, la vida nos arrebata por momentos la capacidad de disculpar a los demás y de perdonar.

Hoy deseo hablar de la paz individual, esa que se nutre del amor de Dios y se manifiesta en la intimidad de nuestros pensamientos. La paz que nos provee tranquilidad al realizar nuestras faenas personales. La que nos permite disfrutar de un sueño tranquilo y reparador. Aquella que nos transforma en personas ecuánimes cuando todos los demás se irritan y se violentan. Esta es la paz de Dios, la misma que su hijo Jesucristo describió cuando dijo en los momentos más angustiantes de su vida: «Padre, perdónalos, porque no saben lo que hacen» (Luc. 23: 34).

Hoy te quiero recordar a ti, madre y esposa que estás inmersa en las faenas del hogar, que tú también puedes disfrutar de esa paz que surge de una relación íntima con Dios. La paz de Dios asimismo se enseña a los hijos cuando, con un espíritu reposado, podemos hacer frente a la rebeldía de alguno de ellos cuando no saben por dónde ir. Se hace real también cuando las madres abrumadas por un sinfín de ocupaciones tenemos que dejar todo a un lado para acunar en los brazos al bebé que llora, o para consolar a los que no son tan pequeños prodigándoles el cálido toque del amor de madre.

Amiga, si anhelas esa paz, antes de iniciar tus labores de este día, inclínate y pide al Señor que te la conceda en forma abundante. Su promesa para ti en este día es: «Presenten sus peticiones a Dios y denle gracias. Y la paz de Dios, que sobrepasa todo entendimiento, cuidará sus corazones y sus pensamientos en Cristo Jesús» (Fil. 4: 7).

Radiografía de la tentación

Dichoso el que resiste la tentación porque, al salir aprobado,
recibirá la corona de la vida que Dios ha prometido a quienes lo aman.
Santiago 1: 12

Podemos definir la tentación como un impulso, a veces irresistible, que nos lleva a realizar actos que están reñidos con la voluntad de Dios. Sin embargo, cuando la tentación llama a la puerta, es porque ha habido un proceso previo que nos ha conducido a esa situación. La tentación es el paso previo que Satanás nos presenta para que luego cometamos un pecado, y todos los cristianos somos propensos a ella. A pesar de que la tentación en sí no es un pecado, podría llegar a serlo si nos exponemos en forma voluntaria a ella en un juego temerario.

La tentación representa siempre un ataque directo a las partes vulnerables de nuestra personalidad. De ahí el consejo que Cristo dio a sus discípulos cuando les dijo: «Oren para que no caigan en tentación» (Luc. 22: 40). Por esa razón debemos ponernos bajo el cuidado de Dios y no «juguetear» con la tentación para saber hasta dónde podemos llegar. La tentación nos llega cuando entablamos un diálogo con ella y comenzamos a poner en tela de juicio nuestra relación con la voluntad de Dios. Si caemos en ella repetidamente, llegarán a atraernos más y más las cosas del mundo y seremos presa fácil del mal que nos acecha.

Quienes han analizado la tentación y sus efectos, aseguran que Satanás dispone de unos treinta segundos para hacernos caer. Por otro lado, nosotras disponemos de ese mismo tiempo para decir «¡No!», y para alejarnos con prontitud. Es bueno que sepamos que en esos momentos disponemos de toda la gracia y la fortaleza de Dios. Es bueno reconocer que el poder de una tentación es limitado si lo comparamos con la fortaleza que Dios puede darnos con el fin de que nos convirtamos en vencedoras. «Pero Dios es fiel, y no permitirá que ustedes sean tentados más allá de lo que puedan aguantar. Más bien, cuando llegue la tentación, él les dará también una salida a fin de que puedan resistir» (1 Cor. 10: 13).

Vivimos en un mundo perverso. A cada paso somos incitadas a poner en duda los preceptos de Dios. Qué importante es que exista un cerco de protección a nuestro alrededor así como en torno a nuestras familias. El consejo de Dios para hoy es: «Por sobre todas las cosas cuida tu corazón, porque de él mana la vida» (Prov. 4: 23).

Por la mañana y por la tarde

Yo clamaré a Dios, y el Señor me salvará.
Mañana, tarde y noche clamo angustiado, y él me escucha.
Salmo 55: 16-17

La mañana y la tarde determinan en gran medida nuestra calidad de vida. Quien inicia un día con gozo y alegría, y en compañía del Señor, podrá con más facilidad hacer frente a los desafíos y las circunstancias difíciles que se podrán presentar durante el mismo. Todo aquel que concluye la jornada diaria con sentimientos positivos hacia su persona por las tareas realizadas, y se inclina ante la majestad de Dios para dar gracias, disfrutará sin lugar a dudas de una noche de sueño reparador.

Cuando pienso en esto, entiendo con mayor claridad la razón por la que Dios dio a su pueblo la siguiente indicación: «El Señor nuestro Dios es el único Señor. Ama al Señor tu Dios con todo tu corazón y con toda tu alma y con todas tus fuerzas. Grábate en el corazón estas palabras que hoy te mando. Incúlcaselas continuamente a tus hijos. Háblales de ellas cuando estés en tu casa y cuando vayas por el camino, cuando te acuestes y cuando te levantes» (Deut. 6: 4-7). Esta es una invitación a experimentar la presencia y la compañía de Dios en forma permanente. Equivale a tener la convicción de que él tiene completo control de nuestra vida, y que si se lo permitimos, él también se hará cargo de todas nuestras necesidades y preocupaciones.

Hermana, quien hace de su encuentro con Dios la primera actividad de cada día, estará preparada para hacer frente a los desafíos de la vida diaria, y ante cada uno de ellos podrá echar mano de toda la fortaleza que proviene de Dios. Tendrá fuerzas renovadas para vivir, amar, perdonar y transformar su entorno. Las mujeres de poder logran todos sus éxitos con humildad y de rodillas ante la augusta presencia del Todopoderoso.

Al llegar la noche, cuando los rayos del sol se han extinguido y el ánimo cansado busca un oasis de paz, Dios nos ofrece su brazo fuerte, su regazo tierno, su oído amoroso. Por medio de ellos hallaremos renovación física, mental y espiritual.

Ojalá que hoy, al comenzar este día, tu oración sea: «Clamo al Señor a voz en cuello, y desde su monte santo él me responde. Yo me acuesto, me duermo y vuelvo a despertar, porque el Señor me sostiene» (Sal. 3: 4-5).

Dios no aprueba la soberbia

Las hijas de Sión son tan orgullosas que caminan con el cuello estirado,
con ojos seductores y pasitos cortos, haciendo sonar los adornos de sus pies.
Por eso el Señor cubrirá de sarna la cabeza de las hijas de Sión;
el Señor las dejará completamente calvas.

Isaías 3: 16

La soberbia tiene su raíz en abrigar un exagerado concepto del valor personal. Quien está radicado en la cúspide de la soberbia podría considerar a los demás no solamente como sus inferiores, sino también como que son sus servidores. La soberbia se puede transformar en arrogancia cuando la persona es incapaz de reconocer sus errores, y se esfuerza para no enfrentar sus defectos. De acuerdo con los preceptos divinos, el mejor antídoto para la soberbia es una actitud de humildad. No obstante, quienes se inclinan a practicar la idolatría personal, jamás aceptarán que necesitan ser humildes.

En el versículo de hoy encontramos una descripción detallada y al punto de la gente soberbia. Quizá tú conozcas, o hayas tenido que tratar, con alguien así. A esas personas, la altanería las hace caminar con el cuello erguido, y muestran cierto desdén o desprecio por la corrección o el consejo que proviene de los demás. Sus ojos miran con indiferencia, son fríos y distantes, y tampoco muestran vergüenza ni arrepentimiento por las malas acciones que han realizado.

Dice el profeta que las mujeres insensatas, aquellas que caminan como si bailaran, moviendo sus pies con cadencia, no son damas inclinadas a la sencillez. Podrán ser inteligentes pero no son sabias; poseen habilidades y talentos, pero es posible que no hayan experimentado el gozo de servir a los demás. Viven para sí mismas y en raras ocasiones, cuando son confrontadas con sus errores, se sienten derrotadas. Incluso, el dolor que por algún motivo sufran, aunque sea muy intenso, jamás las llevará a corregir sus equivocaciones; únicamente hará crecer en ellas el deseo de venganza.

Amiga y hermana, Dios nos hace hoy un llamado a la humildad, a que hagamos profesión de aquella virtud que nos permitirá ser consideradas como «grandes mujeres». Un rasgo que nos despojará del orgullo y nos ayudará a sacrificarnos por otros sin que sintamos dolor ni pesar por ello. Hoy es un buen día para que supliquemos al Señor que haga caer de nosotras la vestidura de la soberbia y que nos cubra con un manto de humildad.

Alabemos al Señor

¡Aleluya! ¡Alabado sea el Señor! Alabaré al Señor con todo el corazón
en la asamblea, en compañía de los rectos. Grandes son las obras del Señor;
estudiadas por los que en ellas se deleitan.
Salmo 111: 1-2

Existen dos instituciones sagradas que Dios estableció al principio de la creación
de este planeta, en el mismo huerto del Edén. Esas instituciones son la familia
y el sábado. El Señor sabía que ambas son fundamentales para la felicidad de la
raza humana, y desde el mismo principio derivó nuestra atención hacia ellas.

La familia es un baluarte que resguarda nuestra salud mental, emocional y espiritual,
así como la de todos sus integrantes. En el hogar, gracias al amor mutuo y correspon-
dido, podemos llegar a entender un poquito mejor el gran amor que Dios siente por
todos nosotros, que somos sus criaturas. Asimismo, gracias al sábado, instituido como
el día consagrado a la adoración al Creador, tiene lugar cada semana una comunión
única con nuestro Padre celestial.

Dios desea no solamente familias «buenas». Él espera que seamos familias «con-
sagradas». Y es en la iglesia, unidos todos en espíritu y también corporalmente,
donde debemos rendir honra, gloria y alabanza al autor de toda vida y de todo
bien. Nuestro anhelo debe ser: «Proclamaré tu nombre a mis hermanos; en medio
de la congregación te alabaré» (Sal. 22: 22).

Me alegra saber que en la patria celestial, la gran familia de Dios continuará
congregándose en torno al Señor para rendirle honor por los siglos de los siglos.
«Porque así como perdurarán en mi presencia el cielo nuevo y la tierra nueva que
yo haré, así también perdurarán el nombre y los descendientes de ustedes —afirma
el Señor—. Sucederá que de una luna nueva a otra, y de un sábado a otro, toda la
humanidad vendrá a postrarse ante mí» (Isa. 66: 22-23).

Es ahora cuando debemos tomar parte activa en la congregación de los santos.
Cuando la familia se une para adorar en la casa de Dios, cada uno de sus miembros
obtiene fortaleza. Esta fortaleza nos ayudará a hacer frente a todas las luchas internas
que enfrentamos. Recordemos el oportuno consejo del gran Terapeuta divino que
siempre comprenderá, y resolverá, las luchas personales de cada miembro de la familia. Abraza hoy a tu familia y, con paso firme y decidido, guíalos a la casa del
Señor. ¡La mesa está preparada!

Somos cartas abiertas

Ustedes mismos son nuestra carta, escrita en nuestro corazón, conocida y leída por todos. Es evidente que ustedes son una carta de Cristo, expedida por nosotros, escrita no con tinta sino con el Espíritu del Dios viviente; no en tablas de piedra sino en tablas de carne, en los corazones.

2 Corintios 3: 2-3

Fue cerca de la época navideña, cuando llegó a nuestro buzón de correos una carta abierta. Aunque la dirección estaba escrita correctamente, el cartero cometió un error y la depositó en otro buzón. La persona que la recibió la abrió por error y la leyó, aunque luego la dejó en forma anónima en nuestro buzón. Afortunadamente era una carta de felicitación que un familiar lejano nos enviaba en ocasión de las fiestas navideñas.

Es sabido que cualquier persona puede leer una carta que está abierta y que su mensaje, ya sea bueno o malo, se puede esparcir como las hojas que lleva el viento. En la Biblia encontramos un texto donde se nos compara con una carta abierta. Así lo expresó el apóstol Pablo: «Es evidente que ustedes son una carta de Cristo, expedida por nosotros, escrita no con tinta sino con el Espíritu del Dios viviente; no en tablas de piedra sino en tablas de carne, en los corazones. Esta es la confianza que delante de Dios tenemos por medio de Cristo» (2 Cor. 3: 3-4).

Amiga, nosotras somos esas cartas abiertas, y en cierto sentido somos también quienes las expedimos. El deseo de Dios es que el mensaje que llevemos haya sido grabado en nuestros corazones mediante la pluma del Espíritu de Dios. ¡Oh, qué gran privilegio! Sin embargo, recordemos que eso también implica una gran responsabilidad.

Hermana, ¿cuál es el mensaje que el mundo puede leer en ti? ¿Qué mensajes son los que fluyen desde tu corazón? El apóstol nos amonesta: «También nosotros, que estamos rodeados de una multitud tan grande de testigos, despojémonos del lastre que nos estorba, en especial del pecado que nos asedia, y corramos con perseverancia la carrera que tenemos por delante. Fijemos la mirada en Jesús» (Heb. 12: 1-2).

Seamos cartas abiertas, querida amiga, ante un mundo que nos observa. Ojalá que todo ojo que fije su mirada en nosotras pueda identificarnos como portadoras de mensajes de salud, vida y salvación. Eso será una realidad siempre que busquemos orientación en la eterna y santa Palabra de Dios, la Biblia.

Somos la sal de la tierra

Ustedes son la sal de la tierra. Pero si la sal se vuelve insípida,
¿cómo recobrará su sabor? Ya no sirve para nada, sino para que la gente
la deseche y la pisotee.
Mateo 5: 13

La sal posee numerosas propiedades. Las más conocidas son las relacionadas con la preservación de los alimentos y con su sabor. La sal es tan valiosa que en algún tiempo se comparaba su valor con el de los metales preciosos. De igual modo se la utilizaba para pagar a soldados y funcionarios, de ahí la palabra «salario».

Quienes han estudiado los beneficios de esta sustancia aseguran que su ingesta moderada contribuye a la absorción de los nutrientes por parte del intestino, y que ayuda a mantener el equilibrio de los fluidos corporales. En la industria alimentaria se la aprecia por la gran capacidad que tiene para conservar muchos alimentos. Esto era de una gran importancia en aquellas épocas en que no existían los refrigeradores ni las actuales cámaras frigoríficas. En la cocina, el uso de la sal común puede realzar el sabor de los alimentos para que así sean más placenteros al paladar. Incluso a las mujeres que deseamos tener una piel bella, se nos sugiere aplicarnos una mascarilla de sal fina, pues se afirma que suavizará la piel y la dejará libre de manchas.

Puede ser por todas estas cualidades, así como por otras, que Jesús nos comparó con la sal cuando dijo: «Ustedes son la sal de la tierra. Pero si la sal se vuelve insípida, ¿cómo recobrará su sabor? Ya no sirve para nada, sino para que la gente la deseche y la pisotee» (Mat. 5: 13).

Una de las importantes cualidades de la mujer cristiana es que puede ser fuente de alegría e inspiración para otras damas que la observan. Hay muchas personas que, aunque viven vidas sombrías y tristes, pueden ser ayudadas a encontrar el gozo que da el conocimiento del evangelio. Persuadamos mediante nuestro ejemplo a todas las que nos rodean, a encontrar el sabor que implica vivir a cada instante en la compañía de Cristo.

Es nuestro deber como mujeres de Dios «preservar» los valores y principios eternos, en nuestro hogar e incluso dentro de nuestro círculo de amistades. Igualmente, debemos sazonar y preservar. Esa es hoy la encomienda de Dios para cada una de nosotras. Somos el sabor que da vida abundante. Conservadoras de la verdad eterna de Dios. ¡Marchemos en el nombre del Señor!

Somos la luz del mundo

Ustedes son la luz del mundo. Una ciudad
en lo alto de una colina no puede esconderse.
Mateo 5: 14

Los antiguos atribuían propiedades mágicas a la luz. Por esta razón, la luz del sol, la luna y las estrellas, eran consideradas por muchos pueblos como deidades o dioses a los que debían reverenciar y adorar. Era tan inexplicable para ellos su origen que en muchos casos decidieron convertir a la luz en un motivo de adoración.

La función principal de la luz es la de revelar los objetos que están a nuestro alrededor. Todas probablemente hemos constatado que cuanto más profunda es la oscuridad, más intenso parece ser cualquier rayo de luz. Al surgir la luz se pondrá en evidencia aquello que en la oscuridad no se percibía. Si nos encontramos en un lugar oscuro, la luz nos ubica espacialmente, nos da sentido de orientación y nos guía.

El Señor Jesús nos comparó con la luz: «Ustedes son la luz del mundo. Una ciudad en lo alto de una colina no puede esconderse. Ni se enciende una lámpara para cubrirla con un cajón. Por el contrario, se pone en la repisa para que alumbre a todos los que están en la casa» (Mat. 5: 14-15). El texto dice: «Ustedes son la luz del mundo». No dice de qué intensidad debe ser la luz que portemos durante nuestra vida; tampoco exalta ningún tipo de luz sobre otra, ni hace referencia a la capacidad de alumbrar que posea. Lo único que importa es que seamos luz, y cumplamos con la misión de alumbrar al mundo que nos rodea.

Mi querida hermana, Dios desea que brilles con todo el resplandor que la luz del Espíritu Santo pueda proyectar sobre ti. Hemos de ser «reflectoras» de la luz de Dios ante un mundo que perece en medio de la oscuridad más intensa y total. Millones de seres humanos andan en busca de luz, algunos por caminos torcidos e inciertos que únicamente los deslumbran, y que a la larga podrían causarles una ceguera de índole espiritual.

Mantengamos la luz de Dios encendida en cada rincón de nuestro hogar. Seamos una luz para cada una de las personas que llamen a la puerta de nuestro hogar, esperando que las ilumine la presencia de Dios. Alumbrar la senda del que transita por la vida sin un rumbo definido con el fin de que pueda ver, ¡esa es nuestra tarea!

Preocupémonos por los demás

Ninguno de nosotros vive para sí mismo, ni tampoco muere para sí.
Si vivimos, para el Señor vivimos; y si morimos, para el Señor morimos.
Así pues, sea que vivamos o que muramos, del Señor somos.
Romanos 14: 7-8

La indolencia se desliza en forma sutil hasta que se adueña del corazón de los seres humanos. El egoísmo creciente puede llevar a algunas personas a vivir concentradas en sí mismas. Si ese es el caso, sus deseos y necesidades estarán por encima de las carencias de los demás. Muchas personas creen que cada quien debe velar por su satisfacción personal, aunque si alguien o algo se atreve a interponerse ante los de ellas, exigirán que se les dedique una atención prioritaria.

El dolor humano se pasea por las calles de las ciudades, tanto grandes como pequeñas, y son muy pocos los que reparan en ello. Casi nadie se preocupa por el sufrimiento que se asoma por los ojos tristes de millones de niños que alrededor del mundo estiran la mano para recibir un mendrugo de pan que a veces nunca llega. La enfermedad que llena clínicas y hospitales a veces también se presentará a la puerta de nuestros hogares.

El dolor humano es también el dolor de Dios; nuestras preocupaciones también lo son para él. El apóstol pues nos insta: «Preocupémonos los unos por los otros, a fin de estimularnos al amor y a las buenas obras» (Heb. 10: 24). La preocupación que se presenta en este texto, no es el simple hecho de lamentarnos por lo que ocurre en el mundo actual. ¡No! La preocupación inspirada en Dios nos debe llevar a la acción pronta y oportuna. Socorrer al necesitado debe ser una parte fundamental de la vida cristiana. Así lo hizo Jesús, cuando tocó a los niños, devolvió la vista a los ciegos, hizo caminar a los cojos, y con infinita ternura devolvió la cordura al hombre poseído por los demonios. Esa misma es la preocupación de Dios, así también debe ser la nuestra.

Hoy es el día de preocuparnos, pero no por nosotras mismas, sino por los demás. Seguramente al hacerlo dejaremos por un momento de preocuparnos por nosotras mismos, lo que nos será retribuido en alegría permanente. Tomemos en cuenta la amonestación del Señor, cuando nos dice: «Es un pecado despreciar al prójimo; ¡dichoso el que se compadece de los pobres!» (Prov. 14: 21).

¡Hagamos un alto!

Así dice el Señor: «Deténganse en los caminos y miren;
preguntar por los senderos antiguos. Pregunten por el buen camino,
y no se aparten de él. Así hallarán el descanso anhelado».
Jeremías 6: 16

L a existencia del hombre se desarrolla comúnmente en medio de la prisa y la premura. Parece ser una exigencia de la vida contemporánea; o al menos parece que
no sabemos vivir de otra manera.

Tenemos prisa por llegar, y muchas veces no sabemos adónde. Tenemos prisa por
salir, y muchas veces no sabemos adónde vamos. Nos movemos por inercia, las demás
personas nos empujan y permanecemos ajenas a las consecuencias que esto puede
traer. El imperativo del mundo parece ser: «Avanza, porque la competencia te alcanza
y te puede pisotear». En medio de ese clamor, el Señor nos dice: «Deténganse en los
caminos y miren; pregunten por los senderos antiguos. Pregunten por el buen camino, y no se aparten de él. Así hallarán el descanso anhelado» (Jer. 6: 17).

Observemos que hay cuatro cosas que Dios desea que hagamos mientras transitamos por este planeta: detenernos, mirar, preguntar, y no desviarnos. Recordemos
que somos peregrinas que estamos en marcha al hogar celestial. No debemos perder
nuestro «norte». Por ende, se hace necesario que en medio de la vorágine actual nos
detengamos y recobremos la dirección perdida, hasta encontrar las sendas antiguas
que nos permitirán llegar a nuestro destino. Con razón se destaca un refrán popular:
«Todos los caminos conducen a Roma». Nosotras podríamos añadir que «no todos
los caminos llevan al cielo». Solamente hay uno y debemos estar seguras de que transitamos por él.

Aunque nuestra mira esté puesta en la vida venidera y eterna de gozo, no debemos
perder la visón terrenal. Miremos a nuestro entorno, extendamos nuestra mano a
todos los perdidos en el pecado y en el error. Al hacerlo, casi imperceptiblemente
traspasaremos las puertas de la célica ciudad, seguras de haber cumplido con nuestro
deber.

Ahora, cuando tantos caminos engañosamente ofrecen un destino feliz, ocul-
tando que su final es de muerte, debemos preguntar por la senda antigua y andar
por ella. Ojalá que cuando el día de la final trompeta llegue, nos encontremos en
el lugar correcto y haciendo lo debido. Lo lograremos si, a pesar de todo, nos mantenemos con pie firme sobre la ruta que nos conducirá al hogar eterno.

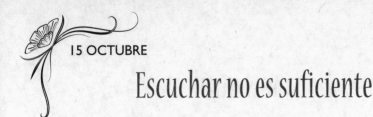

Escuchar no es suficiente

No se contenten solo con escuchar la palabra, pues así se engañan ustedes mismos.
Llévenla a la práctica. El que escucha la palabra pero no la pone en práctica
es como el que se mira el rostro en un espejo y, después de mirarse,
se va y se olvida en seguida de cómo es.
Santiago 1: 22-24

Muchos cristianos profesos mantenemos una relación pasiva con Dios. Pensamos que escuchar la Palabra con atención y buen ánimo es suficiente para alcanzar una vida santa y consagrada. No somos rebeldes en el momento de escuchar, pero somos rebeldes respecto a nuestras acciones. Nos comportamos como aquel joven que siempre respondía a las indicaciones de su padre con un «sí» aparentemente decidido y firme, pero siempre terminaba por hacer algo diferente, o sencillamente no hacía lo que se esperaba de él.

Abundan en el mundo personas que dicen ser seguidoras de Jesús. Van tras él, se proclaman a sí mismas como «cristianas», y exaltan los dichos del Maestro. Sin embargo, proclaman a los cuatro vientos que viven como mejor conviene a sus intereses personales. La mujer que realmente intenta agradar a Dios, estará dispuesta a doblegar su voluntad ante el Señor y a hacer aquello que él parece indicar para su vida.

Amiga, lo que el mundo ve en nosotras es lo que hacemos a cada paso, no solamente lo que decimos. El evangelio práctico, no el teórico, es el que vence al mundo. Hacen falta mujeres que vivan con honestidad, que no se vayan a la izquierda ni la derecha, mujeres cristianas íntegras de la cabeza a los pies. El Señor nos dice: «No se contenten solo con escuchar la Palabra». Él insiste: «Llévenla a la práctica» (Sant. 1: 22).

Pasar de escuchar a practicar lo escuchado es un proceso de conversión que debe tener un inicio en el corazón desde el momento que tenemos un encuentro con Cristo. De no suceder así y que la práctica sea en nosotros el resultado de la conversión que viene por el oír, únicamente seremos como «un metal que resuena o un platillo que hace ruido» (1 Cor. 13: 1).

Dice Elena G. de White al respecto: «No basta comprender la amante bondad de Dios ni percibir la benevolencia y ternura paternal de su carácter» (*El camino a Cristo*, cap. 2, p. 28). Es necesario que con humildad creciente, y entrega incondicional, permitamos que el Espíritu Santo nos convenza y nos libere de la rebeldía que hay en nosotras.

¡En nombre de nuestro Señor!

Cada uno es tentado cuando sus propios malos deseos lo arrastran
y seducen. Luego, cuando el deseo ha concebido, engendra el pecado;
y el pecado, una vez que ha sido consumado, da a luz la muerte.
Santiago 1: 15-15

En la actualidad muchos seres humanos se jactan de su fortaleza, aunque en el fondo carecen de fuerza de voluntad. Son débiles y endebles. No tienen la capacidad suficiente para vencer las adversidades, y a la primera oportunidad que sufren alguna tentación, sucumben a las trampas del enemigo.

Algunas mujeres piensan que si no reciben una marcada atención y estímulos románticos de parte de su esposo, están en todo su derecho a romper el vínculo matrimonial. Por otro lado, algunas señoritas que comprometen su pureza, se excusan diciendo que son mujeres *modernas* o *independientes*. Son pocas las que con honestidad aceptan que la corriente de mal las alcanza, y que su fortaleza personal es más bien escasa. La buena noticia es que Dios está dispuesto a hacernos fuertes, y con su ayuda permanente podremos salir victoriosas ante cualquier situación, por muy dura que sea la prueba.

La condición primaria para ser cristianas victoriosas consiste en permanecer unidas a Dios. Él nos dice: «Separados de mí no pueden ustedes hacer nada» (Juan 15: 5). Comenta Elena G. de White al respecto: «Como la rama depende del tronco principal para su crecimiento y fructificación, así también ustedes necesitan el auxilio de Cristo para poder vivir una vida santa. No hay poder en ustedes para resistir la tentación o para crecer en la gracia o en la santidad. Morando en él pueden florecer» (*El camino a Cristo*, cap. 8, p. 102).

La segunda condición consiste en creer que Dios tiene dádivas de amor y de gracia disponibles para compartir con sus hijas, quienes anhelan y creen que hay algo mejor para ellas. Elena G. de White, de nuevo nos dice: «Si en tu corazón existe el anhelo de algo mejor que cuanto este mundo pueda ofrecer, reconoce en este deseo la voz de Dios que habla a tu alma» (*Ibíd.*, cap. 3, p. 43).

Amiga, Dios tiene el poder para borrar todos tus pecados y arrojarlos al fondo del mar. Él puede darte una nueva vida y un nuevo corazón. Puede convertir en fortalezas las debilidades de tu carácter, y hacer de ti una mujer triunfadora.

Contemplemos las cosas que están arriba

Cada uno de ustedes, en adoración espiritual, ofrezca su cuerpo como sacrificio vivo, santo y agradable a Dios. No se amolden al mundo actual,
sino sean transformados mediante la renovación de su mente.
Así podrán comprobar cuál es la voluntad de Dios, buena,
agradable y perfecta.
Romanos 12: 1-2

No amoldarse al mundo actual parece más bien un pedido un tanto complicado, ya que en gran medida los seres humanos somos el resultado del ambiente en el que nos desenvolvemos. Nuestra forma de vestir, de comer, de trabajar, de socializar, están permeadas por las condiciones del entorno en el que nos movemos. En muchos aspectos de la vida, repetimos lo que hace la mayoría; llegamos a pensar que la fuerza de su opinión determina lo que es correcto o incorrecto. En muchos casos utilizamos ese parámetro para edificar un estilo de vida.

El apóstol Pablo, en su Epístola a los cristianos de Roma, les instó a no asumir las mismas formas del mundo. La mejor manera de lograrlo es mediante la renovación constante del carácter. Debemos considerar en manera continua y con insistencia, que nuestra vida en este planeta es pasajera y que, como peregrinos, vamos en camino a la patria celestial de la que somos ciudadanas. Pablo en determinado momento insistió sobre este tema: «Ya que han resucitado con Cristo, busquen las cosas de arriba, donde está Cristo sentado a la derecha de Dios. Concentren su atención en las cosas de arriba, no en las de la tierra» (Col. 3: 1-2).

Debemos pensar que, aunque nuestro entorno actual es terrenal, nuestro destino final es el cielo. Nuestro soberano Rey y Señor vendrá a buscar a sus hijas e hijos que le hayan sido fieles. Mientras eso sucede, vivamos en armonía con las virtudes cristianas, que nos harán aptas para la vida eterna.

Escribió la sierva del Señor: «El corazón de Dios suspira por sus hijos terrenales con un amor más fuerte que la muerte» (*El camino a Cristo*, cap. 2, p. 31). Ojalá nosotras podamos asimismo renovar diariamente un anhelo por lo santo y lo celestial. Pidamos al Señor capacidad para ver con los ojos de la fe nuestro destino final, y seamos capaces de contagiar con dicho espíritu a nuestros hijos, esposos, hermanas y hermanos.

Hoy es un buen día para que vivamos la alegría anticipada que nos espera, la cual disfrutaremos por siempre en compañía de Dios y de todos los santos.

La inteligencia emocional

«Yo, el Señor, sondeo el corazón y examino los pensamientos, para darle a cada uno según sus acciones y según el fruto de sus obras».
Jeremías 17: 10

Hace algunas décadas, cuando hacíamos referencia a la inteligencia, solo pensábamos en términos de capacidad de conocimiento. Sin embargo, en nuestra época también se habla de la inteligencia emocional, que tiene que ver con el control que ejercemos sobre nuestras emociones y nuestros sentimientos. Se supone que aquellos que ponen en acción la inteligencia emocional vivirán con mayor confianza en sí mismos, lo cual repercutirá en su trato con los demás.

Algunos estudiosos del tema aseguran que el éxito de una persona viene determinado por el grado de inteligencia emocional que posee, pues la misma es la que nos permite automotivarnos como personas, perseverar en el logro de los objetivos propuestos, y desarrollar emociones y sentimientos adecuados frente a las frustraciones de la vida. Sin embargo, las mujeres cristianas sabemos que únicamente si concentramos nuestra vista en Cristo, podremos vivir no tan solo asertivamente, sino también rebosantes de gozo y alegría. Dios desea que vivamos con inteligencia. Nos exhorta con las siguientes palabras: «Si tu oído inclinas hacia la sabiduría y de corazón te entregas a la inteligencia; si llamas a la inteligencia y pides discernimiento; si la buscas como a la plata, como a un tesoro escondido, entonces comprenderás el temor del Señor y hallarás el conocimiento de Dios» (Prov. 2: 2-4).

Ojalá que nuestra inteligencia emocional nos lleve a reconocer que toda facultad proviene de Dios, y que él está dispuesto a concederla a todo hombre y mujer que se la pida. «"¿Quién le ha dado primero a Dios, para que luego Dios le pague?" Porque todas las cosas proceden de él, y existen por él y para él» (Rom. 11: 35-36).

Una mujer inteligente es aquella que teme al Señor, y le da gloria y honra. Sujeta sus deseos a la voluntad de su Padre Celestial, controla sus emociones y actúa por convicción, nunca por mero impulso o por un sentimentalismo mal entendido. Yo deseo para ti, mi querida amiga, que hoy tengas un día asertivo en el nombre del Señor. Al salir de tu hogar, llena tu mente y tu corazón con la alegría de saber que eres una hija de Dios. Si abrigas dicha disposición seguramente podrás ver en cada persona que se cruce en tu camino a una criatura formada a la imagen y semejanza de Dios. Impacta su vida con la inteligencia que has adquirido a los pies de Jesús.

Amor por los demás

Hacen muy bien si de veras cumplen la ley suprema de la Escritura: «Ama a tu prójimo como a ti mismo»; pero si muestran algún favoritismo, pecan y son culpables, pues la misma ley los acusa de ser transgresores.
Santiago 2: 8-9

El breve paso de Jesucristo por este planeta estuvo matizado por numerosos episodios de misericordia y compasión hacia los demás. Sanó a los enfermos tanto del cuerpo como del alma, restauró a los de espíritu apocado y rompió las cadenas de los que se encontraban atrapados en la culpa, el legalismo y la conmiseración. Con frecuencia oró a su Padre celestial para pedirle que tuviera misericordia de quienes lo hostigaban. Era conocido como el amigo de los pecadores y el consolador de los afligidos.

A muchas nos resulta difícil sustraernos de nuestras preocupaciones personales y diarias para pensar en los demás y ayudarlos. El egoísmo natural nos impulsa a pensar primero en nosotras, y después en el prójimo, si es que nos quedan tiempo y energías. Si te sientes con ganas de comprobar esto, observa cómo nos comportamos. Por ejemplo, al subir o bajar de un autobús, o cuando algún peligro parece amenazarnos en público. ¡Claro que sí! Todos quieren ser los primeros.

Los seres humanos casi siempre estamos en búsqueda de nuestros beneficios personales, y aunque esto no es necesariamente malo, nos perjudica cuando la capa de egoísmo que nos cubre engrosa los pliegues del corazón, y nos vuelve insensibles y fríos. Cuando esto sucede, únicamente vemos las faltas y los errores en los demás, y excusamos los nuestros. Como consecuencia del pecado, muchos vamos perdiendo poco a poco la capacidad de amar y de ser sensibles frente a las necesidades de los demás. Preocuparnos por los demás es lo que nos define como personas con calidad humana y sensibilidad. La persona que es misericordiosa y compasiva, posee estas cualidades como un regalo de su Creador.

Amiga, seguramente hoy entrarás en contacto con muchas personas. No olvides que todos y cada uno de ellos son tu prójimo, y que tienes una responsabilidad que cumplir respecto a ellos. No permitamos que la indiferencia suplante al amor. Pasar por alto a una persona que está cerca de nosotros puede ser tan doloroso y cruel como infligir un golpe físico. ¡Ojalá que la tolerancia y la sensibilidad sean las cualidades que muestres hoy dondequiera que estés!

¿Estás sola?

¿Puede una madre olvidar a su niño de pecho, y dejar de amar
al hijo que ha dado a luz? Aun cuando ella lo olvidara, ¡yo no te olvidaré!
Isaías 49: 15

Alguien escribió: «Tú nunca estás solo, ya que siempre te va a acompañar la soledad». Yo quisiera aportar mi propia versión: «La soledad es el espacio de tiempo que transcurre desde el momento en que todos se van y te quedas en la compañía de Dios hasta que alguien vuelve a interactuar contigo».

Una cosa es estar sola y otra muy diferente es sentirse sola, estar rodeada de gente y, aun así, sentirse abandonada u olvidada. Quienes se sienten solos no aprecian la compañía ni la cercanía del prójimo. Lloran frente a la vida y la acusan de tratarlos con crueldad e indiferencia. Sin embargo, la soledad puede llegar a ser una buena compañera. Nos invita a la reflexión y a contemplar nuestro propio ser sin caretas, sin excusas. La soledad podría llenarse de Dios y en ese caso dejaría de serlo. Cuando cada rincón del corazón se llene de luz, prácticamente se podrá sentir la mano del Padre que nos acaricia. La soledad, en este caso, viene a ser como un espejo que se coloca frente a nosotras para mostrarnos quiénes somos realmente.

Quien ha tenido esa experiencia no teme a la soledad. La hace su aliada, su confidente y su mejor consejera. En reiteradas ocasiones Jesús buscó retirarse a un lugar apartado con el fin de hallar consuelo en la compañía de su Padre. El Evangelio dejó registrado uno de estos casos: «Después de despedir a la gente, subió a la montaña para orar a solas. Al anochecer, estaba allí él solo» (Mat. 14: 23). Era una búsqueda intencional que le proporcionaba bienestar así como refrigerio espiritual y emocional. Después de eso, el Maestro volvía a su vida normal fortalecido.

Amiga, ¡tú no estás sola! Dios está a tu lado. Únicamente él puede, con su magnífica presencia, llenar el vacío que alguien nos deja. Recuerda la maravillosa promesa que Cristo nos hizo: «Yo le pediré al Padre, y él les dará otro Consolador para que los acompañe siempre: el Espíritu de verdad, a quien el mundo no puede aceptar porque no lo ve ni lo conoce. Pero ustedes sí lo conocen, porque vive con ustedes y estará en ustedes. No los voy a dejar huérfanos; volveré a ustedes » (Juan 14: 16-18).

¡Señor, salva a mis hijos!

El Señor mismo instruirá a todos tus hijos, y grande será su bienestar.
Isaías 54: 13

Nunca olvidaré la expresión en el rostro de mi hija cuando la enfermera puso en sus brazos a su pequeña recién nacida. Me dio la impresión de que había nacido siendo madre. Un idilio silencioso y tierno se dio frente a mis ojos. La recién nacida, que apenas hacía su entrada al mundo, buscó un espacio cálido cerca del corazón de su progenitora; mientras que la nueva mamá acariciaba uno a uno los pequeños y perfectos rasgos de aquel rostro que por primera vez contemplaba.

Sin duda los hijos son el mayor regalo que Dios nos concede. Desde antes de que nazcan ya queremos para ellos lo mejor. Anhelamos que sean personas felices y realizadas, y luchamos con ahínco para alejar de ellos cualquier obstáculo que pudiera impedir su desarrollo. Creo que la mayor bendición que puede disfrutar una persona es tener una madre cristiana, que no solo busca el bienestar físico y material de sus vástagos, sino que además coloca un cerco de protección alrededor de ellos. Únicamente la presencia de Dios puede hacer que eso se logre. Los más jóvenes, al igual que los mayores, son de las presas favoritas de Satanás, quien procura presentarles un mundo lleno de atractivos con el fin de apartarlos del camino de la rectitud.

Las madres ocupamos en muchos sentidos el lugar de Dios para nuestros hijos. Nosotras debemos ser las que con fe luchemos a brazo partido contra el mal para salvaguardar las vidas de nuestros herederos. Dios estará a nuestro lado como nuestro mejor aliado debido a que conoce nuestra obra y su trascendencia. Él, que es nuestro creador y sustentador, nos vigila con amor y comprensión, presto a escuchar nuestras oraciones y a darnos la ayuda que necesitemos. Él conoce las dificultades que pesan sobre el corazón de cada madre, por lo que será el mejor amigo con que podemos contar ante cualquier emergencia. Sus brazos eternos sostienen a la madre que es fiel y temerosa de Dios.

Amiga, en caso de que seas madre, ¿te parece que ahora la tentación zarandea sin cesar a uno de tus hijos? ¡Pues cobra ánimo! No te conformes solamente con lamentarte o preocuparte. Levanta tus manos al cielo, alza tu voz con humildad y clama al Señor, llámalo hasta que su poder actúe. Que tu súplica sea: «¡Señor, salva a mis hijos!».

¿Sabiduría, para qué?

La sabiduría es lo primero. ¡Adquiere sabiduría! Por sobre todas las cosas, adquiere discernimiento. Estima a la sabiduría, y ella te exaltará; abrázala, y ella te honrará; te pondrá en la cabeza una hermosa diadema; te obsequiará una bella corona.

Proverbios 4: 7-9

Muchas son las opciones académicas que actualmente se ofrecen para la adquisición de conocimientos en las diferentes ramas del saber. Las escuelas y las universidades abren sus puertas a todo tipo de intereses y preferencias personales. Los centros de estudios especializados ofrecen muy variadas opciones para todo tipo de persona: hombres, mujeres, jóvenes, adultos, trabajadores, desocupados... Incluso en algunos lugares hay, para las personas de escasos recursos, instituciones educativas gratuitas que les permitirán obtener un adiestramiento válido y respetable. Es más, en algunos sectores de la población mundial existe una verdadera sed por acumular títulos y certificados.

Los eruditos y los especialistas abundan, lo cual es bueno. En un mundo tan especializado como el actual, necesitamos tantos profesionales técnicos como sea posible. Sin embargo, muchos no reconocen que es la sabiduría de Dios la que puede hacer volar un avión, o flotar una embarcación de miles de toneladas de peso. Hemos desarrollado una excesiva confianza en las capacidades y logros del propio ser humano. En la actualidad somos capaces de trasplantar órganos y prácticamente devolver la esperanza de vida a quien la creía perdida. ¡Es verdaderamente asombroso lo que se puede lograr! Pero existe otra sabiduría, y lamentablemente son pocos los que la procuran. Me refiero a la sabiduría de lo alto.

Es Dios quien nos enseña la ciencia de la vida, quien nos puede hacer personas productivas, felices y realizadas, así como llevarnos a disfrutar una experiencia espiritual y emocional profunda con él. Esa sabiduría no es conocida por la mayor parte de los seres humanos, quienes por ende no procuran adquirirla. Las consecuencias son evidentes dondequiera que vayamos.

Querida hermana, las que permanecemos en casa cuidando a la familia; las empleadas que buscan el sustento diario; las jovencitas que transitan por los pasillos de las universidades; todas hemos recibido un llamado de parte de Dios para adquirir la sabiduría del cielo. La misma nos enseña a vivir con dignidad y respeto. Nos muestra la senda de la rectitud y nos hace reconocer a Dios como el soberano del universo.

El orgullo bueno y el malo

Los ojos altivos, el corazón orgulloso y la lámpara de los malvados son pecado.
Proverbios 21: 4

Para muchos, el orgullo tiene dos caras: una buena y una mala. El filósofo alemán Friedrich Nietzsche afirmaba que el orgullo es una virtud elevada, propia de hombres superiores; algo que conduce a la sinceridad absoluta. El rostro bueno del orgullo posee un cierto parecido con la dignidad. El mismo nos estimula a alcanzar nuestros objetivos, así como a esforzarnos y a ser tenaces porque sabemos que Dios nos creó para que persigamos lo superior, lo excelente.

Quien posee el «orgullo bueno» no se arrastra por la vida, sino que sabe que fue hecho para alcanzar las alturas. También constituye un «orgullo bueno» darse cuenta de que si Dios está a nuestro lado, tenemos la oportunidad de crecer, desarrollarnos y llegar a ser personas valiosas. Esa es la clase de orgullo que todos los hijos y las hijas de Dios deberíamos exhibir.

Por otro lado, el «orgullo malo» nos impulsa a creernos mejores y superiores en el momento en que nos comparamos con los demás. Ese orgullo es el que hace que el amor propio se engrandezca, a tal punto que olvidamos nuestra dependencia de Dios y de los demás. Nos regocijamos en la vanidad y en la soberbia. Sentimos desprecio por el prójimo y lo consideramos inferior. En la Palabra de Dios leemos la forma en que terminará todo orgulloso: «Los ojos del altivo serán humillados y la arrogancia humana será doblegada» (Isa. 2: 11).

El «orgullo malo» hace su nido en nuestra mente cuando creemos que los dones, los talentos y las capacidades que poseemos son nuestros. Desconocemos a Dios como el dador de lo bueno que hay en nosotros. Los que así viven son altaneros y se exhiben públicamente, esperando humillar a los demás con su actuación. Debemos recordar que: «El Señor aborrece a los arrogantes. Una cosa es segura: no quedarán impunes. [...] Vale más humillarse con los oprimidos que compartir el botín con los orgullosos» (Prov. 16: 5, 19).

Amiga, hoy es un buen día para mostrar en forma humilde lo que Dios ha hecho en tu vida, recordando cuando te veas asaltada por el orgullo malo, que nada eres por ti misma, y que todo lo que has alcanzado lo has logrado mediante la gracia y la misericordia de Dios.

La protección de Dios

El Señor te protegerá; de todo mal protegerá tu vida. El Señor te cuidará
en el hogar y en el camino, desde ahora y para siempre.

Salmo 121: 7-8

Las noticias internacionales que leemos en los diarios o vemos por televisión son
cada día más aterradoras. Los seres humanos se destruyen unos a otros, las
fuerzas de la naturaleza parecen no tener control, somos víctimas de enfermedades
nuevas y contagiosas, y muchos de los que están saludables estropean su salud al
ingerir sustancias destructivas, por cierto cada día más numerosas y variadas.

Todos anhelamos sentirnos protegidos. Los niños buscan el cuidado de sus padres y de los adultos que los tienen a su cargo. Los adultos nos sentimos a salvo en
casas resguardadas con puertas y ventanas que cuentan con alarmas y protecciones
metálicas. Sabemos que Satanás, el instigador de los robos, la violencia y la muerte,
pretende hacerse con el dominio de nuestro planeta y también de nuestras vidas.
En medio de tanta incertidumbre, podemos escuchar la voz de Dios que, por medio
de su Palabra, nos dice. «Todo esto será apenas el comienzo de los dolores» (Mat.
24: 8). En otro momento, el mismo Jesús añadió: «En este mundo afrontarán aflicciones, pero ¡anímense! Yo he vencido al mundo» (Juan 16: 33).

En estos tiempos difíciles debemos solicitar la protección de Dios. Pero eso sí,
hay dos condiciones que hemos de cumplir cuando hagamos tal petición. En primer
lugar, no nos preocupemos por las cosas que no están bajo nuestro control. Actuemos
más bien como el apóstol Pablo: «Sabemos que Dios dispone todas las cosas para el
bien de quienes lo aman, los que han sido llamados de acuerdo con su propósito»
(Rom. 8: 28). En segundo lugar, debemos tomar en cuenta, cuando pedimos la protección de Dios, que no debemos exponernos voluntariamente a los peligros que nos
amenazan. Pensemos que Dios únicamente actúa a nuestro favor cuando caminamos
con él.

La gran promesa de Dios es para cada uno de los seres humanos: «Ya que has
puesto al Señor por tu refugio, al Altísimo por tu protección, ningún mal habrá de
sobrevenirte, ninguna calamidad llegará a tu hogar. Porque él ordenará que sus ángeles te cuiden en todos tus caminos» (Sal. 91: 9-10). ¡Maravillosa promesa de Dios,
que se hará realidad en la medida en que nosotros lo permitamos!

¡Camina hoy con Dios, y tu vida estará custodiada por su amor!

Los días nublados

Cristo Jesús es el que murió, e incluso resucitó,
y está a la derecha de Dios e intercede por nosotros.
¿Quién nos apartará del amor de Cristo? ¿La tribulación, o la angustia,
la persecución, el hambre, la indigencia, el peligro, o la violencia?
Romanos 8: 34-35

El cielo estaba gris. La lluvia había caído intensamente durante dos días sin parar. Llegué al aeropuerto y miré hacia las nubes; pensé que el despegue del avión no iba a ser fácil, y así sucedió. La aeronave se estremecía por completo mientras trataba de superar el manto de nubes. De pronto, el cielo se iluminó. ¡Estaba despejado y azul! El sol brillaba con todo su esplendor. Me sentí tranquila y di gracias a Dios porque había estado conmigo. Confieso que volar es una experiencia que me agrada muy poco.

Aquella mañana aprendí una lección fundamental, sencilla aunque profunda, y es que el sol nunca deja de brillar; solo que a veces las nubes grises impiden que lo veamos. Es verdad también que los problemas de la vida son semejantes a negros nubarrones que nos impiden ver la luz de la esperanza.

De cuando en vez, todos los seres humanos pasamos por tribulaciones y pruebas, y no podemos ver que más allá de dichas tensiones nos espera un futuro glorioso. Cuando subí al avión, lo hice a pesar de mi temor a las turbulencias, ya que deseaba llegar a mi destino lo antes posible. El apóstol Santiago, cuando tocó este tema, escribió en su Carta: «Considérense muy dichosos cuando tengan que enfrentarse con diversas pruebas, pues ya saben que la prueba de su fe produce constancia» (Sant. 1: 2).

Dios desea terminar su obra en nosotras. Anhela llevarnos a su hogar, que es también el nuestro. Mientras la nube de problemas se disipa, repitamos llenas de fe y de confianza: «Dios es nuestro amparo y nuestra fortaleza, nuestra ayuda segura en momentos de angustia. Por eso, no temeremos aunque se desmorone la tierra y las montañas se hundan en el fondo del mar; aunque rujan y se encrespen sus aguas» (Sal. 46: 1-2).

Amiga, ¿cómo está tu cielo hoy? Si el sol brilla, disfrútalo al máximo en compañía de Dios y de tus seres amados. Pero si permanece gris y no puedes ver la luz, espera y confía. El Señor abrirá pronto tu cielo y la luz de su gracia te alumbrará.

¿Dónde podremos encontrar paz?

No se inquieten por nada; más bien, en toda ocasión,
con oración y ruego, presenten sus peticiones a Dios y denle gracias.
Y la paz de Dios, que sobrepasa todo entendimiento, cuidará sus corazones
y sus pensamientos en Cristo Jesús.
Filipenses 4: 6-7

Sentada frente a mí, con el rostro enrojecido por las lágrimas y la voz entrecortada por el dolor, me preguntó en un lamento: «¿Dónde puedo encontrar paz…?». Su matrimonio estaba en ruinas, a punto de venirse abajo; sus hijos iban y venían, del hogar de los tíos al de los abuelos, sin estabilidad física ni emocional. Ella, por su parte, también iba de un lugar a otro mientras cargaba su dolor. En aquel momento no supe qué decirle; pedí al Señor que me diera entonces alguna respuesta. Sin embargo, nada sucedió. El plan de Dios era otro.

Lo que nos provee paz no es la ausencia de problemas y de dificultades, sino más bien la actitud que tenemos frente a todo ello. La confusión mental que nos produce una crisis, podría hacer que nos veamos sumidas en un caos generalizado. Cuando las facultades físicas, emocionales y espirituales, se ven perturbadas, podríamos muy bien llegar al límite de nuestra capacidad de resistencia.

Ahora, después de haber podido reflexionar por largo tiempo en todo lo anterior, se me ocurre una respuesta a la pregunta que me hizo aquella mujer, y que no supe darle en su momento. Únicamente podemos encontrar la paz en Dios, y florecerá en nuestro interior, a pesar de los problemas que enfrentemos en determinado momento. Nuestro Señor Jesucristo nos dejó un mensaje especial al respecto: «La paz les dejo; mi paz les doy. Yo no se la doy a ustedes como la da el mundo. No se angustien ni se acobarden» (Juan 14: 27).

Nuestro fundamento reside en el poder de Dios y en su deseo de otorgarnos protección permanente y constante. Para recibir la paz de Dios, antes tenemos que pedirla con fe y permanecer en quietud para que él pueda actuar. Si nos movemos, si nos agitamos, corremos el riesgo de desconocer la voluntad divina y tomar decisiones contrarias a lo que él tiene preparado a favor nuestro. Bien nos lo dice el salmista: «Quédense quietos, reconozcan que yo soy Dios» (Sal. 46: 10).

Amiga, no importan las circunstancias de este día. Enfréntalas con la paz de Dios y sé feliz.

Todo un ejemplo de vida

Entre los ancianos se halla la sabiduría;
en los muchos años, el entendimiento.
Job 12: 12

Algunas personas han tenido a bien definir la tercera edad como «los años de plata», ya que es la época de la vida en que la cabellera se vuelve plateada por las canas. Claro, hoy vivimos en una época en la que se va haciendo más difícil ver cabelleras plateadas, gracias a los productos cosméticos disponibles en el mercado.

Las canas no son necesariamente una señal de los años vividos. Tampoco son una marca que nos clasifica como «improductivas». Cuando se llega a esta etapa de la vida, aún podemos vivir intensamente, amar y ser «maestras del bien». Las ancianas son valiosas por el cúmulo de experiencias que han vivido a lo largo de toda su vida.

Los consejos de una mujer anciana no necesariamente surgen de su arrogancia ni de su sapiencia, por muy amplia que sea. Surgen del cofre de sus recuerdos más vívidos. El salmista honra a las personas de avanzada edad con las siguientes palabras: «Plantados en la casa del Señor, florecen en los atrios de nuestro Dios. Aun en su vejez, darán fruto; siempre estarán vigorosos y lozanos, para proclamar: "El Señor es justo; él es mi Roca, y en él no hay injusticia"» (Sal. 92: 13-15). Los ancianos no son personas desvalidas cargados de años. Pensar así hará que desaprovechemos toda su sabiduría, riqueza y experiencias.

Bien seas una mujer joven, o alguien que dentro de poco comenzará a contar sus años con preocupación, es necesario que sepas que cada una llegará a determinada estación de la vida según mejor le parezca. Ahora es el momento en que debes llenar tu mente de vitalidad y de nuevas expectativas. Define con claridad adónde deseas llegar y dirígete a tu objetivo con paso firme y sin titubeos. Camina con tu propio ritmo, no te apures ni te retrases. Anda también con elegancia, con un porte de realeza, pues perteneces a ella por ser hija del gran Rey. La vejez es como tu ropa; tú escoges la forma en que deseas portarla.

La escritora nicaragüense Gioconda Belli lo expresa en una forma muy bella en su poema "Desafío a la vejez": «*Cuando yo llegue a vieja, si es que llego, y me mire al espejo y me cuente las arrugas como una delicada orografía de distendida piel [...] todavía mi corazón estará, rebelde, tictaqueando y las dudas y los anchos horizontes también saludarán mis mañanas*».

Lo que los hijos necesitan

Honra a tu padre y a tu madre, para que disfrutes de una larga vida en la tierra que te da el Señor tu Dios.
Éxodo 20: 12

La mayoría de las madres hacen que sus vidas giren en torno a sus hijos. Por otro lado, estos se vuelven cada día más exigentes, mientras que los padres se muestran en extremo complacientes. Para muchas madres, los deseos de sus hijos son también sus deseos y hacen incluso lo imposible por complacerlos. Muchas veces ni siquiera se ponen a pensar si con su proceder benefician, o más bien perjudican, a sus hijos. Es bueno, por supuesto, que procuremos brindarles lo mejor para que tengan una vida digna y para que en el futuro no vivan con resentimientos ni rencores. Pero, por otro lado, debemos considerar que también es bueno que aprendan que muchas de las cosas deseadas en la vida se consiguen mediante el esfuerzo y el trabajo.

En este mundo tan libertino, nuestros hijos necesitan normas. Las mismas actúan como salvavidas, son como un cerco de protección para proteger su integridad física y emocional. Las reglas son las que hacen enderezar el arbolito cuando este comienza a crecer torcido.

Madre que ahora lees estas palabras, no tengamos temor a establecer normas en casa, así como las que deberán observarse fuera de ella. Únicamente que al hacerlo debemos solicitar sabiduría de Dios, para no transformarnos en personas inflexibles, intolerantes y rígidas que más bien entorpecen el desarrollo del carácter de sus hijos.

Para que las normas cumplan con su objetivo debemos tomar en cuenta algunas pautas:

- Todos los miembros de la familia deben participar en la formulación de las normas. De ese modo se verán comprometidos a cumplirlas.
- Dichas normas deben tomar en cuenta las necesidades de todos los miembros de la familia. Una norma jamás es más importante que una persona.
- Las normas deben ser claras y pocas. Son aplicables a toda la familia, incluyendo en algunos casos a los mismos padres.
- Cuando una norma sea violada, el infractor debe sufrir las consecuencias, que deben ser establecidas con anterioridad.

Amiga, si debes aplicar disciplina, recuerda lo que escribió el apóstol: «Ciertamente, ninguna disciplina, en el momento de recibirla, parece agradable, sino más bien penosa; sin embargo, después produce una cosecha de justicia y paz para quienes han sido entrenados por ella» (Heb. 12: 11).

El importante sexo débil

Él rescata tu vida del sepulcro y te cubre de amor y compasión;
él colma de bienes tu vida y te rejuvenece como a las águilas.
El Señor hace justicia y defiende a todos los oprimidos.
Salmo 103: 4-6

No hace mucho tiempo escuché a una dama hablar fervorosamente respecto a las injusticias que en el mundo se aplican al sexo femenino. Su vehemencia al hablar la hacía ver como una mujer apasionada y luchadora por los derechos de la mujer, pero realmente distaba mucho de ello. En realidad, estaba ensimismada en una lucha de poder con cuanto varón se le atravesaba en el camino. Con razón tenía dos divorcios ya en su historial, y la relación entre ella y sus colegas y compañeros de trabajo era más bien negativa.

He llegado a pensar que muchas de las llamadas «injusticias contra la mujer», en realidad tienen su raíz en las luchas internas que algunas sostienen con ellas mismas. Algunas veces se deben a problemas de identidad sin resolver, y para evadirlos culpamos a los varones de nuestra situación. Para ocultar nuestros complejos de inferioridad, argumentamos que los hombres nos ven como seres inferiores. En otros casos, para esconder nuestra falta de tenacidad para alcanzar los ideales más elevados, afirmamos que los varones no nos dejan espacio para la superación personal.

Amiga, en primer lugar ya sabemos cuál es nuestro origen y eso nos concede un marcado grado de dignidad. En segundo lugar, tenemos que ser capaces de deshacernos de todo aquello que está en nuestro pasado y que nos confina a una vida miserable, haciéndonos sentir de poco valor.

Mujer, las oportunidades para que seamos grandes son para todos y todas. Dios nos ha dotado con la misma medida de capacidad a los hombres y a las mujeres. De igual modo espera que seamos lo suficientemente tenaces como para hacer realidad nuestros logros y metas. El destino final del hombre y de la mujer es el mismo. Lo que marca la diferencia son los caminos que cada uno tome para llegar a la meta propuesta por el Señor. «El que se refugia en mí recibirá la tierra por herencia y tomará posesión de mi monte santo» (Isa. 57: 13).

Para estar tranquilo

En las manos del Señor el corazón del rey es como un río: sigue el curso
que el Señor le ha trazado. A cada uno le parece correcto su proceder,
pero el Señor juzga los corazones.
Proverbios 21: 1-2

He de confesar que muchas veces he encarado a mi esposo con la siguiente pregunta un tanto agresiva: «¿Cómo es que puedes estar tan tranquilo?». Por supuesto que es una queja enorme y desconsiderada. Al actuar así, me atrevo a expresar un juicio de valor sobre mi esposo sin poseer fundamentos sólidos y sin conocer las razones que lo llevan a mantener una actitud tranquila y serena, lo cual no constituye nada negativo en sí mismo.

Cuando las mujeres perdemos la tranquilidad, sea por el motivo que sea, solemos hacerlo con manifestaciones externas de nuestro ánimo: lloramos, gritamos o hacemos movimientos con el cuerpo que manifiestan ansiedad. De ese modo todos los que nos rodean se enteran con facilidad de que algo malo nos está sucediendo. Pero la mayor parte de los varones vive su intranquilidad de una manera diferente: no hablan, no lloran, no se exasperan. Esto es lo que nosotras interpretamos como indiferencia y falta de interés frente a un hecho que para nosotras es muy importante.

Todo lo anterior, sin duda, es producto tanto de las diferencias individuales como de las de género. Estoy convencida de que algunas veces los varones pueden llegar a ser más intensos que nosotras, solo que pocas nos percatamos de ello. La naturaleza femenina es emocional, la masculina es racional. Mientras nosotras lloramos por los daños que nos puede causar una situación, ellos buscan la manera de solucionar el inconveniente. Ahora bien, yo te pregunto, amiga querida, entre ambas cosas, ¿qué puede causar más estrés y ansiedad?

La naturaleza masculina, cuya inclinación natural es a ofrecer protección, no le permite al hombre esconderse en un rincón para llorar. Por el contrario, le exige que mantenga la calma y la tranquilidad para pensar, y que actúe lo antes posible.

Dios, en su infinita sabiduría, creó al hombre y a la mujer para que ejerzan un liderazgo equilibrado. En el hogar, en el mundo laboral y en nuestras relaciones sociales, se necesitan tanto los toques femeninos como la actuación masculina. La próxima vez que te sientas tentada a decirle a tu esposo o a tu novio: «¿Cómo es que puedes estar tan tranquilo?», primero colócate un candado a tu boca y acepta su manera de actuar como un talento que Dios les ha concedido.

Una fe inquebrantable

Alabado sea el Dios y Padre de nuestro Señor Jesucristo,
Padre misericordioso y Dios de toda consolación, quien nos consuela
en todas nuestras tribulaciones para que con el mismo consuelo que de Dios
hemos recibido, también nosotros podamos consolar a todos los que sufren.
2 Corintios 1: 3-4

Dios nos ha hecho una promesa maravillosa, y es que en medio de las dificultades él estará con nosotras. Yo sé que en efecto confiamos y creemos que esto es así; sin embargo, qué difícil resulta entenderlo, e incluso recordarlo, cuando estamos en el crisol de la prueba.

La hermana Adela llegó un día a su casa y se dio cuenta de que su esposo no estaba. Durante el resto del día se mantuvo esperando a que volviera, con un poco de impaciencia. Al anochecer, la impaciencia se transformó en angustia. Su esposo no regresaba. Encima de la cama estaban sus documentos personales, su Biblia y su ropa en perfecto orden. La hermana Adela apenas sale de casa. Ella sigue a la espera de que un día su esposo regrese, y por supuesto desea ser la primera en abrazarlo. Han pasado ya dos años desde el incidente, y ella afirma que su espera no terminará mientras Dios la sustente. La fortaleza de Adela no decae. Ella mantiene encendida la luz de la esperanza. Sabe que su Dios vive y está al tanto de sus criaturas. Las investigaciones policiales indican que posiblemente se haya tratado de un secuestro, sin embargo, no se ha obtenido mayor información.

Este es un gran ejemplo de fe, algo que debería animarnos a permanecer incólumes al enfrentar cualquier momento difícil. Debemos tener la seguridad de que «Jesús es nuestro amigo; todo el cielo está interesado en nuestro bienestar. No debemos permitir que las perplejidades y congojas cotidianas aflijan nuestro espíritu y oscurezcan nuestro semblante» (*El camino a Cristo*, cap. 13, pp. 181-182).

Amiga, ante la prueba quizá te sientas tentada a pensar que Dios está ajeno a tu sufrimiento y a tu dolor; sin embargo, no te desesperes. Es momento de echar mano de todas las promesas de Dios y suplicarle con humildad que las haga realidad en tu vida. Recuerda lo que dijo la mensajera del Señor: «Dios no desea que ninguno de nosotros permanezca postrado a causa de la intensa aflicción, con los corazones transidos de dolor. Él quiere que miremos hacia arriba y veamos el arco de la promesa, y que reflejemos la luz para otras personas» (*Mensajes selectos*, t. 2, cap. 27, p. 294).

Para conocer la voluntad de Dios

Los malvados acechan a los justos con la intención de matarlos,
pero el Señor no los dejará caer en sus manos ni permitirá que los condenen
en el juicio. Pero tú, espera en el Señor, y vive según su voluntad,
que él te exaltará para que heredes la tierra.
Salmo 37: 32-34

Estoy segura de que todas nosotras, en alguna ocasión, hemos orado pidiéndole a Dios que nos permitiera conocer su voluntad, con la convicción de que, si actuábamos en armonía con él, nuestros caminos serían del todo seguros. Sin embargo, un problema común es que quizá no sepamos cómo hacerlo.

Mi querida hermana, el Señor no está lejos de nosotras, y son muchos los recursos que ha puesto a nuestra disposición para que conozcamos los planes que él tiene para nuestras vidas. Con el fin de descubrirlos debemos, en primer lugar, desarrollar un íntimo compañerismo con Jesús. Asimismo, la constancia en la oración nos mantendrá en unión con Dios.

Por otro lado, contamos con una guía del todo segura en la Palabra del Señor, manifestada en cada versículo de la Biblia. Debemos desarrollar una confianza plena en ella. El salmista señaló, al referirse a los justos: «La ley de Dios está en su corazón, y sus pies jamás resbalan» (Sal. 37: 31). La ruta que conduce al cielo está señalada en cada palabra y frase de las Escrituras. ¡Sigamos sus indicaciones!

El Señor también se manifiesta en el diario acontecer mediante sucesos y circunstancias inesperadas o insólitas. El apóstol Pablo nos asegura que «Dios dispone todas las cosas para el bien de quienes lo aman» (Rom. 8: 28). Cuando permitamos que su voluntad actúe en nosotras, experimentaremos su paz. La ansiedad, la confusión y el temor son el resultado de caminar a solas. La paz de Dios es un regalo para cada una de sus hijas; asimismo es el resultado de una vida consagrada y de obediencia. El profeta Isaías dijo: «Si hubieras prestado atención a mis mandamientos, tu paz habría sido como un río» (Isa. 48: 18).

Por último, ¡qué agradable es reconocer la obra del Espíritu Santo en la vida! Ya que «todos los que son guiados por el Espíritu de Dios son hijos de Dios» (Rom. 8: 14). Amiga, busca hoy conocer con sincera devoción la voluntad de Dios. Escucha su voz y te aseguro que tendrás un excelente día.

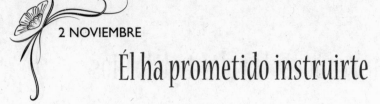

Él ha prometido instruirte

Es Dios quien lo instruye y le enseña cómo hacerlo.
Isaías 28: 26

Hace poco mi esposo y yo compramos un mueble para nuestra casa, de esos que se arman con facilidad, solo hace falta seguir las indicaciones del manual. Sin embargo nosotros, excesivamente confiados, intentamos hacerlo por nuestra propia cuenta, y pasamos por alto el paso número uno, el más importante de todos, el que decía: «Para un ensamblaje rápido y perfecto, siga las instrucciones».

Intentamos unir las piezas donde nosotros creíamos que debían ir, colocando los tornillos en el lugar que imaginábamos les correspondía. Pero, a pesar de las muchas diferentes formas en que lo hicimos, algo salía siempre mal. Las piezas no encajaban, los tornillos se atoraban, y el mueble comenzó a tomar una forma un tanto extraña, que no se parecía para nada al modelo mostrado en la caja de empaque. Con tranquila humildad, desarmamos lo que llevábamos hecho hasta el momento, tomamos el manual de instrucciones y nos pusimos de nuevo manos a la obra. Empezamos totalmente de cero, y en pocos minutos el mueble estaba ensamblado, y mostrando toda su belleza.

Algo parecido sucede en la vida de los seres humanos. Dios, nuestro Creador, nos hizo perfectos y hermosos, y en ese proceso también nos dio indicaciones precisas para que no estropeáramos su obra maravillosa. Sin embargo, muchos seres humanos hemos desechado el «manual divino», para escoger una vida que a nosotros nos parece mejor.

La perfecta maquinaria del organismo humano queda a menudo estropeada porque algunos desconocen las indicaciones del Creador, o hacen caso omiso de ellas, comiendo, bebiendo y llevando un estilo de vida de acuerdo a sus gustos y preferencias personales.

Si deseamos que no se pierda el divino sello colocado en la maravillosa obra que representa cada ser humano, utilicemos el «manual divino». Del propio fabricante, Dios, hemos recibido las instrucciones más claras. Algunas de ellas las podemos leer en Éxodo 20: 1-17. Recuerda: «Toda la Escritura es inspirada por Dios y útil para enseñar, para reprender, para corregir y para instruir en la justicia, a fin de que el siervo de Dios esté enteramente capacitado para toda buena obra» (2 Tim. 3: 16-17).

Amiga, no deseches el «manual de Dios». Aplícalo a tu propia vida y a la de tus hijos. Hazlo con responsabilidad; no es una tarea que puedes confiar únicamente a la escuela o la iglesia. ¡Es un deber que debes cumplir con sagrado celo!

El camino correcto

Hay caminos que al hombre le parecen rectos,
pero que acaban por ser caminos de muerte.
Proverbios 14: 12

Los caminos de Dios no son los caminos del hombre. Él los coloca ante nosotros y nos invita a que transitemos por ellos. Sin embargo, el Señor jamás nos forzará, obligándonos a que vayamos por donde él nos indica. Ese no es su estilo, en absoluto.

Cuando hablamos de los «caminos de Dios», entendemos que la vida cristiana es un progreso y un avance constante. Para transitar por sus caminos debemos ir paso a paso y avanzar en pos de quien los conoce, y que es a la vez quien nos guía. En la carrera cristiana no debemos permanecer a la zaga, como personas solitarias y perdidas. Tampoco hemos de tomar ningún tipo de atajo, creyendo que así llegaremos más rápido a nuestro destino. Sin embargo, no hemos de desanimarnos, pues contamos con la guía segura del Espíritu Santo: «Ya sea que te desvíes a la derecha o a la izquierda, tus oídos percibirán a tus espaldas una voz que te dirá: "Este es el camino; síguelo"» (Isa. 30: 21).

Los seres humanos en muchas ocasiones buscan atajos. Por otro lado, Dios no lo hace, ya que él sabe que cada experiencia es necesaria para un correcto avance hacia la santificación. Algunos intentan alcanzar el éxito buscando una vía más corta: compran títulos sin haber estudiado, tratan de obtener dinero sin haber trabajado, aparentando a la vez ser personas honorables. Pero no podemos transitar por caminos torcidos. Quizá a diario nos toque decidir entre el mal y el bien, entre la muerte y la vida. Es posible que algunas religiones, filosofías y estilos de vida se nos presenten como algo bueno, aceptable y verdadero; caminos que probablemente estén llenos de distracciones y tropiezos.

Yo sé que en tu corazón, al igual que en el mío, está arraigado el anhelo de llegar pronto a nuestro destino final, a la morada de nuestro Padre, a la casa de Dios, el único que es «el camino, la verdad y la vida» (Juan 14: 6).

Querida amiga, comparto contigo una hermosa promesa que espero te sea de mucho ánimo para enfrentar este día y los nuevos retos que en él tendrás que enfrentar: «¿Quién es la roca, si no nuestro Dios? Es él quien me arma de valor y endereza mi camino; da a mis pies la ligereza del venado, y me mantiene firme en las alturas» (Sal. 18: 31-33).

Él nos aconsejará

Me guías con tu consejo, y más tarde me acogerás en gloria.
¿A quién tengo en el cielo sino a ti? Si estoy contigo, ya nada quiero en la tierra.
Salmo 73: 24-25

La consejería psicológica intenta apoyar emocionalmente a personas que sufren de algún tipo de confusión, y que por sí mismas son incapaces de encontrar soluciones para sus problemas. Un profesional de la salud mental es alguien que intentará orientar, abrir nuevas opciones y dirigir la conducta de sus aconsejados con el fin de que manejen sus preocupaciones en forma apropiada, y aprendan a vivir con equilibrio y hábitos que potencien la serenidad y el bienestar.

Las estadísticas muestran que millones de personas en todo el mundo acuden a diario a estos profesionales. El campo de trabajo de dichos consejeros es cada día más amplio, e incluso es frecuente encontrarlos en la plantilla de instituciones sanitarias tanto públicas como privadas. Creo que Dios los utiliza para ayudar a los demás, y que ellos probablemente constituyen una muestra de esa hermosa gracia que recibimos cuando el Señor mismo se ofrece a ser nuestro consejero: «Yo te instruiré, yo te mostraré el camino que debes seguir; yo te daré consejos y velaré por ti» (Sal. 32: 8). ¡Qué maravilloso es saber que Dios es nuestro «Consejero admirable»! (Isa. 9: 6). Sus consejos son perfectos, santos, y nos los ofrece con un amor incondicional.

Mientras leemos su Palabra y oramos, conoceremos su voluntad y sabremos exactamente qué hacer incluso en medio de la tribulación y del dolor. «Dichosos los que me escuchan y a mis puertas están atentos cada día, esperando a la entrada de mi casa» (Prov. 8: 34).

La consejería de Dios aporta una dimensión espiritual que está ausente en la práctica de los consejeros profesionales no cristianos. Ese elemento espiritual nos acerca a Dios, nos vigoriza, genera nuestra capacidad de lucha. Gracias al mismo, sabemos que no estamos solas y que podemos con propiedad exclamar: «Yo sé que mi redentor vive, y que al final triunfará sobre la muerte» (Job 19: 25).

Amiga, si en este día te sientes algo perpleja a causa de alguna difícil situación que estás encarando, haz una cita con tu Consejero celestial. En tu recámara, dile: «Yo soy pobre y estoy necesitado; ¡ven pronto a mí, oh Dios! Tú eres mi socorro y mi libertador; ¡no te demores, Señor!» (Sal. 70: 5).

El Señor velará por ti

El Señor es quien te cuida, el Señor es tu sombra protectora.
De día el sol no te hará daño, ni la luna de noche. El Señor te protegerá;
de todo mal protegerá tu vida. El Señor te cuidará en el hogar
y en el camino, desde ahora y para siempre.
Salmo 121: 5-8

Conozco a una pediatra que durante sus años de estudiante tenía que hacer guardia en la sala de recién nacidos de un hospital. Cuando me relató su experiencia, pensé que aquel había sido un trabajo dedicado y de gran importancia, ya que en algunos casos la vida de aquellos bebés dependía de ella. Cualquier descuido podía ser fatal para los niños. Cada cierto tiempo, ella debía acudir ante la cuna de cada niño para tomar nota de los parámetros de respiración, color de la piel, y posibles cambios, así como de cualquier otro dato significativo. Aquella pediatra lo era todo para los pequeñitos, que ni siquiera se daban cuenta de que habían llegado al mundo como seres desvalidos e indefensos.

La función de Dios en nuestra vida es parecida. Él desea cuidarnos de los peligros que nos amenazan, protegernos del mal, y velar para que no seamos vencidas por el pecado que nos acecha. Se preocupa para que nuestras necesidades sean satisfechas. Asimismo, como un Padre amante, anhela abrazarnos y consolarnos cuando somos afectadas por el dolor. «Jamás duerme ni se adormece el que cuida de Israel» (Sal. 121: 4).

Con esta seguridad podemos acercarnos a él sabiendo que no nos rechaza ni nos abandona. Si permitimos que Dios vele por nosotras, tendremos su apoyo en las tribulaciones y nos sentiremos a salvo ante la ansiedad y el temor. Podremos descansar tranquilas, pues él vela por nuestro bienestar. Dios, Jesús y el Espíritu Santo nos cuidan y al mismo tiempo hacen que los ángeles nos brinden su protección.

Amiga, hoy tenemos motivos para enfrentar el día con un ánimo tranquilo y reposado. Tus hijos, si los tienes, enfrentarán sus propios desafíos. Tu esposo, o quizá tu padre, saldrán a enfrentar las luchas de la vida. Recuerda que no estamos solas, que el Dios eterno vela por nosotras en sol o sombra, en luz u oscuridad, en alegría o tristeza. Guarda esta promesa en tu mente y en tu corazón, y úsala como un arma de defensa: «Así que no temas, porque yo estoy contigo; no te angusties, porque yo soy tu Dios. Te fortaleceré y te ayudaré; te sostendré con mi diestra victoriosa» (Isa. 41: 10).

«Señor, ¿qué es lo que haces conmigo?»

El hombre propone y Dios dispone.
Proverbios 16: 1

Lo conozco desde que era un niño. Cantaba en el coro infantil de mi iglesia, y participaba porque su madre, una fiel cristiana, se encargaba de llevarlo a los ensayos sin importar las circunstancias. De naturaleza rebelde, no se doblegaba ante nadie ni ante nada. Sumamente inquieto, desafiante y agresivo, todos le auguraban una vida muy difícil. Debo confesar que la única razón por la que continuaba en el coro de niños era su voz. Tenía una excelente voz y además estaba dotado de un extraordinario oído musical.

Con el paso del tiempo, todos aquellos malos augurios se vinieron abajo. En alguna parte del camino Dios suavizó su agresividad y lo encaminó en la senda correcta. El Señor lo tomó de la mano y lo levantó las muchas veces que cayó. Fue en la escuela de la adversidad y del dolor donde aprendió las más grandes lecciones de su vida. Hoy es un fiel cristiano, entregado al servicio del Señor, y sus dos hijos crecen en el temor de Dios. Asimismo él es la mano derecha de su pastor, y siempre está listo para compartir sus recursos y talentos sin escatimarlos.

Quizá tú también hayas sido una niña difícil, o hayas tenido una adolescencia complicada, rebelde, hasta el punto de que algunos adelantaron «malos augurios» acerca de tu futuro. A lo mejor creciste pensando que eras un fracaso, y de pronto algo hizo que tu vida diera un vuelco y hoy te encuentras en una situación distante de aquella en que todos pensaban que terminarías. Esos cambios de dirección probablemente obedecieron al toque de la mano de Dios.

Así es, Dios tiene su momento y su lugar, y sin duda impacta nuestra vida. Él puede borrar de tu mente la visión negativa que tienes de ti misma y, con su poder, transformarte en una nueva criatura. Entonces, quizá con asombro puedas preguntarle: «¿Señor, ¿qué es lo que haces conmigo?».

El Señor está dispuesto a extender bendiciones sobre ti, sin escatimar nada. No sé cómo estará tu vida hoy, pero puedo decirte que no importan tu situación ni tu carácter, eres una hija especial de Dios. Si le entregas tu presente no debes sentir temor de mirar al futuro. «Dios dispone todas las cosas para el bien de quienes lo aman, los que han sido llamados de acuerdo con su propósito» (Rom. 8: 28).

Ponte de pie

La gloria de los jóvenes radica en su fuerza;
la honra de los ancianos, en sus canas.
Proverbios 20: 29

Más que enojada, me sentí temerosa. Con paso lento e inseguro un ancianito intentaba cruzar la calle. De pronto, aparecieron dos muchachos avanzando velozmente sobre patines. «¡Quítate, abuelo!», le gritaron. En ningún momento aminoraron su vertiginosa marcha. El ancianito se llevó tremendo susto; tembloroso, se detuvo y luego se sentó en la acera para reponerse de la impresión que había sufrido.

Cuando Moisés, por mandato de Dios, reunió al pueblo para darles a conocer las ordenanzas que había preparado (Lev. 19), dio indicaciones precisas sobre el cuidado y respeto que se debía dar a los ancianos. El mismísimo Señor había dicho: «Ponte de pie en presencia de los mayores. Respeta a los ancianos» (Lev. 19: 32).

Lamentablemente, las cosas han cambiado bastante desde entonces hasta nuestros días. Cada día son menos los jóvenes que muestran consideración y respeto por la gente mayor. Parecería que su juventud les concede el derecho a desconocer la experiencia y sabiduría que atesoran un hombre o mujer que hoy se doblega bajo el peso de los años. No se dan cuenta de que el mundo que ellos mismos disfrutan fue construido gracias al esfuerzo y la lucha de los que hoy son llamados «personas de la tercera edad».

Quiero dedicar esta meditación especialmente a las mujeres más jóvenes. Es mi intención despertar en ellas el deseo de tratar a los ancianos y a las ancianas de nuestro entorno con profundo respeto. Asimismo, es necesario recordar que: «Entre los ancianos se halla la sabiduría; en los muchos años, el entendimiento» (Job 12: 12). Muchas veces, bajo una apariencia cansada y un paso lento, se esconden duras luchas, así como triunfos que podrían representar grandes enseñanzas para los más jóvenes.

Enseñemos a nuestros hijos a que traten a los ancianos con respeto y dignidad. Cada surco de su rostro tiene una historia que contar. Cada cana de su cabello es testigo de años de trabajo, lucha y esfuerzo. Si hoy te topas con alguien cuyas sienes han sido plateadas por el tiempo, descúbrete y levanta tu rostro en señal de que valoras su legado. ¡No olvides que, en un futuro no muy lejano, tú también apreciarás recibir el mismo trato!

El poder de una sombra

Era tal la multitud de hombres y mujeres, que hasta sacaban a los enfermos a las plazas y los ponían en colchonetas y camillas para que, al pasar Pedro, por lo menos su sombra cayera sobre alguno de ellos.
Hechos 5: 15

¡Simplemente la sombra! ¡Sin duda un acto milagroso y sobrenatural! Pero, ¿de quién? En realidad, no había poder en Pedro para realizar milagros, ya que él no era más que un hombre. Pero un hombre, puede ser un gran instrumento en las manos de Dios para que él manifieste su poder.

La Biblia dice que la fama de Pedro se extendió a los pueblos vecinos de Jerusalén, desde donde acudían personas que llevaban a sus amigos y parientes enfermos en busca de sanidad. Pedro era tan solo un hombre consagrado que amaba a Dios, y que llegó a convertirse en un canal a través del cual fluían las bendiciones de lo alto. Su sola presencia proveía salud, bienestar y alegría por dondequiera que iba.

La sombra de Pedro encendió una luz de esperanza en la vida de cientos de personas. Es difícil creer que una sombra pueda ser portadora de luz, pero así era en el caso de Pedro. Las sombras por lo general aportan oscuridad. Creo que aquello fue posible gracias a que Pedro colocaba a los enfermos bajo la sombra del Omnipotente. En la Palabra de Dios leemos: «El Señor es quien te cuida, el Señor es tu sombra protectora» (Sal. 121: 5).

Dios desea realizar una obra parecida en nuestras vidas. Anhela que nuestra presencia sea una luz, especialmente para aquellos que son presa del dolor y de la enfermedad.

Las actitudes negativas únicamente trasmiten soledad y sombras. No permitamos que eso suceda en nuestras vidas. Para realizar esa obra maravillosa de alumbrar a los demás, es necesario que antes nos coloquemos bajo la sombra Dios, quien anhela utilizarnos como instrumento de sanidad para quienes encontremos en nuestro camino. Comenta Elena G. de White: «No necesitamos ir a tierras de paganos, ni siquiera dejar el reducido círculo del hogar, si es allí donde está nuestro deber, a fin de trabajar por Cristo. Podemos hacerlo en el seno del hogar, en la iglesia, entre aquellos con quienes nos asociamos y nos relacionamos» (*El camino a Cristo*, cap. 9, p. 120).

Amiga, Dios te invita a que seas un instrumento de luz. ¿Aceptarás ese desafío?

Llorar es mejor que reír

Vale más llorar que reír; pues entristece el rostro,
pero le hace bien al corazón.
Eclesiastés 7: 3

Las lágrimas parecen ser un necesario complemento de la personalidad femenina. Las mujeres lloramos de alegría y también motivadas por la tristeza. Asimismo lloramos al estar enojadas o cuando estamos contentas. Por lo tanto, una «sesión» de llanto nunca se puede predecir. En los momentos menos esperados, somos capaces de llorar hasta quedar «secas».

Las lágrimas pueden brotar debido a una emoción, a un pensamiento, a una imagen, a un recuerdo, a un olor, al sabor de algo, a una melodía, o quizá a causa de un gran ruido; todas estas razones son motivos más que suficientes para llorar. Algunos estudios científicos establecen que la responsable de las lágrimas femeninas es una hormona llamada *prolactina*, que abunda más en las mujeres que en los hombres.

Uno de los versículos más consoladores para las que creen que llorar es muestra de debilidad y se avergüenzan de sus lágrimas, está registrado en el Evangelio de Juan, donde dice: «Jesús lloró» (Juan 11: 35). Las lágrimas de Cristo estaban impregnadas de amor y de compasión al ver el sufrimiento de los demás. Fue un llanto no solamente de compasión, sino también de empatía.

Las lágrimas de tristeza por el pecado, las que derramamos cuando nuestro corazón es llamado al arrepentimiento; las que surgen del corazón contrito y humillado, son lágrimas asociadas a la promesa bíblica que dice: «Dichosos los que lloran, porque serán consolados» (Mat. 5: 4). Sin embargo, las lágrimas que se utilizan como un arma para manipular a los demás, las que están cargadas de soberbia y orgullo, no buscan consuelo ni lo recibirán; más bien tienen otro tipo de intenciones, todas ellas negativas.

Amiga, si lloramos debemos hacerlo por los motivos correctos. Recuerda las palabras del sabio: «Todo tiene su momento oportuno; hay un tiempo para todo lo que se hace bajo el cielo: [...] un tiempo para llorar, y un tiempo para reír; un tiempo para estar de luto, y un tiempo para saltar de gusto» (Ecle. 3: 1, 4).

Un rostro alegre glorifica al Señor. Salomón dijo que había un tiempo y un momento para todo, tanto para reír como para llorar. Las dos cosas tienen un espacio en la experiencia cristiana.

Actuando como fieles hijas

Dios creó al ser humano a su imagen; lo creó a imagen de Dios.
Hombre y mujer los creó.
Génesis 1: 27

En un pasado no tan distante, las niñas acostumbraban a jugar con unas clásicas muñecas y juegos de té. Dichos juegos imitaban los papeles tradicionales que la mujer desempeñaba en el hogar. Ahora existe un nuevo enfoque respecto a esas actividades tradicionales que, según algunos, tienden a «encasillar» a las niñas en un modelo que se considera no le corresponde a la mujer moderna. Llevados por dicha tendencia, muchos padres adquieren juguetes del tipo *unisex* para sus hijas. Incluso algunos las llevan a incursionar en el mundo de los entretenimientos para varones, pensando que quizá eso las colocará en una condición de igualdad.

Y yo me pregunto: ¿será acaso necesario criar a las niñas como varones para que en el futuro puedan exigir respeto e igualdad? Ceo que no. Ese no es el camino para que una mujer llegue a ser exitosa. Las niñas deben ser criadas dentro de los márgenes propios de su género, recordando que son creación de Dios y que ese solo hecho las hace especiales y únicas. De ese modo aprenderán a apreciar su sexo. Asimismo, al observar a su madre, y al distinguir los valores masculinos cuando observan a su padre, aprenderán a distinguir las cualidades de cada uno de ellos. Una madre segura de sí misma y satisfecha con su rol femenino ejercerá una influencia poderosa y positiva en la vida de sus hijas.

Hoy es un buen día para preparar a nuestras hijas para enfrentar las luchas de la vida, y para el goce de la vida eterna en el reino de los cielos. No nos confundamos con algunas voces contemporáneas, roguemos más bien a Dios para que estemos en capacidad de escuchar su voz, y que al ser guiadas por ella, seamos un positivo instrumento en la dirección que demos a nuestras hijas.

Querida hermana, toda la ayuda divina está a nuestra disposición. Dios nos observa con amor y comprensión; él está listo a escuchar nuestras oraciones y a prestarnos la ayuda que necesitamos. Él conoce las cargas que pesan sobre el corazón de toda madre y de toda hija. Asimismo, es el mejor amigo de ellas en todo momento. Sus brazos reciben a la madre fiel y a la hija temerosa de Dios.

La siembra de la vida

Siembra tu semilla en la mañana, y no te des reposo por la tarde,
pues nunca sabes cuál siembra saldrá mejor, si esta o aquella,
o si ambas serán igual de buenas.
Eclesiastés 11: 6

La escritora estadounidense Ella Wheeler afirmó en cierta ocasión: «Con cada una de tus obras siembras una semilla, aunque la cosecha quizá no la veas». ¡Cuánta sabiduría encierra dicha declaración! Cada vez que damos un paso esparcimos acciones buenas o malas en el surco de la vida que, al igual que semillas sembradas en la tierra, tarde o temprano rendirán su fruto.

Nuestro proceder no tan solo nos afecta a nosotras, sino que también impacta a los demás. «Ninguno de nosotros vive para sí mismo, ni tampoco muere para sí» (Rom. 14: 7). Dios nos da la libertad para actuar. Ese es un gran privilegio que nos permite escoger la forma en que deseamos vivir y lo que queremos hacer. Sin embargo, también es conveniente que reconozcamos que cada acto, incluso los realizados en secreto, trascienden para bien o para mal.

El rey David ocultó sus acciones cuando tomó la mujer de uno de sus soldados, y aunque en un principio aquel pecado pareció no tener trascendencia, el tiempo demostró lo equivocado que estaba David. Los juicios de Dios cayeron sobre él de forma inexorable. A través del profeta Natán, Dios le dijo: «Lo que tú hiciste a escondidas, yo lo haré a plena luz, a la vista de todo Israel» (2 Sam. 12: 12). Las consecuencias de su pecado lo alcanzaron y no solamente a él, sino también a algunos miembros de su familia.

Amiga, debemos tener un gran cuidado con todo lo que pensamos, con lo que acariciamos en lo más profundo de nuestros corazones, ya que Dios todo lo ve y lo juzga. Si sembramos amor, habrá en nuestros hogares hijos más felices, matrimonios estables así como familias funcionales. Si sembramos respeto y tolerancia, viviremos rodeadas de amigos. La semilla de la felicidad dará frutos tan valiosos como la salud y el bienestar. Si sembramos perdón, cosecharemos corazones agradecidos y generosos.

Hoy es un día apropiado para toda buena siembra. Intenta expresarte como lo hizo Job en medio de las vicisitudes: «La experiencia me ha enseñado que los que siembran maldad cosechan desventura. El soplo de Dios los destruye, el aliento de su enojo los consume» (Job 4: 8).

Una disculpa no necesaria

El que con lágrimas siembra, con regocijo cosecha.
El que llorando esparce la semilla, cantando recoge sus gavillas.
Salmo 126: 5-6

¿Alguna vez has tenido que pedir perdón a alguien por haber llorado en su presencia? Estoy prácticamente segura de que muchas mujeres, e incluso hombres, se han visto impelidos a disculparse alguna vez por ello. Por alguna razón, creemos que hemos de hacerlo.

Pero yo me pregunto: ¿Por qué debemos pedir perdón cuando lloramos en público? El asunto es que muchos piensan que llorar es un acto de debilidad que pone en evidencia un deficiente estado emocional, y que es una muestra de vulnerabilidad. Sin embargo, el llanto no solamente es un desahogo de emociones, sino que también puede ser una causa de buena salud. El hecho es que obtenemos salud integral cuando las lágrimas brotan de un corazón contrito por el pecado, en especial si las derramamos porque nos conmueve el sufrimiento ajeno, o quizá cuando desbordamos de alegría porque nos ha impactado la gracia de Dios. Por el contrario, cuando las lágrimas provienen de un orgullo herido, o de una soberbia agredida, podrían ser una fuente de trastornos físicos y mentales.

Amiga, cuando llores, trata de que sea por razones nobles, y no te preocupes por pedir perdón a nadie después. Llorar no constituye ninguna ofensa. ¡Deja que fluyan tus lágrimas cuando sea necesario, o cuando te lo pida tu ser! Dios las recibirá como un grato aroma. Las mismas constituirán muestras de tu salud mental, física y espiritual; no son ningún motivo para avergonzarse. La promesa del Señor es esta: «Dichosos los que lloran, porque serán consolados» (Mat. 5: 4). ¿Quieres perderte el consuelo del Señor?

Jesucristo se unió al llanto de Marta y de María ante la muerte de Lázaro (Juan 11: 34). Se conmovió al ver el pecado de Israel, y más aún porque conocía el resultado de las malas decisiones de su pueblo (Luc. 19: 41). No creo que Jesús se haya ocultado para llorar, ni mucho menos que pidiera perdón por haber llorado. A él no le avergonzaban unas lágrimas que expresaban amor al prójimo, angustia por la salvación del ser humano y tristeza por las consecuencias del pecado. ¡Maravilloso Jesús!

Pronto, en el eterno amanecer, cuando seamos transportadas al hogar celestial, no habrá más llanto, pues Dios «enjugará toda lágrima de los ojos. Ya no habrá muerte, ni llanto, ni lamento ni dolor, porque las primeras cosas han dejado de existir» (Apoc. 21: 4).

Una extraña ciencia

El malvado hace alarde de su propia codicia; alaba al ambicioso
y menosprecia al Señor. El malvado levanta insolente la nariz,
y no da lugar a Dios en sus pensamientos.
Salmo 10: 3-4

Mucha gente confía en los asertos de esa aún desconocida área de la psicología denominada *morfopsicología*. Creen que esta pseudociencia permite identificar los rasgos de la personalidad de alguien a través del estudio de las características morfológicas de su cara y su cuerpo. Esta disciplina sugiere que existe una marcada relación entre los rasgos físicos y las expresiones corporales de una persona y su conducta. Aunque la morfopsicología no describe por entero cómo es alguien, sí señala que existen diversos rasgos físicos que tienen una relación directa con la conducta.

Curiosamente, en la Biblia encontramos algunos textos que parecen apuntar en una dirección similar. Por ejemplo, en el libro de Proverbios se nos dice: «El bribón y sinvergüenza, el vagabundo de boca corrupta, hace guiños con los ojos, y señas con los pies y con los dedos» (Prov. 6: 12-13). Interesante, ¿verdad? De alguna manera, lo que revela el exterior está íntimamente relacionado con lo que hay en el interior.

El versículo con que hemos dado inicio a la reflexión de hoy se refiere a ese tipo de personas que levantan la nariz en señal de arrogancia y orgullo, y que en su insolencia son capaces de menospreciar incluso a Dios. Esa falta de humildad la trasladan a todas sus relaciones personales. Esas personas olvidan que Dios desecha a los soberbios y ayuda a los humildes y contritos de espíritu. El Señor dice: «Yo estimo a los pobres y contritos de espíritu, a los que tiemblan ante mi palabra» (Isa. 66: 2).

Poner nuestra voluntad por encima de la voluntad de Dios sería un pecado de presunción. Significaría menospreciar sus mandatos para colocar en un primer lugar nuestros deseos, considerando quizá a los demás como inferiores y poco dignos de respeto.

Amiga, revisa tu círculo de amigos. Piensa en todas las personas que interactúan contigo. ¿Acaso están algunas de tus actitudes hacia ellas salpicadas de altivez o sinvergüencería? De ser así, convendría que examinaras el origen de dicho modo de actuar. Quizá tenga su raíz en traumas del pasado. Hoy es una buena ocasión para desatar toda cadena que te ate al pasado. Dios puede y quiere hacerlo por ti. ¡Que el Señor te bendiga hoy y siempre, y te permita ser un modelo de sencillez y humildad!

¿Habrá algo más pesado?

«Si se enojan, no pequen». No dejen que el sol se ponga estando aún enojados, ni den cabida al diablo.
Efesios 4: 26-27

El enojo es una de las emociones humanas clasificadas como «negativas», y eso se debe principalmente a las muchas consecuencias perjudiciales que dicha actitud puede provocar, y de hecho provoca, en la vida de millones de personas. El enojo puede tener su origen en la frustración, en los intentos fallidos por conseguir algo, o en algún dolor psicológico o físico.

Muchas personas dirigen su enojo hacia sí mismas cuando están enojadas por algo o con alguien. Llegan a pensar que son torpes y que están destinadas al fracaso (si no se ven ya como fracasados). Otras dirigen su incomodidad hacia los demás. Quizá tengan envidia del bienestar que otros disfrutan, o se consideren poco afortunadas pensando que Dios las ha abandonado. Creen que el Señor provee para los demás, pero que no lo hace de la misma manera para ellos. Son personas incapaces de disfrutar de los favores divinos y de las bendiciones que reciben, asumiendo en ocasiones un papel de víctimas sufrientes.

Nadie está libre del enojo. Esta emoción es propia de la naturaleza humana y todos mostramos una propensión a ella a cada paso que damos. Sin embargo, cuando el enojo nos envuelve porque no somos capaces de controlarlo, y eso hace que nos olvidemos del poder de Dios para afrontar las circunstancias, corremos un grave peligro. El teólogo escocés Hugh Black decía: «Si un hombre fomenta el enojo, si permite que su mente llegue a ser un nido de pasiones inmundas, de malicia, odio y deseos malignos, ¿cómo podrá habitar en su interior el amor de Dios?».

El enojo permanente tiende a causar efectos permanentes en nuestro ser, y algunos de ellos podrían ser irreversibles. Aconsejaba el apóstol Pablo: «"Si se enojan, no pequen". No dejen que el sol se ponga estando aún enojados, ni den cabida al diablo» (Efe. 4: 26-27). Dios nos ha dado dos recursos maravillosos para despojarnos de la carga que produce el enojo, antes de que eche raíces en nuestra vida. Primero la oración, un medio por el cual nos comunicamos con lo divino. En segunda instancia, el perdón, que es la obra de Dios en el corazón humilde de alguien que no desea ser juez de los demás, sino que da lugar para que actúe la justicia divina.

Para terminar la carrera

He peleado la buena batalla, he terminado la carrera, me he mantenido en la fe. Por lo demás me espera la corona de justicia que el Señor, el juez justo, me otorgará en aquel día; y no solo a mí, sino también a todos los que con amor hayan esperado su venida.

2 Tim. 4: 7-8

Muchos han comparado la vida con una carrera de obstáculos que comienza el día en que nacemos y concluye con la muerte. Sin embargo, para algunos habrá una segunda etapa en la vida, esa que comenzará al heredar el reino de Dios, cuando todos los obstáculos ya hayan sido superados. La Biblia dice que para correr la carrera de la vida, debemos despojarnos de todo el peso que nos estorbe (Heb. 12: 1), para conquistar las metas que nos hemos propuesto con perseverancia y tenacidad.

Cualquiera podría pensar que la tecnología no está al alcance de las personas mayores, sin embargo, hay quienes desafían esta creencia y demuestran lo contrario. Sé de alguien que se sentó frente a una computadora y logró dominarla (aunque tan solo contaba con tres años de educación básica) cuando ya rozaba los setenta años. Casi nada es imposible para quienes, con firme dedicación y disciplina diaria, se disponen a alcanzar la excelencia. He visto a invidentes viajar solos y tocar instrumentos musicales a la perfección; he sido testigo de la participación en una carrera maratón de personas discapacitadas, así como de otros tantos casos en los que algunas personas han alcanzado lo aparentemente imposible.

Para correr la carrera de la vida al estilo divino, es necesario quitar todo estorbo que interrumpa nuestro avance, como la culpa, el desánimo o el miedo. Asimismo, hemos de poner nuestros ojos en Cristo, el vencedor por excelencia. «Corramos con perseverancia la carrera que tenemos por delante. Fijemos la mirada en Jesús» (Heb. 12: 1-2).

El reconocido predicador Matthew Henry declaró: «La preocupación desordenada por la existencia, o el apego a ella, constituye un pesado lastre para el alma, que la jala hacia abajo cuando debería ascender, y la tira hacia atrás cuando debe avanzar. Esto hace que el deber y las dificultades sean más difíciles y pesados».

Amiga, no te amilanes por los desafíos que tienes por delante. Acércate al Señor en oración, acomoda la carga y suelta todo peso innecesario. Dios corre a tu lado.

Viviendo en el presente

Si el hacha pierde su filo, y no se vuelve a afilar, hay que golpear con más fuerza. El éxito radica en la acción sabia y bien ejecutada.
Eclesiastés 10: 10

Lo que hoy es, mañana estará en el pasado. Lo que hicimos y dejamos de hacer quedará registrado en el Libro de la Vida. El «ahora» contiene todos los elementos necesarios para construir el futuro. No te quedes estancada en los errores, mira hacia el mañana. Dios te ha dado cinco sentidos para que disfrutes de tu entorno. Hay tantas cosas hermosas que oler, ver, sentir, saborear, escuchar. ¡Todos son dones divinos!

Descubre cada día alguna nueva capacidad que quizá esté latente en tu vida a la espera de que la uses. Toma un lápiz y enumera las bendiciones que Dios te ha dado. Abre la ventana y disfruta del cielo con sus múltiples formas y colores. Acerca tu mano a la mejilla de un bebé y acaríciala. Disfruta la belleza de la sencilla flor que nace a la vera del camino, deléitate con su sutil fragancia. Aprenderás maravillosas lecciones que te harán crecer, y lograrán que tu existencia esté rodeada de paz y del mejor aprendizaje. Entonces también podrás exclamar: «Vengan y vean las proezas de Dios, sus obras portentosas en nuestro favor!» (Sal. 66: 5).

El «hoy» nos pertenece. Hagamos de él lo mejor de la vida. Cuando pasen los años, regresará transformado en recuerdos que han de llenar los espacios vacíos del alma. Luego te darás cuenta de todo lo que has construido con la ayuda de Dios y con tu firme determinación. Aprende a elegir correctamente. Somete tus decisiones a la voluntad de Dios y alégrate de los resultados. El Señor te ha concedido el libre albedrío, y eso te permitirá vivir en libertad. Está en tu poder decir «no» o decir «sí». Para avanzar en la vida necesitas ser asertiva, una cualidad que podrás cultivar si actúas conforme a la voluntad de Dios.

El presente no es para que te preocupes, sino para que te ocupes en las cosas de provecho del diario vivir. Deja de esperar que lo bueno surja en el futuro, pues podría acontecer ahora, si te dispones a vivir sabiamente.

Amiga, este es el momento de actuar. ¡Adelante! Enfrenta tus desafíos y confía en Dios. Exclama como el salmista: «Bendito sea el Señor, mi Roca, que adiestra mis manos para la guerra, mis dedos para la batalla» (Sal. 144: 1).

La ciudadela del alma

La mentalidad pecaminosa es muerte, mientras que la mentalidad
que proviene del Espíritu es vida y paz.
Romanos 8: 6

Hay dos fuerzas opuestas que luchan en nuestro interior: la actitud pecaminosa, y la que proviene del Espíritu de Dios. Podemos vivir para el bien, o vivir para el mal; la elección es nuestra. La Biblia declara: «La mentalidad pecaminosa es enemiga de Dios, pues no se somete a la ley de Dios, ni es capaz de hacerlo. Los que viven según la naturaleza pecaminosa no pueden agradar a Dios» (Rom. 8: 7-8).

La lucha suele estar en nuestra mente y afecta a todos nuestros actos, ya que da origen tanto a los deseos santos como a los pecaminosos. Dios nos advierte acerca de los peligros que corremos si permitimos que los pensamientos malsanos controlen nuestra vida: «Como estimaron que no valía la pena tomar en cuenta el conocimiento de Dios, él a su vez los entregó a la depravación mental, para que hicieran lo que no debían hacer» (Rom. 1: 28). Lo que vemos y escuchamos, lo que tocamos y olemos, provoca en nosotras sensaciones que darán paso a diversas actitudes. Elena G. de White hablaba de «la ciudadela del alma», afirmando que, como centinelas de la misma, jamás debemos bajar la guardia, ni siguiera un segundo.

Para librarnos de una mentalidad errada, debemos apropiarnos del pacto que Dios hizo con su pueblo: «Pondré mis leyes en su corazón, y las escribiré en su mente» (Heb. 10: 16). Nos corresponde poner a un lado y alejar de nuestra vida todo aquello que contamine nuestra mente, y permitir que Dios tome posesión de ella. Estos consejos prácticos pueden ayudarnos en este propósito:

- Cada mañana al despertar, ora y da gracias a Dios por el nuevo día.
- Saluda a todas las personas que te encuentres.
- Realiza una acción generosa a favor de otro.
- No critiques las acciones de los demás.

Por último: «Consideren bien todo lo verdadero, todo lo respetable, todo lo justo, todo lo puro, todo lo amable, todo lo digno de admiración, en fin, todo lo que sea excelente o merezca elogio» (Fil. 4: 8). En esas cosas, es en lo que realmente merece la pena pensar. Entonces, nuestra conducta irá acorde con ellas.

Recuerda: cuida la ciudadela del alma, que es la mente.

Personas difíciles

Él levanta del polvo al pobre y saca del muladar al necesitado;
los hace sentarse con príncipes, con los príncipes de su pueblo.
Salmo 113: 7-8

¿Alguna vez te has topado con alguien que todos consideran «una persona difícil»? Quizá se trate de una persona que no acepta consejos, que siempre está con el ceño fruncido cuando todos los demás se ríen, y que por lo general ve tan solo el lado oscuro de las cosas.

Las personas difíciles abundan, y la mayoría de ellas declaran que tienen razones válidas para ser como son. Las encontramos de todas las edades y sexos, incluso de las distintas clases sociales. Su manera de ser es quizá una «trinchera» para protegerse del mundo, un mecanismo para ocultar el posible dolor que encierran en su interior y que no desean mostrar. Por otro lado, muchas son personas que consideran que se debe luchar con denuedo para alcanzar cualquier meta.

Esas personas «difíciles» quizá tienen una gran necesidad de ayuda emocional y espiritual y no se atreven a pedirla. Consideran que, de hacerlo, se mostrarían vulnerables frente a los demás y perderían su fuerza o prestigio. Es posible que en las etapas primarias de la vida hayan sido maltratadas física o verbalmente. Temen actuar en forma sensible o simpática. Se amilanan ante el rechazo, y quizá por eso jamás demuestran el amor que Dios puso en ellas.

Su necesidad más urgente consiste en reconciliarse con Dios, con ellas mismas y con los demás. De hecho, el Señor podría usarte para que seas un canal por el cual fluya el perdón a las vidas de esas personas. Acércate a ellas, y ojalá que puedan sentir a través de ti la caricia de Dios. Recuerda el consejo: «Levanta del polvo al desvalido y saca del basurero al pobre para sentarlos en medio de príncipes» (1 Sam. 2: 8). Si aceptas ese desafío, serás como la mano de Dios que se extiende para sanar e impartir una nueva expectativa de vida.

Amiga, hoy piensa en alguien a quien puedas prestar tu ayuda. Permite asimismo que el Señor te utilice como un instrumento de sanidad. Al hacerlo, solicita su dirección para obrar con tacto y con el amor de Cristo. Quizás antes de obrar debes orar y ayunar por esa persona o personas. Que tu pensamiento sea: «Voy ahora a levantarme, y pondré a salvo a los oprimidos» (Sal. 12: 5).

Tu talla no es la misma

Sométanse unos a otros, por reverencia a Cristo.
Efesios 5: 21

Una de las situaciones más complicadas que he vivido la experimenté cuando, junto con varias amigas, nos dispusimos a adquirir la vestimenta que utilizaríamos en determinada celebración. De más está decir que la empleada de la tienda que nos atendió terminó exhausta y frustrada, pues entre todos los vestidos que nos mostró ninguno llegó a ajustarse a los deseos y expectativas de todas. Cuando elegíamos algún modelo, resultaba que las tallas no se ajustaban a todas y luego algunas, con el deseo de no echar por tierra la difícil selección, insistían en que todas debíamos «ajustarnos» a las tallas disponibles. ¡Eso era imposible! Todas teníamos tallas diferentes y nuestras medidas corporales variaban. Luego las emociones comenzaban a fluir: frustración, molestia, cansancio; todo ello fue el complemento de la jornada.

Algo parecido suele suceder en nuestra convivencia con los demás. Olvidamos la necesidad de respetar las diferencias individuales. Pues bien, si físicamente somos todas diferentes, también lo seremos en lo emocional y en lo espiritual. Cada quien percibe su entorno de acuerdo a lo que ve a través de su ventana emocional. Las experiencias adquiridas en el hogar, en el medio físico en que nacimos y crecimos, las tendencias genéticas, todo ello hace de cada persona un ser único.

Una convivencia feliz está garantizada si nos mantenemos atentas a las necesidades de los demás, y si respetamos las diferencias individuales. Pensemos en quienes nos rodean como si fueran los colores de un arco iris; aunque diferentes, su unión forma una incomparable armonía. Una palabra clave en la vida es precisamente esa: «armonía».

Jesús, durante toda su vida, se relacionó con los niños, con las mujeres, con los pobres y con los ricos. Fue sensible a las necesidades de la mujer que lo ungió con un perfume especial; fue solidario ante la congoja de Marta y María cuando Lázaro murió.

Amiga, ojalá que las palabras de Elena G. de White te sean de gran ayuda en este día: «Cuando atesoramos el amor de Cristo en el corazón, así como una dulce fragancia no puede ocultarse, su santa influencia la percibirá la gente con quien nos relacionamos» (*El camino a Cristo*, cap. 9, p. 114).

Hay luz en la risa

Nuestra boca se llenó de risas; nuestra lengua, de canciones jubilosas. [...]
Sí, el Señor ha hecho grandes cosas por nosotros, y eso nos llena de alegría.
Salmo 126: 2-3

La risa es la ventana por la que permitimos que se asome la alegría. El psicoanalista Sigmund Freud sostenía que la risa ayudaba a la gente a liberar la energía negativa. En forma parecida, en la antigua China, muchos se reunían en templos para celebrar sesiones de risoterapia con el fin de equilibrar su salud. Se asegura que una carcajada de alegría libera hormonas asociadas al placer, algo que estimula un estado de bienestar general.

La mejor manera de lidiar con las tensiones y el estrés consiste en adornar nuestra vida con chispazos de una alegría expresada mediante la risa. El buen humor puede actuar de igual manera como un amortiguador frente a los golpes que recibimos en el diario vivir. Por supuesto, no me refiero a la risa relacionada a las burlas o a la ironía. Esa es una risa con la que muchos intentan disfrazar su estado de ánimo. Tampoco tomemos en cuenta aquella que nos provocan los chistes malsanos, o cuando nos reímos al ridiculizar a otros.

La risa de Sara, cuando escuchó al ángel anunciar el nacimiento de su hijo Isaac, al parecer no fue motivada por la alegría, sino más bien una reacción vinculada a la incredulidad, ya que ella se consideraba demasiado entrada en años para que la promesa se cumpliera. Sara exclamó: «¿Acaso voy a tener este placer, ahora que ya estoy consumida y mi esposo es tan viejo?» (Gén. 18: 12).

La risa que proviene de un gozo genuino no solo provee bienestar físico y emocional, sino que también constituye una alabanza al Señor, una señal de que agradecemos todas las bendiciones que él nos prodiga. Declaramos nuestra gratitud por la gracia y misericordia con que nos rodea a través de sus hermosas promesas. Esa risa es lo mismo que experimentar el gozo del Señor, y constituye además una demostración de la presencia del Espíritu Santo en nuestros corazones. Sentir el gozo del Señor no es una experiencia esporádica; es un estado continuo de bienestar que rodea a las hijas de Dios.

Los rostros sombríos y mustios apagan la luz de la felicidad y esparcen tinieblas a su alrededor. Hoy es un buen día para reír, para que nuestro rostro se vea hermoso con una sonrisa. Para mostrar al mundo el gozo anticipado que nos espera en el reino de los cielos.

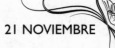

¿Necesitas perdonar a alguien?

Revístanse de afecto entrañable y de bondad, humildad,
amabilidad y paciencia, de modo que se toleren unos a otros y se perdonen
si alguno tiene queja contra otro. Así como el Señor los perdonó,
perdonen también ustedes.
Colosenses 3: 12-13

Si hemos sido víctimas de alguna agresión, si alguien nos ha perjudicado voluntariamente o si no podemos olvidar determinada ofensa, corremos el riesgo de que se arraigue en nosotras uno de los sentimientos más destructivos: el rencor.

El rencor no solamente afecta a la mente (a los pensamientos y a las acciones), sino que se «extiende» por todo el cuerpo. Podemos comprobar esto cuando nos encontramos con alguien que nos ha ofendido. Nos sudan las manos, se siente un extraño vacío en la boca del estómago, se nos seca la boca y aumenta el ritmo cardíaco. El precio que debe pagar alguien que vive con el rencor es muy elevado. El rencor suele dar paso al enojo y este, si no se combate, se transformará en amargura.

El perdón es la única manera que tenemos para deshacernos de las cadenas del rencor, y es en esta arena movediza en la que casi todos los humanos quedamos «atrapados». Los sentimientos negativos muchas veces son más fuertes que nuestra voluntad de perdonar. Por eso, no damos el paso, y vivimos encadenados a nuestras emociones.

Perdonar es un acto de la voluntad, no de la emoción, y también es un acto de fe. Debemos confiar en que Dios nos dará las fuerzas que necesitamos para romper las cadenas de amargura que nos atan. Recuerda lo que dijo el salmista respecto a lo que el Señor es capaz de hacer: «Restaura a los abatidos y cubre con vendas sus heridas» (Sal. 147: 3). Si confiamos en Dios, entonces sanaremos, aunque quizá queden cicatrices que nos hagan recordar para siempre aquello que nos causó daño. Al hacer lo anterior, los recuerdos no estarán revestidos de sentimientos negativos, sino de misericordia. Es entonces cuando la justicia de Dios nos reivindicará. No olvides que cada día tú misma recibes el perdón de Dios sin merecerlo.

Amiga, hoy es una excelente oportunidad para que nos liberemos de las cadenas del rencor, la ira y la amargura. Lo lograremos al ejercer fuerza de voluntad y al pedir y recibir ayuda divina. Entonces seremos dignas de decir al Señor: «Perdónanos nuestras deudas, como también nosotros hemos perdonado a nuestros deudores» (Mat. 6: 12).

Forjadoras de prosperidad

Dios no nos ha dado un espíritu de timidez, sino de poder,
de amor y de dominio propio.
2 Timoteo 1: 7

Dios ha colocado a las mujeres en una posición especial y delicada. Somos forjadoras de las nuevas generaciones. Por ejemplo, en nuestra función maternal compartimos la gran responsabilidad de formar ciudadanos para el mundo venidero. Y mucho de esto lo hacemos desde la trinchera de nuestro hogar.

En los momentos cruciales de la historia de este mundo Dios escogió a mujeres sencillas para que asumieran funciones de gran trascendencia. Dios llamó a María para que actuara como la madre terrenal de su Hijo. Durante su ministerio terrenal Jesús se encontró con mujeres que traían a sus hijos a sus pies, teniendo ellas en ocasiones que superar numerosos obstáculos.

Para realizar esa noble tarea que es la maternidad, Dios nos dotó de un gran espíritu de lucha y de una gran capacidad de resistencia en todos los sentidos, tanto al dolor físico como a las cuestiones emocionales. Hay muchas madres que han realizado actos heroicos cuando se trataba de salvaguardar la integridad de un hijo. Mujeres que por el bienestar de sus familias incluso llegaron a renunciar a sus propias vidas.

La época en que vivimos requiere mujeres que posean cualidades destacadas, que no se acobarden ante las circunstancias. Dios nos promete toda la ayuda necesaria a fin de poner nuestro hogar y nuestra familia a salvo. Hoy debemos preparar familias para el cielo, y ese es el más grande de los desafíos. Sin embargo, también debemos asumir la responsabilidad de criar familias sanas en medio de una sociedad enferma y decadente.

El Señor nos extiende una invitación a través del apóstol: «Nuestra lucha no es contra seres humanos, sino contra poderes, contra autoridades, contra potestades que dominan este mundo de tinieblas, contra fuerzas espirituales malignas en las regiones celestiales. Por lo tanto, pónganse toda la armadura de Dios, para que cuando llegue el día malo puedan resistir hasta el fin con firmeza» (Efe. 6: 12-13).

Dios desea que descubramos en él la vocación de nuestras vidas, y que aceptemos el desafío de ser tanto conservadoras como transmisoras de valores eternos, al colocar toda nuestra confianza en él. Pongámonos su armadura. Que tu oración para este día sea: «Oye, Señor; compadécete de mí. ¡Sé tú, Señor, mi ayuda!» (Sal. 30: 10).

Aspirar a recibir una educación superior

Dispónganse a adquirir inteligencia. Yo les brindo buenas enseñanzas,
así que no abandonen mi instrucción.
Proverbios 4: 1-2

Muchas de nuestras abuelas jamás soñaron con adquirir una educación universitaria, o incluso secundaria. Para las que vivieron en aquellos tiempos, la preparación práctica tenía más valor que la intelectual, y era dentro del hogar donde se obtenía toda enseñanza. Ahora la tendencia es a la inversa. Muchas mujeres desdeñan la educación práctica que se adquiere en casa a fin de conceder más importancia a la educación intelectual que se recibe en colegios superiores y universidades. Nos hemos institucionalizado.

Aspirar a una educación superior es un derecho legítimo de toda mujer. Claro, hay que entender que dicha educación no se recibe únicamente en la universidad, sino también en el cumplimiento de los deberes ordinarios de la vida. Por esta razón, las madres deberían preparar a sus hijas en el arte de dirigir un hogar, así como ayudarlas a que encuentren placer en la realización de las tareas caseras. La vida, al igual que el aprendizaje, es un todo, es la suma de todas las partes.

Es el deber de toda madre inducir a sus hijas a que desarrollen al máximo esas mismas dotes. Por otro lado, hacen bien aquellas que aspiran a una educación universitaria, pues la misma les permitirá desenvolverse con propiedad y solidez cuando lleguen a la madurez y se encuentren al frente de sus familias y de una sociedad que les exigirá desempeñar funciones en extremo activas.

La educación «superior» no depende de la cantidad de títulos académicos que posea una mujer, sino que se hace patente en una sabiduría de índole práctica que le permita vivir exitosamente. En la Palabra de Dios encontramos la siguiente amonestación: «Si tu oído inclinas hacia la sabiduría y de corazón te entregas a la inteligencia; si llamas a la inteligencia y pides discernimiento; si la buscas como a la plata, como a un tesoro escondido, entonces comprenderás el temor del Señor y hallarás el conocimiento de Dios. Porque el Señor da la sabiduría; conocimiento y ciencia brotan de sus labios» (Prov. 2: 2-6).

Querida amiga que eres madre, inculquemos en nuestras hijas el aprecio por las labores del hogar, y al mismo tiempo brindémosles oportunidades para que desarrollen sus dones y capacidades intelectuales. Así honrarán a Dios, quien se las concedió.

Sigue tu paso en la carrera de la vida

El Señor es quien me ayuda; no temeré. ¿Qué me puede hacer un simple mortal?
Hebreos 13: 6

En cierta ocasión le preguntaron a sir Isaac Newton cómo había logrado descubrir la Ley de la Gravitación Universal, a lo que respondió: «¡Pensando mucho en ella!». Esa respuesta debe representar un buen estímulo para aquellos que creen que las cosas importantes y valiosas se obtienen fácilmente, o son producto de la casualidad. Lo cierto es que provienen de estar bien enfocados.

Para alcanzar todo sueño es necesario pensar intensamente en él, así como realizar un inventario de todos los recursos que poseemos para llegar a convertir ese sueño en una realidad. El éxito surgirá como resultado de la dedicación y del empeño que pongamos en nuestros proyectos, además de que de esa manera se eliminarán el temor y la incertidumbre que nos provoca lo desconocido.

Dios nos creó con un gran potencial y nuestro deber es emplearlo. Muchas personas deciden vivir en la mediocridad por el temor que tienen al desgaste que provoca un continuo esfuerzo. Otras no avanzan en la carrera de la vida porque no confían en ellas mismas ni en Dios.

Amiga, corre tu propia carrera, no la de otros; avanza tomada de la mano de Dios. Que tu oración cada día sea: «Oye, Señor; compadécete de mí. ¡Sé tú, Señor, mi ayuda!» (Sal. 30: 10). Recuerda que para correr exitosamente la carrera de la vida necesitas dar algunos pasos previos:

- Descubrir cuál es tu misión en la vida.
- Pedir a Dios que te ayude.
- Fijarte el reto de aprender algo nuevo a diario.
- Dedicar más tiempo a las cosas que te cuesta trabajo realizar.
- Aceptar que tan solo con disciplina y perseverancia se alcanzan las metas.
- Agradecer a Dios a diario por cada paso que des en tu ruta hacia el éxito.

Amiga, la senda que te conducirá al éxito ya está trazada. La definió Jesús para ti. Esta mañana, al orar, no le pidas a Dios un sinnúmero de cosas; pídele más bien que te ilumine para saber por dónde debes caminar.

Levanta tus ojos

Señor, Dios de mi salvación, día y noche clamo en presencia tuya.
Que llegue ante ti mi oración; dígnate escuchar mi súplica.
Salmo 88: 1-2

Las jornadas de trabajo de toda madre de familia son sumamente intensas. Desde que sale el sol hasta que se oculta, la madre y la esposa cristiana se mantienen ocupadas procurando el bienestar de los suyos. A veces, es poco el tiempo que dedican a sus propias personas. Esto les provoca un gran desgaste, y puede motivar que se vean afectadas por el mal humor. Si eso sucede, su capacidad de servicio se reducirá, y los deberes del hogar la harán sentir mucho más abrumada.

Mi querida amiga y ama de casa, si tú eres el tipo de mujer que corre frenéticamente todo el día para atender tu hogar y al final de tus trajines te sientes decepcionada, ¡no te desesperes! Puedes hacer algunos cambios sencillos a fin de que tu situación ya no sea la misma. El primer paso es darse cuenta del problema y decidir racionalmente ponerle solución.

La primera «parada» que debes realizar en tu frenética carrera es descansar a los pies del Maestro. Puedes hacer esto dondequiera que te encuentres, ya sea en el mercado, en la cocina, en el lavadero o quizá de camino a la escuela. Sin importar dónde estés, eleva tu corazón al Señor y recibirás ayuda. Toma en cuenta que no hay un momento o lugar en el que sea impropio orar. No permitas que te agobien las circunstancias. No existe nada que nos impida elevar nuestro corazón al cielo en oración.

A continuación necesitas reconocer que los beneficios recibidos al descansar en Dios son de vital importancia. Tener comunión con Dios nos prepara para hacer frente a los desafíos del día. De esa forma obtendremos una gran paz interior. Una madre irritada y regañona puede alejar la influencia transformadora del Espíritu Santo, y por ello su familia quedará a merced de las influencias negativas el enemigo. Si eres una mujer cuyo corazón está abierto a recibir el apoyo y la bendición de Dios, podrás crear una atmósfera sana para interactuar con tus seres queridos.

Amiga, al concluir esta lectura, invita a Jesús para que te bendiga con su santa presencia. Estoy segura de que serás colmada de paz y de fortaleza para enfrentar los desafíos de este día.

No permitas que la frustración te domine

Tengan paciencia hasta la venida del Señor. Miren cómo espera el agricultor a que la tierra dé su precioso fruto y con qué paciencia aguarda las temporadas de lluvia. Así también ustedes, manténganse firmes y aguarden con paciencia la venida del Señor, que ya se acerca.
Santiago 5: 7-8

El trabajo del hogar nunca concluye. Los platos sucios y las camas representan una tarea inextinguible. Nunca se acaba la ropa sucia que necesita lavarse. Revisar las tareas de los hijos es cosa de todos los días, y parece que nunca terminaremos de ordenar nuestras casas. A veces nos asalta la idea de que nada hemos logrado, y esa podría ser la misma idea de quienes nos observan.

La secretaria cumple sus objetivos cuando entrega a su jefe la tarea que le fue encomendada y gracias a eso experimenta un cierto grado de satisfacción. El mecánico se limpia las manos con placer cuando entrega el automóvil reparado. El contador se siente satisfecho cuando termina un estado financiero para su empresa. Pero el ama de casa tiene que repetir la misma tarea día tras día. Son muchas las que, en vez de estar satisfechas y alegres, se sienten frustradas.

Es muy probable que muchas mujeres deseen abandonar el trabajo de casa para encontrar realización fuera de ella. Elena G. de White se refirió a eso cuando dijo: «Rara vez aprecia la madre su propia obra y a menudo atribuye un valor tan bajo a su labor que la considera como pesada rutina doméstica. Hace lo mismo día tras día, semana tras semana, sin ver resultados notables. Al fin del día no puede contar las muchas cositas que ha hecho. En comparación con lo que ha logrado su esposo, le parece que no ha hecho cosa alguna digna de mención» (*El hogar cristiano*, cap. 38, p. 207).

Sin embargo, Dios califica a las madres y esposas abnegadas como «mujeres virtuosas» (Prov. 31: 10). Al final del tiempo, antes de que Cristo venga, se hará evidente el aprecio que siente Dios hacia las mujeres cristianas que le sirven mientras cuidan de sus hogares. Para el Señor tenemos tanto valor como si fuéramos piedras preciosas.

Al iniciar las actividades del día de hoy, recuerda que todo lo que haces lo observa nuestro Padre Celestial y queda registrado en los libros del cielo. Busca constantemente recibir la aprobación del Señor al cumplir en forma diligente tus deberes en casa. No pierdas de vista que cada cosa que haces por tu familia ¡redundará en su bienestar!

Seamos instrumentos de consolación

Alabado sea el Dios y Padre de nuestro Señor Jesucristo, Padre misericordioso y Dios de toda consolación, quien nos consuela en todas nuestras tribulaciones para que con el mismo consuelo que de Dios hemos recibido, también nosotros podamos consolar a todos los que sufren.

2 Corintios 1: 3-4

Dios ha dotado a las damas con una cualidad especial llamada sensibilidad. Los ingredientes básicos de dicho don son una serie de atributos que deben estar presentes en la vida de toda mujer cristiana: la dulzura, la calidez, la empatía y la capacidad de entrega en favor de los que sufren. Todo esto puede hacer que en las manos de Dios, lleguemos a ser instrumentos de consuelo, especialmente para los dolientes.

Cuando alguien atraviesa por un trance difícil, podría abrigar sentimientos de abandono pensando que a nadie le importa lo que a él o ella le suceda. Algunos podrían acercarse intentando sermonear y aleccionar respecto a la forma en que se debería haber hecho esto o aquello, con el fin de evitar la situación que ahora se atraviesa. Sin embargo, lo cierto es que eso es parecido a sumergirle la cabeza bajo el agua a alguien que se está ahogando. Consolar significa aliviar una pena, ayudar a la persona afligida a pensar con claridad, animarla a ver luz donde en ese momento solo puede ver oscuridad y, por sobre todas las cosas, hacerle experimentar el amor de Dios.

Ser buenas compañeras de quien se siente agobiada o agobiado por las dificultades es un ministerio que todas estamos en plena capacidad de realizar. Elena G. de White lo describe así: «La tarea a la cual se nos llama no requiere riqueza, posición social ni gran capacidad. Lo que se requiere es un espíritu bondadoso y abnegado y firmeza de propósito» (*El hogar cristiano*, cap. 4, p. 26).

Jesucristo es nuestro mejor ejemplo. Su corazón compasivo lo llevó a solidarizarse con el sufrimiento humano. El Salvador fue compañero de los sufrientes y amigo de los tristes. No se conformó con ser un simple espectador del sufrimiento ajeno. En un mundo como el nuestro, donde el sufrimiento abunda y el dolor hace presa de la mente y del corazón de tantos seres humanos, nosotras, sus hijas, hemos recibido un llamado a ejercer un ministerio de consolación comenzando por quienes viven bajo nuestro mismo techo.

La hora del té

Su fe y sus obras actuaban conjuntamente, y su fe llegó a la perfección por las obras que hizo. Así se cumplió la Escritura que dice: «Le creyó Abraham a Dios, y esto se le tomó en cuenta como justicia», y fue llamado amigo de Dios. Como pueden ver, a una persona se le declara justa por las obras, y no solo por la fe.
Santiago 2: 22-24

En algunas ciudades hay establecimientos donde la gente se reúne para compartir una taza de té. Los parroquianos acuden a ellos cuando desean pasar algunos momentos de intimidad con personas que aprecian. He visitado en varias ocasiones algunas de esas casas de té en compañía de mis hijas y de mi esposo. Cuando una acude a dichos lugares, sabe que beber una taza de té humeante no es la única razón para estar allí. Eso es apenas un pretexto para estar con alguien muy querido. En una tranquila y grata camaradería algunas personas pueden pasar más de una hora frente a su cálida bebida, sin que nada las mueva a la prisa. Obviamente, al salir de ese lugar se experimenta la grata impresión de que se ha pasado un tiempo en la mejor compañía, y eso es un alimento para el alma. Recordemos que las buenas amistades se edifican mediante francas conversaciones.

Cristo Jesús también anhela conversar en forma franca y sincera con nosotras por un buen rato, sin interrupciones y en privado. La prisa y la premura no están en sus planes. Está dispuesto a pasar todo el tiempo que sea necesario a nuestro lado. Cuando prolongamos nuestros encuentros con él y nos disponemos a escuchar su voz y a conocer su voluntad, nuestro amor mutuo se fortalece y aumenta. Escuchamos la voz de Jesús que habla a nuestro corazón y podemos apropiarnos de sus maravillosas promesas.

Cuando disfrutamos de esa intimidad, reconocemos la gran importancia que él tiene en nuestra existencia. Nuestra vida de oración también queda revitalizada mientras recibimos la atención de alguien que nos ama con un amor incondicional.

Amiga, esta mañana, antes de que la rutina del día te atrape, apártate a un lugar tranquilo, abre la Santa Biblia y, en la quietud de la mañana, escucha la voz de Jesús. Coloca sin reservas tu voluntad a sus pies, inclina la cabeza, y en oración sincera permite que su dulce amor penetre en cada fibra de tu ser. ¿Acaso habrá un privilegio más grande que ser amiga de Jesús?

Mujeres preparadas

Come la miel, hijo mío, que es deliciosa; dulce al paladar es la miel del panal. Así de dulce sea la sabiduría a tu alma; si das con ella, tendrás buen futuro; tendrás una esperanza que no será destruida.
Proverbios 24: 13-14

Por mucho tiempo se pensó que los quehaceres domésticos no exigían ningún tipo de preparación. En general se creía que el cuidado del hogar y la educación de los hijos era algo que sencillamente se realizaba al seguir los impulsos de la naturaleza. La tendencia actual es diferente. Ahora se acepta casi universalmente que la maternidad y la administración del hogar requieren preparación, no únicamente de índole manual, sino también intelectual.

Las mujeres que se dedican a trabajar en su hogar deben conocer la realidad que impera fuera de las paredes de sus casas, a fin de que puedan crear un ambiente familiar propicio para el desarrollo personal de todos sus miembros. El arte culinario, la decoración de interiores, las relaciones interpersonales, las técnicas de primeros auxilios, nociones de pedagogía y psicología, son algunas de las materias que integran el currículo de una mujer que aspira a dirigir una familia. Elena G. de White lo plantea de la siguiente manera: «El mundo necesita madres que lo sean no solo de nombre sino en todo el sentido de la palabra. Puede muy bien decirse que los deberes distintivos de la mujer son más sagrados y más santos que los del hombre. Comprenda ella el carácter sagrado de su obra y con la fuerza y el temor de Dios, emprenda su misión en la vida» (*El hogar cristiano*, cap. 38, p. 223).

Querida amiga, la vida familiar se complica cada vez más. Sin embargo, no puedes claudicar; debe animarte el hecho de saber que Dios te ofrece su dirección y fortaleza. Otro mensaje de la señora de White tiene también especial relevancia: «Nada es aparentemente más impotente, y sin embargo más realmente invencible, que el alma que siente que no es nada y confía totalmente en los méritos del Salvador. Dios enviaría todos los ángeles del cielo para ayudar a un alma tal, antes que permitir que fuera vencida» (*Mensajes para los jóvenes*, sec. 3, p. 65).

Prepárate. Busca la sabiduría, ora al Señor, y serás la guía que conducirá a tu familia a los pies del Padre celestial.

Que hoy disfrutes un excelente día

Por eso les digo: No se preocupen por su vida, qué comerán o beberán;
ni por su cuerpo, cómo se vestirán. ¿No tiene la vida más valor que la comida,
y el cuerpo más que la ropa? Fíjense en las aves del cielo: no siembran
ni cosechan ni almacenan en graneros; sin embargo, el Padre celestial las alimenta.
¿No valen ustedes mucho más que ellas?
Mateo 6: 25-26

¿Cómo comienza tu día? ¿Es una alegría para ti despertar e iniciar tus actividades? ¿O es más bien una carga difícil de soportar una vez que abres los ojos? Debes saber que los primeros pensamientos que abrigues al despertar, determinarán en gran medida la calidad del día que tendrás. Es importante por lo tanto aprender a despertar adecuadamente.

El mejor sentimiento mañanero consiste en agradecer a Dios por el día que tenemos por delante. Recordemos que «cada mañana se renuevan sus bondades» (Lam. 3: 23). Un día es un trozo de tiempo que Dios saca de la eternidad para dártelo y permitir que construyas en él tu vida.

Todos los días vienen cargados de oportunidades que debemos aprovechar. Cada hora y cada minuto son apropiados para hacer cosas que te dejen hermosos recuerdos. En un mismo día puedes reír, cantar, sembrar y cosechar. Asimismo, ver el sol y las nubes, escuchar el canto de las aves y la risa de un bebé, llenar tus pulmones del refrescante aire, comer el pan con tus amados en paz y alegría, y recibir el amor de Dios en cada respiración, estas son las alegrías que Dios nos otorga cada día, y que lamentablemente mucha gente no sabe apreciar.

Son tantas las personas que consideran que el disfrute de la vida implica mayormente hacerse de bienes materiales; al estar encerradas en el materialismo no son capaces de contentarse con los placeres sencillos que Dios ha puesto al alcance de todos. Bien lo señaló nuestro Señor Jesucristo: «Absténganse de toda avaricia; la vida de una persona no depende de la abundancia de sus bienes» (Luc. 12: 15).

Amiga, prepárate para disfrutar este día al máximo. Dios tiene para ti muchas alegrías que tendrás que descubrir. Debes recordar asimismo que la alegría muchas veces no viene como resultado de cosas externas, sino que es una actitud que debes aprender hasta que se convierta en un hábito.

¿Atrapadas en el consumismo?

Quien ama el dinero, de dinero no se sacia. Quien ama las riquezas nunca tiene suficiente. ¡También esto es absurdo! Donde abundan los bienes, sobra quien se los gaste; ¿y qué saca de esto su dueño, aparte de contemplarlos?
Eclesiastés 5: 10-11

Para muchas mujeres, salir de compras se ha convertido en su pasatiempo favorito. Hay gente que incluso asegura que la mejor terapia para una mujer enojada es salir de tiendas y comprar compulsivamente. Hasta los niños se curan de una rabieta cuando el papá o la mamá les prometen que les comprarán algo.

Una marcada tendencia de la sociedad actual es propiciar el consumismo, algo que nos lleva a pensar que incluso las necesidades emocionales y espirituales pueden satisfacerse mediante la adquisición de bienes. La publicidad manipuladora nos dice que debemos aspirar al mejor automóvil, al refrigerador más grande, a los muebles más sofisticados, a la casa más cara... pero lo cierto es que eso nos lleva a desear y a comprar cosas que probablemente no necesitamos. Todo se ha vuelto prácticamente desechable y cualquier artículo que haya salido al mercado hace más de dos años ya se considera viejo y obsoleto.

El consumismo se ha constituido en una trampa sutil, ante la cual podemos sucumbir muy fácilmente. Las ofertas del mercado suelen ser sumamente atractivas, hasta el punto que algunas personas incurren en un endeudamiento crónico a fin de adquirir bienes que consideran una «ganga». ¿Quién dejaría pasar una oportunidad semejante? Recordemos que los recursos monetarios que poseemos, ya sean muchos o pocos, provienen de la mano de nuestro Dios con el fin de que nuestras necesidades materiales sean satisfechas, y no para que los despilfarremos en forma irresponsable.

Fue en el taller de carpintería de su padre donde el niño Jesús aprendió el valor de los bienes materiales. Dios podría haber permitido que su Hijo naciera en un palacio, rodeado de lujos; sin embargo, eligió que naciera en el hogar de María y José; un hogar modesto donde los recursos que se generaban apenas eran suficientes para atender las necesidades básicas de la familia.

Recuerda, querida amiga, que el consumismo tiene un extraordinario poder de seducción, así que, si hoy te sientes tentada a hacer un uso indebido de los recursos financieros que Dios te ha dado para administrar, no olvides que él mismo te dice: «Mía es la plata, y mío es el oro» (Hag. 2: 8). Gasta tus recursos con prudencia y de una manera que honre a Dios.

Examínate a ti misma

Dichoso aquel a quien se le perdonan sus transgresiones, a quien se le borran sus pecados. Dichoso aquel a quien el Señor no toma en cuenta su maldad y en cuyo espíritu no hay engaño.
Salmo 32: 1-2

Millones de personas padecen en la actualidad diversas enfermedades físicas y mentales como consecuencia de algún sentimiento de culpa largamente abrigado. Dicho sentimiento puede ser algo que incluso retrase el desarrollo personal. Los afectados sienten tristeza, ansiedad, y quizá algún tipo de agresividad dirigida hacia ellos mismos y hacia los demás.

En ocasiones la sensación de culpa surge como resultado de aquellos errores que no se han superado, así como por el daño que los mismos podrían haber causado a otras personas. Por ejemplo, una madre que vive castigándose cada día porque se siente culpable de la adicción a las drogas de su hijo, pensando que no le prestó suficiente atención cuando era pequeño. Ese sentimiento de culpa incide directamente sobre todas su acciones y pensamientos, y de esa manera queda atrapada en la red.

El sentimiento de culpa es uno de los más amargos resultados del pecado. Esa fue probablemente la condición que afectó a Adán y Eva tras la muerte de su hijo Abel a manos de Caín. Quizás ellos se sentían culpables por el ejemplo que habían dado a sus hijos, o por haber sido los iniciadores del pecado en su propio hogar. Ahora estaban cosechando los frutos de su propia desobediencia.

Si experimentamos algún sentimiento de culpa, es necesario que nos examinemos a nosotras mismas con el fin de erradicarlo. El primer paso que hemos de dar consiste en recordar que Dios perdona todos nuestros pecados, y que de igual forma hemos de perdonarnos a nosotras mismas. Si así actuamos, quedaremos libres de la amargura y de la ansiedad.

Vivir bajo el peso de la culpa es una tortura que nos puede llevar incluso a la muerte. Fue ese el sentimiento que invadió a Judas Iscariote después de haber traicionado al Maestro: «Entonces Judas arrojó el dinero en el santuario y salió de allí. Luego fue y se ahorcó» (Mat. 27: 5).

Recuerda que nuestro amante Dios nos ofrece libertad de todo mal y dolencia. Hoy es el mejor de los días para que nos aferremos a su perdón y seamos libres. Dios te dice: «Yo soy el que por amor a mí mismo borra tus transgresiones y no se acuerda más de tus pecados» (Isa. 43: 25).

Cambian los tiempos, pero Dios no cambia

La hierba se seca y la flor se marchita, porque el aliento del Señor sopla
sobre ellas. Sin duda, el pueblo es hierba. La hierba se seca y la flor
se marchita, pero la palabra de nuestro Dios permanece para siempre.
Isaías 40:7-8

Es indudable que los tiempos cambian, y cada día de manera más vertiginosa.
Lo que hoy es, mañana deja de ser; y eso ocurre en casi todos los aspectos de
la vida. La moda en el vestir va y viene; de pronto algunos estilos que tuvieron
mucha popularidad desaparecen, y el día menos esperado, descubres que aquel
vestido que se había quedado en un rincón del armario, de nuevo vuelve a ser tendencia. Ha cambiado la apariencia de hombres y mujeres a lo largo de los años.
Asimismo los nuevos inventos traen aparejados cambios en la forma de trabajar y
el modo de hacer las cosas. En el ámbito social, varía la manera de relacionarse
entre las personas, así como los tipos de recreación. Todo cambia.

Aunque cada cambio trae consigo una buena dosis de estrés, es indudable que
todos, de una u otra manera, nos vemos afectados por dichas transformaciones. Todo
ello no es en sí bueno ni malo, sencillamente representa las exigencias del momento.
Lo más importante de todo es saber que la esencia de la vida es la misma que surgió
de los planes del Creador. Eso, no ha cambiado ni cambará, por mucho que pase
el tiempo.

Dios es un ancla que nos provee seguridad cuando las turbulencias del tiempo
desean arrastrarnos. Los seres humanos todavía necesitamos vivir bajo el señorío
de Dios, aunque las circunstancias presentes nos lleven a pensar y decir lo contrario.
Sin él, somos como una barca movida por los vientos cambiantes de la vida. Dios
no es únicamente el Capitán de la embarcación de nuestra vida, sino también el
Timonel que marca el rumbo.

Si nos mantenemos fieles al Señor, avanzaremos en la buena dirección y tendremos la seguridad de que atracaremos en un puerto seguro al final de nuestro
viaje. Dios nos dice: «Si se mantienen fieles a mis enseñanzas, serán realmente mis
discípulos; y conocerán la verdad, y la verdad los hará libres» (Juan 8: 31-32).

No dudemos de Dios, ni de su Palabra. No permitamos que la sociedad actual,
con todos sus cambios, nos deslumbre y nos lleve a pensar que no necesitamos a
Dios, ni nos obligue tanto a adaptarnos que perdamos el estilo de vida que caracteriza
a un cristiano. Cuando el mundo parezca decirte que no hay Dios y que el ser humano
es amo y señor de su propio destino, levanta el estandarte de la verdad.

¿Una cristiana perfecta?

Estoy convencido de esto: el que comenzó tan buena obra en ustedes
la irá perfeccionando hasta el día de Cristo Jesús.
Filipenses 1: 6

Mucha gente cree que ser cristiano equivale a ser perfecto. Bajo ese supuesto, algunas nos volvemos rígidas e intransigentes, especialmente con nosotras mismas. Llegamos a creer que nuestro estado emocional y espiritual siempre debe estar en un punto máximo; y cuando esto no sucede, llegamos a pensar que le estamos fallando a Dios.

El perfeccionismo es una treta satánica para separarnos de Dios, y hacernos creer que llegar a ser cristianos es imposible, pues es imposible ser perfecto. Cuando abrigamos esos pensamientos nos volvemos presas del desánimo. Podríamos llegar a la conclusión de que vivir en Cristo y para Cristo es una obligación; que sus parámetros son demasiado elevados y que no importa todo el esfuerzo que hagamos, siempre vamos a estar lejos del ideal. El perfeccionismo espiritual es algo que probablemente nos impide disfrutar de una relación íntima con el Señor, algo que debería ser nuestro mayor y más importante anhelo.

Cuando pienso en esto, creo imaginar las emociones que embargaban a Elías cuando, después de una gran victoria, tuvo que enfrentar un panorama totalmente hostil: huir para salvar su vida, precisamente por haber actuado en nombre del Señor. Presa del cansancio y de la depresión, perdió la compostura en el camino. «Llegó adonde había un arbusto, y se sentó a su sombra con ganas de morirse. "¡Estoy harto, Señor! —protestó—. Quítame la vida, pues no soy mejor que mis antepasados"» (1 Rey. 19: 4).

El perfeccionismo pretende decirnos que un cristiano o una cristiana fiel jamás cometerá errores, que no se dejará llevar por las emociones negativas, y que frente a las pruebas permanecerá siempre seguro de sí mismo. Pero lo cierto es que no depende de nosotros, sino que es el poder que proviene de Dios el que nos fortalece para vivir como sus hijos fieles. Es su amor el que nos atrae hacia él, es su gracia la que nos levanta una y otra vez cuando caemos.

Amiga, no busques el perfeccionismo espiritual. Más bien busca a Cristo y desarrolla una estrecha relación de amistad con él. Recuerda que delante de Dios no se te valora por lo que haces. Él, en su misericordia, conoce las intenciones y las tendencias de tu corazón, y te fortalecerá hoy y siempre.

Todas necesitamos gente cercana

El Señor está cerca de quienes lo invocan, de quienes lo invocan
en verdad. Cumple los deseos de quienes le temen;
atiende a su clamor y los salva.
Salmo 145: 18

Dentro de la gama de necesidades básicas del ser humano, se encuentra la intimidad con nuestros seres queridos. Todos, incluso los más dados a la soledad, deseamos en algún momento de nuestras vidas relacionarnos con nuestros semejantes, encontrar en ellos apoyo y consuelo, y volcar en ellos nuestra capacidad de amor y de ayudar.

El Creador ha dotado a los seres humanos del anhelo de compañía íntima. Desde el principio dijo: «No es bueno que el hombre esté solo. Voy a hacerle una ayuda adecuada» (Gén. 2: 18). Adán y Eva tenían una relación íntima entre ellos y también con su Creador. Dice Elena G. de White: «Con frecuencia, cuando caminaban por el jardín "al aire del día", oían la voz de Dios y gozaban de la comunicación personal con el Eterno» (*La educación*, cap. 2, p. 20).

Fue el pecado el detonante que motivó la separación del hombre de Dios y, por ende, de sus semejantes. A pesar de todo ello, Dios anhela ser nuestro compañero inseparable, especialmente de aquellos que han sido abandonados o despreciados por sus allegados y conocidos. Al desarrollar una intimidad con Dios, estaremos asimismo en condiciones de brindar intimidad a quienes la necesitan y anhelan.

Sin embargo, hay algunos factores externos que podríamos llamar «ladrones de intimidad». Uno de ellos lo constituyen las innumerables ocupaciones que no nos dejan tiempo para estar con Dios y con los nuestros. Las relaciones íntimas se construyen sobre una base de tiempo compartido. En una relación íntima, se intercambian emociones y sentimientos; aunque muchos, debido a la crianza o al temperamento, tengamos dificultades para hacerlo.

Hoy es un buen día para que nos acerquemos a todos aquellos que creemos que se han ido distanciando poco a poco de nosotras. El mejor lugar para comenzar es nuestro propio hogar. El ánimo apagado del padre, del esposo, del hijo o del hermano solitario, no ha de pasarnos desapercibido; quizá anhela el tierno abrazo de una madre, o de una amiga. ¿Saldrás a su encuentro con los brazos abiertos?

Sobre todo, aparta tiempo para intimar con Dios. Esta es una necesidad que no vas a poder satisfacer con nada ni con nadie, únicamente con él. En su compañía encontrarás consuelo y consejo; ¡él te dará su paz y su fortaleza!

¡Te lo he dicho miles de veces!

Ama al Señor tu Dios con todo tu corazón y con toda tu alma y con todas tus fuerzas. Grábate en el corazón estas palabras que hoy te mando. Incúlcaselas continuamente a tus hijos. Háblales de ellas cuando estés en tu casa y cuando vayas por el camino, cuando te acuestes y cuando te levantes.
Deuteronomio 6: 5-7

¿Cuántas veces has escuchado la frase: «¡Te lo he dicho miles de veces!»? Esta es una de las expresiones favoritas de muchas madres cuando sienten que están a punto de perder la paciencia, o quizá cuando enfrentan la renuencia con la que un hijo acata una orden, o recibe una indicación.

En realidad, esa frase tan común y en apariencia inocente, encierra diferentes connotaciones negativas. Quien es confrontado con dicha expresión recibe algunos mensajes que podrían calar con el tiempo en su personalidad. En resumidas cuentas: ¡El joven es descalificado! Inculcan en el niño sentimientos de que vale poco y de que no es capaz de hacer bien una indicación que se le ha dado en repetidas ocasiones. Elena G. de White nos lo advierte: «Los niños tienen la percepción rápida, y disciernen los tonos pacientes y amorosos en contraste con las órdenes impacientes y apasionadas, que desecan el raudal del amor y del afecto en los corazones infantiles» (*El hogar cristiano*, cap. 39, p. 217).

Recuerda que la rudeza de las palabras con que una madre se expresa podría dar la idea de que es una persona impaciente, nerviosa, perfeccionista e intolerante. Por otro lado, una madre que tenga una apropiada relación con Cristo, no provocará a sus hijos mediante su irritabilidad, falta de amor o de simpatía. No les enviará mensajes de impaciencia porque habrá adquirido paciencia en su relación diaria con el Señor.

Un concepto básico de la psicología afirma que mediante la repetición es como aprenden los niños. Por lo tanto, se hace necesario que repitamos con insistencia amorosa lo que se pretende enseñarles. Pero esa repetición ha de ser paciente en la forma y en el tono de la voz. Esa idea la refuerza la Palabra de Dios, cuando el mismo Señor afirma: «Incúlcaselas continuamente a tus hijos. Háblales de ellas cuando estés en tu casa y cuando vayas por el camino, cuando te acuestes y cuando te levantes» (Deut. 6: 7).

Querida madre, la próxima vez que te sientas tentada a hacer algún reclamo a tus hijos con impaciencia, respira hondo, exhala y luego pídele al Señor con humildad que te permita hablarles con amor y paciencia.

¿Qué hacer con tus limitaciones?

El que es sabio tiene gran poder,
y el que es entendido aumenta su fuerza.
Proverbios 24: 5

Todos los seres humanos desean satisfacer su necesidad de realización. Cuando por fin logramos ese objetivo, nos sentimos competentes, hábiles y útiles. Ese deseo interno Dios lo ha puesto ahí, en nuestra naturaleza. Hemos sido creadas para alcanzar blancos elevados, de modo que lleguemos a alcanzar lo excelso y lo superior con la ayuda de Dios.

Las aptitudes y las habilidades personales son aquellas que el Señor nos concedió para que pudiéramos llegar a la autorrealización. Probablemente tengamos bien claro lo que podemos hacer con ellas pero, ¿qué hacer con las limitaciones que surgen en nuestro camino? Por otro lado, algo que debemos tomar en cuenta es que muchas de nuestras limitaciones no son del todo reales. Quizá han surgido de los mensajes que recibimos cuando éramos niñas, algo que quizá ha creado en nosotras un cierto sentido de incapacidad.

Tan solo existen dos maneras de responder a ese tipo de limitaciones. La primera consiste en que nos acomodemos en ellas y que, frente a cada desafío que se nos presente, digamos simple y llanamente: «No puedo». La otra opción implica tomar consciencia de nuestras limitaciones pero hacernos el propósito de superarlas poco a poco mediante nuestro esfuerzo, trabajo y dedicación. Dios proveerá en el camino.

El buen uso de nuestras capacidades honra al Creador, y nos hará sentir como personas valiosas. La superación de nuestras limitaciones nos ayudará a mantenernos humildes, porque nos enseñará que, para cada pequeño paso, dependemos de Dios y de la ayuda de los demás.

Amiga, hoy es el día apropiado para que hagas inventario de las capacidades que posees con el fin de ponerlas en práctica. Al hacerlo, desarrollarás tu gratitud por la forma maravillosa en que Dios te ha creado. Aférrate a la hermosa promesa que el Señor le hizo a Josué cuando este sintió temor frente a la gran tarea que tenía por delante: «Ya te lo he ordenado: ¡Sé fuerte y valiente! ¡No tengas miedo ni te desanimes! Porque el Señor tu Dios te acompañará dondequiera que vayas» (Jos. 1: 9).

No existe obstáculo que sea insuperable, ni una dificultad tan grande que no pueda desaparecer si empleas toda la fuerza que Dios te concederá si se la solicitas con fe. De ti dependen el éxito y la capacidad de vencer tus limitaciones.

¿Qué tienes en casa?

«¡Ah, Señor mi Dios! Tú, con tu gran fuerza y tu brazo poderoso,
has hecho los cielos y la tierra. Para ti no hay nada imposible.
Muestras tu fiel amor a multitud de generaciones,
pero también castigas a los hijos por la iniquidad de sus antepasados.
¡Oh Dios grande y fuerte, tu nombre es el Señor Todopoderoso!»
Jeremías 32: 17-18

Apremiada por las circunstancias, aquella pobre viuda se hallaba al borde mismo de la desesperación. El acreedor no dejaba de presionarla, exigiéndole que saldara la deuda pendiente, o que en su lugar entregara a sus dos hijos para que fueran sus siervos.

Creo, como madre que soy, que la segunda opción quedó inmediatamente descartada. Lo más probable es que aquella pobre mujer únicamente pensara en la forma en que podría obtener los recursos para pagar la deuda que su difunto esposo había dejado, garantizando así la libertad de sus hijos.

La providencia de Dios siempre acompaña a sus hijos fieles y, en esta ocasión, se manifestó de una forma espectacular. El profeta Eliseo, un poco de aceite y muchas vasijas, fueron los medios utilizados por Dios para eliminar la angustia de aquella viuda (2 Rey. 4: 1-7).

Dios permite que ocurran milagros extraordinarios y asombrosos, como fue aquel caso, no mediante un acto de magia, sino que lo logra a través de la unión de la fe del creyente con el gran poder divino. Aquella mujer tenía fe en Dios y creyó que su voluntad quedaba expresada en las indicaciones del profeta, por eso las siguió sin titubear.

Tal vez le has pedido a Dios algo que a todas luces parece un imposible. Si ese ha sido el caso deberías recordar que para que se haga realidad, Dios probablemente utilizará tus recursos, aunque parezcan pocos e insignificantes. Así pensó la mujer de nuestro relato, cuando habló con el profeta: «Su servidora no tiene nada en casa —le respondió—, excepto un poco de aceite» (2 Rey. 4: 2).

Un poco de aceite y la fe inquebrantable de una madre angustiada conmovieron el corazón de Dios.

Mujer, ¿estás a la espera de un milagro? Pues no te canses de implorar, no permitas que tu fe flaquee. Ten confianza y ánimo y en algún momento, en el tiempo de Dios, su mano se moverá para actuar en tu favor y el milagro esperado obrará para coronar tu fe.

Detente, observa y escucha

Así dice el Señor: «Deténganse en los caminos y miren; pregunten por los senderos antiguos. Pregunten por el buen camino, y no se aparten de él. Así hallarán el descanso anhelado. Pero ellos dijeron: "No lo seguiremos"».

Jeremías 6: 16

Detente, observa y escucha, son las recomendaciones para alguien que desea cruzar una vía de ferrocarril. Sin embargo, se producen a diario gran cantidad de accidentes por la simple razón de que alguien hace caso omiso de esas sencillas y claras instrucciones. Incluso en algunos países se han realizado campañas publicitarias con el fin de evitar accidentes ferroviarios. Algunas de ellas han utilizado lemas muy agresivos, como por ejemplo: «Entren en razón»; «Respeta el tren y tu vida también»; «Hazme caso, cruza por el paso»; «Antes de cruzar, mirar y escuchar». Lamentablemente, sigue siendo elevada la cifra de accidentes mortales.

Esto me lleva a hacer una sencilla comparación con el texto de hoy: las indicaciones que hemos recibido de parte de Dios para gozar de salud física y espiritual son claras. El Señor nos ha impartido instrucciones muy precisas: «Deténgase en los caminos y miren». En una época tan peligrosa como la que nos ha tocado vivir, es bueno examinar la senda por la que transitan nuestros pies para luego detenernos. Debemos hacer una sencilla inspección, analizando el rumbo que ha tomado nuestra vida. De esa forma evitaremos que nos atropelle toda una vorágine de ideas y conceptos que se oponen a la Palabra autorizada del Dios que reina sobre el universo.

El siguiente paso consiste en preguntar por el buen camino y escuchar las indicaciones de Dios, de modo que tengamos la seguridad de que estamos en el camino correcto y de que llegaremos sanos y salvos a nuestro destino final. En contraste, los necios dirán: «No lo seguiremos».

Querida hermana, permite que hoy tu oración sea parecida a la que elevó a Dios el salmista: «Guíame, Señor, por tu camino; dirígeme por la senda de rectitud, por causa de los que me acechan» (Sal. 27: 11). Y después, escucha en silencio las indicaciones divinas.

Recuerda que también deberás ser una guía para todas las personas que vienen en pos de ti. Con toda certeza tu proceder les será un ejemplo que podrán seguir confiadamente. Aprendamos a caminar con cautela en este mundo confuso, y detengámonos a escuchar la voz de Dios, quien está dispuesto a dirigir nuestras vidas.

Cuidando nuestro hogar

A las ancianas, enséñales que sean reverentes en su conducta, y no calumniadoras
[...]. Deben enseñar lo bueno y aconsejar a las jóvenes a amar a sus esposos
y a sus hijos, a ser sensatas y puras, cuidadosas del hogar, bondadosas.
Tito 2: 3-5

Es hora de que las mujeres retomemos la dirección de nuestros hogares. Hablo de volver a hacerlo, puesto que muchas en la actualidad han abandonado esa función por considerarla poca cosa. Los hijos han sido entregados a profesores o niñeras, con la expectativa de que sean ellos quienes los eduquen. Las riendas del hogar han sido colocadas en manos de las trabajadoras domésticas, bajo el pretexto de que nosotras «no nos merecemos una vida encerrada entre cuatro paredes».

Las sagradas funciones de la mujer en el hogar han sufrido un gran deterioro, por lo que estamos pagando un elevado precio. Podemos comprobar cómo se desintegran los matrimonios, y los hijos vagan por el vecindario en busca de afecto, optando por formar parte de algún grupo social, que consideran como su familia.

La declaración del apóstol Pablo adquiere una singular fuerza en esta época: «Deben enseñar [...] y aconsejar a las jóvenes a amar a sus esposos y a sus hijos, a ser sensatas y puras, cuidadosas del hogar» (Tito 2: 3-5). El actual es un momento de peligro para los hogares. Debemos tomar esto muy en cuenta y prestar especial atención a las instrucciones divinas; de lo contrario, sufrirá lo que más amamos: nuestra familia.

Cuidar de nuestro hogar es una elevada responsabilidad que no hemos de tomar a la ligera. No podemos transferir con dejadez esa tarea a otras personas. Son nuestras manos las que deben cumplir con ese ministerio de amor. No hagamos una interpretación adecuada a nuestra conveniencia del mencionado mandato bíblico.

Los esposos, por su parte, como sacerdotes del hogar deben asumir su liderazgo, al elevar y enaltecer la vida en familia. Por otro lado, las esposas, como compañeras y colaboradoras, se encargarán de contribuir para que todos sus moradores tengan experiencias significativas que les hagan crecer como personas y como cristianos.

Amiga, nuestra meta es el reino de Dios. Allí descansaremos de nuestras inagotables y a veces agobiantes tareas. Mientras tanto, ¡nos toca a nosotras continuar con nuestra incesante tarea! ¡No desmayemos! ¡El Señor es nuestro sustentador y ayudador!

Identifica tu campo de batalla

Yo soy meramente humano, y estoy vendido como esclavo al pecado.
No entiendo lo que me pasa, pues no hago lo que quiero,
sino lo que aborrezco.
Romanos 7: 14-15

Ocultar los defectos personales es una tendencia generalizada de la sociedad moderna. De hecho, somos muchas personas las que culpamos a los demás por nuestras deficiencias. Pensamos que nuestra forma de actuar es mayormente el resultado de la herencia recibida de nuestros progenitores, o de las circunstancias en las que nos ha tocado nacer y crecer.

En realidad, todos tenemos defectos y, en lugar de ocultarlos detrás de «máscaras psicológicas», deberíamos ponerlos al descubierto con el fin de trabajar con ellos para superarlos. Hay una realidad que no podemos ignorar, y es que los defectos nos acompañarán dondequiera que vayamos. Aunque intentemos tenerlos bajo control, basta con un leve detonante para que afloren y nos avasallen, poniendo así en evidencia lo que somos. El apóstol Pablo, consciente de eso, dijo: «No entiendo lo que me pasa, pues no hago lo que quiero, sino lo que aborrezco» (Rom. 7: 15).

Si bien es cierto que hay aspectos de nuestra personalidad que nunca podremos cambiar totalmente, también es un hecho que mediante el poder de Dios se pueden transformar si los colocamos bajo la sujeción del Espíritu Santo.

El riesgo mayor que corremos con relación a nuestros defectos, es que nos acostumbremos a ellos y que lleguemos a considerarlos como posibles virtudes. Cuando eso ocurre, podemos granjearnos la antipatía de los demás, pues con nuestra actitud mostramos que nos consideramos seres perfectos y que son ellos los que tienen problemas.

El mal humor, los arranques repentinos de ira, la falta de constancia, el orgullo, el egoísmo, el desorden, la impuntualidad, la irreverencia ante lo santo, la frialdad emocional; todos son aspectos negativos que podría abrigar cualquier persona.

Cuando el ser humano salió de las manos del Creador, no tenía defecto alguno. Sin embargo, los hemos adquirido como consecuencia del pecado. Afortunadamente, Dios nos asegura que podremos volver a nuestro estado original con su ayuda y mediante esfuerzos bien definidos.

Amiga, hoy es un buen día para descubrir los aspectos a mejorar de tu personalidad, y luchar hasta que Dios te otorgue la victoria sobre ellos.

Dominar a los demás y el liderazgo

Al orgullo le sigue la destrucción; a la altanería, el fracaso. Vale más humillarse con los oprimidos que compartir el botín con los orgullosos.
Proverbios 16: 18-19

Una de las tantas definiciones de la palabra «liderazgo» expresa que es «el conjunto de capacidades que una persona tiene para influir en un grupo determinado, haciendo que el mismo trabaje con entusiasmo en el logro de metas y objetivos».

Muchos, erróneamente creen que estar en una posición de liderazgo les permite ejercer el poder para dominar a los demás. Pero, muy al contrario, ser líder nos coloca más bien en una posición de servicio, desde donde podremos utilizar nuestras herramientas de trabajo que incluyen la persuasión, así como una influencia positiva.

Las madres y esposas ejercemos en la familia un liderazgo compartido con el esposo y padre. La familia está constituida por un grupo de personas unidas no tan solo por lazos de sangre, sino también por vínculos afectivos, y su propósito principal es eventualmente formar parte de la gran familia de Dios.

El ejercicio de este liderazgo descarta la represión y la intransigencia. Por el contrario, la bondad, la simpatía y la sensibilidad son algunos de los recursos más eficaces para guiar a una familia. Las madres que emplean órdenes arbitrarias y una autoridad punitiva pretendiendo conducir a su familia al reino de Dios, cometen un gran error y han de cambiar de metodología.

En el pasado muchas damas bien intencionadas arruinaron el carácter de sus hijos al asumir una actitud parecida. Apenas les permitían levantar la cabeza y contestar con un «sí» o un «no» a sus interpelaciones. De esa forma se le negaba al niño el derecho a ser escuchado y tomado en cuenta, algo que iba en detrimento de su condición de hijo de Dios. Era muy probable que ese mismo niño desarrollara sentimientos de inseguridad, así como una baja autoestima al llegar a la edad adulta.

Las madres que desean agradar a Dios y criar hijos para el cielo, deben practicar el dominio propio, la tolerancia y la rectitud, así como ejercer una autoridad basada en el amor. Este es el trato que nuestro Padre nos brinda a nosotras.

Madre, revisa hoy la autoridad que ejerces en tu hogar. Si encuentras algo que necesita ser cambiado, Dios te ayudará a lograrlo y tu familia lo agradecerá.

¿De veras eres tan frágil?

Quien halla esposa halla la felicidad:
muestras de su favor le ha dado el Señor.
Proverbios 18: 22

Me asombra ver cómo algunas mujeres se consideran en extremo delicadas. No pueden estar al frente de su familia en ausencia del padre, porque todo se vuelve un caos. Son incapaces de tomar las decisiones más sencillas y entregan el liderazgo de su hogar a sus hijos, permitiendo que hagan y deshagan a su antojo y sin criterio mientras ellas los contemplan desde un refugio de lágrimas.

Como esposas, esas damas exigen toda la atención de sus cónyuges. Estos últimos muchas veces tienen que sustraerse de sus actividades laborales para correr al lado de sus consortes con el fin de atender a sus más mínimas exigencias. Son mujeres en extremo quisquillosas, emocionales y sensibles, a tal grado que, en vez de ser una ayuda idónea para sus maridos, se convierten en una carga.

Elena G. de White hace referencia a esto con la siguiente reflexión: «La esposa no debe considerarse una muñeca a la que se debe mimar, sino como una mujer: una persona que pondrá el hombro bajo cargas reales, no imaginarias, y llevará una vida comprensiva y reflexiva, teniendo en cuenta que hay, además de ella misma, otras cosas en que pensar» (*El hogar cristiano*, cap. 16, p. 104).

Estas son algunas de las cualidades de una mujer de valor:

- Vive a plenitud sin abrigar el pesimismo, y confiando en Dios.
- Desarrolla una vida exitosa a pesar de las adversidades.
- No permite que las emociones negativas dominen su vida.
- Permanece al lado de su esposo aunque las circunstancias sean difíciles.
- Ayuda a su esposo a llevar las cargas del hogar.
- Es una buena administradora de los recursos familiares.

Amiga, si estás casada, colócate al lado de tu esposo como su ayuda idónea, y confía en que Dios te capacitará para desempeñar la gran tarea que ha confiado a toda esposa y madre. Si estás soltera, entrega tu vida al Señor rogando que te capacite para que, el día que te toque dirigir un hogar, puedas hacerlo con confianza y seguridad.

El tiempo que nos resta es breve, ¡entreguemos nuestra familia al Señor!

Verdaderamente libres

Cristo nos libertó para que vivamos en libertad. Por lo tanto,
manténganse firmes y no se sometan nuevamente al yugo de esclavitud.
Gálatas 5: 1

La libertad es uno de los dones más preciados que disfrutamos los seres humanos. Todos anhelamos ser libres y, al perseguir ese deseo, no desafiamos ni contrariamos a Dios, pues fue él quien nos creó para ser libres. No es su deseo que seamos esclavas de nada ni de nadie.

Las cadenas y las prisiones son inventos humanos para coartar la libertad de los demás. La Santa Biblia nos presenta una gran declaración: «El Espíritu del Señor está sobre mí, por cuanto me ha ungido para anunciar buenas nuevas a los pobres. Me ha enviado a proclamar libertad a los cautivos y dar vista a los ciegos, a poner en libertad a los oprimidos, a pregonar el año del favor del Señor» (Luc. 4: 18-19).

A pesar de eso, cada día son miles las mujeres que renuncian a su libertad y se encadenan de forma voluntaria. Muchas mujeres que pregonan ser libres son en realidad esclavas de sus tendencias. Muchas otras, por estar confundidas, viven sin sujeción a las normas divinas; una cadena difícil de romper.

La libertad no consiste en hacer lo que una desea; más bien, es el derecho que Dios nos concede para tomar decisiones asertivas y atinadas en diferentes aspectos de la vida. La única norma que necesitamos acatar a fin de gozar de libertad plena, es la que expresó el apóstol Pablo cuando dijo en su Carta a los corintios: «Ahora bien, el Señor es el Espíritu; y donde está el Espíritu del Señor, allí hay libertad» (2 Cor. 3: 17).

El libre albedrío nos garantiza nuestra libertad, mientras que el Espíritu de Dios nos guía a emplear asertivamente dicho don. Somos libres cuando invitamos al Espíritu Santo a tomar posesión del medio que Dios nos ha dado para gobernar. Podemos actuar con libertad plena, conscientes de que su presencia pondrá nuestra vida en resguardo.

Amiga, no tengas miedo a vivir ni a actuar. No aniquiles tus deseos de libertad encadenándote a personas o hábitos negativos. Recuerda la Palabra de Dios y anímate: «Pero queda la firme esperanza de que la creación misma ha de ser liberada de la corrupción que la esclaviza, para así alcanzar la gloriosa libertad de los hijos de Dios» (Rom. 8: 20-21).

Antes de iniciar tus actividades hoy, di con el salmista: «¡Ven pronto a mí, oh Dios! Tú eres mi socorro y mi libertador; ¡no te demores, Señor!» (Sal. 70: 5).

Cuando hablar resulta inútil

*Todo tiene su momento oportuno; hay un tiempo para todo lo que se hace
bajo el cielo: […] un tiempo para callar, y un tiempo para hablar.*
Eclesiastés 3: 1, 7

El habla es uno de los medios de comunicación más directos que existen. Por medio de las palabras habladas podemos expresar sentimientos, estados de ánimo, creencias e ideas. Se dice, y con razón, que «hablando se entiende la gente». Sin embargo, algunas veces hablar en exceso puede jugarnos malas pasadas, y no hablar lo suficiente puede constituir una injusticia. En la Biblia leemos un consejo del sabio que conviene tener siempre en cuenta: «El que mucho habla, mucho yerra; el que es sabio refrena su lengua» (Prov. 10: 19).

Las palabras que proferimos se relacionan, la mayor parte de las veces, con lo que tenemos en mente. Decimos lo que pensamos, por eso resulta tan necesario examinar y revisar bien lo que vamos a decir antes de abrir la boca. Si esa revisión previa nos aconseja callar, será mejor «mordernos la lengua» que ir en contra de nuestra propia prudencia.

Por otro lado, mediante las palabras mucha gente disfraza y oculta lo que realmente piensa. Quizá adulan y lisonjean cuando en realidad abrigan sentimientos de animadversión u odio. La lisonja también la pueden usar egoístamente mientras ensalzan las supuestas virtudes que alguien posee, con el fin de sacar algún provecho personal. Pero la peor manera de usar las palabras es extender un rumor, un chisme o una verdad a medias respecto a una persona o suceso. Quienes así actúan, no se dan cuenta de que, mientras afectan la reputación de otra persona, también están destruyendo la suya propia. En la Biblia se describe la calidad humana de dichas personas: «Afilan su lengua cual lengua de serpiente; ¡veneno de víbora hay en sus labios!» (Sal. 140: 3). ¿Puede acaso haber una categoría de personas peor que esa?

Mi querida hermana y amiga, recordemos que el don de hablar bien es algo que se puede cultivar con la ayuda de Dios. Es un fruto espiritual que debería adornar el carácter de toda mujer cristiana.

Pidamos al Señor que cada vez que nuestros labios se abran, puedan expresar palabras edificantes y de bendición. El escritor estadounidense Ernest Hemingway dijo en cierta ocasión: «Se necesitan dos años para aprender a hablar y sesenta para aprender a callar». No podía haber estado más atinado.

Alcanzando elevadas metas

El Señor da la sabiduría; conocimiento y ciencia brotan de sus labios.
Él reserva su ayuda para la gente íntegra y protege a los de conducta intachable.
Proverbios 2: 6-7

Vivimos en una época de grandes retos en la que las mujeres se preocupan cada vez más por su desarrollo y superación personal. Tomando en cuenta lo anterior, no solamente deberíamos agregar años a nuestra vida, sino que también debemos aceptar el desafío de escalar cumbres que implican superación, con denuedo y perseverancia.

Los desafíos nos asustan a muchas de nosotras, cuando en realidad deberían constituir tan solo pruebas a las que hemos de hacer frente con ánimo. Elena G. de White afirmó: «La mujer no conoce su poder. Dios no quiso que sus capacidades fuesen todas absorbidas en preguntarse: ¿Qué comeré? ¿Qué beberé? ¿Con que me vestiré? Hay un propósito más elevado para la mujer, un destino más grandioso. Debe desarrollar y cultivar sus facultades porque Dios puede emplearla en su gran obra de salvar a las almas de la ruina eterna» (*El ministerio de la bondad*, p. 151).

Muchos de nuestros temores a enfrentar retos radican en el hecho de que algunas mujeres creen carecer de cualidades personales. Le temen al ridículo, y antes de intentar cualquier proyecto o tarea, anticipan el fracaso. Sin embargo, olvidan que todo ser humano es como un diamante que necesita ser pulido hasta que alcance todo su brillo. Si lo miraran desde esta perspectiva, el miedo al ridículo sería un asunto de menor importancia.

No dejemos de aprovechar el «hoy»: este es el mejor momento para comenzar a pulirnos. No depositemos nuestra vida en el mañana, pues así tan solo postergaremos una oportunidad de superación personal, perdiendo un tiempo precioso. Muchas mujeres se ocultan detrás de excusas como: «No pude»; «No tuve la oportunidad»; «No me lo permitieron». Este es el momento de sacar a la luz los proyectos empolvados por el tiempo.

Dios te necesita, tu familia te necesita, la sociedad te necesita. ¡No permitas que el estudio de ninguna materia o asunto te quite el sueño, comienza estudiando las Sagradas Escrituras!

Aprovecha el día de hoy para leer un buen libro, para ver un programa de televisión educativo, para escuchar música edificante. Asimismo, rodéate de personas que te motiven a la superación, y sobre todo amístate con el Señor, que es la fuente de toda sabiduría.

¿Compañeros o contrincantes?

Toda la ley se resume en un solo mandamiento: «Ama a tu prójimo como a ti mismo». Pero si siguen mordiéndose y devorándose, tengan cuidado, no sea que acaben por destruirse unos a otros.
Gálatas 5: 14-15

Cuando un hombre y una mujer se unen en matrimonio, lo hacen pensando que han encontrado a la persona idónea con la que compartir el resto de sus vidas. Después de casados, sin embargo, se descubren puntos de divergencia, y aquella compatibilidad que creían haber encontrado puede irse desvaneciendo gradualmente con el paso del tiempo. Quizá nos demos cuenta de que necesitamos conciliar y acoplar nuestras ideas respecto a asuntos a los que no habíamos prestado suficiente atención en el momento más indicado, que es durante el noviazgo. En ese proceso podríamos convertirnos en compañeros, o en contrincantes.

Los esposos que actúan como compañeros tomarán la decisión de apoyarse mutuamente, basados en ese mismo amor que los llevó a unirse en matrimonio. Ellos buscarán siempre un punto de acuerdo, protegerán su relación sin recriminarse ni acusarse, sin importar las dificultades que se presenten. Serán sensibles a las necesidades individuales del otro y procurarán ser tolerantes. Se mostrarán flexibles y utilizarán el diálogo sincero para llegar a acuerdos, buscando siempre que su relación se fortalezca.

Por otro lado, cuando asumimos la posición de contrincantes, aflorará una serie de aspectos negativos de la personalidad de ambos. Quizá se llegue a pensar que el matrimonio fue un error. Se culpará al otro, confinándolo al silencio, o por el contrario se lo someterá a un ataque de gritos y amenazas. Las expresiones de cariño, la ternura y la pasión por el otro, desaparecerán. La lucha puede llegar a ser cruel y nociva, al punto de que se termine por despreciar a la persona que una vez fue amada.

Amiga, Dios desea que tu esposo sea tu compañero para toda la vida. No olvides que él está a tu lado porque lo elegiste voluntariamente. Te uniste a él para permanecer juntos hasta que la muerte los separe. No veas a tu compañero como un contrincante.

Si en tu matrimonio hay diferencias utiliza como armas la dulzura y la ternura que son propias de la mujer. El corazón más duro y la voluntad más terca, pueden ser ablandados mediante el poder del amor. Cristo puede devolverles la compatibilidad, y hacer que el compromiso matrimonial sea renovado y fortalecido. Lucha junto a tu esposo por conservar la salud de tu matrimonio. Esta es la única lucha que tiene sentido.

Una mujer de nuestro siglo

Mira, Señor, cuánto amo tus preceptos; conforme a tu gran amor, dame vida.
La suma de tus palabras es la verdad; tus rectos juicios permanecen para siempre.
Salmo 119: 159-160

Los cambios nos afectan en muchos sentidos, constituyendo en ocasiones un llamado a no permanecer al margen de los acontecimientos. Cada día trae consigo cambios constantes. En nuestra sociedad, las mujeres ya no se conforman con ser meras espectadoras; más bien procuran ser protagonistas.

La cultura actual se ha introducido en nuestros hogares, unas veces por las buenas, y otras quizás por las malas. Surgen día a día nuevos conceptos referentes a la habilitación y disposición de nuestras viviendas. Los enseres tradicionales que nuestras abuelas empleaban han sido reemplazados por utensilios fabricados con la más alta tecnología. La moda, a su vez, ha hecho que nuestros roperos aumenten de tamaño, pues lo que hoy es actual mañana se vuelve anticuado.

Las mujeres hemos de movernos a la velocidad vertiginosa de los acontecimientos, pues de lo contrario podríamos quedarnos estancadas o varadas en el tiempo. Sin embargo, hay muchas cosas que la tecnología nunca podrá reemplazar ni cambiar. Aunque el mundo de las ideas hoy causa una revolución en muchos ámbitos de la sociedad, los valores universales no cambian; por el contrario, se ponen de manifiesto como cada vez más necesarios.

Conocer la realidad de lo que hoy acontece en nuestra sociedad es prácticamente un deber de toda mujer, porque al ser conocedoras de lo que sucede en este planeta, veremos que los preceptos de Dios no han perdido su vigencia, y nos dejaremos guiar por ellos al mismo tiempo que los utilizaremos para guiar a nuestra familia.

Hoy se hace cada vez más necesario acudir a la Palabra de Dios con el fin de conocer cuál es la voluntad divina. Asimismo, el Señor nos ha confiado un gran tesoro en los libros de Elena G. de White. Me pregunto si hemos leído con detenimiento algunos de ellos, especialmente los que se relacionan con nuestros hogares. Este es quizá un buen momento, cuando se acerca el fin de otro año, para decidir acercarnos más al Señor y a su Palabra. ¡Que Dios nos bendiga al tomar esa decisión!

Con el corazón en un puño

Jesús recorría todos los pueblos y aldeas enseñando en las sinagogas, anunciando las buenas nuevas del reino, y sanando toda enfermedad y toda dolencia. Al ver a las multitudes, tuvo compasión de ellas, porque estaban agobiadas y desamparadas, como ovejas sin pastor.

Mateo 9: 35-36

Diana Spencer, la ya desaparecida princesa de Gales, dijo en cierta ocasión: «Tengo el corazón en un puño». Se refería sin duda a la compasión que la sobrecogía cuando visitaba lugares en los que la pobreza y la miseria afectaban a la población, especialmente a los niños.

La compasión es un impulso humano que nos lleva a hacer cosas a favor de los demás y a ser capaces de sufrir con ellos. Es la capacidad de consolar y dar esperanza de vida al que cree que todo se ha terminado para él o para ella. Cuando somos capaces de sentir compasión por los demás, nos desprendemos de nuestro egoísmo personal y nos volvemos más sensibles.

La verdadera compasión es activa, no pasiva. Se mueve, actúa y procura el bienestar de los demás. Cuando la convertimos en algo propio, nuestra vida se ennoblece y nuestro orgullo se va haciendo cada vez más pequeño. De esta forma aprendemos a vivir en armonía con los demás y comprendemos que es imposible vivir aislados del mundo.

El compasivo Maestro de Galilea se conmovía ante el dolor humano, y eso lo llevaba a hacer obras de bien a favor de los sufrientes. En las Sagradas Escrituras leemos: «Cuando Jesús desembarcó y vio a tanta gente, tuvo compasión de ellos y sanó a los que estaban enfermos» (Mat. 14: 14). En otra ocasión, Jesús dijo: «Siento compasión de esta gente porque ya llevan tres días conmigo y no tienen nada que comer. No quiero despedirlos sin comer, no sea que se desmayen por el camino» (Mat. 15: 32). Gracias a aquella actitud compasiva miles de personas fueron alimentadas con la merienda de un niño (Mat. 14).

Pidamos al Señor que hoy nos dé un corazón compasivo y tierno. Dios desea consolar al mundo, y puede utilizarnos a nosotras como instrumentos de consuelo y sanidad. Tiende tu mano compasiva al que sufre. Consuela al que está en medio del dolor y tórnate en esperanza viva para los que han perdido su esperanza. A la vez recibirás de parte de Dios su misericordia y compasión.

El significado de la vida

El Señor es quien te cuida, el Señor es tu sombra protectora.
De día el sol no te hará daño, ni la luna de noche.
Salmo 121: 5-6

Estaba sentada en un espacioso sillón en el que resaltaba su menuda figura. La observé discretamente por unos instantes. De tez suave, cabello sedoso y largo, ojos color café, y de mirada profunda. Su vestimenta, impecable y bien combinada, me llevó a concluir que era una mujer hermosa. Bien dotada intelectualmente, pues ocupaba un puesto directivo en el aeropuerto de la ciudad en que vivía. Parecía que nada le faltaba para ser feliz. Sin embargo, su voz apagada, sus manos temblorosas, y las lágrimas que asomaban a sus ojos, me dieron a entender algo muy diferente.

Después de una breve conversación informal, me miró fijamente y me dijo: «Mi vida no tiene sentido. Cumplo con mis responsabilidades, frecuento a mis amigos, he viajado a muchos países... sin embargo, hay un vacío en mi vida que no se llena con nada». Su pregunta directa me hizo titubear: «¿Qué debo hacer para sentirme plena?». Le dije que algunas veces, en el transcurso de mi vida, yo me había sentido también así, y que Cristo Jesús había venido a llenar el vacío de mi corazón. Me miró sorprendida. Dibujó una sonrisa triste en sus labios, y me contestó: «Ya lo intenté, y no funcionó».

A pesar de la tristeza que me causó aquella entrevista, comencé a experimentar una nueva alegría. Fue algo que me hizo apresurar el paso, elevar mis ojos hacia el cielo y decir con voz entrecortada: «Gracias, Jesús, porque eres el dueño de mi vida, y suples todo lo que me falta».

Para que Cristo Jesús llene nuestra vida, es necesario que nos rindamos a él. Esta entrega significa renunciar a los deseos egoístas, deponer el orgullo, abandonar los motivos mundanos que, en apariencia, nos hacen creer que somos felices. Cuando por fin hayamos logrado eso, el Señor comenzará a actuar en nuestra existencia.

Amiga, el acto de rendir nuestras vidas no es negociable. Quienes piensen que pueden rendir sus vidas en forma parcial se equivocan. Nuestra entrega debe ser completa y total. Ojalá que el Señor ponga en tu vida el gozo de vivir en él y para él. Que en este día puedas ser una fuente de bendición para todo aquel con quien entres en contacto, ¡compartiendo con él o con ella la paz del cielo!

Vidas y flores

Como naranjas de oro con incrustaciones de plata
son las palabras dichas a tiempo.
Proverbios 25: 11

En cierta ocasión, se despertó en mí el interés por cultivar violetas, así que me decidí a hacer realidad aquel deseo repentino. Compré en un almacén un medio de cultivo especial, algo de fertilizante, un insecticida y me puse manos a la obra. Sembré varias plantitas en macetas, y las coloqué en un lugar estratégico para que recibieran los rayos tenues del sol. Cada detalle estaba minuciosamente calculado. Ahora únicamente hacía falta esperar a que nacieran las primeras flores para comenzar a disfrutarlas.

Debo confesar que al poco tiempo sufrí una gran desilusión. Las pocas flores que surgieron eran pequeñas y frágiles, no valían gran cosa. O al menos a mí me parecieron poca cosa, considerando las grandes expectativas que tenía. Un día, una de mis vecinas me dijo algo que yo no sabía: que era necesario hablarles a las plantas cada vez que las regara. Debía utilizar un tono dulce de voz y decirles lo hermosas que eran. Desde aquel día comencé a hablarles a mis violetas. Confieso que me sentía un poco rara, hablando sola y en voz alta, pero estaba dispuesta a todo con tal de ver los resultados.

Hoy tengo un pequeño vivero con violetas de muy diversos y vivos colores. La verdad es que no estoy muy convencida de que hayan sido mis palabras de cariño las que las motivaron a florecer, pero de lo que sí estoy completamente segura es de que las palabras de cariño expresadas a las personas que nos rodean pueden hacer un gran bien a todo aquel que las escucha.

Cuando alguien recibe palabras de aprobación y aprecio, crece y florece espiritual y anímicamente. Las palabras de ánimo refuerzan las conductas positivas, a la vez que animan y elevan la autoestima.

El silencio también puede convertirse en algo negativo. Omitir palabras de afecto, callar y dar por sentado que la otra persona conoce nuestros sentimientos hacia él o ella, es un gran error. El silencio confina a la gente al desamparo y la soledad. Amiga, decidamos no callar, no guardar dentro de nosotras esas palabras de ánimo que marcarán positivamente la vida de nuestros seres queridos. Hoy tienes una excelente oportunidad para ayudarlos a crecer y a florecer.

Las tareas sencillas

Amen al Señor, todos sus fieles; él protege a los dignos de confianza,
pero a los orgullosos les da su merecido. Cobren ánimo y ármense de valor,
todos los que en el Señor esperan.
Salmo 31: 23-24

La mediocridad es algo que en ocasiones lleva a la búsqueda y a la realización de tareas fáciles, aquellas que no exigen mucho esfuerzo y que cualquiera puede hacer. Quien aspira a grandes cosas en la vida, debe reconocer que únicamente se obtienen con esfuerzo, tenacidad y trabajo arduo.

La pereza y la apatía son los grandes aliados de la mediocridad. La pereza dice que los proyectos se deben postergar, mientras que la apatía afirma que no vale la pena esforzarse. Quienes se dejan llevar por esas dos actitudes se dispondrán a la búsqueda de tareas fáciles, que no importunen sus capacidades y que no requieran inversión de mucho tiempo o esfuerzo.

El Señor, por medio de la pluma de Elena G. de White, nos exhorta: «Recuerden que en cualquier puesto que sirvan, revelan qué móvil los inspira, y desarrollan el carácter. Cuanto hagan, háganlo con exactitud y diligencia; dominen la inclinación a buscar tareas fáciles» (*Mensajes para los jóvenes*, sec. 57, p. 134).

Al crearnos, Dios nos entregó herramientas para que forjáramos nuestra existencia. Todos los seres humanos las poseemos. La diferencia estriba en el hecho de que algunos no las utilizamos, y otros las dejamos enmohecer. No es la cantidad de recursos que poseemos lo que nos aportará prosperidad, sino la forma en que los empleemos.

La vida actual nos exige excelencia en todo. Desde el ámbito del hogar hasta el profesional, la mujer debe tener aspiraciones que la conduzcan al logro de altos objetivos. El libro de Proverbios describe a la mujer que se esmera, que se esfuerza, y que trabaja arduamente con visión y creatividad (Prov. 31). Son muchas las mujeres que pierden la vida y el tiempo mientras se mantienen embelesadas en actividades superfluas, simples e infructíferas. Se afanan en lo que no es de provecho y buscan lo que perece.

Amiga, no has de perder el tiempo, sino que has de emplearlo como una inversión. Las tareas fáciles no desafían el intelecto, no desarrollan nuestras habilidades y, aunque Dios anhela usarnos, no lo puede hacer si no aceptamos retos difíciles. ¡Apunta hacia lo alto y verdadero! Este es un buen día para comenzar. Dios estará contigo a cada paso.

¿Tenerlo o no tenerlo?

Todas las cosas hastían más de lo que es posible expresar. Ni se sacian los ojos
de ver, ni se hartan los oídos de oír.
Eclesiastés 1: 8

No podemos negar que la televisión es uno de los inventos más revolucionarios y maravillosos con que cuenta la sociedad actual. La idea de trasmitir imágenes surgió en la mente del francés Maurice Leblanc en los albores de 1870. De ahí en adelante, la tecnología ha ido perfeccionándola, de modo que ahora podemos hablar de pantallas de alta definición y de imágenes tridimensionales, sin imaginarnos lo que el futuro pueda traer.

El televisor se ha vuelto indispensable en la mayoría de los hogares. Tanto es así, que algunos afirman que en un hogar puede faltar el pan, pero no el televisor. Yo creo que al hablar de este asunto, todas nosotras, de una u otra manera, nos sentimos aludidas. Creo que la mayoría de las que lean esta reflexión, tienen al menos uno de esos aparatos en casa.

Mucho se ha escrito acerca de los efectos de la televisión, no es necesario ahondar en el tema. Pero sí conviene decir que el evangelio puede llegar a lugares nunca imaginados a través de una retransmisión televisiva, y por eso damos gracias a Dios. También es cierto que la mayor parte de la programación que se transmite en los canales públicos es abiertamente nociva. En muchos de los programas, aun en aquellos llamados «familiares», se exalta la inmoralidad, y se propone como estilo de vida.

No puedo decir que la televisión sea buena ni mala, pero sí que es necesario controlarla, antes de que ella nos controle a nosotros. A las madres que pasamos la mayor parte del tiempo en casa nos puede seducir el encanto de algunos programas que no solo ocupan nuestro tiempo, sino que también llenan la mente de conceptos y filosofías contrarias a los principios de Dios.

Una investigación del *Culture and Media Institute*, demostró la relación que existe entre ver la televisión y las ideas que albergamos respecto a las prácticas y preferencias sexuales, así como a la asistencia a la iglesia. Se encontró que quienes ven mucho la televisión tienen actitudes más liberales, o apartadas de los principios divinos, que quienes la ven menos. Asimismo, que la asistencia a la iglesia es menor entre quienes ven más la televisión.

Hermana, hoy es un buen día para reflexionar acerca de lo que muestra la pantalla de tu televisor, así como para analizar los efectos que pudiera causar en nuestras vidas.

Amor y alegría para hoy

Firme está, oh Dios, mi corazón; ¡voy a cantarte Salmo, gloria mía!
¡Despierten, arpa y lira! ¡Haré despertar al nuevo día!
Salmo 108: 1-2

La oradora internacional Mary Manin Morrissey dijo en cierta ocasión: «Aporta amor a tu día. Este momento es todo lo que tenemos, y todo lo que llegaremos a tener, y es en el que encontraremos la alegría y el poder de la presencia de Dios». El secreto de vivir con alegría el día a día, depende de nuestra actitud mental y de la relación que tengamos con Dios.

Un día puede traer de todo. Los percances surgen sin que los podamos evitar. Sin embargo, los buenos momentos aportan pinceladas de color y de esperanza a nuestros quehaceres cotidianos, y esto es algo que debemos aprender a valorar.

Comenzar con una alabanza es la mejor manera de dar principio a la jornada diaria. Alabemos primeramente a Dios porque conserva nuestra respiración, hace latir nuestro corazón y circular todo el torrente de vida por nuestro cuerpo. Digamos con el salmista: «Alaba, alma mía, al Señor; alabe todo mi ser su santo nombre. Alaba, alma mía, al Señor, y no olvides ninguno de sus beneficios» (Sal. 103: 1-2).

Seguramente en el transcurso de este día encontrarás obstáculos que te inviten a vacilar y retroceder. Es bueno que entonces recuerdes que Dios conoce el camino por el que transitas y las metas que te has propuesto. Continúa tu marcha aunque sea con paso vacilante; al final Dios afirmará tu pie en la senda del bien.

Tu éxito estará garantizado cuando aprendas a disfrutar de cada experiencia que venga aparejada con el diario vivir. No evadas las situaciones difíciles, siempre y cuando estas sean útiles para tu crecimiento personal. Ellas harán de ti una guerrera invencible en las luchas de la vida. Deja a tu paso una estela de amor y bondad. Haz que todos los que te vean puedan sentirse inspirados gracias a tu presencia. En los momentos de tristeza, mira hacia atrás y recuerda los momentos felices que has tenido en tu vida. Sonríe a menudo. Una expresión de gratitud elevada a Dios abrirá las ventanas de los cielos y permitirá que tu tristeza sea consolada.

Recuerda que bienaventurado es todo aquel que cree y acepta a Jesús. ¡Que Dios te bendiga, hoy y siempre, al gozarte en su amor y en su salvación!

El mejor regalo

¡Gracias a Dios por su don inefable!
2 Corintios 9: 15

En esta época del año tenemos muchos motivos para sentirnos generosas. Los regalos que se intercambian tienen por lo general la intención de generar un impacto positivo en quienes los han de recibir. Los que consideran que el valor de un regalo se mide en pesos y centavos, esperan un obsequio de elevado precio. Otros quizá piensan que los regalos navideños son derroches innecesarios. Por otro lado, un tercer grupo de personas considera que, al hacer un regalo, lo que se intenta es entregar una muestra de aprecio y del cariño que se siente por la persona que lo va a recibir.

Es posible que hoy estés pensando en hacer un obsequio a las personas que están cerca de tu corazón y no sepas qué escoger. Por esa razón deseo hacerte algunas sugerencias:

- *Tiempo*. Piensa en qué forma puedes pasar más tiempo con ellos.
- *Atención*. Escucha con interés las inquietudes de tus amigos y seres queridos.
- *Sonrisas*. Hermosea tu rostro con una expresión de alegría.
- *Caricias*. Una mano cariñosa, un toque de comprensión, una muestra de sensibilidad… marcarán la diferencia.
- *Palabras*. Una frase de aprobación puede ser un bálsamo suave y perfumado.
- *Alegría*. Tu sola presencia debe constituir un motivo de alegría para tus allegados.

Al ofrecer los anteriores obsequios habrás ofrecido a tus seres amados los mejores dones, sin gastar ni un solo centavo. Recuerda asimismo que el mejor regalo que se puede ofrecer es compartir el don que Dios te dio al enviar a su Hijo para que todos pudiéramos tener salvación, y por consiguiente vida eterna.

El don de Jesús es el eje central de la Navidad, aunque hoy día el consumismo ha desvirtuado la celebración navideña. Incluso la presencia del niño Jesús ha sido prácticamente sustituida por la figura de un señor de barbas blancas que nada tiene que ver con el precioso don de la salvación. En nuestros hogares, además de un árbol conmemorativo, debería primar la presencia del Espíritu de Dios. Pidamos al Señor que nuestros hogares sean un altar rebosante de gratitud por todos sus dones.

Hermana y amiga, ¡comparte hoy la gracia y la misericordia que te fueron dadas cuando Dios te llamó «hija» y te dio por herencia la vida eterna! Que el buen Jesús nos ayude a recordar en esta época su gran sacrificio por nosotras y por nuestra familia.

Los frágiles copos de nieve

Señor, ponme en la boca un centinela; un guardia a la puerta de mis labios.
No permitas que mi corazón se incline a la maldad, ni que sea yo cómplice
de iniquidades; no me dejes participar de banquetes en compañía de malhechores.
Salmo 141: 3-4

Hace algunos años me tocó vivir en un lugar donde, en los meses de invierno, todo se cubría con un blanco y espeso manto de nieve. Era un espectáculo singular contemplar, a través de la ventana, la forma en que los frágiles copos de nieve se iban amontonando para luego, con el paso de los días, transformarse en sólidas capas de hielo que, al endurecerse, resultaban muy difíciles de romper. Cuando eso sucedía se hacía necesario que unos camiones especiales rompieran y retiraran aquellas enormes acumulaciones. Únicamente de esa forma se podían despejar las calles que de otro modo quedarían intransitables.

Esa experiencia me ha llevado a pensar que algo similar ocurre a veces con las palabras que en ocasiones pronunciamos. Algunas, llenas de sarcasmo, ironía o burla, se van acumulando en la vida de quien las recibe, hasta que su corazón se enfría y se vuelve duro e insensible hacia nosotros o, lo que es peor, hacia todo el mundo. En las Sagradas Escrituras leemos la amonestación del sabio: «Quien habla el bien, del bien se nutre, pero el infiel padece hambre de violencia. El que refrena su lengua protege su vida, pero el ligero de labios provoca su ruina» (Prov. 13: 2-3).

El poder de las palabras es innegable. Con ellas podemos construir o destruir. A veces basta una sola palabra para suscitar amor, mientras que en otras ocasiones pueden ser un motivo de desengaño. Y cómo deshacernos de las palabras, si están en la mente, viajan por nuestra garganta, se deslizan por la lengua y salen a través de nuestros labios, transformadas en caricias de vida u ofensas de muerte...

Las palabras que salían de los labios del Maestro de Galilea infundían consuelo al afligido y al pecador, sanaban al enfermo y generaban vida. Cristo Jesús jamás permitió que un alma afligida se marchara sin antes haber recibido el bálsamo sanador de una palabra compasiva.

Amiga, haz que tus palabras reanimen en todo momento el corazón de tus amados. Permite que el tibio afecto que emana de un corazón santificado derrita todo hielo de fría indiferencia. Aprende a endulzar tus labios con el elixir de amor que tiene su origen en nuestro Dios.

La sabiduría femenina

La constancia debe llevar a feliz término la obra, para que sean perfectos e íntegros, sin que les falte nada. Si a alguno de ustedes le falta sabiduría, pídasela a Dios, y él se la dará, pues Dios da a todos generosamente sin menospreciar a nadie.
Santiago 1: 4-5

Hoy deseo hablar de esa especial sabiduría que Dios ha concedido a toda mujer. Una sabiduría que no se encuentra en el conocimiento que tenemos, sino más bien, en el uso que le damos a aquello que sabemos.

La mujer prudente reconoce que Dios le ha dado la capacidad de compartir la tristeza del que sufre. Gracias a la sabiduría que posee es que una mujer sabe cómo acariciar a un niño, a una amiga, a un compañero... La mujer sabia reconoce que toda palabra conlleva una intención y por eso, cuando habla, sus palabras están llenas de prudencia.

La mujer sabia es del todo consciente de sus encantos femeninos, por eso es cautelosa a la hora de elegir el atuendo que se pondrá, así como su forma de caminar, de reír y de hablar. Una mujer recatada entiende que la sencillez no es sinónimo de falta de gusto, y por eso en todo momento actúa en forma refinada, educada y elegante. Ella tiene el porte de una hija de Dios, y no se deja seducir por vanas adulaciones, especialmente si vienen de parte de los hombres. Esa mujer es también cuidadosa cuando ofrece consejos y expresa sus puntos de vista.

Ella sabe que la pereza es una de las estrategias favoritas de Satanás, por eso procura estar siempre activa y ocupada en obras que aporten el bien a su vida y a la de sus prójimos. Se reconoce a sí misma como modelo para quienes la observan y para sus hijos; por esta razón se esfuerza por ser un ejemplo positivo que ayude a edificar la vida de los demás. Es fiel a sus deberes, porque sabe que su constancia garantiza el bienestar de los que la rodean.

Amiga, por todo lo anterior y por mucho más, te animo a caminar por la senda de la sabiduría, mientras vas tomada de la mano de Dios. Debes ser consciente de antemano de que, si careces de sabiduría, puedes solicitarla al Señor, quien de acuerdo con la promesa bíblica, te la proveerá abundantemente.

Busquemos la sabiduría divina, ¡la única que llevaremos al cielo!

¿A dónde se han ido todos?

Honra a tu padre y a tu madre —que es el primer mandamiento con promesa—
para que te vaya bien y disfrutes de una larga vida en la tierra.
Efesios 6: 2-3

Durante casi veinte años permaneció en casa cuidando a sus siete hijos. El hogar parecía un continuo carnaval. Niños jugando y gritando por todas las habitaciones, juguetes en el piso, resto de mermelada en las manijas de las puertas y en los vidrios de las ventanas, mil huellas de manos pequeñitas que la madre tenía que limpiar... La lavadora nunca dejaba de dar vueltas y vueltas; había que lavar diariamente al menos siete mudas. La ida de los niños a la escuela era toda una odisea: jugaban, luego peleaban por el mejor lugar en el automóvil. En casa, las libretas se amontonaban sobre la mesa de la cocina a la hora de hacer los deberes. La rutina de esta madre terminaba con un gran suspiro y un dolor crónico de espalda, cerca de las once de la noche.

Pasó el tiempo. Los niños se hicieron adolescentes y el carnaval continuó. Los juguetes infantiles dieron paso a discos con la música de moda. Peinados y maquillaje, zapatillas y camisetas con mensajes de rebeldía se podían ver por toda la casa. La adolescencia pasó a la historia y la casa por fin quedó en silencio. Los hijos corrieron tras la vida y dejaron poco a poco su hogar paterno.

Hoy esa madre está frente a mí, con el corazón lleno de añoranzas, y me pregunta: «¿A dónde se han ido todos?». Una lágrima solitaria corre por su mejilla, tan solitaria como ella. Los hijos la llaman por teléfono de vez en cuando para saludarla y contarle sus emocionantes experiencias, pero son escasas las veces que la visitan o la invitan a dar un paseo. Esa madre anhela tener compañía, pero sus hijos le han dado la espalda para buscar nuevas amistades.

Las madres ancianas merecen recibir gratitud y amor de parte de sus hijos. Esa también es una responsabilidad en el cumplimiento del mandato que dice: «Honra a tu padre y a tu madre, para que disfrutes de una larga vida en la tierra que te da el Señor tu Dios» (Éxo. 20: 12).

Amiga, si tu madre aún vive y está físicamente lejos de ti, toma el teléfono, dedícale al menos unos minutos cada semana; reafírmale tu amor, ya que eso le dará un nuevo «aliento de vida».

Plantar un árbol, tener un hijo, escribir un libro

Que nuestros hijos, en su juventud, crezcan como plantas frondosas;
que sean nuestras hijas como columnas esculpidas para adornar un palacio.
Salmo 144: 12

«Plantar un árbol, tener un hijo, escribir un libro», son las tres cosas que dan significado y sentido a la vida, según palabras del prócer cubano José Martí. Esta frase inspirada propone que el cumplimiento de esas tres tareas hará que nuestra vida sea completa y nos lleve a la autorrealización.

Sin afán de tergiversar lo que el poeta quiso decir, me atrevo a hacer una interpretación libre de esta frase. Los tres actos mencionados por el poeta representan el deber que cada ser humano tiene de dejar cosas buenas a su paso por la vida. No todos tendrán hijos ni podrán escribir un libro, pero sí han de dejar una huella positiva para la posteridad.

Es también el deseo de Dios que criemos a nuestros hijos hasta que lleguen a ser semejantes a plantas frondosas. Ellos necesitan ser tocados por la mano cálida y amorosa de una mujer cristiana que les devuelva el sentido de valor personal. Cuando hayamos hecho eso habremos cumplido con las primeras encomiendas del poeta, pero sobre todo con las de Dios.

Por otro lado, nuestra vida es semejante a un libro en el que escribimos una historia personal a diario. Debemos asegurarnos de que todo lo que quede registrado en él dé testimonio de un comportamiento santo y de una conducta digna de la mujer que asegura ser discípula del Maestro de Galilea.

Hay muchas almas que necesitan recibir el poder transformador del evangelio. Dios te necesita hoy, ofrécele ser su instrumento de bendición. Únicamente él sabe cuánto bien podrás lograr si le entregas tu vida.

Amiga, asume tu trabajo hoy con una hermosa promesa de Dios: «Queridos hermanos, manténganse firmes e inconmovibles, progresando siempre en la obra del Señor, conscientes de que su trabajo en el Señor no es en vano» (1 Cor. 15: 58).

Quizá hemos sembrado y hemos criado hijos, escrito un libro en las páginas de su vida o en las vidas de ellos en caso de que hayan sido varios. Solo nos resta esperar la cosecha el día que el Señor pase la hoz. Ojalá que allí veamos a toda madre cristiana gozándose con sus hijos, y a ellos con sus progenitores.

Renovadas cada mañana

La humanidad entera sentirá temor: proclamará las proezas de Dios y meditará en sus obras. Que se regocijen en el Señor los justos; que busquen refugio en él; ¡que lo alaben todos los de recto corazón!
Salmo 64: 9-10

Cada fin de año es un tiempo propicio para hacer inventario de nuestra vida. Esa práctica nos ayudará a reacomodar nuestro equipaje y a deshacernos de las cargas innecesarias que hacen más lenta y pesada la travesía. Podrás examinar cada paso que has dado durante el largo trayecto de estos pasados doce meses, con sus semanas, días, horas y minutos.

Sin embargo, cuando llevamos a cabo dicho examen, la tendencia quizá nos lleve a resaltar los momentos desafortunados y a opacar los aciertos. No es raro que esto sea así, pues es imposible escapar de las turbulencias propias de la vida. Si el año que termina te ha traído pruebas asociadas al dolor y la tristeza, piensa también que Dios te revistió de fortaleza para resistir y continuar viviendo. Hay muchas personas que este año se rindieron y perdieron el deseo de continuar con su existencia.

Ahora Dios pone frente a ti otros trescientos sesenta y cinco días que representan oportunidades, desafíos, luchas, alegrías, penas y también glorias. Cada uno de esos momentos deberá ser enfrentado con la actitud correcta para enriquecer la vida. Un extraordinario pensamiento emanado de la Palabra de Dios, y que debe llenarnos de confianza para enfrentar lo que traerá el nuevo tiempo, dice: «El gran amor del Señor nunca se acaba, y su compasión jamás se agota. Cada mañana se renuevan sus bondades; ¡muy grande es su fidelidad! Por tanto, digo: "El Señor es todo lo que tengo. ¡En él esperaré!"» (Lam. 3: 22-24).

Amiga, no sabemos cuál ha de ser el último día que hemos de pasar en este planeta. Únicamente la voluntad de Dios lo determinará. Por eso debemos vivir en un estado de plenitud cristiana. Aprópiate de las misericordias del Señor que serán renovadas a diario.

El nuevo año representa una nueva oportunidad para hacer de nuestras vidas un instrumento de paz y de amor en las manos del Señor. Nos corresponde compartir con los demás la maravillosa esperanza del cristiano de una vida mejor por toda la eternidad. Entrégale a Dios tu pensamiento y tu voluntad y tendrás alientos y fuerzas para ti y los tuyos.

No lo dejes escapar

Bendeciré al Señor en todo tiempo; mis labios siempre lo alabarán.
Mi alma se gloría en el Señor; lo oirán los humildes y se alegrarán.
Engrandezcan al Señor conmigo; exaltemos a una su nombre.
Salmo 34: 1-3

Hoy es el último día del año y, seguramente por la fuerza de la costumbre, estarás mirando hacia atrás. Tal vez recuerdes cómo fue el primer día del año que está por terminar, y todos los buenos propósitos que te hiciste en él. Es posible que el conteo de las horas ya pasadas y de los días ya vividos los marques con color rojo en tu calendario. O por el contrario, puede ser que el recuento de estos doce meses te haga reconocer con satisfacción que has alcanzado tus metas, y que algunos sueños dejaron de serlo para transformarse en una hermosa realidad que hoy disfrutas.

De cualquier modo, las únicas realidades innegables son que nunca podremos lograr que el calendario retroceda, y que nada de lo realizado se podrá cambiar. Lo único real es el tiempo que tenemos por delante. ¿Serán semanas, meses o años los que el Señor nos preste? No lo sabemos. Sin embargo, debemos aprender a vivir en la tierra día a día, y a hacer planes para la eternidad.

El sabio dijo: «Todo tiene su momento oportuno; hay un tiempo para todo lo que se hace bajo el cielo» (Ecle. 3: 1). El tiempo que Dios nos concede a título de préstamo es el desafío más grande que tenemos que enfrentar. Alguien dijo y con razón: «Dios no nos impone jamás un deber sin concedernos las posibilidades y el tiempo para cumplirlo».

Por eso, en la víspera de este año que está a punto de comenzar, llénate de un renovado valor. Traza tus objetivos y considera el alto costo que representa no vivirlos plenamente. Sigamos el consejo del apóstol Pablo cuando, escribiendo a los efesios, les dijo: «No vivan como necios sino como sabios, aprovechando al máximo cada momento oportuno, porque los días son malos» (Efe. 5: 16).

Amiga, el presente es tuyo, adminístralo con inteligencia. El mañana de tu vida le pertenece a Dios; espéralo llena de confianza y experimenta el gozo de quien reconoce que, aunque la vida en la tierra es efímera, la existencia en el cielo será para toda la eternidad. Recuerda: «Este es el momento propicio de Dios; ¡hoy es el día de salvación!» (2 Cor. 6: 2.) ¡Alabado sea el Señor!

Ha llegado el momento de renovar tu

Suscripción

2014

Esta es la lista de materiales que están a tu disposición para tu estudio diario y el de toda tu familia. Indica en la casilla la cantidad de cada material que deseas obtener para el año 2014, y entrega esta hoja al director de publicaciones o a la persona responsable de las suscripciones **antes de que finalice el mes de julio.**

Nombre _____

Ciudad _____

Iglesia _____ Distrito_____

Pastor _____ Misión / Asociación_____

Edad	Material	Cantidad
0-2	*Cuna – Alumno	
	*Cuna – Maestro	
3-5	*Jardín de infantes – Alumno	
	*Jardín de infantes – Maestro	
6-9	*Primarios – Alumno	
	*Primarios – Maestro	
10-12	*Menores – Alumno	
	*Menores – Maestro	
13-14	*FeReal.net – Alumno	
	*FeReal.net – Maestro	
15-18	*Jóvenes – Alumno	
	*Jóvenes – Maestro	
18+	*El Universitario	
18+	*Adultos – Alumno	
	* Adultos – Maestro	
	*Tres en Uno	
	**Matutina para adultos	
	**Matutina para la mujer	
	**Matutina para jóvenes	
	**Matutina para primarios	
	**Matutina para preescolares	
	***Revista misionera	

Importante:

* Cada suscripción anual del material de Escuela Sabática incluye un folleto o libro (caso del Tres en Uno), por trimestre; es decir, cuatro al año. Por ejemplo, si colocas la cifra 1 en la casilla «Cantidad» de El Universitario, al principio de cada trimestre del próximo año recibirás un ejemplar. Si escribes 2, recibirás dos ejemplares cada trimestre, y así sucesivamente.

** Todas las matutinas son un libro anual que se entrega al comienzo del año.

*** Cada suscripción de la revista misionera incluye los doce números del año.

Asociación Publicadora Interamericana

PUBLICACIONES CRISTIANAS
6500 N 10th St. Ste. L
McAllen, TX 78504
1-800-283-9563
www.publicacionescristianas.com

Firma: _____ Fecha: _____ de julio de 2013

Guía para el Año Bíblico
en orden cronológico

ENERO

- [ ] 1. Gén. 1, 2
- [ ] 2. Gén. 3-5
- [ ] 3. Gén. 6-9
- [ ] 4. Gén. 10, 11
- [ ] 5. Gén. 12-15
- [ ] 6. Gén. 16-19
- [ ] 7. Gén. 20-22
- [ ] 8. Gén. 23-26
- [ ] 9. Gén. 27-29
- [ ] 10. Gén. 30-32
- [ ] 11. Gén. 33-36
- [ ] 12. Gén. 37-39
- [ ] 13. Gén. 40-42
- [ ] 14. Gén. 43-46
- [ ] 15. Gén. 47-50
- [ ] 16. Job 1-4
- [ ] 17. Job 5-7
- [ ] 18. Job 8-10
- [ ] 19. Job 11-13
- [ ] 20. Job 14-17
- [ ] 21. Job 18-20
- [ ] 22. Job 21-24
- [ ] 23. Job 25-27
- [ ] 24. Job 28-31
- [ ] 25. Job 32-34
- [ ] 26. Job 35-37
- [ ] 27. Job 38-42
- [ ] 28. Éxo. 1-4
- [ ] 29. Éxo. 5-7
- [ ] 30. Éxo. 8-10
- [ ] 31. Éxo. 11-13

FEBRERO

- [ ] 1. Éxo. 14-17
- [ ] 2. Éxo. 18-20
- [ ] 3. Éxo. 21-24
- [ ] 4. Éxo. 25-27
- [ ] 5. Éxo. 28-31
- [ ] 6. Éxo. 32-34
- [ ] 7. Éxo. 35-37
- [ ] 8. Éxo. 38-40
- [ ] 9. Lev. 1-4
- [ ] 10. Lev. 5-7
- [ ] 11. Lev. 8-10
- [ ] 12. Lev. 11-13
- [ ] 13. Lev. 14-16
- [ ] 14. Lev. 17-19
- [ ] 15. Lev. 20-23
- [ ] 16. Lev. 24-27
- [ ] 17. Núm. 1-3
- [ ] 18. Núm. 4-6
- [ ] 19. Núm. 7-10
- [ ] 20. Núm. 11-14
- [ ] 21. Núm. 15-17
- [ ] 22. Núm. 18-20
- [ ] 23. Núm. 21-24
- [ ] 24. Núm. 25-27
- [ ] 25. Núm. 28-30
- [ ] 26. Núm. 31-33
- [ ] 27. Núm. 34-36
- [ ] 28. Deut. 1-5

MARZO

- [ ] 1. Deut. 6, 7
- [ ] 2. Deut. 8, 9
- [ ] 3. Deut. 10-12
- [ ] 4. Deut. 13-16
- [ ] 5. Deut. 17-19
- [ ] 6. Deut. 20-22
- [ ] 7. Deut. 23-25
- [ ] 8. Deut. 26-28
- [ ] 9. Deut. 29-31
- [ ] 10. Deut. 32-34
- [ ] 11. Jos. 1-3
- [ ] 12. Jos. 4-6
- [ ] 13. Jos. 7-9
- [ ] 14. Jos. 10-12
- [ ] 15. Jos. 13-15
- [ ] 16. Jos. 16-18
- [ ] 17. Jos. 19-21
- [ ] 18. Jos. 22-24
- [ ] 19. Juec. 1-4
- [ ] 20. Juec. 5-8
- [ ] 21. Juec. 9-12
- [ ] 22. Juec. 13-15
- [ ] 23. Juec. 16-18
- [ ] 24. Juec. 19-21
- [ ] 25. Rut 1-4
- [ ] 26. 1 Sam. 1-3
- [ ] 27. 1 Sam. 4-7
- [ ] 28. 1 Sam. 8-10
- [ ] 29. 1 Sam. 11-13
- [ ] 30. 1 Sam. 14-16
- [ ] 31. 1 Sam. 17-20

ABRIL

- [ ] 1. 1 Sam. 21-24
- [ ] 2. 1 Sam. 25-28
- [ ] 3. 1 Sam. 29-31
- [ ] 4. 2 Sam. 1-4
- [ ] 5. 2 Sam. 5-8
- [ ] 6. 2 Sam. 9-12
- [ ] 7. 2 Sam. 13-15
- [ ] 8. 2 Sam. 16-18
- [ ] 9. 2 Sam. 19-21
- [ ] 10. 2 Sam. 22-24
- [ ] 11. Sal. 1-3
- [ ] 12. Sal. 4-6
- [ ] 13. Sal. 7-9
- [ ] 14. Sal. 10-12
- [ ] 15. Sal. 13-15
- [ ] 16. Sal. 16-18
- [ ] 17. Sal. 19-21
- [ ] 18. Sal. 22-24
- [ ] 19. Sal. 25-27
- [ ] 20. Sal. 28-30
- [ ] 21. Sal. 31-33
- [ ] 22. Sal. 34-36
- [ ] 23. Sal. 37-39
- [ ] 24. Sal. 40-42
- [ ] 25. Sal. 43-45
- [ ] 26. Sal. 46-48
- [ ] 27. Sal. 49-51
- [ ] 28. Sal. 52-54
- [ ] 29. Sal. 55-57
- [ ] 30. Sal. 58-60

MAYO	JUNIO
❑ 1. Sal. 61-63	❑ 1. Prov. 1-3
❑ 2. Sal. 64-66	❑ 2. Prov. 4-7
❑ 3. Sal. 67-69	❑ 3. Prov. 8-11
❑ 4. Sal. 70-72	❑ 4. Prov. 12-14
❑ 5. Sal. 73-75	❑ 5. Prov. 15-18
❑ 6. Sal. 76-78	❑ 6. Prov. 19-21
❑ 7. Sal. 79-81	❑ 7. Prov. 22-24
❑ 8. Sal. 82-84	❑ 8. Prov. 25-28
❑ 9. Sal. 85-87	❑ 9. Prov. 29-31
❑ 10. Sal. 88-90	❑ 10. Ecl. 1-3
❑ 11. Sal. 91-93	❑ 11. Ecl. 4-6
❑ 12. Sal. 94-96	❑ 12. Ecl. 7-9
❑ 13. Sal. 97-99	❑ 13. Ecl. 10-12
❑ 14. Sal. 100-102	❑ 14. Cant. 1-4
❑ 15. Sal. 103-105	❑ 15. Cant. 5-8
❑ 16. Sal. 106-108	❑ 16. 1 Rey. 5-7
❑ 17. Sal. 109-111	❑ 17. 1 Rey. 8-10
❑ 18. Sal. 112-114	❑ 18. 1 Rey. 11-13
❑ 19. Sal. 115-118	❑ 19. 1 Rey. 14-16
❑ 20. Sal. 119	❑ 20. 1 Rey. 17-19
❑ 21. Sal. 120-123	❑ 21. 1 Rey. 20-22
❑ 22. Sal. 124-126	❑ 22. 2 Rey. 1-3
❑ 23. Sal. 127-129	❑ 23. 2 Rey. 4-6
❑ 24. Sal. 130-132	❑ 24. 2 Rey. 7-10
❑ 25. Sal. 133-135	❑ 25. 2 Rey. 11-14:20
❑ 26. Sal. 136-138	❑ 26. Joel 1-3
❑ 27. Sal. 139-141	❑ 27. 2 Rey. 14: 21-25
❑ 28. Sal. 142-144	Jon. 1-4
❑ 29. Sal. 145-147	❑ 28. 2 Rey. 14:26-29
❑ 30. Sal. 148-150	Amós 1-3
❑ 31. 1 Rey. 1-4	❑ 29. Amós 4-6
	❑ 30. Amós 7-9

JULIO

- 1. 2 Rey. 15-17
- 2. Ose. 1-4
- 3. Ose. 5-7
- 4. Ose. 8-10
- 5. Ose. 11-14
- 6. 2 Rey. 18, 19
- 7. Isa. 1-3
- 8. Isa. 4-6
- 9. Isa. 7-9
- 10. Isa. 10-12
- 11. Isa. 13-15
- 12. Isa. 16-18
- 13. Isa. 19-21
- 14. Isa. 22-24
- 15. Isa. 25-27
- 16. Isa. 28-30
- 17. Isa. 31-33
- 18. Isa. 34-36
- 19. Isa. 37-39
- 20. Isa. 40-42
- 21. Isa. 43-45
- 22. Isa. 46-48
- 23. Isa. 49-51
- 24. Isa. 52-54
- 25. Isa. 55-57
- 26. Isa. 58-60
- 27. Isa. 61-63
- 28. Isa. 64-66
- 29. Miq. 1-4
- 30. Miq. 5-7
- 31. Nah. 1-3

AGOSTO

- 1. 2 Rey. 20, 21
- 2. Sof. 1-3
- 3. Hab. 1-3
- 4. 2 Rey. 22-25
- 5. Abd. y Jer. 1, 2
- 6. Jer. 3-5
- 7. Jer. 6-8
- 8. Jer. 9-12
- 9. Jer. 13-16
- 10. Jer. 17-20
- 11. Jer. 21-23
- 12. Jer. 24-26
- 13. Jer. 27-29
- 14. Jer. 30-32
- 15. Jer. 33-36
- 16. Jer. 37-39
- 17. Jer. 40-42
- 18. Jer. 43-46
- 19. Jer. 47-49
- 20. Jer. 50-52
- 21. Lam.
- 22. 1 Crón. 1-3
- 23. 1 Crón. 4-6
- 24. 1 Crón. 7-9
- 25. 1 Crón. 10-13
- 26. 1 Crón. 14-16
- 27. 1 Crón. 17-19
- 28. 1 Crón. 20-23
- 29. 1 Crón. 24-26
- 30. 1 Crón. 27-29
- 31. 2 Crón. 1-3

SEPTIEMBRE	OCTUBRE
❑ 1. 2 Crón. 4-6	❑ 1. Est. 4-7
❑ 2. 2 Crón. 7-9	❑ 2. Est. 8-10
❑ 3. 2 Crón. 10-13	❑ 3. Esd. 1-4
❑ 4. 2 Crón. 14-16	❑ 4. Hag. 1, 2
❑ 5. 2 Crón. 17-19	Zac. 1, 2
❑ 6. 2 Crón. 20-22	❑ 5. Zac. 3-6
❑ 7. 2 Crón. 23-25	❑ 6. Zac. 7-10
❑ 8. 2 Crón. 26-29	❑ 7. Zac. 11-14
❑ 9. 2 Crón. 30-32	❑ 8. Esd. 5-7
❑ 10. 2 Crón. 33-36	❑ 9. Esd. 8-10
❑ 11. Eze. 1-3	❑ 10. Neh. 1-3
❑ 12. Eze. 4-7	❑ 11. Neh. 4-6
❑ 13. Eze. 8-11	❑ 12. Neh. 7-9
❑ 14. Eze. 12-14	❑ 13. Neh. 10-13
❑ 15. Eze. 15-18	❑ 14. Mal. 1-4
❑ 16. Eze. 19-21	❑ 15. Mat. 1-4
❑ 17. Eze. 22-24	❑ 16. Mat. 5-7
❑ 18. Eze. 25-27	❑ 17. Mat. 8-11
❑ 19. Eze. 28-30	❑ 18. Mat. 12-15
❑ 20. Eze. 31-33	❑ 19. Mat. 16-19
❑ 21. Eze. 34-36	❑ 20. Mat. 20-22
❑ 22. Eze. 37-39	❑ 21. Mat. 23-25
❑ 23. Eze. 40-42	❑ 22. Mat. 26-28
❑ 24. Eze. 43-45	❑ 23. Mar. 1-3
❑ 25. Eze. 46-48	❑ 24. Mar. 4-6
❑ 26. Dan. 1-3	❑ 25. Mar. 7-10
❑ 27. Dan. 4-6	❑ 26. Mar. 11-13
❑ 28. Dan. 7-9	❑ 27. Mar. 14-16
❑ 29. Dan. 10-12	❑ 28. Luc. 1-3
❑ 30. Est. 1-3	❑ 29. Luc. 4-6
	❑ 30. Luc. 7-9
	❑ 31. Luc. 10-13

NOVIEMBRE

- [ ] 1. Luc. 14-17
- [ ] 2. Luc. 18-21
- [ ] 3. Luc. 22-24
- [ ] 4. Juan 1-3
- [ ] 5. Juan 4-6
- [ ] 6. Juan 7-10
- [ ] 7. Juan 11-13
- [ ] 8. Juan 14-17
- [ ] 9. Juan 18-21
- [ ] 10. Hech. 1, 2
- [ ] 11. Hech. 3-5
- [ ] 12. Hech. 6-9
- [ ] 13. Hech. 10-12
- [ ] 14. Hech. 13, 14
- [ ] 15. Sant. 1, 2
- [ ] 16. Sant. 3-5
- [ ] 17. Gál. 1-3
- [ ] 18. Gál. 4-6
- [ ] 19. Hech. 15-18:11
- [ ] 20. 1 Tes. 1-5
- [ ] 21. 2 Tes. 1-3
  Hech. 18:12-19:20
- [ ] 22. 1 Cor. 1-4
- [ ] 23. 1 Cor. 5-8
- [ ] 24. 1 Cor. 9-12
- [ ] 25. 1 Cor. 13-16
- [ ] 26. Hech. 19:21-20:1
  2 Cor. 1-3
- [ ] 27. 2 Cor. 4-6
- [ ] 28. 2 Cor. 7-9
- [ ] 29. 2 Cor. 10-13
- [ ] 30. Hech. 20:2
  Rom. 1-4

DICIEMBRE

- [ ] 1. Rom. 5-8
- [ ] 2. Rom. 9-11
- [ ] 3. Rom. 12-16
- [ ] 4. Hech. 20:3-22:30
- [ ] 5. Hech. 23-25
- [ ] 6. Hech. 26-28
- [ ] 7. Efe. 1-3
- [ ] 8. Efe. 4-6
- [ ] 9. Fil. 1-4
- [ ] 10. Col. 1-4
- [ ] 11. Heb. 1-4
- [ ] 12. Heb. 5-7
- [ ] 13. Heb. 8-10
- [ ] 14. Heb. 11-13
- [ ] 15. Fil.
  1 Ped. 1, 2
- [ ] 16. 1 Ped. 3-5
- [ ] 17. 2 Ped. 1-3
- [ ] 18. 1 Tim. 1-3
- [ ] 19. 1 Tim. 4-6
- [ ] 20. Tito 1-3
- [ ] 21. 2 Tim. 1-4
- [ ] 22. 1 Juan 1, 2
- [ ] 23. 1 Juan 3-5
- [ ] 24. 2 Juan
  3 Juan y Judas
- [ ] 25. Apoc. 1-3
- [ ] 26. Apoc. 4-6
- [ ] 27. Apoc. 7-9
- [ ] 28. Apoc. 10-12
- [ ] 29. Apoc. 13-15
- [ ] 30. Apoc. 16-18
- [ ] 31. Apoc. 19-22

¡Un libro ideal para tus hijos!

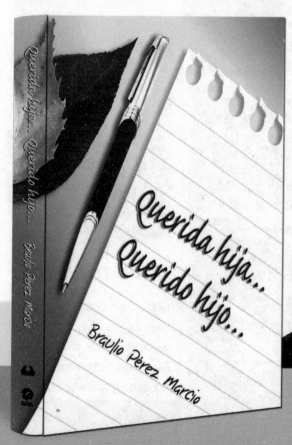

En sus cartas encontrarás mensajes de valor permanente, advertencias y estímulos para que los jóvenes alcancen metas e ideales elevados.

Ahora en una edición completamente renovada y bellamente ilustrada.